高等院校土建类专业"互联网+"创新规划教材

建设法规（第3版）

主　编　潘安平　肖　铭
副主编　熊华平
参　编　张哨军　胡向真

北京大学出版社
PEKING UNIVERSITY PRESS

内容简介

本书依据国家最新法律法规及土木工程本科专业的建设法规课程教学大纲编写，介绍了我国现行的建设法规，包括城乡规划、工程勘察设计、工程建设程序、工程建设执业资格、工程发包与承包、工程建设合同、建设工程监理、建筑安全生产、建设工程质量等方面的法规。除此之外，本书还较为详细地介绍了与工程建设有密切关系的合同法、房地产法等相关法规。本书每章之后都附有涵盖本章主要内容的习题，以方便教师教学和帮助读者巩固所学知识。

本书面向土木工程专业方向，内容选择具有针对性，语言通俗易懂，注重理论与实际的结合。

本书可作为土木工程本科专业的建设法规课程的教材，也可作为相关专业、相关课程的参考教材，还可作为从事建筑业、房地产业、市政基础设施等工程建设和管理的相关人员的参考用书。

图书在版编目 (CIP) 数据

建设法规/潘安平，肖铭主编. —3版. —北京：北京大学出版社，2017.11
（高等院校土建类专业"互联网+"创新规划教材）
ISBN 978-7-301-28919-8

Ⅰ.①建… Ⅱ.①潘… ②肖… Ⅲ.①建筑法—中国—高等学校—教材 Ⅳ.①D922.297

中国版本图书馆 CIP 数据核字（2017）第 262009 号

书　　名	建设法规（第3版）
	JIANSHE FAGUI
著作责任者	潘安平　肖　铭　主编
策划编辑	吴　迪　卢　东
责任编辑	伍大维
数字编辑	贾新越
标准书号	ISBN 978-7-301-28919-8
出版发行	北京大学出版社
地　　址	北京市海淀区成府路 205 号　100871
网　　址	http://www.pup.cn　新浪微博：@北京大学出版社
电子邮箱	编辑部 pup6@pup.cn　总编室 zpup@pup.cn
电　　话	邮购部 010-62752015　发行部 010-62750672　编辑部 010-62750667
印刷者	三河市北燕印装有限公司
经销者	新华书店
	889 毫米 × 1194 毫米　16 开本　17 印张　520 千字
	2006 年 1 月第 1 版　2012 年 3 月第 2 版
	2017 年 11 月第 3 版　2024 年 6 月第 6 次印刷
定　　价	40.00 元

未经许可，不得以任何方式复制或抄袭本书之部分或全部内容。
版权所有，侵权必究
举报电话：010-62752024　电子邮箱：fd@pup.cn
图书如有印装质量问题，请与出版部联系，电话：010-62756370

前言 第3版

建设法学作为一门研究工程建设领域法律制度的学科，具有很强的应用性和鲜明的时代特征，我国法治进程的发展以及建设行业的蓬勃发展必将推动建设法学的研究内容不断丰富和发展。近几年，我国工程建设领域法制建设不断加强，工程建设实践经验不断丰富，新法规、新规范、新经验层出不穷，从而加快了建设法规理论研究工作的步伐，取得了一些新的研究成果。基于此，编者在第2版教材的基础上再一次进行了修订。

建设工程领域涉及的法规内容庞杂、头绪众多，而建设法规的教学课时较少，教学任务繁重。如何解决这一矛盾，这是摆在每一位教材编写者面前的一项艰巨任务，而选择合适的教材内容编排体系是解决问题的关键。为此，在本次修订中，编者吸收了全国各兄弟院校的使用意见及编者的教学实践经验，在内容选取上，对第2版教材的部分章节进行了调整，主要是针对近年来发生变化的法律、法规展开，全面采用新法律、法规内容，特别是补充或加强了城乡规划、房地产和建设安全等领域的法律和法规内容。具体而言，就是以《中华人民共和国建筑法》《中华人民共和国招标投标法》《中华人民共和国城乡规划法》《中华人民共和国合同法》《中华人民共和国城市房地产管理法》等专业法律为主要内容，以建筑业单行条例为补充，突出了专业背景，并与专业法律、法规相结合，方便学生理解国家颁布实施的专业法规的立法背景和法理，使学生从法律的角度重新认识所学的专业技术知识。在内容编排上，特别针对社会上的建筑业执业资格考试的需求和变化作出了及时调整，以便学生在毕业后能够更快地适应社会需求，做到理论与实践相结合。

在每个章节的编排体例上，本教材仍然采用第2版教材的编排方式，在正文前设置了教学目标、教学要求、基本概念和引例等前导环节；在正文的编排中适当插入案例，通过案例激发学生的学习兴趣，提高学生分析问题、解决问题的能力；此外，本教材在课后的习题类型上适当加以拓展，分别安排了单项选择题、多项选择题、思考题、填空题和案例分析题；考虑到职业技能训练的特点，本教材在习题编排设计上主要围绕课本的重点内容和容易产生问题的内容展开，以方便学生自学和对相关知识点的掌握、巩固。

此外，本书按照"互联网+"教材形式升级，在重点、难点等地方插入二维码，通过扫描二维码，可以查看相应的视频等内容，帮助学习者理解知识。

本教材由温州大学潘安平、华侨大学肖铭担任主编，由武汉科技大学熊华平担任副主编，武汉工程大学张哨军、山西大学胡向真参编。本教材修订后仍为7章，具体修订分工为：肖铭修订第2章、第3章；潘安平修订第4章、第6章；熊华平修订第7章；张哨军修订第5章；胡向真修订第1章。本教材由潘安平负责统稿与定稿工作。

在本教材的修订过程中，编者参考了近年来许多专家、学者的论著，吸收了他们的重要论断和材料，在此谨向相关作者表示衷心的感谢。由于编者水平所限，加之时间仓促，不妥之处在所难免，恳请广大读者批评指正。

编 者

2017年5月

前言

当今的建设工程，不再是技术加劳力的活动，法律、经济等各个社会因素都对建设项目有很大的影响，而且越来越成为影响建设的重要因素；国家修订的一些法律、法规，从指导思想上也越来越体现出这种倾向。因此，社会因素成为建设领域内的重要方面，加强建设法律、法规的学习，应用相应法律、法规去认识和解决各种问题的重要性越来越明显。

建设法学作为一门研究工程建设领域法律制度的学科，具有很强的应用性和鲜明的时代特征，我国法治进程的发展以及我国建设行业的蓬勃发展必将推动建设法学的研究内容不断地丰富和发展。本书的第1版，凝聚着许多参编老师的心血，现在面临着由于相关的国家法律、法规变化而不适应现实需要的窘况，因此，修订成为大家迫切的愿望。

建设工程领域涉及的法规内容庞杂、头绪众多，而建设法规的教学课时较少，教学任务繁重。如何解决这一矛盾，这是摆在每一个教材编写者面前的一项艰巨任务，而选择合适的教材内容编排体系是解决问题的关键。为此，在这次的修订中，我们在内容的选材上，主要是针对近年来发生变化的法律、法规展开，全面采用新法律、法规内容，特别是补充或加强了城乡规划、房地产和建设安全等领域的法律法规内容，例如在本书中增加了2011年1月生效的《国有土地上房屋征收与补偿条例》的相关内容。

在每个章节的编排体例上，为了加强教学的指导性，本书在正文前设置了教学目标、教学要求、基本概念和引例等导入环节；在正文的编排中适当插入案例，通过案例激发学生的学习兴趣，提高学生分析问题、解决问题的能力；此外，本书在课后的习题类型上适当加以拓展，在第1版已有的思考题的基础上，增加了填空题、单项选择题、多项选择题和案例分析题，同时，增加了习题量；考虑到职业技能训练的特点，习题编排设计主要围绕教材的重点内容和容易产生问题的内容来展开，以方便学生自学和对相关知识点的掌握、巩固。

本书由武汉科技大学肖铭、温州大学潘安平担任主编，由武汉科技大学熊华平担任副主编，武汉工程大学张哨军、山西大学工程学院胡向真参编。全书由武汉科技大学肖铭、温州大学潘安平统稿。修订后全书共7章，编写分工为：肖铭编写第2章、第3章；潘安平编写第4章、第6章；熊华平编写第7章；张哨军编写第5章；胡向真编写第1章。

随着我国建设工程的高速增长，建设领域内的新问题、新情况不断出现，国家的建设法律体系在不断完善中，其基础理论也在不断地适应中国社会的实际变化，因此，建设法律系统是一个动态的调整系统。在本书的编写过程中，编者参考了近年来许多专家、学者的论著，吸收了他们的重要论断和材料，在此谨表示衷心的感谢。由于编者的水平所限，加之时间仓促，不妥之处在所难免，衷心希望广大读者批评指正。

编 者
2012年1月

前言

社会主义市场经济是法治经济，要求一切经济活动必须依法进行。工程建设项目投资额巨大，建设周期长，与国民经济和人民生命财产安全休戚相关，因此工程建设在国民经济中的地位举足轻重。以法律来规范工程建设活动，以保证建筑产品质量、建筑安全生产和维护正常市场秩序，已成为当今社会不争的共识。加强和加速科学的工程建设立法十分必要。我们欣喜地看到，我国的工程建设法规体系正在得到迅速发展与完善。

工程建设活动远不只是一个技术劳动的过程，其成败不仅取决于技术。法律对于工程建设活动的程序、工程建设参与者的资格及其相互关系以及工程建设过程中各参与者的权利和义务都有明确规范。因此土木工程专业的学生，仅仅掌握专业技术知识还远远不够，熟悉工程建设法律知识是从事工程建设活动的必备前提。本书的创作源泉就是来自对土木工程专业学生普及建设法律知识的必要性。

近几年，我国工程建设领域法制建设不断加强，工程建设实践经验不断丰富。新法规、新规范、新经验层出不穷，从而加快了建设法规理论研究工作的步伐，取得并积累了一些新的研究成果。北京大学出版社集合工作在建设法规理论研究和教学第一线的专业人员，大力推进、精心组织、周密安排，促成了本书的编写完成。

本书参编人员根据土木工程专业指导委员会提出的土木工程专业本科培养方案，以及建设法规课程的教学大纲对该课程的要求，按照工程建设活动的一般程序，依次介绍我国现行的有关工程建设的法律法规。内容布局上的这种安排既遵循工程建设活动的一般规律，又便于读者理解和学习。

本书在编写过程中，查阅和检索了许多建设法规方面的信息、资料和有关专家的著述，并得到清华大学、东南大学、东北财经大学、同济大学、天津大学、山西财经大学等许多单位的学者的支持和帮助，我们在此表示深深的谢意。

本书由山西大学工程学院的胡向真、武汉科技大学城市建设学院的肖铭担任主编，由华中科技大学法学院的王鉴非担任副主编，武汉理工大学的程言美、武汉工程大学的张哨军参编。全书由山西大学工程学院的胡向真、武汉科技大学城市建设学院的肖铭统稿。

全书共9章，撰稿分工为：

胡向真(山西大学工程学院)第1、8、9章，第5章第5、6节；

肖铭(武汉科技大学城市建设学院)第2、4章；

王鉴非(华中科技大学法学院)第3、7章；

程言美(武汉理工大学)第5章1、2、3、4节；

张哨军(武汉工程大学)第6章。

本书由山西财经大学张所地主审。

由于我国的建设法规体系尚在制定和完善之中，其理论体系的成熟还需要在实践中不断丰富、发展和完善；更主要地，由于编者水平有限，时间仓促，不妥之处在所难免，衷心希望广大读者批评指正，以便再版时能够加以完善。

编 者

2005年9月

目　录

第1章　建设法规概论 1
- 1.1 建设法规的概念 2
  - 1.1.1 建设法规及其调整对象 2
  - 1.1.2 建设法规的特征 2
  - 1.1.3 建设法规的作用 3
- 1.2 建设法规的构成 3
  - 1.2.1 建设法规的表现形式 3
  - 1.2.2 建设法规的内容体系 4
- 1.3 建设法规的基本原则 5
- 1.4 建设法律关系 5
  - 1.4.1 法律关系和建设法律关系的概念 5
  - 1.4.2 建设法律关系的构成要素 6
  - 1.4.3 建设法律关系的产生、变更与消灭 6
- 本章小结 7
- 习题 7

第2章　城乡规划法律制度 9
- 2.1 城乡规划法概述 10
  - 2.1.1 城市与城乡 10
  - 2.1.2 城乡规划法的历史和我国的实行情况 .. 12
  - 2.1.3 我国城乡规划法的历史背景 13
  - 2.1.4 城乡规划法的管理部门 13
- 2.2 城乡规划法的制定 13
  - 2.2.1 制定城乡规划法的基本原则 14
  - 2.2.2 城乡规划和其他社会发展规划的相互关系 .. 15
  - 2.2.3 城乡规划的内容、制定和审批 15
  - 2.2.4 各级人民代表大会在城乡规划制定中的作用 .. 19
  - 2.2.5 制定城乡规划法的编制单位 19
  - 2.2.6 城乡规划的公众参与程序 19
  - 2.2.7 城乡规划的修改 20
- 2.3 城乡规划法的实施 22
  - 2.3.1 城乡规划法实施的基本原则 22
  - 2.3.2 建设项目用地选址意见书 23
  - 2.3.3 建设用地规划许可证制度 24
  - 2.3.4 建设工程的规划条件 25
  - 2.3.5 建设工程规划许可证制度 25
  - 2.3.6 乡村建设规划许可证制度 26
  - 2.3.7 建设工程的核实和竣工验收 26
  - 2.3.8 建设过程中的违法责任和处理 27
  - 2.3.9 城乡规划实施中应注意的其他事项 28
- 2.4 城乡规划的监督检查和法律责任 30
  - 2.4.1 城乡规划的监督 30
  - 2.4.2 违反城乡规划法的法律责任 31
- 本章小结 32
- 习题 32

第3章　建设工程勘察设计法律制度 39
- 3.1 建设工程勘察设计法律制度概述 40
  - 3.1.1 建设工程勘察设计的概念 40
  - 3.1.2 建设工程勘察设计法规的立法概况 40

3.2 工程建设标准 41
    3.2.1 工程建设标准的概念 41
    3.2.2 工程建设标准的分类 41
    3.2.3 工程建设标准的制定与实施 ... 44
3.3 工程设计文件 46
    3.3.1 建设工程设计的原则和依据 ... 46
    3.3.2 工程设计文件的要求和内容 ... 47
    3.3.3 建设工程的抗震和防灾 48
    3.3.4 工程设计文件的审批和修改 ... 48
3.4 工程勘察设计质量管理 49
    3.4.1 工程勘察设计活动质量
         管理的概念 49
    3.4.2 施工图文件审查的概念 50
3.5 工程勘察设计质量监督 53
    3.5.1 建设工程勘察设计监督管理 ... 53
    3.5.2 建设工程勘察设计违法责任 ... 53
3.6 外商投资建设工程设计企业的管理 ... 54
    3.6.1 外商投资建设工程设计企业
         概述 54
    3.6.2 申请外商投资建设工程设计
         企业的程序 55
    3.6.3 中外合作建设工程的设计 56
本章小结 57
习题 57

第4章 建筑法律制度 63
4.1 建筑法律制度概述 65
    4.1.1 建筑法的概念和调整对象 65
    4.1.2 建筑法的立法目的 66
4.2 建筑许可 67
    4.2.1 建筑工程施工许可 67
    4.2.2 工程建设从业单位资质管理 ... 72
    4.2.3 工程建设专业技术人员执业
         资格管理 78
4.3 建设工程发包与承包 85
    4.3.1 概述 85
    4.3.2 建设工程招标 88

4.3.3 建设工程投标 94
    4.3.4 建设工程开标、评标和定标 ... 96
    4.3.5 违法行为与法律责任 100
4.4 建设工程监理 103
    4.4.1 概述 103
    4.4.2 建设工程监理的原则 104
    4.4.3 强制监理的范围 104
    4.4.4 建设监理合同 105
4.5 建筑安全生产管理 106
    4.5.1 概述 106
    4.5.2 建筑安全生产管理的方针和
         基本制度 107
    4.5.3 建筑生产安全管理的
         责任体系 110
    4.5.4 建筑生产安全事故的应急
         救援与调查处理 113
本章小结 117
习题 117

第5章 建设工程质量管理法律制度 125
5.1 工程建设强制性标准 126
    5.1.1 工程建设强制性标准实施的
         规定 126
    5.1.2 违法行为应承担的法律
         责任 128
5.2 施工单位的质量责任和义务 129
    5.2.1 对施工质量负责和总分包
         单位的质量责任 129
    5.2.2 按照工程设计图纸和施工技术
         标准施工的规定 130
    5.2.3 对建筑材料、设备等进行检验
         检测的规定 131
    5.2.4 施工质量检验和返修的
         规定 132
    5.2.5 建立健全职工教育培训制度的
         规定 134
    5.2.6 违法行为应承担的法律责任 ... 134

5.3 建设单位及相关单位的质量
　　　责任和义务 135
　　5.3.1 建设单位相关的质量
　　　　　责任和义务 135
　　5.3.2 勘察、设计单位相关的质量
　　　　　责任和义务 138
　　5.3.3 工程监理单位相关的质量
　　　　　责任和义务 140
5.4 建设工程竣工验收制度 142
　　5.4.1 竣工验收的主体和法定条件 ... 142
　　5.4.2 施工单位应提交的档案资料 ... 143
　　5.4.3 规划、消防、环保、节能等
　　　　　验收的规定 143
5.5 建设工程质量保修制度 146
　　5.5.1 质量保修书和最低保修期限的
　　　　　规定 146
　　5.5.2 质量责任的损失赔偿 148
　　5.5.3 违法行为应承担的法律责任 ... 149
本章小结 149
习题 150

第 6 章　城市房地产管理法 155

6.1 城市房地产管理法概述 157
　　6.1.1 房地产与房地产业 157
　　6.1.2 城市房地产管理法概况 158
6.2 建设用地制度 160
　　6.2.1 土地、建设用地的概念 160
　　6.2.2 土地使用权 161
　　6.2.3 国有建设用地 162
　　6.2.4 房地产开发用地 164
6.3 房地产开发 170
　　6.3.1 房地产开发概述 170
　　6.3.2 房地产开发企业 172
　　6.3.3 房地产开发项目管理 173
6.4 国有土地上房屋征收与补偿 174
　　6.4.1 国有土地上房屋征收概述 174
　　6.4.2 国有土地上房屋征收决定 176

　　6.4.3 国有土地上房屋征收补偿 178
6.5 房地产交易 180
　　6.5.1 房地产交易概述 180
　　6.5.2 房地产转让 182
　　6.5.3 商品房预售 185
　　6.5.4 商品房现售 186
　　6.5.5 房地产抵押 190
　　6.5.6 房屋租赁 192
6.6 房地产产权产籍管理 195
　　6.6.1 房地产产权产籍管理的
　　　　　概念 195
　　6.6.2 房地产权属登记制度 195
　　6.6.3 房屋产籍管理制度 198
6.7 物业管理 199
　　6.7.1 物业管理概述 199
　　6.7.2 业主与业主大会 201
　　6.7.3 前期物业管理 203
　　6.7.4 物业管理服务 204
　　6.7.5 物业的使用与维护 205
本章小结 208
习题 208

第 7 章　合同法 215

7.1 合同法概述 217
　　7.1.1 合同的概念和分类 217
　　7.1.2 合同法的概念与结构 218
　　7.1.3 建设工程合同概述 218
　　7.1.4 合同法的基本原则 220
7.2 合同的订立 221
　　7.2.1 合同当事人的主体资格 221
　　7.2.2 合同的形式和内容 222
　　7.2.3 合同订立的方式 224
　　7.2.4 建设工程合同订立的程序 225
　　7.2.5 缔约过失责任 226
　　7.2.6 建设工程合同的主要条款 226
7.3 合同的效力 230
　　7.3.1 合同生效 230

7.3.2　合同无效 230
　　7.3.3　可撤销合同 232
　　7.3.4　效力待定合同 233
7.4　合同的履行 234
　　7.4.1　合同履行的原则 234
　　7.4.2　合同履行过程中约定不明的
　　　　　情况处置 235
　　7.4.3　建设工程合同履行中的
　　　　　抗辩权 236
　　7.4.4　建设工程合同的保全 237
　　7.4.5　建设工程合同履行的担保 238
7.5　合同的变更和转让 240
　　7.5.1　合同的变更 240
　　7.5.2　合同的转让 240
　　7.5.3　建设工程合同的变更与转让 ... 242
7.6　合同的权利义务终止 242

　　7.6.1　合同终止的基本内容 242
　　7.6.2　债务清偿 243
　　7.6.3　合同的解除 243
　　7.6.4　抵销 244
　　7.6.5　提存 244
　　7.6.6　债权人免除债务 245
　　7.6.7　债权债务混同 245
7.7　违约责任 246
　　7.7.1　违约责任的概述 246
　　7.7.2　违约责任的构成要件 246
　　7.7.3　违约行为的种类 246
　　7.7.4　承担建设工程合同违约责任的
　　　　　方式 247
本章小结 251
习题 251

参考文献 257

【资源索引】

第1章
建设法规概论

📚 教学目标

本章主要讲述建设法规的概念、构成和立法原则，介绍建设法律关系的基本常识。通过本章学习，应达到如下目标。

(1) 理解建设法规的概念，了解其调整对象、特征、作用和立法原则。
(2) 掌握建设法规的内容体系和表现形式。
(3) 熟悉建设法律关系基本常识。

📚 教学要求

知识要点	能力要求	相关知识
建设法规的概念	(1) 理解建设法规的概念 (2) 理解建设法规的调整对象 (3) 了解建设法规的特征、作用 (4) 了解建设法规的立法原则	(1) 国家法律体系、法律部门 (2) 建设行政管理关系、经济交易关系和其他民事关系
建设法规的构成	(1) 掌握建设法规的表现形式 (2) 掌握建设法规的内容体系	(1) 法律、行政法规、部门规章、地方性法规、地方政府规章、技术规范 (2) 工程建设项目生命周期
建设法律关系	(1) 熟悉法律关系的概念 (2) 熟悉建设法律关系的概念	(1) 法律关系 (2) 建设法律关系及其主体、客体和内容

📚 基本概念

法律；法律部门；建设法规；法律、行政法规、部门规章、地方性法规、地方政府规章和技术规范；法律关系、建设法律关系。

1.1　建设法规的概念

1.1.1　建设法规及其调整对象

建设法规是国家法律体系的重要组成部分，是指国家立法机关或其授权的行政机关制定的旨在调整国家及其有关机构、企事业单位、社会团体、公民之间，在建设活动中或建设行政管理活动中发生的各种社会关系的法律、法规的总称。

建设法规不是国家法律体系中独立的法律部门，它是分散于各法律部门、各级行政法规和规章中的有关建设活动的法律规范的总和。

由于建筑产品的公共性，致使建设法规具有非常重要的作用；也由于建筑产品的特殊性，致使建设法规也呈现出一些独有的特征。

建设法规的调整对象分为三类。

(1) 建设活动中的行政管理关系，即国家机关及其授权的机构对工程建设活动的组织、监督、协调、管理等行政性职能活动。建设活动与国家、人民的生命财产安全休戚相关，国家必须对此进行全面严格的管理。在管理过程中，国家与建设单位、设计单位、施工单位、建筑材料和设备的生产供应单位，以及各种中介服务单位产生管理与被管理的关系，这种关系由建设法规调整和规范。例如，《建设工程质量管理条例》就规定了建设单位、勘察设计单位、施工单位及监理单位的质量责任和义务，并规定由国务院建设行政主管部门和县级以上地方人民政府对上述单位的建设工程质量行为进行监督和管理。

(2) 建设活动中的经济交易关系，即从事工程建设活动的平等主体之间发生的经济交易关系。如建设单位与施工单位之间的建设工程合同关系、建设单位与监理单位之间的监理合同关系等。这种关系也由建设法规来调整和规范。例如，《中华人民共和国合同法》（以下简称《合同法》）和《中华人民共和国建筑法》（以下简称《建筑法》）规定了发包单位和承包单位双方在构建和履行建设工程合同关系中应有的权利和义务。

(3) 建设活动过程中的其他民事关系。在建设活动过程中，还会涉及诸如房屋拆迁补偿、从业人员与有关单位间的劳动关系等一系列民事关系，这些关系也需要由建设法规以及相关的其他法律部门来共同调整。例如，《中华人民共和国城市房地产管理法》（以下简称《城市房地产管理法》）中就有关于城市房屋拆迁补偿的规定，《建筑法》中就有关于建筑施工企业应当依法为职工参加工伤保险缴纳工伤保险费，鼓励企业为从事危险作业的职工办理意外伤害保险，支付保险费的规定。

1.1.2　建设法规的特征

建筑产品的特殊性，决定了建设法规具备行政性、经济性、政策性和技术性特征。

行政性指建设法规大量使用行政手段作为调整工具，如授权、命令、禁止、许可、免除、确认、计划、撤销等。这是因为工程建设活动关乎人民生命财产安全，国家必须通过大量使用行政手段以达到对建设活动进行有效控制的目的。

工程建设活动直接为社会创造财富，建筑业是可以为国家增加积累的一个重要产业部门。工程建设活动的重要目的之一就是要实现经济效益。因此调整工程建设活动的建设法规的经济性是十分明显的。

工程建设活动深刻地影响着社会当前的和长远的经济发展，所以工程建设活动一方面取决于工程投资者和建设者的意愿，另一方面还必须依据国家的宏观经济政策，决定了建设法规必须具有很强的政策性。

工程建设产品的质量与人民的生命财产安全紧密相连，因此强制性遵守的标准、规范非常重要。大量建设法规是以规范、标准的形式出现的，其技术性特征十分明显。

1.1.3 建设法规的作用

基本建设活动是一个国家最基本的经济活动之一，它为各行各业提供最基本的物质环境。完善合理的建设法规体系可以规范工程建设活动，使建筑市场有序运转，使建筑业健康发展，为国家增加积累，使人民安居乐业。具体来讲，建设法规的作用主要有：规范指导建设行为，保护合法建设行为，处罚违法建设行为。

1.2 建设法规的构成

1.2.1 建设法规的表现形式

建设法规的表现形式有：宪法、法律、行政法规、部门规章、地方性法规与规章、技术法规，以及国际公约、国际惯例、国际标准等。

1. 宪法

宪法是国家的根本大法，具有最高的法律效力，任何其他法律、法规都必须符合宪法的规定，而不得与之相抵触。宪法明确规定了国家基本建设的方针和原则，规范与调整了建设活动。

2. 法律

作为建设法规表现形式的法律，是指由全国人民代表大会及其常委会颁行的规范性文件。其效力仅次于宪法，在全国范围内具有普遍的约束力，如《中华人民共和国城乡规划法》（以下简称《城乡规划法》）、《城市房地产管理法》《中华人民共和国土地管理法》（以下简称《土地管理法》）、《中华人民共和国物权法》（以下简称《物权法》）、《建筑法》《合同法》和《中华人民共和国招标投标法》（以下简称《招标投标法》）等。

3. 行政法规

行政法规是指由国务院制定颁行的属于建设行政主管部门主管业务范围的各项法规。行政法规是仅次于法律的重要立法层次，如《国有土地上房屋征收与补偿条例》《建设工程勘察设计管理条例》《建设工程质量管理条例》《城市房地产开发经营管理条例》《物业管理条例》等。

4. 部门规章

部门规章是指建设行政主管部门根据法律和行政法规在本部门的权限范围内所制定的规范性文件，其表现形式有规定、办法、实施办法、规则等，如2006年12月11日原建设部令第153号《注册建造师管理规定》、2010年8月1日住房和城乡建设部令第5号《房屋建筑和市政基础设施工程质量监督管理规定》、

2015年1月22日住房和城乡建设部令第22号《建筑业企业资质管理规定》等。

5. 地方性法规与规章

地方性法规是指地方国家权力机关在不与宪法、法律和行政法规相抵触的前提下制定的在本行政区域范围内实施的规范性文件，如《云南省建设工程招标投标管理条例》《陕西省建设工程质量管理条例》等。

地方规章指由省、自治区、直辖市人民政府根据法律和行政法规制定的普遍适用于本地区的规定、办法、规则等规范性文件，如《广东省建筑市场管理规定》《山西省建设工程监理合同备案管理办法》等。

6. 技术法规

技术法规是指由国家制定或认可的在全国范围内有效的技术规程、规范、标准、定额、方法等技术文件，如《建设工程施工技术标准》《建设工程施工现场消防安全技术规范》《水库水源地保护建设工程技术规范》等。

7. 国际公约、国际惯例、国际标准

我国参加或与外国签订的调整经济关系的国际公约和双边条约，还有国际惯例、国际上通用的建设技术规程都属于建设法规的范畴，都应当遵守与实施，如FIDIC《土木工程施工合同条件》等。

1.2.2 建设法规的内容体系

工程建设活动是一种周期长、参与者众多的复杂活动。以房地产项目为例，其一般程序包括策划、立项、取得土地使用权、取得规划许可、拆迁安置、勘察设计、施工、竣工验收、交易、物业管理等；其参与者包括开发商或建设单位、勘察设计单位、承包商、监理机构及其他咨询机构、政府各行政管理部门，如立项、土地、规划、建设行政主管等。建设法规必须围绕工程建设的程序，对所有环节的各个主体的行为进行规范。

在策划、立项阶段，有关法规规定了建设项目可研、立项审批的条件、标准和程序；在取得土地使用权阶段，有《土地管理法》以及各省、直辖市、自治区的城镇国有土地使用权出让和转让实施办法等；在规划阶段，有《城乡规划法》以及各省、直辖市、自治区的城乡规划条例等；在拆迁安置阶段，有《国有土地上房屋征收与补偿条例》以及各省、直辖市、自治区的国有土地上房屋征收与补偿办法等；在勘察设计阶段，有《建设工程勘察设计管理条例》以及各省、直辖市、自治区各行业的建设工程勘察设计管理办法等；在施工阶段，有《建筑法》《招标投标法》《合同法》《建筑业企业资质管理规定》《工程监理企业资质管理规定》以及各省、直辖市、自治区的建设项目管理办法、建设监理管理办法等；在竣工验收阶段，有《建设工程质量管理条例》以及各省、直辖市、自治区的建设工程质量监督、检测、竣工验收管理办法等；在交易阶段，有《城市房地产开发经营管理条例》《城市商品房预售管理办法》以及各省、直辖市、自治区的城市房地产交易管理条例等；在物业管理阶段，有《物业管理条例》以及各省、直辖市、自治区的物业管理条例等。

上述法规的总和就形成了广泛意义上的建设法规，以此实现对工程建设活动全过程、全方位的控制。因此，可以将建设法规的内容体系理解为是工程项目建设活动各阶段对不同参与主体的行为规范的总和。

1.3 建设法规的基本原则

工程建设活动投资大、周期长、涉及面广，其产成品是建筑工程，关系到人民生命、财产的安全。为保证建设活动顺利进行和建筑产品安全可靠，建设法规立法时遵循的基本原则有以下三个方面。

1. 确保建设工程质量与安全原则

建设工程质量是指国家规定和合同约定的对工程建设的适用、安全、经济、美观等一系列指标的要求。建设法规通过一系列规定对建设工程提出了强制性的质量要求，是建设工程必须达到的最低标准，并赋予有关政府部门监督和检查的权力。

工程建设安全标准是对工程建设的设计、施工方法和安全所做的统一要求。多年以来，我国建筑业是伤亡率非常高的行业，建筑工地伤亡事件时有发生。建设法规通过一系列规定对工程建设活动的安全提出了强制性要求，并同时赋予有关政府部门监督和检查的权力。

2. 遵守国家法律法规原则

建设活动频繁且涉及面广泛，是对国家经济和人民生活影响最为巨大的社会经济活动之一。建设法规对于建设活动的规定要与国家有关法律、法规相统一。建设活动参与单位和人员不仅应遵守建设法规的规定，还要遵守其他相关法规的规定。

3. 不得损害社会公共利益和他人合法权益原则

社会公共利益是全体社会成员的整体利益；他人合法权益是法律确认并保护的公民、法人和其他组织所享有的社会权力和利益。维护社会公共利益和他人合法权益是法律的出发点和根本目的，当然也是建设法规应遵循的基本原则。

1.4 建设法律关系

1.4.1 法律关系和建设法律关系的概念

1. 法律关系的概念

法律关系是根据法律规范建立起来的**社会关系**。法律规范是法律关系产生的前提；法律关系是庞大的社会关系中的一种，是受到法律约束的社会关系；法律关系是人与人之间的合法关系。**法律关系**由**主体、客体和内容**这三要素构成。主体是法律关系的参与者，也是权利和义务的承担者；客体是主体的权利和义务共同指向的对象；内容即是法律关系主体所享有的权利和承担的义务。

【法律关系主体】

2. 建设法律关系的概念

建设法律关系是法律关系的一种，是指在建设管理和协作过程中产生的由建设法规所确认和调整的权利义务关系。

建设法律关系分成三大类：发生在国家行政管理机关和建设市场主体之间的行政管理关系、发生在建设市场主体之间的经济关系和其他民事关系。

1.4.2 建设法律关系的构成要素

如同任何法律关系一样，建设法律关系也由三要素构成：主体、客体和内容。

1. 建设法律关系的主体

建设法律关系的主体指参与建设活动，受建设法规调整，在法律上享有权利、承担义务的<u>自然人、法人和其他组织</u>。例如，从事工程勘察设计施工的企业、工程建设各行业的从业人员、工程建设项目的投资单位(建设单位)、代表国家行使工程建设管理职能的建设行政管理机关等。由于建设活动参与者众多，因此建设法律关系的主体种类众多，这也是建设法律关系的重要特征之一。

2. 建设法律关系的客体

【法律关系客体】

建设法律关系的客体指建设法律关系主体的权利义务所共同指向的<u>对象</u>。客体的表现形式一般有四种：<u>财、物、行为</u>和<u>非物质财富</u>。例如，建设资金、为工程建设取得的贷款等就是财客体；建筑材料、建筑机械设备等就是物客体；勘察设计、施工安装、检查验收等就是行为客体；建筑设计、装潢设计方案等就是非物质财富客体。

3. 建设法律关系的内容

建设法律关系的内容指建设法律关系主体<u>享有的权利</u>和<u>承担的义务</u>。例如，在一个建设工程合同所确立的法律关系中，发包方的权利是获得符合法律规定和合同约定的完工的工程，其义务是按照约定的时间和数量支付承包方工程款；承包方的权利是按照约定的时间和数量得到工程款，其义务是按照法律的规定和合同的约定完成工程的施工任务。

1.4.3 建设法律关系的产生、变更与消灭

【法律事实】

建设法律关系不是从来就有的，而是由于一定的法律事实发生后才产生的，并且它也可以由于一定的法律事实的发生而改变或消灭。所谓的**建设法律事实**，是指建设法律规范所确定的，能够引起建设法律关系产生、变更或消灭的客观现象和客观事实。

建设法律关系的主体之间形成一定的权利义务关系，就产生了建设法律关系。例如，发包方和承包方签订了建设工程合同，这一法律事实导致双方具有了相应的权利义务，建设法律关系便由此产生。

建设法律关系的主体、客体发生改变，必然导致其内容发生改变，此时建设法律关系就发生了变更。例如，在一个建设工程合同履行过程中，由于业主意图的改变，从而使设计方案变更，施工也随之变更，原来的建设法律关系的内容也发生了变化。

建设法律关系主体之间的权利义务不复存在，建设法律关系即告消灭。消灭的原因可以是自然消灭、协议消灭或违约消灭。例如，一个建设工程合同履行完毕，发包方和承包方之间的建设法律关系就自然消灭；建设工程合同双方协商一致取消已经订立的合同，双方的建设法律关系就因协议这一法律事实而取消。再如，建设工程合同的承包方可以因发包方不按合同支付工程款的违约行为而停止履行合同，该建设法律关系就因一方的违约事实而消灭。

【一块砖的故事】

本章小结

本章介绍了建设法规的基本概念、调整对象、特征和表现形式；阐述了建设法规与国家法律体系中各法律部门间的关系；通过描述工程建设项目的生命周期梳理了建设法规的内容体系；分析了工程建设活动的众多参与者及其相互间形成的建设法律关系。通过掌握以上内容，学习者应理解建设法规在工程建设活动过程中的重要作用及学习本课程的意义。

习 题

 思考题

1. 什么是建设法规？其调整对象是什么？
2. 建设法规有什么特征？
3. 建设法规的表现形式有哪些？建设法规包含哪些内容？
4. 建设法规立法的基本原则是什么？
5. 建设法律关系的构成要素有哪些？

第2章
城乡规划法律制度

教学目标

本章主要讲述城乡规划法的相关内容，包括规划的概念、制定、实施和监督管理。通过本章学习，应达到以下目标。

(1) 了解我国城乡规划法的概念、内容和原则。
(2) 熟悉我国城乡规划法制定的原则、程序和修改程序。
(3) 掌握城乡规划实施的基本概念和方法。
(4) 理解城乡规划中的监督机制和法律概念。

【中华人民共和国城乡规划法】

教学要求

知识要点	能力要求	相关知识
城乡规划法的概述	(1) 了解规划法的历史 (2) 我国城乡现状	(1) 中国城乡一体化概念 (2) 城市发展历史 (3) 城市化进程的概念
城乡规划法的制定	(1) 城乡规划原则 (2) 不同层次规划的制定单位和审批单位 (3) 制定、审批城乡规划法的程序	(1) 中国行政管理层次 (2) 公众参与的作用和方式 (3) 不同类型城乡规划的具体作用
城乡规划法的实施	(1) 实施的基本原则 (2) 规划许可证制度的具体内容 (3) 监督机制和处罚原则	(1) 规划实施的评估 (2) 确定建设项目合法性的依据 (3) 建设工程的规划违法的种类

基本概念

城乡规划法、城市化、行政许可证、公众参与、规划编制、监督体制。

引例

2003年7月11日上午9时，在两声巨响之后，位于成都迎宾大道旁的两幢建筑被引爆，随后，爆破单位对其进行了机械拆除。

这个案例是说在成都市金牛区迎宾大道两旁的绿化带，规划要求是20米，但是有两个项目"红枫半岛花园""锦城豪庭"分别侵占了绿化带达5米和10米，与成都市规划局审定通过的《高科技产业开发区控制性详细规划》不符合。

2003年4月初，到四川任职不到半年的四川省新领导，经过迎宾大道时发现了这两个"怪胎项目"，当即指示成都市及相关部门清理和纠正。2003年7月5日上午，在四川省广安市委大礼堂举行的省委工作会议上，这两个违章建筑被点名批评，严词责问，5天后，成都市政府公布了《中共成都市纪委、成都市监察局关于迎宾大道路侧建设项目规划管理问题的情况通报》（简称《通报》）。《通报》称：经成都市委常委会和市政府市长办公会研究，决定免去成都市建委副主任袁锋（原任市规划局副局长）、市规划局副局长徐俐、市规划局总工程师杜伟光的党内和行政职务，继续接受组织调查。市规划局局长艾毓辉代表市规划局在会上作检讨。2003年7月11日上午，这两个项目的违规部分建筑被爆破拆除。参加四川省城市规划工作会议的近百名规划局长被要求目睹了整个爆破过程，接受教育，引以为戒。此时，违规建造的"红枫半岛花园"会所已竣工验收，违规建设的"锦城豪庭"1号楼和2号楼主体已竣工。经成都市大嘉建设经济事务所审计，至此，共造成国家经济损失3200万元。也正是因为违规建筑被拆，造成重大经济损失了，原规划局部分领导的违规操作才构成了犯罪。

事实上，徐俐和袁锋两名女副局长都是喝过"洋墨水"的技术官员，尤其是袁锋，还在德国专门学习过两年城市规划，被认为是"不可多得的专业技术人员"。她们为两个违规项目如此卖力，究竟得了多少好处呢？让人意外的是，在这两个违规项目的审批中，检察机关没有发现袁锋和徐俐两人存在大量收受钱财的情况，而袁锋及杜伟光在这两个项目的违规审批中及与两个项目的建设方的交往中，都没有被发现存在受贿问题（有小额的感情礼物来往）。

【城市小区不封闭，你是否同意】

两名专业技术型干部，在执行国家法律、法规的过程中，没有认真履行行政职责，代表政府管理部门作出"错误"的审批，使得违法的建设获得"合法"的执照；政府再来纠正错误时，需赔偿开发商损失并承担拆除费用，同时，两名管理责任人也必须承担相应的责任。

在城市建设快速发展中，类似的案例层出不穷，城市规划应该遵循哪些法律法规，如何控制和引导建设在法律的框架下运营，这些都是本章所要学习的内容。

2.1 城乡规划法概述

2.1.1 城市与城乡

1. 城市与乡村

【国务院关于调整城市规模划分标准的通知】

城市是指国家按行政建制设立的直辖市、市、镇。**城市规划区**是指城市市区、近郊区以及城市行政区域内因城市建设和发展需要实行规划控制的区域。城市规划区的具体范围，由城市人民政府在编制的城市总体规划中划定。

在我国，大城市是指城区常住人口100万以上的城市；中等城市是指城区常住人口50万以上、不满100万的城市；小城市是指城区常住人口不满50万的城市。

由于近年来城市化进程的加速，很多城市人口指标大大超过了以上的规定，而且还有增长的趋势。我国现阶段的城市快速发展，但是城市问题十分突出，这是我们急需面对和解决的问题。

在我国，乡村指县城以下的广大地区。长期以来乡村生产力水平十分低下，流动人口较少，经济不发达。但也因此得到了一定的好处，如乡村环境遭到的破坏程度远比城市环境破坏的程度低很多。它的产业结构以农业为中心，其他行业或部门都直接或间接地为农业服务或与农业生产有关，故认为乡村就是从事农业生产和农民聚居的地方，把乡村经济和农业相等同。

20世纪80年代以来，乡村产业结构已发生深刻变化，乡村分工、分业也有了很大发展，对乡村的认识也有了新的突破，表现：①乡村不仅是从事农业生产和农民聚居的地方，而且也是一个经济生活的整体，在多方面具有独立活动的性能。乡村中除农业外，还包括工业、交通运输业、建筑业、商业、服务业等物质生产和非物质生产部门的经济活动。②乡村不仅是一个综合的经济实体，也是一个社会，即不仅包括经济，还包括经济以外的政治、文教、风俗等所有活动。③乡村不仅包括经济和各种社会活动，还包括空间因素，即自然环境的立体因素，是具有一定自然、社会经济特征和职能的地区综合体。

在这里，我们所指的**城乡**，包括了**城市**、**乡村**、**集镇**和**村庄**这四个层面。

我国目前正处于快速城镇化阶段，城镇建设活动规模与速度空前。特别是当前我国正处于经济和社会发展的战略变化时期，在此背景下，兼有社会运动、政府行为和专业技术特征的城乡规划也在经历着深刻的变革。城乡建设不仅仅是规划、设计行为，更是组织、管理、实施的社会行为。对规划法的认识和理解要提高到整个社会的高度。

2. 城乡规划法的概念

城乡规划，是政府对一定时期内城市、镇、乡、村庄的建设布局和土地利用，以及经济和社会发展有关事项的总体安排和实施措施，是政府指导和调控城乡建设和发展的基本手段之一。城乡规划不是指一部规划，也不是涵盖所有国土面积的规划，而是由城镇体系规划、城市规划、镇规划、乡规划和村庄规划组成的有关城镇和乡村建设和发展的规划体系。城乡规划体系体现的特点是**一级政府**、**一级规划**、**一级事权**，**下位规划不得违反上位规划的原则**。

城镇体系规划，是指一定地域范围内，以区域生产力合理布局和城镇职能分工为依据，确定不同人口规模等级和职能分工的城镇的分布和发展规划。城镇体系规划是政府综合协调辖区内城镇发展和空间资源配置的依据和手段。城乡规划法不要求省、市、县三级政府都编制独立的城镇体系规划，仅要求编制全国和省域两级城镇体系规划。

城市规划，是指对一定时期内城市的经济和社会发展、土地利用、空间布局，以及各项建设的综合部署、具体安排和实施措施。它是政府调控城市空间资源、指导城乡发展与建设、维护社会公平、保障公共安全和公众利益的重要公共政策之一。城市规划分为总体规划和详细规划。城市的详细规划又可分为控制性详细规划和修建性详细规划。

镇是介于城市和乡村之间的重要连接点，是我国城乡居民点体系的重要组成部分。镇的规划分为总体规划和详细规划。镇的详细规划又可分为控制性详细规划和修建性详细规划。

乡规划、**村庄规划**，分别是指在一定时期内乡、村庄的经济和社会发展、土地利用、空间布局，以及各项建设的综合部署、具体安排和实施措施。其规模较小，不再细分。

3. 城乡规划法适用的范围

城乡规划法所称**规划区**，是指城市、镇、乡和村庄的建成区以及因城乡建设和发展需要，必须**实行规划控制**的**区域**，也可以说是规划主管部门实施规划管理的空间界限。规划区的具体范围由有关人民政府在组织编制的城市总体规划、镇总体规划、乡规划和村庄规划中，根据城乡经济社会发展水平和统筹城乡发展的需要划定。

规划法对城乡规划区域内的任何人都适用，这里的人包括自然人、法人和其他组织，即任何单位和个人都有遵守城乡规划的义务，并有权对违反城乡规划的行为进行检举和控告。具体而言，包括以下三种人：①负责编制、审批、管理城乡规划的有关部门和人员；②在规划法适用范围内的进行建设活动的有关人员；③专业从事城乡规划编制的生产、科研、设计、教学单位的有关人员。

4. 城乡规划的作用

(1) 城乡规划是政府进行宏观调控的基本手段。由于空间和土地的使用是一切经济活动的基础，而对空间和土地使用的安排也必然会涉及城乡土地资源的配置和合理利用问题，涉及社会利益的分配问题，因此城乡规划是政府实行宏观调控的基本手段，也是最有效的手段。

(2) 城乡规划是政府指导、调控城乡建设有序发展的依据。规划是建设参与者在今后的行动中相互制约共同遵守的规范，是政府重要的发展政策，是政府执政能力的直接反映，是统筹城乡协调发展的有效手段。

【温州定位】

(3) 城乡规划是协调社会各集团利益维护公众利益的机制。它对社会发展尤其是在资源分配上有积极作用，规划是一种平衡力，在市场经济下，规划的出发点着重在公平上，应从整个城市的全局与长远考虑，协调所有各方个体利益之间的关系，以达到城市可持续的科学发展目标。

(4) 城乡规划是政府的第一资源和重要的公共政策。规划是一种依法强制实施的空间管制手段，是一种法治武器，只有依靠政府的强制力才能保证实施。

2.1.2 城乡规划法的历史和我国的实行情况

1. 城乡规划法的历史

关于城乡规划法的历史，各国由于其社会、经济体制和经济发展水平的不同而不同，从古代中国周王城的体制，到古希腊城邦的建设原则，到古罗马的建筑师维特鲁威的《建筑十书》，再到近代工业革命后的许多规划法规，都代表当时社会、经济的发展水平和人们对建筑规划的认识。城市和乡村的规划有着悠久的历史。

城市建设原来主要指的是城市范围内的建设，在规划中以城市规划为主，从第二次世界大战后，世界上发达国家的经济在迅速发展的同时，城乡差别越来越小，而且出现很多城市居民愿意居住到城郊或者乡村的现象，因此，规划范围也就不再区分城市和乡村。我国在改革开放后经济快速发展，城市和乡村的变化都很大，城乡一体化的现象越来越普遍，因此，规划范围也从原来的仅仅考虑城市范围，扩展到所有建设范围，包括城市和乡村。

2. 我国城乡规划法的实行情况

我国古代有许多规划和规划法律条文的记载。新中国成立以后，由于当时社会生产和经济的不发达，对城市规划的忽视，加上行政干预严重，没有真正拥有和执行城市规划，相关法律法规情况如下：20世纪50年代学习苏联经验，颁布《城市规划编制办法》；1978年全国城市工作会议，中央发布《关于加强城市建设工作的意见》；1984年国务院颁布《城市规划条例》；1989年我国通过了《中华人民共和国城市规划法》，1990年4月1日正式实施；2007年制定《中华人民共和国城乡规划法》，并于2008年1月1日开始实施。

由于历史的原因，我国的规划法执行得不是很好，违反规划法的情形时有发生，产生了很多城市问题。近几年来，对规划法的重视程度有了很大提高，遵法、守法的观念慢慢形成，规划法也切实得到了实施。

2.1.3 我国城乡规划法的历史背景

我国第一部正式的规划法律是1990年4月1日开始实行的《中华人民共和国城市规划法》；同时，在1993年11月1日开始实施《村庄和集镇规划建设管理条例》，简称"一条一法"。在实施以来的近10年时间，它们在城市和乡村建设中起到了很积极的作用，但近年来的城镇化速度加快和经济变革，使得我们的城乡建设遇到了一些新的问题，如：①城乡之间联系紧密，但原来的城、乡二元结构使得规划上缺乏统筹考虑和协调；②城市盲目扩大，环境恶化，侵占农村土地，使得农村近年来生态环境越来越差；③规划仅仅强调其自身的科学性，缺乏广大民众的参与，政府行政权力失去必要的约束；④城市发展和周边城镇、乡村整体协调和布局不当，区域性基础设施重复建设和资源浪费很大；⑤在《中华人民共和国城市规划法》中，法规的核心思想仍拘泥于"技术理性"，使规划工作技术的色彩很浓厚，模糊了规划工作法律管制的政策意义，并不是从公共利益和政策的角度来把握城市规划发展。

基于社会变革的发展，原来的"一条一法"已经不能够在新的建设活动中满足需要，特别是不能满足协调社会发展中出现的新问题、新矛盾的需要，造成城乡差别不能消除，政府权力得不到有效的监管；在内容上对规划编制作了较多规定，而对规划管理、操作程序、监督检查、法律责任规定得较少、较笼统。例如，在规划编制的组织上，强调单一的政府行政部门责任，没有将公众参与、多部门参与作为法定程序，形成了"自封闭式的单一决策集权"的行政权力建构，难以发挥行政管理的有效性与公正性。因此，新的城乡规划法在很多方面作了重大改变，力求从根本上解决城乡建设和管理中的问题。

2.1.4 城乡规划法的管理部门

城乡规划法对全国规划管理工作的主管部门分了两个层次进行规定，在国务院，规划主管部门(住房和城乡建设部)负责全国的城乡规划管理工作；在地方，县级以上地方人民政府的城乡规划管理部门负责本行政区域内的城乡规划管理工作，具体地说，在省、自治区是住房和城乡建设厅，在城市和县级地方政府，是有专门的管理部门，由于历史上的分工不同，名称没有统一，如规划局或者建设局等。

城乡规划管理工作包括有关规划的编制，规划的行政审批，违法行为的查处，建设活动的监督，行政处罚等。

城乡规划管理工作应当严格依法进行，除非有法律的特殊规定，否则不允许将有关行政管理职能委托或者授权给其他机关行使。

2.2 城乡规划法的制定

城乡规划的制定是指有关主体依照法定的职权及授权编制和确定城乡规划的活动。城乡规划可分为两个层面：一是指**战略发展规划**，制定城乡中长期战略目标，包括土地利用、交通管理、环境保护、基础设施等方面的发展准则和空间策略，为城乡各分区和各系统的实施性规划提供指导框架；二是**实施性发展规划**，它以战略性发展规划为依据，是开发控制的法定依据，也称为"法定规划"。

城乡规划的制定可以分为两大阶段：第一是<u>编制阶段</u>，第二是<u>确定阶段</u>。编制阶段就是由组织编制的主体按照法定程序组织编制单位编制城乡规划草案；确定阶段是由有关主体按照法定的职权和程序对编制完成的规划草案进行审查，作出是否批准该规划的决定。

2.2.1 制定城乡规划法的基本原则

1. 城乡统筹、合理布局、节约土地、集约发展原则

这是制定规划的首要原则。在制定过程中，全面考虑城市、镇、乡和村庄的发展，要求规划必须适应区域内的人口发展、国防建设、防灾减灾和公共卫生、公共安全等方面的需要，合理配置基础设施和公共服务设施，促进城乡居民均衡地享受公共服务，改善生态环境和生活环境，防止污染和其他公害，促进城乡一体化的进程，形成城乡、区域协调互动发展的<u>良好机制</u>。

规划是对区域内空间利用和布局作出的安排，也就是要优化空间资源的配置，维护空间资源利用的公平性，节约利用资源，保持地方特色、民族特色和传统风貌，保障城市运行安全和效率，促进各个方面协调有序发展。

耕地缺少是我国的基本国情，而我国城镇建设，基本上还是靠土地资源的开发而进行的，用地概念和用地结构很不合理，铺张浪费土地资源现象十分严重。而新城乡规划法，就是要在建设中严格控制土地的开发使用，依法严格保护耕地；合理规划，提高土地利用效益，因地制宜、节约用地，这些指导思想，在规划编制和实施过程中都必须放在第一位；严格控制占用农用地，特别是基本农田，在因需要的确需要占用的，一定要依法办理农用地转用审批手续，在手续办理后，再核发建设许可证。

<u>集约发展</u>是珍惜和合理利用土地资源的最佳选择，推进城镇发展从粗放型向集约型转变，建设资源节约友好型城镇，促进城乡经济社会全面发展。

2. 先规划后建设原则

依法制定各级规划，并经过相应管理部门审批，保证规划的严肃性和科学性，加强对已经依法批准的规划实施监督管理，是保证城镇建设正常进行的<u>前提</u>。对现状存在的先建设后报批的行为，要严加监督，及时依法处理。

3. 保护自然资源和历史文化遗产，体现地方特色，保持民族传统和地方风貌原则

自然资源和历史文化遗产是不可再生的资源，是自然界进化选择、人类社会长期积淀和扬弃的产物，有着独一无二、不可代替、不可再生的性质，一旦破坏，很难恢复或者永远消失，因此，在保护自然资源和历史文化遗产方面，城乡规划法作出严格规定，宁可放慢建设步伐，也要保护好这些资源。可以说，生态环境规划已经成为我国城乡规划的基本组成部分，保护环境已经成为我国的基本国策；同时，城市特色和民族传统、地方风貌也是长期积累的成果，需要重点保护。

4. 公众参与原则

城乡建设不再是政府单方面的主观认识，建设和谐社会，减少社会矛盾，协调各方利益的方法，就是在制定和实施规划的前期、中期和后期，都认真引入<u>公众参与</u>的原则，及时发现问题、协商问题、解决问题。随着城市建设的开展，投资主体的多样化，以及人民生活水平的提高，在城乡建设中，需要考虑的各个方面利益也越来越多，利益冲突的地方也明显增加，解决这样的问题，最好的办法就是公众参与，保证各方有畅通的渠道表达自己的意愿，平等交流沟通，达成一致，促进社会和谐发展。

2.2.2 城乡规划和其他社会发展规划的相互关系

城乡规划是关系到社会建设的重要规划,涉及很多其他发展规划,其中最为密切的是国民经济和社会发展规划、土地利用规划等。这些规划之间必须相互协调,不能存在冲突和矛盾,否则在规划实施的时候,就会存在政策性错误,并因此会限制甚至产生错误的指导作用。

【城乡规划体系】

国民经济和社会发展规划是各级政府对本辖区内未来国民经济和社会发展所做的规划,对经济、社会、文化建设发挥着重要作用。土地利用总体规划,是指在一定区域内,根据国民经济和社会发展对土地的需求,以及当地的自然、经济、社会条件,对该地区范围内全部土地的利用作出的长期的、战略性的总体部署和安排。

编制城乡规划,应当依据国民经济和社会发展规划,并与土地利用规划相衔接,也就是说,国民经济和社会发展规划是上一级规划,城乡规划必须服从国民经济和社会发展规划,不能和上级规划相冲突;土地利用规划和城乡规划是平级的规划,虽然两者重点不同,但同是作用在土地上的规划,内容上肯定有交叉和重叠,其目的是一致的,只是各有不同的侧重点:土地利用规划以土地利用为核心,处理建设用地与农用地的关系,以保护基本农田和耕地为主要目的,从宏观上对土地资源及其利用进行功能划分和控制,为土地用途管制提供依据;而城乡规划则是从城乡各项建设的空间布局进行考虑,侧重于规划区内的建设土地和空间资源的合理利用,其核心是保证规划区内用地的科学合理,以引导控制建设项目的空间布局和建设活动的有序进行。

城乡规划确定的经济社会发展目标及空间布局等内容,为土地规划提供宏观数据,土地利用规划确定的使用规模和控制红线,是城乡规划制定的前提,因此这两个规划必须相互衔接。现在有些城市在尝试城乡规划和土地规划的"二规合一",取得了一定成绩,但还需要时间检验。

我们必须注意到,编制城乡规划,在建设用地规模上不得超过土地利用规划中的用地规模,在这点上,土地利用规划有权威性。

实践中,城乡规划不是一个孤立和封闭的体系,城乡规划编制要以其他专业规划为基础,如人口规模、建设用地规模、产业发展方向、交通布局等都来源于各个专业管理部门;同时,城乡规划明确了将来城乡的空间发展,提出建设活动的总体要求,这些反过来都会影响其他专业规划的制定;有些规划,如防洪、消防等专业规划还应该依法纳入城乡总体规划体系中。

【"宜停车"有点不容易】

2.2.3 城乡规划的内容、制定和审批

规划制定由规划编制和规划审批两个阶段组成,城乡规划采用分级编制办法,分为:全国城镇体系的规划制定,省域城镇体系的规划制定,城市总体规划、镇总体规划、乡规划和村庄规划。各级规划的审批都有具体的规定。

在规划的制定和管理中,有"审批"和"备案"这两种不同的行政行为。审批是事前的监督,不经过审批规划不能生效;备案是一种事后的监督,在备案前规划已经生效,但是备案机关可以对备案文件进行时时监督,发现违规情况应当给予纠正。

编制城乡规划,应当具备国家规定的勘察、测绘、气象、地震、水文、环境等基础资料,同时,还应该有城市历史资料、人口资料、自然资源资料、土地利用资料、工业建设资料、交通运输资料、现状

资料等其他在该规划区域内的社会人文资料。这些基础资料是编制的基础，是科学合理制定规划的基本保障，这些必须在规划编制前就考虑到如何收集、整理。

概括地说，规划编制过程可以分为：制订编制计划、选择编制单位、审查规划草案、征询公众意见、城市规划委员会审议、报批。

1. 全国城镇体系规划的内容、制定和审批

【全国城镇体系规划】

在整个规划体系中，全国城镇体系规划具有最高的地位。全国城镇体系规划是统筹安排全国城镇发展和城镇发展布局的宏观性、战略性的法定规划，是引导城镇化健康发展的重要依据，对省域城镇体系规划、城市总体规划的编制起着指导作用，主要体现在：通过综合评价全国城镇发展条件，明确全国城镇化发展方针、城镇化道路、城镇化发展目标；制定各区域城镇发展战略，引导和控制各区域城镇的合理发展，做好各省、自治区间和重点地区间的协调；统筹城乡建设和发展；明确全国城镇化的可持续发展，包括生态环境的保护和优化、水资源的合理利用和保护、土地资源的协调利用和保护等。

全国城镇体系规划由国务院城乡规划主管部门会同国务院有关部门组织编制，并由国务院城乡规划主管部门报国务院审批，即以住建部为主，会同国务院有关部门共同编制。全国城镇体系规划涉及经济、社会、人文、资源环境、基础设施等相关内容，需要各部门的共同参与。由国务院城乡规划主管部门会同国务院有关部门组织编制全国城镇体系规划，有利于在规划编制过程中统筹城镇发展与资源环境保护、基础设施建设的关系。充分协调相关部门的意见，使全国城镇体系规划与其他国家级相关规划相衔接，在部门间建立政策配合、行动协调的机制，强化国家对城镇化和城镇发展的宏观调控。

2. 省域城镇体系规划的内容、制定和审批

省域城镇体系规划是合理配置和保护利用空间资源、统筹全省(自治区)城镇空间布局、综合安排基础设施和公共设施建设、促进省域内各级各类城镇协调发展的综合性规划，是落实省(自治区)的经济社会发展目标和发展战略、引导城镇化健康发展的重要依据和手段。其内容应当包括：城镇空间布局和规模控制，重大基础设施的布局，为保护生态环境、资源等需要严格控制的区域。具体而言，省内必须控制开发的区域，包括自然保护区、退耕还林(草)地区、大型湖泊、水源保护区、分滞洪区以及其他生态敏感区；省域内的区域性重大基础设施的布局，包括高速公路、干线公路、铁路、港口、机场、区域性电厂和高压输电网、天然气主干管与门站、区域性防洪与滞洪骨干工程、水利枢纽工程、区域引水工程等；涉及相邻城市的重大基础设施的布局，包括城市取水口、城市污水排放口、城市垃圾处理场等。

省域城镇体系规划由各个省、自治区人民政府组织编制，报国务院审批。这是因为该规划不仅是建设规划，还与国民经济和社会发展规划、土地利用总体规划、全省产业布局等有关，这些需要省、自治区人民政府统筹考虑，从全省发展的角度出发来编制。此外，在报国务院审批前，省域城镇体系规划必须先经本级人民代表大会常务委员会审议，并且应当将省域城镇体系规划草案予以公告，并采取论证会、听证会或者其他方式征求专家和公众的意见，人大常委会的审议意见和根据审议意见修改省域城镇体系规划的情况，以及公众意见的采纳情况和理由一并报送国务院。国务院应当组织专家和有关部门进行审查。

在编制省域城镇体系规划时，必须强调其科学性、前瞻性和可操作性，在编制步骤上，首先，要研究本地区的资源和生态环境的承载能力，系统分析人口和经济活动的特点，明确省域城镇和城镇化发展战略；其次，必须坚持城乡统筹，分析农村人口变化趋势，促进城乡公共服务的均等提高，把促进农村经济产业化与区域产业空间整合这两方面结合起来；再次，要综合考虑城镇合理布局和提高基础设施建

设效益，优化基础设施网络，保护和控制基础设施建设用地，保证重大基础设施的合理布局，为今后的发展留下足够的空间；最后，综合考虑空间资源保护、生态保护和可持续性发展的要求，确定严格保护和控制开发的区域，保证环境友好型的发展模式。

3. 城市和镇的总体规划的内容、制定和审批

城市总体规划、镇总体规划是城镇发展方向的纲领性文件，是指一定时期内，城市和镇的发展目标、发展规模、土地利用、空间布局，以及各项建设的综合部署和实施措施，是引导和调控城市建设、保护和管理城市空间资源的重要依据和手段，是判断城市建设是否正确的重要法律准绳，具有全局性、综合性和战略性的特点。城市总体规划一般分为市域城镇体系规划和中心城区规划两个层次。城市总体规划内容包括：城市、镇的发展格局，功能分区，用地布局，综合交通体系，禁止、限制和适宜建设的地域范围，各类专项规划等。同时，规划的内容分为强制性内容和非强制性内容，如规划区范围、规划区内建设用地规模、基础设施和公共服务设施用地、水源地和水系、基本农田和绿化用地、环境保护、自然与历史文化遗产保护及防灾减灾等这些内容为强制性内容，是总体规划必须包含的内容，同时，强制性内容的修改遵循专门的规定，一般来说是不允许修改的。特别注意的是，强制性内容和非强制性内容的区别仅仅在于强制性内容是必须有的、内容修改要求严格，而非强制性内容是可选的内容，它们的效力都是由国家强制力保证实施的。

【深圳总体规划】

城市人民政府和城镇政府是组织编制总体规划的主体，它们向上级政府提出编制申请(市级向所属的省政府，镇级向所属的市政府或者省政府)，并在申请报告中就原规划执行情况、新规划编制(或修编)理由、范围作明确说明，在正式编制前，要先编制总规纲要并提请审查；在总体规划报审批前，需经本级人民代表大会常务委员会审议，并经过规划公示、专家评审、公众参与或者听证会等程序。

城市和镇的总体规划采取分级审批制度：直辖市、省会城市、国务院确定的城市的总体规划，由国务院审批；省、自治区人民所在地的城市以及国务院确定的城市总体规划，由省、自治区人民政府审查同意后，报国务院审批(即省会城市和国务院指定的一些城市)；其他城市的总体规划由各省、自治区人民政府审批；城镇总体规划由其所属的市级政府审批，但在报送审批前，都必须经过各级人民代表大会或者其常务委员会审议通过；同级人大"审议"是程序性的，是本级政府向上级政府报请审批总体规划前的必经程序，同级人大"审议"城乡规划是对同级政府制定、实施城乡规划的监督。

镇的总体规划编制和审批，还可以细分为不同情况：县人民政府所在地镇的总体规划由县人民政府组织编制，而不是由县人民政府所在地镇的人民政府组织编制。这是考虑到县人民政府所在地镇是整个县的经济、文化等中心，需要统筹考虑全县的经济、社会发展及全县的城乡空间布局和城镇规模。县人民政府组织编制的镇总体规划应报上一级人民政府批准，这里上一级人民政府主要是设区的市人民政府。除县人民政府所在地镇以外的其他镇的总体规划则由镇人民政府根据镇的发展需要，依据有关规定组织编制。编制完成后，先经镇人民代表大会审议后，报送上一级人民政府审批。这主要是指县人民政府，包括不设区的市人民政府。

概括地说，基本程序包括：前期研究、编制工作报告、编制城市总体规划纲要、编制城市总体规划成果并报批。

4. 乡村规划的内容、制定和审批

乡村规划应该由实际出发，考虑乡村的不同需要，尊重村民意愿，体现地方和农村特色。以前的乡村规划主要由《村庄和集镇规划建设管理条例》管理执行，与城市规划形成二元管理结构，导致乡村规划管理薄弱，乡村发展不能满足农民生活和生产的需要；在城

【村庄集镇规划建设管理条例】

乡一体的前提下，《中华人民共和国城乡规划法》特别提出乡村规划必须统筹安排，均衡发展，尊重村民意愿，以村民作为乡村建设的主体。该规划内容主要包括：安排村庄内农业生产用地布局及为其配套的各项服务设施；确定村庄居住、公共设施、道路、市政工程设施等用地布局；畜禽养殖场所等生产建设的用地布局；确定垃圾分类及转运方式，明确垃圾收集点、公厕等环境卫生设施的分布、规模；确定防灾减灾设施的分布和规模；对耕地、水源等自然资源和历史文化遗产保护措施，对村庄分期建设时序作出安排等。

乡村规划要考虑乡村的不同需要，要有针对性的规定，不能搞强迫，由村民来决定发展的速度和方向；建设社会主义新农村，消除城乡差别，提高农村生活水平，是我国面临的新任务，但在规划上，要防范把乡村建设和城市建设雷同化，防止超过实际需要的城镇化倾向，做到真正为农民服务，改善农村生产和生活条件，实现共同富裕。

乡村规划由乡、镇人民政府组织编制，报上一级人民政府审批；由于乡村规划直接涉及广大村民的切身利益，而村集体是实行村民自治的，因此，乡村规划在报审批前，应当经村民会议或者村民代表会议讨论同意。

5. 控制性详细规划的内容、制定和审批

控制性详细规划是以总体规划为依据，进一步深化总体规划意图，为有效地控制用地和实施规划管理而编制的**详细规划**。其内容是对近期建设或者开发区进行地块细化，确定各类用地性质、人口密度和建筑容量，确定规划区内的市政公用和交通设施的建设条件，以及内部道路和外部道路的联系；控制性详细规划的作用主要是用于明确建设地区的土地使用性质和使用强制性控制指标，道路和工程管线控制性位置及空间环境控制的规划要求，对近期建设或者开发地区进行地块细化。它是城市规划实施管理最直接的法律依据，是国有土地使用权出让、开发和建设管理的法定前置条件，为土地综合开发和规划管理提供必要的依据，同时也可用以指导修建性详细规划编制。

城市人民政府城乡规划主管部门根据城市总体规划的要求，组织编制城市的控制性详细规划，经本级人民政府批准后，报本级人民代表大会常务委员会和上一级人民政府备案。镇人民政府根据镇总体规划的要求，组织编制镇的控制性详细规划，报上一级人民政府审批。县人民政府所在地镇的控制性详细规划，由县人民政府城乡规划主管部门根据镇总体规划的要求组织编制，经县人民政府批准后，报本级人民代表大会常务委员会和上一级人民政府备案。

6. 修建性详细规划的内容、制定和审批

修建性详细规划是在控制性详细规划确定的规划设计条件下编制的，直接对建设项目和周围环境进行具体的安排和设计，一般是针对具体地块，主要用于确定各类建筑、各项基础工程设施、公共服务设施的具体配置，并根据建筑和绿化空间布局进行环境景观设计，为各项建筑工程设计和施工图设计提供依据。

修建性详细规划一般是作为一个比较大的地块整体项目开发的时候，为了整体了解整个项目的具体分布而编制的规划，比如具有一定规模的大型居住社区、一定规模的大型商业建筑群，才需要编制这种规划从而在分期的长时间实施中，从开始就可以确定很多公共服务设施、基础设施的具体数量和分布，如学校、公交、停车、绿化等基础设施和公共服务设施的具体情况。

城市、县人民政府城乡规划主管部门和镇人民政府可以组织编制重要地块的修建性详细规划。修建性详细规划应当符合控制性详细规划。由于修建性详细规划涉及内容比较细，因此，并不是规划中的地块都需要制定这类规划，而且对它的审批没有具体的规定，一般只要它符合该地块的控制性详细规划，并得到用地单位的认可就可以。

修建性详细规划可以由规划设计单位设计，也可以由建筑设计单位设计，它是介于规划设计和建筑设计之间的一种两者兼顾的设计，一旦修建性详细规划得到认可，也就是说建筑方案确定了，所以现在一般由建筑设计单位担任。修建性详细规划的成果由规划说明书和图纸组成。

2.2.4 各级人民代表大会在城乡规划制定中的作用

城乡规划的制定主要是行政机关的责任，各级人民政府在规划制定中应当发挥主要责任，但是规划涉及面广，对社会影响大，为加强对规划的监督，保证其科学性，需要各级人民代表大会的监督。

各级政府在组织编制城乡规划时，必须先经本级人民代表大会常务委员会审议，审议意见交本级人民政府研究处理，各级政府在报上级单位审批该规划时，必须把人民代表大会的审议意见和根据该意见修改后的规划一并报送。

各级人民代表大会在规划制定中发挥的一种辅助作用，主要作为监督主体，并不直接组织编制或者审批城乡规划，但是，人民代表大会是反映群众呼声的有效途径，是公众参与的有效组织方式，在编制规划时，必须认真听取他们的意见，解决群众的实际问题。

2.2.5 制定城乡规划法的编制单位

城乡规划编制是由规划编制组织机关(一般是各级人民政府的规划管理部门)委托具有相应资质等级的单位承担规划的具体工作，并且编制单位是独立于城乡规划组织编制单位，从事规划编制的有独立法人地位的具体单位，双方需要签订委托编制合同，依照合同确定双方的权利和义务关系。在这里，特别强调的是编制单位需要有独立的法人地位和相应的编制资质，而不能够由政府部门自己委托、自己编制，强调编制和政府管理部门的脱离，是为了更加公平合理地制定规划，并在制定规划的全过程中更好地开展公众参与。

规划编制工作是一项专业性非常强的工作。在中华人民共和国境内申请城乡规划编制单位资质，实施对城乡规划编制单位资质监督管理，适用《城乡规划编制单位资质管理规定》的规定。城乡规划编制单位资质分为甲级、乙级、丙级。规划编制单位的资质等级，是对编制单位技术能力的一种管理方式。从事城乡规划编制的单位，应当取得相应等级的资质证书，并在资质等级许可的范围内从事城乡规划编制工作。城乡规划编制单位资质的核定也采用分级管理：甲级资质由国务院规划主管部门(住建部)审批；乙级、丙级资质由省、自治区、直辖市人民政府规划主管部门(住建厅、委)审批。

规划编制单位要获得相应的规划资质，必须具备一定的条件：具有法人资格；有规定数量的注册规划师；有规定数量的相关专业技术人员；具备符合业务要求的计算机图形输入输出设备及软件；有一定面积的固定工作场所，以及完善的技术、质量、财务管理制度。

2.2.6 城乡规划的公众参与程序

各级城乡规划在编制形成后，组织编制单位必须依法将规划草案给予公告，并采取论证会、听证会或者其他方式征求专家和公众意见，公告时间不得少于三十天。

城乡规划在审批过程中的充分专家论证和广泛的社会参与是十分必要和重要的。这是因为城乡规划在相当长的一段时期内，对某一城镇或者乡村建设和发展起指导作用，对居民的生产生活影响相当大。社会公众参与的形式是组织编制机关在报送审批前组织专家论证会、听证会或其他形式听取专家和公众意见。专家论证会、听证会可以针对城乡规划草案整体，也可以针对城乡规划中的某一重点或难点问题。其他的形式包括座谈会、调查问卷、向社会公开征求意见等。总之，任何形式的征求意见所要达到的目的是社会公众与专家的充分参与，保障各种利益群体能够在对其既有利益与未来预期有影响的城乡规划的制定过程中发表意见。这既是为了保证规划制定的民主性，也是为了真正实现规划制定的科学性。

在各级规划的审批程序中，人民代表大会或其常务委员会的审查、监督作用十分重要，各级规划必须经本级人民代表大会或其常务委员会审查并提出意见，编制单位修改后，才可连同审查意见、修改意见稿一同上报上级部门审定。

2.2.7 城乡规划的修改

城乡规划中，省域城镇体系规划、城市总体规划、镇总体规划的规划期限一般为20年，是对城镇的一种长远规划，具有长期性的特点，规划一经批准，就应当严格执行，不得擅自改变。但是，城乡规划并非一个机械地按固定模式发展的过程，规划面对的是长期建设活动的安排，规划内容是建立在现有资料和现状的基础上的，对未来20年的发展进行空间布局，而预测肯定是存在不准确的因素，随着各种因素的加入或者个别事件的发生，规划方向、目的、步骤等都会发生改变，因此，规划的修改是必然的。

城乡规划具有法律效力，一经批准就必须保持稳定，不经过法定程序不得进行修改，只有在符合法定程序的前提下，城乡规划才可以进入修改程序，并且具有很强的严肃性。

对于省域城镇体系规划、城市总体规划、镇总体规划，应当每年组织有关部门和专家定期对规划实施情况进行评估，并由人民代表大会和常务委员会定期提交相关意见，将专家意见和群众意见结合起来。对省域城镇体系规划、城市总体规划、镇总体规划实施情况进行评估的主体，为省域城镇体系规划、城市总体规划、镇总体规划的组织编制机关。定期对有关城乡规划实施情况进行评估既要从技术上保证规划适应形势发展，也要让规划充分反映不同利益要求，这样得出的评估报告，得到一致认可后，可以进行规划修改，也叫修编。

目前，修改规划的程序不规范，修改规划成本过低，致使一些地方政府随意改变规划和违规建设的情况比较严重，特别是个别领导个人意志的转变，成为规划修改的主要原因；为此，新城乡规划法对规划修改作出修改条件和程序上的具体规定，其目的就是保证规划的严肃性。

1. 城乡规划修改的准备工作

城乡规划是政府指导和调控建设的基本手段和重要依据，在规划实施期间，必须定期对规划目标实现情况进行跟踪评估，及时监督执行情况，保证规划实施方向。对规划进行全面、科学的评估，有利于及时研究新问题，及时总结存在的优点和不足，提高实施的科学性；因此，对已经执行的规划进行执行情况的评估，是对现有规划进行修改的前提。

省、自治区、直辖市组织编制、实施的省域城镇体系规划、城市总体规划、镇总体规划，由原人民政府负责进行规划实施评估并提出修改申请；城市人民政府组织编制的城市总体规划，由原人民政府负责组织评估和修改；镇、县制镇组织编制、实施的城镇总体规划，由原人民政府组织评估和修改。

对已经执行的规划进行评估，其工作的组织由原规划的编制组织单位承担。

组织编制机关对相关规划进行评估后，应当分别向本级人民代表大会或者其常务委员会提交评估报告并征求意见，通过后方可向上级机关(原审核单位)提出修改申请。

2. 城乡规划修改的条件

有下列情形之一的，组织编制机关方可按照规定的权限和程序修改省域城镇体系规划、城市总体规划、镇总体规划：①上级人民政府制定的城乡规划发生变更，提出修改规划要求的；②行政区划调整后，必须修改的；③因国务院批准重大建设工程需要修改规划的；④经评估确实需要修改的；⑤城乡规划的审批单位认为应当修改规划的其他情形。

其中①～③都是*刚性条件*，现实中这些事件的出现，使得城乡规划已经不能适应需要，甚至阻碍社会发展了，必须进行修改；后面两项是政府本身拥有的*自由裁量权*，政府可以行使这个权力对城乡规划进行修改，但是必须走*法定程序*。

虽然城乡规划随着时间的进展，应该有所变化，但是，规划本身的法律特性，就应该保持稳定，保证规划的严肃性和持续性，要防止个别建设项目影响整个区域的规划目的和方向，杜绝"规划跟着项目走"的错误认识和行为。

3. 城乡规划修改的程序

具备了法定条件，并不意味着可以马上修改规划，城乡规划法规定，启动规划修改仍需要经过一定的程序。

修改省域城镇体系、城市总体规划、镇总体规划前，组织编制单位应当对原规划的实施情况进行总结，并向原审批机关报告；修改涉及城市总体规划、镇总体规划强制性内容的，应当先向原审批单位提出专题报告，经同意后，方可编制修改方案。如果修改内容是一般性规定，组织编制单位可以自行决定是否启动修改程序。

控制性详细规划的全部内容，相当于总体规划中的强制性内容，因此它的修改，与总体规划强制性内容修改程序相同。同时，控制性详细规划的修改直接涉及已经审批过的项目，对那些项目的有关权利人会产生直接的影响，因此，控制性详细规划在修改前必须进行必要性论证，征求规划区域内利害关系人的意见，提交专题报告并经原审批机关同意后，方可进行修改方案；同时，也要听取社会意见。

根据城乡规划法，控制性详细规划的修改，必须经过先编制修改方案，再通过修改方案审批后才可以进行。

控制性详细规划修改的内容如果与原来城市规划中的强制性内容相抵触，就必须先对总体规划中的强制性内容进行修改、审批，等程序完成后，才可以进行。

乡规划、村庄规划的修改由乡、镇人民政府组织编制其修改方案，并经村民会议或者村民代表会议讨论同意后，报上一级人民政府审批后，才可进行。

近期建设规划是对已经依法批准的城市、镇总体规划的分阶段实施安排和行动计划。它的修改，必须在城市、镇总体规划限定的范围内，对实施时序、分阶段目标和重点等进行调整，不得变相修改城市总体规划内容或者超越总体规划规定的内容，并且在修改后，应当报总体规划审批机关备案。

总之，城乡规划的修改必须在坚持对*效率、公正、准确、可接受*这几个方面的仔细研究后，谨慎进行。

4. 城乡规划修改的利益受损问题

行政许可法明确规定，公民、法人或者其他组织依法取得的行政许可受法律保护，行政机关不得擅自改变已经生效的行政许可。行政许可所依据的法律、法规、规章修改或者废止，或者准予行政许可所依据的客观情况发生重大变化的，为了公共利益的需要，行政机关可以依法变更或者撤回已经生效的行政许可。由此给公民、法人或者其他组织造成财产损失的,行政机关应当依法给予补偿。

在城乡规划的实施过程中,城乡规划主管部门依据经法定程序批准的城乡规划,核发选址意见书、建设用地规划许可证、建设工程规划许可证或者乡村建设规划许可证。在核发这些许可证书后,规划主管部门不得擅自改变已经生效的行政许可。但由于客观情况发生了重大变化,为了公共利益的需要,城乡规划也可以依法作出相应的修改。由于城乡规划的修改,就有可能导致城乡规划主管部门变更或者撤销原发放的行政许可证书,这时就要对被许可人合法权益造成的损失给予补偿。如果对原来已经认可的建设行为进行变动,造成当事人损失的情况有三种。

(1) 规划修改后,根据原规划发放的选址意见书、建设用地规划许可证、建设工程规划许可证或者乡村建设规划许可证可能会失效,从而给当事人造成损失。这种损失是由于行政许可被撤销而直接造成的,损失和许可被撤销之间存在直接的因果关系,因此国家应该给予补偿。这种损失因为发生在具体建设开始以前,一般容易处理,损失金额也不会太大,多数情况是造成该地块建设量发生变化,通过退还部分土地出让金就可以解决。

(2) 规划修改后,根据原规划而制定并得到审批的建筑方案、施工图不满足新规划的要求而必须修改的,规划管理部门应当采取听证会等形式,听取利害关系人的意见,协调相关利益,因修改造成的损失,应当依法给予补偿。

(3) 规划修改后,根据原规划已经得到实施的建设工程,不满足新规划的要求,这种情况一般在修改规划前就应当得到确认并通知相关利益人停止新的建设,对已经实施的部分,由于涉及金额一般比较高,需要和利益相关人进行协商,给予补偿。这种情况的出现,一般是重大公共利益项目对原来项目造成的损失。例如,城市地铁建设使得原来已经建设成的建筑必须拆除或部分拆除或修改其用途等。

在出现有关方面利益受损的时候,城乡规划法规定是依法给予"补偿",而不是"赔偿"。补偿是相对于合法行政行为而言的,行政机关依法修改规划,是一种合法的行政行为,因此给被许可人造成的损失应当给予补偿。赔偿是指行政机关违法的行政行为,给公民、法人或者其他组织的合法权益造成损失的,才给予赔偿。

在出现损失而需要给予补偿的前提条件有两个:一是对当事人的财产造成了损失。这种损失是客观存在的,能够具体确定的,而不是想象的。这种损失只包括财产损失,不包括精神损失。二是财产损失与修改城乡规划和建设工程设计方案的总平面图有直接的、必然的联系,即存在因果关系。

2.3 城乡规划法的实施

城乡规划的实施,指的是城乡规划管理部门根据城乡规划法律规范和已经批准的城乡规划,对城乡规划区内的各项建设活动进行规划审查,并核发规划许可证的行政行为。城乡规划实施的基本制度是规划许可证制度。

2.3.1 城乡规划法实施的基本原则

城乡规划的实施,是一个长期的建设过程,必须建立牢固的基本原则,才能保证建设工程的顺利进行。具体地说,实施的基本原则有以下七点。

1. 坚持分类指导的原则

在规划编制上，城乡规划法始终坚持分类指导，体现在城市、镇和农村的编制要求和管理差别上，在实施上同样如此，对城市、镇和乡村的建设和发展规定不同的原则，体现不同的特点。

2. 坚持按实际需要出发的原则

当前，我国城市化和城市建设处于快速发展阶段，但是从粮食、能源、资源、生态、环境安全的角度出发，建设标准并非越高越好，发展速度并非越快越好，城乡建设和发展要根据本地区经济社会发展水平进行，既要考虑经济社会发展对城市扩大和土地利用的需要，又要从实际情况出发，量力而行，不可超过实际社会水平而盲目追求高速度和大发展。

3. 坚持公共利益、基础设施优先的原则

城乡发展，应当优先安排基础设施及公共服务设施的建设，妥善处理新区开发和旧区改建的关系，统筹兼顾进城劳务人员生活和周边农村经济社会发展；结合当地实际经济社会发展和产业结构调整需要，优先安排供水、供电、供气、道路、通信、广播电视等基础设施，以及学校、卫生院、文化站、幼儿园、福利院等公共服务设施的建设。要优先安排与人民群众密切相关的服务设施建设，改善城乡居民的居住环境。

4. 坚持尊重群众意愿的原则

坚持把维护公共利益、促进社会公平、关注和改善民生，作为实施规划的重要目标，虚心接受群众监督，充分听取群众意见，尊重群众意愿，构建和谐社会。

5. 坚持节约用地的原则

我国的人均可利用的土地资源贫乏，因此在城市建设和乡村发展过程中，时刻要坚持节约用地，坚守基本农田和农业用地的范围不被非法侵占。

6. 坚持生态优先的原则

在进行城乡建设时，必须保证生态环境不被侵害，既要保证城市经济社会长期稳定健康发展，又要高度重视生态资源环境保护，做到发展与保护并举，经济利益、社会效益和生态效益同步提高。

7. 坚持城乡统筹的原则

在进行城市发展和建设时，应当统筹兼顾周边农村经济社会发展、村民生产与生活需要。农村经济社会和城市经济社会是相互联系、相互依赖的，城市有责任带动农村，工业有责任支援农业；通过统一规划，促进城市的发展与周边农村的发展建设相协调，把促进城市的可持续发展与发挥城市对农村发展的带动和反哺作用联系起来，实现发展目标与发展过程的统一。

2.3.2 建设项目用地选址意见书

建设项目用地选址意见书，是用于管理建设项目预先申请用地的许可。需要申请建设项目用地选址意见书的建设项目，必须满足以下三个条件。

(1) 该项目是在城市、镇规划区内的项目，在规划区外的项目，规划主管部门不可以核发选址意见书。

(2) 该项目是需要有关部门批准或者核准的建设项目。建设项目立项审批有三种，即批准、核准和备案，只有前两种项目需要选址意见书。

(3) 该项目使用土地是以划拨方式获得的国有土地使用权。

按现行法律规定，取得国有土地使用权的方式有划拨和出让两种方式。出让方式获得土地的项目，出让前规划条件已经具备，不再需要该意见书。因此，只有以划拨方式获得国有土地使用权的建设项目才可能需要选址意见书。

选址意见书作为法定项目审批和划拨土地的前置条件，建设单位在报送有关部门批准或者核准前，应当向城乡规划主管部门申请核发选址意见书。省、市、县人民政府城乡规划主管部门收到申请后，应当根据有关法律法规章和依法制定的城乡规划，在法定的时间内对其申请作出答复。对于符合城乡规划的选址，应当颁发建设项目选址意见书；对于不符合城乡规划的选址，不予核发建设项目选址意见书并说明理由，给予书面答复。通过建设项目选址意见书的核发，既可以从规划上对建设项目加以引导和控制，充分合理利用现有土地资源，避免各自为政，无序建设；又可以为项目审批或者核准提供依据，对于促进从源头上把好项目开工建设关，维护投资建设秩序，促进国民经济又好又快发展具有重要意义。

随着国有土地使用权有偿出让制度的全面推行，除划拨使用土地项目(主要是公益事业项目)外，都将实行土地使用权有偿转让，按照城乡规划法的规定，出让地块必须同时具有城乡规划主管部门提出的规划条件，而规划条件明确了该地块面积、使用性质、建设强度、基础设施、公共设施的配置原则等相关要求，而且这些要求是规划管理部门依据控制性详细规划的数据得出的，是符合规划要求的，因此，这些项目不再需要选址意见书。

2.3.3 建设用地规划许可证制度

【建设用地规划许可证样本】

1. 以划拨方式获得土地使用权的建设用地规划许可证

以划拨方式获得国有土地使用权的建设项目，在获得建设用地选址意见书后，该项目经有关部门批准、核准后，向城乡规划管理部门送审建设工程设计方案，申请建设用地规划许可证。

政府规划管理部门应当审核建设单位申请建设用地规划许可证的各项文件、资料、图纸等是否完备，并依据控制性详细规划，审核建设用地的位置、面积及建设工程总平面，确定建设用地范围，对具备相关文件且符合城乡规划的建设项目，核发建设用地规划许可证；对不符合法定要求的建设项目，不予核发建设用地许可证并说明理由，给予书面答复。

建设单位只有在取得建设用地规划许可证，明确建设用地范围及界线之后，才可以向县级以上政府土地主管部门申请用地，经县级以上人民政府审批后，由土地部门划拨土地。

取得建设用地规划许可证，是使用划拨国有土地的建设项目必须经历的过程，在这个过程中，从选址意见书到用地规划许可证，该项目经过多个政府管理部门的审批、核查，以确保这类项目的社会公益性。

2. 以出让方式获得土地使用权的建设用地规划许可证

以出让方式获得国有土地使用权的，在国有土地使用权出让前，城市规划管理部门依据控制性详细规划提出规划条件，作为国有土地使用权出让合同的组成部分。建设单位在获得出让的土地后，持建设项目批准、核准、备案文件和国有土地出让合同，向规划管理部门领取建设用地规划许可证。规划主管部门不得在发放建设用地规划许可证的过程中，擅自改变作为土地出让合同组成部分的规划条件。规划管理部门对项目的规划条件进行审核，对符合城乡规划的建设项目，核发建设用地规划许可证；对不符合法定要求的建设项目，不予核发建设用地许可证并说明理由，给予书面答复。

规划条件未纳入国有土地使用权出让合同的，该国有土地使用权出让合同无效；对未取得建设用地规划许可证的建设单位批准用地的，由县级以上人民政府撤销有关批准文件；占用土地的，应当及时退回；给当事人造成损失的，应当依法给予赔偿。

2.3.4 建设工程的规划条件

依据总体规划编制的控制性详细规划，对每个规划区域内的地块都给出了用地性质、建设强度、基础设施和公共服务设施配套的具体控制数据，依据控制性详细规划，对每个要用于建设的地块，都可以得出一个确定建设内容的规划条件，这个规划条件是不允许建设单位在建设过程中任意变更的，建设单位必须在满足规划条件的前提下进行建设项目的设计和施工，这就是建设工程的规划条件。

对划拨取得国有土地使用权的建设项目，由规划管理部门在办理建设用地许可证时，结合用地的控制性详细规划，给出规划条件；对以出让方式取得土地使用权的，在出让合同中就已经有规划条件。

规划条件和国有土地使用权出让或者划拨是联系在一起的，是国有土地使用权出让合同的组成部分，它明确了这个地块可以建设的内容和强度，是一个和开发量、开发性质紧密相关的数据，同时也是这个地块价值的真实体现，也关系到周边地块与这个地块的相互关系，是重要的控制城市建设的关键点。

规划条件满足控制性详细规划的建设项目，就是满足规划的项目，是可以进行的，而不满足规划条件的项目，肯定是在某些方面违反规划的，是不能批准进行的。

规划条件和土地使用权出让合同一起，是组成合同的一部分，建设单位在取得土地使用权出让合同后，提出要修改规划条件的，必须连同出让合同一起考虑修改，对提出的新规划条件不满足控制性详细规划的，一律不得批准。

要加强对建设工程的事后规划监督，落实规划条件到具体工程中去，对未经核实或者核实不符合规划条件的建筑工程，建设单位不得组织竣工验收，也就无法投入使用。

2.3.5 建设工程规划许可证制度

在城市、镇规划区域内进行建筑物、构筑物、道路、管线等工程建设，建设单位或个人应当先向规划管理部门申请办理建设工程规划许可证。在建设工程规划管理中，对于建筑物、构筑物、道路、管线和其他工程的建设活动，依据经法定程序批准的城乡规划，依法严格实施建设工程规划许可，是保障城乡规划有效实施，避免对城乡建设健康、有序发展构成不利影响的前提。

【建设工程规划许可证样本】

申办建设工程规划许可证，应当提交使用土地的有关文件、建设工程设计方案等材料，有些项目还需要编制修建性详细规划，规划管理部门审核这些资料，对符合控制性详细规划和规划条件的，核发建设工程规划许可证；并依法将审定的修建性详细规划、建设工程设计方案的总平面图予以公布，以保证公众的知情权，使审批过程更加透明化和公开化，相关的被许可人、利害相关人和公众可以通过查阅公开的图纸资料，加强对行政机关的监督，保证行政机关作出的行政许可合法并符合公共利益的需要。

通过建设工程规划许可，一是可以确认城市中有关建设活动符合法定规划要求，确保建筑主体的合法权益；二是可以作为建设活动在实施过程中接受监督检查时的法定依据；三是可以作为完善城乡建设档案的重要内容，其意义十分重大。

城乡规划管理部门不得在城乡规划确定的建设用地范围以外作出规划许可，以确保规划范围不扩大。对于已经取得建设工程规划条件的建设项目，建设单位需要变更的，必须向规划管理部门提出申请，变更内容不符合控制性详细规划的，规划部门不得批准；变更内容符合规划的，规划管理部门应当及时将依法变更后的规划条件通报同级土地管理部门并给予公示，并办理相关手续，完成后才可核发新的建设用地规划许可证。

建设工程规划许可证，是所有建设工程都必须领取的，也只有在领取后建设工程才能开始施工。在乡、村庄集体土地上的有关建设工程，同样应当办理乡村建设规划许可证。

建设工程规划许可证结合工程规划总平面图，主要包括的内容有建筑物使用性质的控制、建筑容积率和建筑密度的控制、建筑高度的控制、间距的控制、建筑退让的控制、用地绿化率的控制、用地出入口、停车和交通组织的控制、基地标高控制等。

建设工程审核批准后，城市规划行政主管部门要加强监督检查工作，主要包括验线和现场检查：①验线是对建筑物在用地上的定位，建筑单位应当按照建设工程规划许可证的要求放线，并经城市规划行政主管部门检查无误后方可施工；②现场检查是指城市规划管理工作人员进入施工现场，了解建设工程的位置、施工等情况是否符合规划设计条件。在检查中，任何单位和个人都不得阻挠城市规划管理人员进入现场或者拒绝提供与规划管理有关的情况。城市规划行政管理人员有为被检查者保守技术秘密或者业务秘密的义务。

2.3.6　乡村建设规划许可证制度

在乡、村庄集体土地上的有关建设工程，应当办理乡村建设规划许可证。设置这项规划许可制度，一是有利于保证有关的建设工程能够依据法定的乡规划和村庄规划；二是有利于为土地管理部门在乡、村庄规划区内行使权属管理职能提供必要的法律依据；三是有利于维护建设单位按照规划使用土地的合法权益。

建设单位或者个人在乡、村庄规划区内进行乡镇企业、乡村公共设施和公益事业等建设活动，应当向所在地乡、镇人民政府提出申请，由乡、镇人民政府进行审核后，报城市、县人民政府城乡规划主管部门核定发放乡村建设规划许可证。审核的主要内容是确认建设项目的性质、规模、位置和范围是否符合相关的乡规划和村庄规划；核定的主要内容是有关建设活动是否符合交通、环保、防灾、减灾、文物保护等方面的要求。建设单位或者个人在取得乡村建设规划许可证后，方可向城市、县人民政府土地管理部门申请办理用地审批手续。

从严格落实保护耕地的要求出发，在乡、村庄规划区内进行乡镇企业、乡村公共设施和公益事业建设以及农村村民住宅建设，不得占用农用地。若确需占用农用地，有关单位或者个人则应当依据《土地管理法》的有关规定，在办理农用地转用审批手续后，再申请办理乡村建设规划许可证。

在乡、村庄规划区内使用原有宅基地进行农村村民住宅建设的不涉及用地性质的调整，加之各地经济发展、社会、文化、自然等情况差异较大，农村住宅建设状况不尽相同，为方便村民，管理程序可以相对简单。为此，这类建设的具体规划管理办法由省、自治区、直辖市制定。

2.3.7　建设工程的核实和竣工验收

规划核实内容是核实建设工程是否符合规划条件，主要是对建设工程是否按照建设工程规划许可证及其附件、附图确定的内容进行建设予以现场审核。建设工程从开工至竣工是一个连续的生产过程，在这个过程中，对建设单位是否严格按照规划法及规划许可要求进行建设，规划管理部门都有权进行监督检查，并且应当是贯穿整个建设过程。它又可以分为规划核实和竣工验收两个阶段。

在规划核实过程中，对符合规划许可内容要求的，及时提出有关核实意见；对不符合规划许可的，及时提出修改意见，并且提醒建设单位，不得继续施工。在建设过程中出现不符合规划许可要求并且拒不修改的项目，完工后不得参加竣工验收。

建设工程完工后，必须向城乡规划管理部门提请竣工验收，并在竣工验收后六个月内向规划管理部门报送有关竣工验收资料。

建设工程竣工验收是事后规划核实的重要环节。

竣工验收是政府各个管理部门对建设工程进行的综合审核，一般包括规划部门、公安消防部门、环保部门、质量监督部门，以及勘探单位、设计单位、图纸审查单位、监理单位等多个涉及该项目的单位，一起共同检查建设工程的各个方面和环节，得到认可后，共同签发竣工验收报告。

【自管自建难自拆】

2.3.8 建设过程中的违法责任和处理

1. 在规划编制和审核过程中的违法责任和处理

城乡规划的编制、审批和修改是实施城乡规划的基础，组织编制机关在编制规划时，应当依照法定程序进行；规划审批是对编制的城乡规划进行监督的重要程序，相关部门应当严格遵守法定职权，依照法定的程序；规划修改也必须按照法定程序。以上这些行为，如果违反法定程序，都属于违法行为，应当追究相应的法律责任。相关政府机关及其负责人和其直接责任人员都是承担法律责任的主体，他们作为行政法律责任的承担者，应当受到行政处罚和行政处分两种处理，情节严重的，或者造成重大损失的，必须接受刑事处罚。

2. 在规划实施过程中的违法责任和处理

建设工程实施是一个长时间的过程，可能违法的地方涉及很多方面，针对政府管理部门的违法行为，主要有以下几种：①超越职权或者对不符合法定条件的申请人核发选址意见书、建设用地许可证、建设工程许可证、乡村建设规划许可证的；②对符合法定条件的申请人未在法定期限内核发选址意见书、建设用地许可证、建设工程许可证、乡村建设规划许可证的；③未依法对经审定的修建性详细规划、建设工程设计方案的总平面进行公示的；④同意修改修建性详细规划、建设工程设计方案的总平面图前，未采取听证会等形式听取利害人的意见的；⑤发现未依法取得规划许可证或者违反规划许可证的建设行为，而不予以查处或者接到举报后不依法处理的；⑥对未依法取得选址意见书的建设项目，核发建设项目批准文件的；⑦未依法在国有土地使用权出让合同中确定规划条件或者事后改变规划条件的；⑧对未依法取得建设用地规划许可证的建设单位划拨国有土地的。

对政府部门和个人，违反上述规定的，由各级政府管理部门监督发现的，必须追究行政责任，情节严重的，追究刑事处罚。

针对建设单位的违法行为，主要有以下几种：①未取得建设工程规划许可证的，或者未按照规划许可证的规定施工的；②未经批准进行临时施工的；③未按照批准内容施工的；④临时建筑物、构筑物超过批准期限不拆除的；⑤规划管理部门依法责令停止建设或限期拆除的；⑥在建设工程竣工验收后六个月报送有关竣工验收资料的。

对建设单位或者个人违反相关规定和法律的，必须严格处理，除责令其按规划拆除违规建筑物外，还可以处以一定金额的罚款；严禁采用"以罚代替没收或者拆除"，使得违规建筑物成为合法的方式处理违规问题。

任何单位和个人的违法行为，达到我国刑法所规定的犯罪的构成要件的，就要依据刑法有关条款规定承担相应的刑事责任。

2.3.9 城乡规划实施中应注意的其他事项

1. 新区建设中的注意事项

城市新区的开发和建设，是指随着城市经济与社会的发展，按照城市总体规划的部署，在城市现有建成区以外的地段，进行集中成片、综合配套的开发建设活动。

在新区建设中，应当根据土地、水等资源的承载能力，量力而行，妥善处理近期建设与长远发展的关系，合理确定开发规模、强度和时序，坚持集约用地和节约用地的原则；充分利用现有基础设施和公共服务设施，合理确定各项交通设施的布局；在开发建设中，应当特别注意保护好大气环境、河湖水系、绿化植被等生态环境和自然资源，避开地下文物藏区，保护好历史文化资源；坚持统一规划和管理，必须先规划后实施，强调规划的严肃性，防止随意开发。

在城市总体规划和镇总体规划确定的建设用地范围以外，严禁各类开发区和城市新区。

开发城市新区，很容易当成"面子工程"或"政绩工程"而盲目冒进，各级政府管理部门必须在思路上严格控制，科学决策，稳妥开发。

2. 旧城改造中的注意事项

城市中的旧城区是在长期的历史发展过程中逐步形成的，是各历史时期的政治、经济、社会和文化的缩影，历史文化遗迹一般比较丰富。同时存在城市格局尺度比较小、人口密度高、居住人群收入比较低、基础设施比较陈旧、道路交通比较密集等问题，迫切需要进行更新和完善。

在旧城更新中，应注意产业结构调整，将污染严重和干扰较大的二、三类工业用地，仓储用地等逐步搬迁，增加交通、居住、公共绿地、各类基础设施和公共服务设施用地，促使城市旧区功能结构逐步完善。

在旧城改造中，特别要注意公众参与的重要，对低收入人群，必须注意他们的后续生活来源和实际困难；在历史文化名城的老城区，保存着大量历史文化遗存，是无法替代的极其珍贵的文化财富，要高度关注历史格局、传统风貌、历史文化街区和各级文物的保护，采取渐进式有机更新，防止大拆大建，在没有找到合适的办法保证可持续发展的情况下，尽量保持现状，保证民生，不可盲目拆除。

【自家危房 想说修你不容易】

总之，旧城改造是一个复杂和困难的建设过程，要正确处理好新和旧的关系以及必要和可能的关系。

3. 临时建筑中的注意事项

临时建筑是城镇建设中，因临时需要搭建的结构简易、依法必须在规定期限内拆除的建筑物、构筑物或其他设施。临时建筑必须建在城市、镇规划区内。

获得临时建筑规划许可的审批条件是：不得对城市、镇的近期建设的实施产生影响；不得对控制性详细规划的实施产生影响；不得对城市、镇的交通、市容、安全等造成干扰。临时建筑在使用后或者期限过后，必须自行拆除，不得超过期限后还存在和使用。临时建设和临时用地规划管理办法由各地政府根据各地实际情况和实际需要，作出有针对性和可操作性的具体办法。

4. 风景名胜区建设中的注意事项

风景名胜地区，是指具有观赏、文化或者科学价值，自然景观、人文景观比较集中，环境优美，可供人们游览或者进行科学、文化活动的区域，是极其珍贵的自然文化遗产，是不可再生的资源。

当前我国一些地方对风景名胜资源保护不利，只注重开发利用，缺少考虑保护和可持续发展，没有处理好保护与利用的关系，使得一些风景名胜资源破坏现象很严重。国务院于2006年颁布实施了《风景名胜区条例》，是我们保护和开发这类地区的指导性文件，明确提出"科学规划、统一管理、严格保护、永续利用"的建设原则。在城乡建设的发展过程中，应当依据这个条例对风景名胜地区合理开发利用，并注意安排周边的乡、镇、村庄的建设，使之与风景名胜区的保护目标项目协调。

5. 地下空间建设中的注意事项

我国土地资源紧缺，能源和土地需求巨大，开发城镇地下空间具有节约土地和能源的特征，是国家提倡的发展方向。

地下空间的开发利用是一项涉及众多因素的系统工程，必须坚持规划先行的原则，综合考虑地面土地的利用性质和建筑功能，做到地上地下相互协调，互成体系。在城市和镇的总体规划中，合理确定地下空间开发利用的原则、目标、功能、布局和规模，对开发地下空间作综合部署和全面安排；在详细规划中，注意地上地下空间的衔接要求，对各项建设进行具体安排和设计，并注意要符合城市规划，履行规划审批手续。

随着城市化的发展，我国大城市中出现用地紧张、停车紧张等城市问题，必须靠开发地下空间来解决这类问题。特别是对20世纪70年代后建设的地区，当时很少考虑地下空间的利用，但这类地区建设密度高，居住强度大，建筑可持续使用时间很长，其再改造难度和成本都很大，对这类地区地下空间的开发利用，要重点扶持。

地下空间的开发利用，建造成本和维护成本是远高于地面建筑的，因此必须坚持量力而行的原则，要根据当地的经济发展状况，制定规划实施的步骤和措施，合理确定地下设施的建设时序和规模，防止盲目攀比，追求不恰当的大规模、高档次。

地下空间存在相对封闭的特点，在开发利用中，要坚持安全第一的原则，注意防火、防意外事故措施的预先确定并严格监督执行，做好各项防护措施。

地下空间的开发利用，必须优先满足防灾减灾、人民防空、通信和市政基础设施的需要，不可因为开发影响社会公共服务设施的建设和使用。

我国《物权法》第136条规定，建设用地使用权可以在土地的地表、地上或者地下分别设立，这要求我们统筹考虑空间使用权，特别防止城市基础设施建设或城市安全措施建设与开发地下空间之间的冲突问题。

6. 近期建设规划中的注意事项

近期建设规划是城市总体规划、镇总体规划的分阶段实施的安排和行动计划，是落实城市和镇的总体规划的重要步骤。其基本任务是：根据总体规划、土地利用规划和年度计划、国民经济和社会发展规划，结合自身规划条件、自然环境、历史情况、现状特点，明确建设时序、发展方向和空间布局，提出重点基础设施建设、公共服务设施建设的时序和选址等重要项目的安排等，解决城乡规划实施的时序性问题，确定建设的先后顺序。

近期规划是总体规划的重要组成部分，以五年为期限，主要内容包括五年内重要基础设施、公共服务设施和中低收入居民住房建设以及生态环境保护的建设规模和布局，是总体规划的分解。

近期规划是总体规划的具体实施步骤安排，不可和总体规划相违背，不可借近期规划为名突破总体规划的建设范围和指标，特别要注意近期规划与土地规划、土地年度计划相吻合，不可提前使用未来的土地资源。

7. 保证基础建设公共服务用地中的注意事项

基础设施、水系、绿地和公共服务设施是城乡建设和发展重要的物质基础和资源，也是保障城乡居民生产、生活所必需的条件；在规划法中，明确一旦经过规划确定的这类用地，禁止擅自更改；特别是绿地，是保证城市环境的重要因素，往往有些建设单位"借用""占用"规划中明确的公共绿地，使得城市环境得不到保护，看似侵占的是"没有主人"的利益，而其实是侵占了全体居民的利益。例如，有些建设单位侵占城市绿地，在上面建设学校、停车场等号称"公共服务"的项目，其实质上还是侵占了公共利益，也是要严格禁止的。

城乡规划法规定，基础设施、公共服务设施建设用地和生态环境用地一经批准不得擅自改变用途，表明规划的编制和管理的重点要转向注重保护和合理利用各种资源，更加注重保障和落实城乡关键基础设施的布局。

2.4 城乡规划的监督检查和法律责任

2.4.1 城乡规划的监督

1. 城乡规划的监督体制

我国城乡规划监督体制由**国家监督**和**社会监督**两部分组成，国家监督根据监督主体和监督方式的不同，可分为权力机关监督、司法机关监督和行政机关监督；社会监督包含人民代表大会的监督和社会公众的监督。

2. 城乡规划的监督形式

城乡规划的监督有行政监督、立法监督和群众监督。

(1) **行政监督**就是各级政府的层级监督，下级部门要向上级部门汇报规划的实施情况和管理工作，上级部门要对下级部门违法案件的查处情况进行监督，其监督主体是县级以上人民政府及城乡规划管理部门。其内容包括政府层级监督检查、规划许可证的监督检查、建设工程竣工规划验收和竣工档案资料的检查。

(2) **立法监督**是指国家的立法机关对行政实行的监督，各级人民代表大会及其常务委员会对国家行政机关及其工作人员的监督，即监督各级政府及其工作人员的一切活动是否坚持依法办事。其内容主要是各种规范性法律文件的效力情况和地方各级政府对城乡规划的实施情况。

(3) **群众监督**是指积极引导公众参与到规划实施的检查中来，城乡规划的实施关系到公众的切身利益，引导公众参与监督规划实施，有十分重要的意义。其前提是规划管理部门公开规划的相关情况。

3. 城乡规划管理部门的监管权利和义务

城乡规划管理部门有直接的技术力量和专业知识，因此是对规划实施情况进行监督的最常见的，也是最重要的主体。它可以要求有关单位和人员提供与监督事项有关的文件、资料，并进行复印，包括国有土地使用权出让合同、建设用地规划许可证、建设工程规划许可证、建设工程设计方案、修建性详细规划以及其他与城乡规划有关的文件和资料；要求有关单位就监督事项涉及的问题作出解释和说明，并进行现场勘测；责令有关单位和个人停止违反有关城乡法律、法规的行为。但是需要注意的是，城乡规划管理部门在行使上述行为时，必须出示执法证件，表明身份，然后才能行使权力，体现依法执法、公开执法的要求。

规划管理部门依法对建设行为进行监督和检查，是他们本身的义务，他们必须保证经常性地检查建设项目，及时制止违法行为。

按照城乡规划法的规定，县级以上人民政府的城乡规划主管部门监督检查的基本情况和处理结果都应当依法公开，供公众查阅和监督，这样一方面让有利害关系的人了解规划实施情况，对规划实施进行监督；另一方面将自身的监督活动及有关处理工作本身置于公众的监督之下，保证公开、公平和公正性。公开的方式有很多种，可以是政府公报、政府网站、新闻发布会、报刊广播等，规划管理部门还可以根据需要建立公共阅览室、资料索取点、信息公告栏、电子信息屏等场所和设施，保证公开的效果。

2.4.2 违反城乡规划法的法律责任

对城乡规划管理部门违反法律和法规的行为，大致有以下这些(并不全部包括)：①对于依法应当编制城乡规划而未组织编制，或者未按法定程序编制、审批、修改规划的；②委托不具备承担编制资质的单位进行规划编制和修改的；③超越职权或者给不符合法定条件的申请人核发"一书两证"的，或者对符合法定条件的申请人未在法定期限内核发"一书两证"的；④对依法审定的修建性详细规划、建设工程设计方案总平面图没有及时公布的；⑤在同意修改修建性详细规划、建设工程方案的总平面图前没有采取听证会等形式听取利害人的意见的；⑥对在规划区内的建设行为没有取得规划许可证或者违反许可证的行为，而不予以查处或者接到举报后不依法处理的；⑦未依法在国有土地使用权出让合同中确定规划条件或者改变国有土地使用权出让合同中依法确定的规划条件的；⑧对未依法取得建筑用地规划许可证的建设单位划拨国有土地使用权的。

对这些违法行为，由上级政府部门责令改正，通报批评，对负责人和直接责任人给予处分；承担责任的方式包括单位责任和个人责任，单位责任是通报批评，个人责任是接受处分。

建设单位必须遵守有关规划的许可，按照这些许可文件的规定进行建设，其违法行为主要体现在没有取得许可的情况下建设施工，或者没有按照许可要求进行建设。对于这样的违法行为，视其影响轻重，可以分为两种：一种是可以消除影响，整改后达到规划要求的轻微违法行为，责令其限期采取措施消除违法影响，并处以建设工程造价5%以上，10%以下的罚款；另一种是无法采取措施消除影响的，必须限期责令其拆除建筑，没收实物、违法收入，并处以建设工程造价10%以下的罚款，不得"以罚款代替没收或拆除"，维护城乡规划的权威。

对违反城乡规划的建筑，如果不能采取补救措施的，应当进行拆除，从而消除违章建筑对城乡建设秩序的破坏，维护规划权威，对于这种违法行为，当事人不停止建设或者逾期不拆除的，由当地县级以上人民政府责成有关部门采取查封施工现场，强制拆除等措施。在我国，这种强拆行动必须是提请司法机关予以执行，行政机关配合。

对违反城乡规划法的行为，构成犯罪的，依法追究刑事责任。

【9起违反城乡规划典型案例】

本章小结

通过本章学习，可以了解城乡规划的基本概念和内容，掌握我国城乡规划的制定、审批、实施的全过程的基本概念，加深对现在城市化过程中存在问题的理解。

了解新城乡规划法建立的基本目的，明确城乡规划的内涵由"技术主导"向"公共政策"转变的原因，掌握不同类型规划的审批的管理部门和方式。

城乡规划实施是具体影响我们城乡未来的行为，一旦实施是很难逆转的，或者说是修正成本很高的一种建设活动，实施步骤和监督十分重要。

公众参与是解决城乡规划脱离现实的最好方法，也是真正约束冒进思想、违法行为的重要组成部分，必须依据中国实际社会情况，加大推广力度。

建设项目违反规划的，一定要坚决制止和拆除，维护规划法的权威。真正治理好社会，解决民生问题。

习 题

一、填空题

1. 我国的城乡规划，是指由_____、城市规划、镇规划、_____和村规划组成的一个规划体系。
2. 城市总体规划、镇总体规划以及乡规划和村规划的编制，应当依据_____，并与_____总体规划相衔接。
3. 依法批准的城乡规划，是城乡建设和规划管理中的依据，未经_____，不得修改。
4. _____负责全国的城乡规划管理工作。
5. 省、自治区人民政府组织编制省域城镇体系规划，报_____审批。
6. _____负责组织编制城市总体规划。
7. 编制的城市、镇总体规划，在报上一级人民政府审批前，应当先经_____审议通过。
8. 城市的建设和发展，应当优先安排_____以及_____的建设，妥善处理新开发区与_____的关系。
9. 修改控制性详细规划的，组织编制机关应当对修改的必要性进行论证，征求规划地段内_____的意见，并向_____提出专题报告，经_____同意后，方可编制修改方案。
10. 建设工程未取得_____许可证的或者未按_____许可证的规定进行建设的，规划管理部门可以责令停止建设。

二、单项选择题

1. 《中华人民共和国城乡规划法》的适用范围是（　　）。
   A. 城市规划区范围内　　　　　　　　B. 城市规划区国有土地范围内
   C. 城市范围内　　　　　　　　　　　D. 规划区范围内

2. 关于城乡规划，下列（　　）的观点是不正确的。
   A. 城乡规划是一个规划体系的统称
   B. 城乡规划是一个多层次的体系
   C. 城乡规划覆盖全国所有城市和乡村
   D. 城乡规划要求"一级政府一级规划"，各级政府都应该根据自己的事权，编制相应的规划
3. 关于城乡规划和其他规划的关系，下列表述正确的是（　　）。
   A. 城乡规划和土地规划在各级层次规划中，是平等的同级规划
   B. 城乡规划指导土地规划的制定
   C. 城乡规划指导国民经济和社会发展规划
   D. 国民经济和社会发展规划和城乡规划必须同时修改
4. 省域城镇体系规划由（　　）部门来制定。
   A. 国务院　　　　　　　　　　　B. 国土厅
   C. 省或自治区政府　　　　　　　D. 各个城市的政府
5. 关于城市总体规划，下列（　　）说法是错误的。
   A. 直辖市的城市总体规划报国务院审批
   B. 省、自治区政府所在地的城市报国务院审批
   C. 重点城市的总体规划报国务院审批
   D. 深圳、珠海、北京、天津的城市总体规划报国务院审批
6. 控制性详细规划包含的内容有（　　）。
   A. 该区域内人口的总数量　　　　B. 该区域内人口的密度
   C. 该区域内每个建筑的高度　　　D. 该区域内每个建筑的造型
7. 下列城乡规划的实施原则中，（　　）是错误的。
   A. 优先安排基础设施和公共服务设施
   B. 优先安排各级政府的重点项目
   C. 优先安排供水、供电、供气、道路等设施
   D. 优先安排当地居民生活需要的建设
8. 城市旧城改造应当遵循的原则是（　　）。
   A. 正确处理新与旧的关系　　　　B. 加快速度完成旧城改造项目
   C. 所有城区中的旧城区都应当改造　　D. 先完成新区建设后，再进行旧城改造
9. 对于出让国有土地使用权的土地，规划管理中错误的观点是（　　）。
   A. 先规划再出让，这样规划条件在出让前就可以制定
   B. 先有控制性详细规划后，才可以出让
   C. 出让国有土地，只需向土地管理部门申报
   D. 规划条件和出让合同是共同生效的文件，两者缺一不可
10. 建设过程中，规划条件可以改变的情况是（　　）。
    A. 控制性详细规划修改了，该地块的规划条件有变化
    B. 经济情况变好了，可以增加建设量
    C. 政府招商引资后，新的建设单位需要的规划条件和原规划不相符合
    D. 建设工程的实际需要超过现有规划的许可要求

三、多项选择题

1. 关于修建性详细规划，正确的说法有( )。
   A. 修建性详细规划是在控制性详细规划指导下编制的
   B. 修建性详细规划是在城市总体规划指导下编制的
   C. 修建性详细规划不是每个区域都必须编制的
   D. 修建性详细规划确定了用地上的人口数量
   E. 修建性详细规划的任务之一是确定建筑的色彩

2. 关于规划编制，不正确的说法有( )。
   A. 不是所有的城市、镇、乡村都需要编制规划
   B. 对于自然保护区，必须编制城乡规划
   C. 每个乡村只要存在，就必须编制乡村规划
   D. 城镇只要有发展的建设需要，就必须编制规划
   E. 城乡规划由政府部门编制

3. 在城市的总体规划中，哪些方面是正确的？( )
   A. 总体规划中要确定人口规模
   B. 总体规划不包括区域内乡村的规划
   C. 总体规划既是点的规划，又是面的规划，是一个全面规划
   D. 城市的总体规划中，强制性规划和非强制性规划并存
   E. 城市的总体规划不包括交通体系

4. 关于建设工程规划许可证，不正确的说法有( )。
   A. 建设工程规划许可证只在城市建设中有效
   B. 建设工程规划许可证中，包含内容有建筑密度、建筑高度控制的关键信息
   C. 建设工程规划许可证是在该项目建设地块上没有规划覆盖的时候，才需要审批的
   D. 对于划拨土地上的建设，不需要建设规划许可证
   E. 建设工程规划许可证用于控制地块上的绿化率、用地出入口、停车和交通组织等技术指标

5. 在临时建筑的管理中，哪些说法是正确的？( )
   A. 临时建筑不需要建设用地规划许可证
   B. 临时建筑对环境影响小，不需要规划管理部门批准
   C. 临时建筑不需要建设工程规划许可证
   D. 临时建筑可以通过申请转变为永久性建筑
   E. 临时建筑期限到后，由规划部门负责拆除

6. 对各级人大和人大常务委员会在规划中的作用，不正确的观点是( )。
   A. 人大负责组织编制城乡规划
   B. 人大有对规划提出批评意见的权力
   C. 人大负责审批城乡规划
   D. 人大应该负责规划的修改
   E. 人大必须负责公众参与的组织工作

7. 对规划修改，有下列哪些情况之一的，可以考虑进行？( )
   A. 上级规划发生变动修改的

B. 人大提出要求的

C. 上级部门批准重大项目需要的

D. 经过评估确实需要修改的

E. 规划规定期限到期的

8. 对控制性详细规划的内容的说法，正确的有(   )。

　　A. 控制性详细规划是非强制性规划

　　B. 控制性详细规划由规划管理部门编制

　　C. 控制性详细规划在审批前不需要人大的审议

　　D. 控制性详细规划确定地块的用地性质和强制性控制指标

　　E. 控制性详细规划是规划管理最直接的法律依据

9. 下面关于城乡规划的概念中，不正确的内容有(   )。

　　A. 城乡规划由各级人民政府负责编制

　　B. 城乡规划用于加强城乡建设的管理

　　C. 城乡规划都有时间期限的限制，一般都是10年

　　D. 城乡规划由一系列不同层次的规划组成，下级规划必须服从上级规划

　　E. 各级城乡规划的修改必须同时进行，以保证一致性

10. 下面关于城乡规划编制的概念中，不正确的内容有(   )。

　　A. 规划编制单位是独立于政府规划管理部门

　　B. 规划编制单位必须是国有背景的单位

　　C. 规划编制单位由国务院确定其具有哪一级别的资质

　　D. 规划编制单位是有不同的级别，低级别的单位所编制的规划必须有一定的限制

　　E. 规划编制单位中工作人员必须具有注册规划师资质

四、思考题

1. 制定新城乡规划法的意义是什么？
2. 是否所有的城市、镇、乡村都需要编制规划？
3. 城乡规划与其他规划的关系是怎样的？
4. 城市总体规划由谁负责制定？其主要内容是什么？
5. 各级人民代表大会在城乡规划的各个阶段的作用是怎样的？
6. 制定各级城乡规划的原则是什么？请说明这些选择原则的原因。
7. 实施城乡规划的总体要求是什么？
8. 城市新区开发和旧城改造应该遵循怎样的原则？
9. 划拨土地的工程项目和出让土地的工程项目，在规划管理上各有什么特点？
10. 为什么说规划设计条件是土地使用权转让合同中的重要部分？
11. 建设工程规划许可证是控制建设工程项目的哪些具体内容？
12. 如何保证有关规划许可证中规定的规划条件确实落实到建设工程中？
13. 城乡规划如何适应社会形势的发展要求？
14. 规划修改的条件和程序是什么？
15. 如何对城乡规划进行监督？有几种形式？
16. 规划管理部门进行规划监督时，有哪些权力？

17. 公众参与在城乡规划中有什么重要意义？如何实现公众参与？
18. 哪些建设工程需要领取选址意见书？为什么？

五、案例分析题

案例1

武汉外滩花园项目位于汉阳长江江滩，距长江大桥200米，整个小区可容纳业主451户。利用江滩长达1000米，均宽70米，共计占地80亩(其中20亩属代征地，因埋有过江电缆而不能使用)，整个投资约1.6亿元。施工分两期进行：一期工程1996年动工，1998年竣工，包括两栋公寓楼，11栋14套别墅、1栋办公楼，共计2万多平方米；二期工程2000年动工，2001年年初竣工，主要是5栋公寓楼，建筑面积5万多平方米。

武汉外滩花园1995年被批准，1997年建一期工程，2000年又建起了第二期工程。外滩花园项目五证齐全，并签订有防汛责任状。

《中华人民共和国防洪法》1998年开始施行。

武汉鸿亚实业有限公司投资外滩花园项目，耗资1.6亿元建造的"外滩花园"曾以"我把长江送给你"的广告口号响彻武汉三镇。

外滩花园从1994年开发，开发商"五证"具备。

1995年8月16日武汉市规委会讨论该项目，会议纪要内容：①长江城市花园项目是武汉市规划"两桥"开发的武汉"上海外滩"和"浦东陆家嘴"的启动项目，省市各部门要密切配合、共同支持把启动项目建成示范项目。②长江城市花园是利用江滩的开发项目，规划方案在充分考虑并确保城市防洪安全的前提下，经过多次审议、修改，基本达到了要求，可以加快工程实施进度。③"两桥"开发已列入武汉市"九五"计划重点，为促进带动招商引资，加快开发步伐，长江城市花园作为试点，在"土地使用证"发放上应给予支持。具体办法由市防汛办把防洪审批意见送市规划局，市规划局呈报市政府审批后发土地使用证。会议参加单位有：湖北省计委、省水利厅、武汉市政府、市规划局、市防汛办等单位的有关领导。(注：长江城市花园项目就是外滩花园项目，一个是申报项目用名，一个是销售用名。)

外滩花园在审批立项后，开发商曾与武汉市有关部门签订过防汛责任状，除确保大堤和汛期安全外，还要一次性缴纳防汛费。一位曾参与外滩花园项目的人士说，当时上交的这笔费用有"几百万"。

项目建成后销售，外滩花园一期工程的130多户已全部入住，二期的300余户已售出约90%，其中30%已入住，住户办理了房产证和土地使用证。

2001年，有人大代表提出这个项目违反国家《中华人民共和国防洪法》，必须拆除。

2001年11月，中央电视台《焦点访谈》报道该项目违法情况后，市政府成立工作小组，开始办理拆除该项目。

汉阳区政府下发《"外滩花园"购房户搬迁安置实施意见》，此次易地安置对购房户的补偿按"等值原则"进行，由政府在城开集团和市统建办等国有开发企业的住宅项目中提供等值的住房，而不进行现金补偿；房屋的装修补偿，则由专业人员评估后进行现金补偿。根据估算，仅等价房屋补偿和装修补偿费用，至少也在1亿元以上。这部分钱由"市政府、市规划局和市防汛办共同分担"。同时加上拆除和江滩治理等方面的费用，据业内人士的保守估计，炸掉外滩花园的直接损失至少是3亿元。

2002年1月26日子夜零点30分，位于武汉长江河道内的"外滩花园"1号楼依法拆除起爆。随着一声沉闷的炮响，整个建筑物轰然坍塌，整个过程持续了约3秒钟。7万平方米的建筑在2002年4月15日春汛前全部拆除殆尽。

问题：(1)该项目是否是违法项目？(2)该项目造成损失达3个亿，应该由谁来承担？(3)该项目是否一定要拆除？(4)政府在该项目中是否存在过失？

案例2

某商场为扩大营业范围,购得新地皮一块,准备兴建新的分店,该商场通过投标的形式与A建筑公司签订了建筑工程承包合同,并提供施工图纸,A建筑公司将各种设备、材料运抵工地后,按期开工建设。

在施工过程中,市规划管理局的工作人员来到现场,指出该工程不符合城市规划,未领取施工规划许可证,必须立即停止施工;同时,市规划管理局对商场作出行政处罚,处以罚款5万元,并责令拆除已经修建部分。A建筑公司因此受到损失,向法院起诉,要求发包人——商场给予赔偿。商场认为A公司是专业公司,因怕工程不让他们做,没有事先提醒和坚持要发包方提供规划许可证,而有意抢先开工,也负有一半责任。

问题:法院会依据什么来判定这个案例?如何判定?

【第2章习题参考答案】

第3章 建设工程勘察设计法律制度

教学目标

本章主要讲述建设工程勘察设计过程中的有关法律制度和管理条例。通过本章学习,应达到以下目标。
(1) 掌握工程勘察设计中设计标准的概念。
(2) 掌握设计文件的编制和审批的实施办法。
(3) 熟悉工程勘察设计的质量管理。

教学要求

知识要点	能力要求	相关知识
工程建设标准	(1) 了解工程建设标准的种类 (2) 掌握工程建设标准的制定标准	(1) 国家对建设工程有哪些管理方式 (2) 管理条例和法规的关系 (3) 建设标准的更新和修订
工程设计文件的编制和审批	(1) 编制设计文件的原则 (2) 阶段性设计文件的内容 (3) 设计文件的编制和审批	(1) 工程设计文件的设计依据 (2) 不同类型建设工程中设计文件划分阶段的依据 (3) 什么是抗震和防灾措施
工程勘察设计质量管理	(1) 设计质量的判定 (2) 施工图审查的目的	(1) 设计资质的管理 (2) 设计的总承包和分包 (3) 施工图审查机构的建立和管理

基本概念

勘察设计、质量管理、设计标准、施工图审查。

引例

甲公司与乙建筑公司签订了建设工程承包合同，在合同中约定了开工日期，并且和丙设计公司签订了建设工程勘察设计合同，委托丙公司做勘察设计工作。但后来丙设计勘察公司迟迟不能提供勘察设计文件，乙公司按建设工程承包合同的约定做好开工准备，按期派人进驻施工场地，设备等也按时进场。在甲公司多次催促下，丙设计公司推迟了 41 天提交勘察设计文件，此时，距甲乙双方约定的开工日期已经推迟了 21 天；在施工期间，乙公司多次发现设计图纸中的错误和问题，提交给甲公司，由甲公司转给丙公司进行修改，由此引起的乙公司停工、窝工长达 49 天。

乙公司要求甲公司赔偿损失，否则不再继续施工，甲公司认为不是自己责任，将丙设计公司起诉到法院，要求丙公司赔偿经济损失。

这样的案件，用什么法律法规来判断呢？

随着我国建设工程的快速发展，不仅其数量增加，而且其复杂程度也迅速增加，参与方数量也在增加，引起的纠纷也是逐年上升，因此，加强这方面法律法规的学习，是非常重要的。

3.1 建设工程勘察设计法律制度概述

3.1.1 建设工程勘察设计的概念

建设工程勘察，是指依据建设工程的要求，查明、分析、评价建设场地的地质地理环境特征和岩土工程条件，编制建设工程勘察文件的活动。

建设工程设计，是指根据建设工程的要求，对建设工程所需的技术、经济、资源、环境等条件进行综合分析、论证，编制建设工程设计文件的活动。

建设工程勘察、设计应当与社会、经济发展水平相适应，做到经济效益、社会效益和环境效益相统一。

3.1.2 建设工程勘察设计法规的立法概况

目前，我国工程勘察设计方面的立法层次总的来说还比较低，主要有住建部及相关部委的规章和规范性文件。现在仍在使用的主要法规如下。

《基本建设设计工作管理暂行办法》(1983年10月4日起施行)；《基本建设勘察工作管理暂行办法》(1983年10月4日起施行)；《工程建设国家标准管理办法》(1992年12月30日起施行)；《工程建设行业标准管理办法》(1992年12月30日起施行)；《建筑工程施工图设计文件审查暂行办法》(2000年2月17日起施行)；《建设工程勘察设计管理条例》(2000年9月25日起施行)；《建设工程勘察质量管理办法》(2002年12月4日起施行，2007年11月22日起修正)；《工程勘察设计收费管理规定》(2002年3月1日起施行)；《工程勘察设计咨询业知识产权保护与管理导则》(2003年10月22日起施行)；《勘察设计注册工程师管理规定》(2005年4月1日起施行)；《建设工程勘察设计资质管理规定》(2007年9月1日起施行)；《房屋建筑和市政基础设施工程施工图设计文件审查管理办法》(2013年8月1日起施行)。

这些法规对我国工程建设勘察设计的法制建设，起到了极大的推进作用。

特别是我国的《建设工程勘察设计管理条例》，该条例分总则、资质资格管理、建设工程勘察设计发包与承包、建设工程勘察设计文件的编制与实施、监督管理、罚则、

【国务院关于修改《建设工程勘察设计管理条例》的决定】

附则7章46条，自公布之日起施行。该条例的颁布实施可加强对建设工程勘察、设计活动的管理，从而保证建设工程勘察、设计的质量，保障人民生命和财产安全。

建设工程是一个复杂的、多环节的综合活动，涉及多个不同性质的单位，产生的影响会长期存在。有时，不合适的建筑物一旦建成，再进行修改就十分困难。在整个建筑活动中，勘察是基础，设计是灵魂，我们坚持先勘察、后设计、再施工的原则，在多个环节上加强管理，避免不合格、不成熟的建筑出现，是非常有必要的。加强建设勘察设计过程的管理，是我们从源头上避免不合格建筑产生的关键。

自改革开放以来，在我国已出现了不少中外合作项目。而我国在加入WTO时，明确承诺：允许外国企业在我国成立中外合资、合作勘察设计企业，在我国加入WTO后开始允许外商成立独资的勘察设计企业。在城市规划方面，除城市总体规划不对外开放外，其他城市规划设计皆允许外资企业承担。但进入我国从事设计的建筑师、工程师、规划师及企业必须是在本国从事相应工作的注册建筑师、注册工程师、注册规划师及注册企业。由此可见，外国设计机构和人员在我国的勘察设计活动会大大增加。加强对外国设计机构在我国进行勘察设计活动的管理，已成为我国有关部门面临的重要问题之一，相应的法律法规的立法工作也正在加紧进行。

3.2 工程建设标准

工程建设标准通过行之有效的标准规范，特别是工程建设强制性标准，为建设工程实施安全防范措施、消除安全隐患提供统一的技术要求，以确保在现有的技术、管理条件下尽可能地保障建设工程质量安全，从而最大限度地保障建设工程的建造者、使用者和所有者的生命财产安全以及人身健康安全。

3.2.1 工程建设标准的概念

标准是指对重复性事物和概念所做的统一性规定。它以科学技术和实践经验的综合成果为基础，经有关方面协商一致，由主管机构批准，以特定形式发布，作为共同遵守的准则和依据。

工程建设标准是指为在工程建设领域内获得最佳秩序，对建设工程的勘察、设计、施工、安装、验收、运营维护及管理等活动和结果需要协调统一的事项所制定的共同的、重复使用的技术依据和准则。

制定和实施各项工程建设标准，并逐步使其各系统的标准形成相辅相成、共同作用的完整体系，即实现工程建设标准化是实现现代化建设的重要手段，也是我国建设领域现阶段一项重要的经济、技术政策。它可以保证工程建设的质量及安全生产，全面提高工程建设的经济效益、社会效益和环境效益。

随着我国的建设工程走向世界和科技的进步，工程建设标准也在不断地提高和改进，我们在建设过程中应该严格按照高标准来要求自己，使我国的建设工程达到世界先进水平。

3.2.2 工程建设标准的分类

按照《中华人民共和国标准化法》（以下简称《标准化法》）的规定，我国的标准分为**国家标准**、**行业标准**、**地方标准**和**企业标准**。

国家标准、行业标准分为**强制性标准**和**推荐性标准**。所谓的强制性标准，是指必须执行的标准，如工程建设勘察、规划、设计、施工及验收等通用的综合标准和质量标准等。

【中华人民共和国标准化法】

所谓的推荐性标准，是指当事人自愿采用的标准，凡是强制性标准以外的标准皆为推荐性标准。

一般保障人体健康，人身、财产安全的标准和法律、行政法规规定强制执行的标准是强制性标准，其他标准是推荐性标准。强制性标准一经颁布，必须贯彻执行，否则对造成恶劣后果和重大损失的单位和个人，要受到经济制裁或承担法律责任。

国家把标准分为强制性标准和推荐性标准两种，既可以在关键部位保证建设质量，又可以在一般部位允许企业创新改革，以便标准更加完善。

1. 工程建设国家标准

《标准化法》规定，对需要在全国范围内统一的技术要求，应当制定国家标准。

1) 工程建设国家标准的范围和类型

原建设部《工程建设国家标准管理办法》规定，对需要在全国范围内统一的下列技术要求，应当制定国家标准：①工程建设勘察、规划、设计、施工(包括安装)及验收等通用的质量要求；②工程建设通用的有关安全、卫生和环境保护的技术要求；③工程建设通用的术语、符号、代号、量与单位、建筑模数和制图方法；④工程建设通用的试验、检验和评定等方法；⑤工程建设通用的信息技术要求；⑥国家需要控制的其他工程建设通用的技术要求。

工程建设国家标准分为强制性标准和推荐性标准。下列标准属于强制性标准：①工程建设勘察、规划、设计、施工(包括安装)及验收等通用的综合标准和重要的通用的质量标准；②工程建设通用的有关安全、卫生和环境保护的标准；③工程建设重要的通用的术语、符号、代号、量与单位、建筑模数和制图方法标准；④工程建设重要的通用的试验、检验和评定方法等标准；⑤工程建设重要的通用的信息技术标准；⑥国家需要控制的其他工程建设通用的标准。

强制性标准以外的标准是推荐性标准。

2) 工程建设国家标准的制定原则和程序

制定国家标准应当遵循以下原则：①必须贯彻执行国家的有关法律、法规和方针、政策，密切结合自然条件，合理利用资源，充分考虑使用和维修的要求，做到安全适用、技术先进、经济合理；②对需要进行科学试验或测试验证的项目，应当纳入各级主管部门的科研计划，认真组织实施，写出成果报告；③纳入国家标准的新技术、新工艺、新设备、新材料，应当经有关主管部门或受委托单位鉴定，且经实践检验行之有效；④积极采用国际标准和国外先进标准，并经认真分析论证或测试验证，符合我国国情；⑤国家标准条文规定应当严谨明确，文句简练，不得模棱两可，其内容深度、术语、符号、计量单位等应当前后一致；⑥必须做好与现行有关标准之间的协调工作。

工程建设国家标准的制定程序分为准备、征求意见、送审和报批四个阶段。

3) 工程建设国家标准的审批发布和编号

工程建设国家标准由国务院工程建设行政主管部门审查批准，由国务院标准化行政主管部门统一编号，由国务院标准化行政主管部门或国务院工程建设行政主管部门联合发布。

工程建设国家标准的编号由国家标准代号、发布标准的顺序号和发布标准的年号组成。强制性国家标准的代号是"GB"，推荐性国家标准的代号为"GB/T"。例如，《建筑工程施工质量验收统一标准》(GB 50300—2001)，其中GB表示为强制性国家标准，50300表示标准发布顺序号，2001表示是2001年批准发布；《工程建设施工企业质量管理规范》(GB/T 50430—2007)，其中GB/T表示为推荐性国家标准，50430表示标准发布顺序号，2007表示是2007年批准发布。

4) 国家标准的复审与修订

国家标准实施后，应当根据科学技术的发展和工程建设的需要，由该国家标准的管理部门适时组织有关单位进行复审。复审一般在国家标准实施后5年进行1次。复审可以采取函审或会议审查，一般由参加过该标准编制或审查的单位或个人参加。

国家标准复审后，标准管理单位应当提出其继续有效或者予以修订、废止的意见，经该国家标准的主管部门确认后报国务院工程建设行政主管部门批准。凡属下列情况之一的国家标准，应当进行局部修订：①国家标准的部分规定已制约了科学技术新成果的推广应用；②国家标准的部分规定经修订后可取得明显的经济效益、社会效益、环境效益；③国家标准的部分规定有明显缺陷与相关的国家标准相抵触；④需要对现行的国家标准做局部补充规定。

2．工程建设行业标准

《标准化法》规定，对没有国家标准而又需要在全国某个行业范围内统一的技术要求，可以制定行业标准。在公布国家标准之后，该项行业标准即行废止。

1) 工程建设行业标准的范围和类型

原建设部《工程建设行业标准管理办法》规定，对没有国家标准而需要在全国某个行业范围内统一的下列技术要求，可以制定行业标准：①工程建设勘察、规划、设计、施工(包括安装)及验收等行业专用的质量要求；②工程建设专用的有关安全、卫生和环境保护的技术要求；③工程建设行业专用的术语、符号、代号、量与单位和制图方法；④工程建设专业的试验、检验和评定等方法；⑤工程建设行业专用的信息技术要求；⑥其他工程建设行业专用的技术要求。

工程建设行业标准也分为强制性标准和推荐性标准。下列标准属于强制性标准：①工程建设勘察、规划、设计、施工(包括安装)及验收等行业专用的综合性标准和重要的行业专用的质量标准；②工程建设行业专用的有关安全、卫生和环境保护的标准；③工程建设重要的行业专用的术语、符号、代号、量与单位和制图方法标准；④工程建设重要的行业专用的试验、检验和评定方法等标准；⑤工程建设重要的行业专用的信息技术标准；⑥行业需要控制的其他工程建设标准。强制性标准以外的标准是推荐性标准。

行业标准不得与国家标准相抵触。行业标准的某些规定与国家标准不一致时，必须有充分的科学依据和理由，并经国家标准的审批部门批准。行业标准在相应的国家标准实施后，应当及时修订或废止。

2) 工程建设行业标准的制定、修订程序与复审

工程建设行业标准的制定、修订程序，也可以按准备、征求意见、送审和报批四个阶段进行。

工程建设行业标准实施后，根据科学技术的发展和工程建设的实际需要，该标准的批准部门应当适时进行复审，确认其继续有效或予以修订、废止。一般也是5年复审1次。

3．工程建设地方标准

《标准化法》规定，对没有国家标准和行业标准而又需要在省、自治区、直辖市范围内统一的工业产品的安全、卫生要求，可以制定地方标准。在公布国家标准或者行业标准之后，该项地方标准即行废止。

1) 工程建设地方标准制定的范围和权限

我国幅员辽阔，各地的自然环境差异较大，而工程建设在许多方面要受到自然环境的影响。例如，我国的黄土地区、冻土地区及膨胀土地区，对建筑技术的要求有很大区别。因此，工程建设标准除国家标准、行业标准外，还需要有相应的地方标准。

原建设部《工程建设地方标准化工作管理规定》，工程建设地方标准项目的确定，应当从本行政区域工程建设的需要出发，并应体现本行政区域的气候、地理、技术等特点。对没有国家标准、行业标准，或国家标准、行业标准规定不具体，且需要在本行政区域内作出统一规定的工程建设技术要求，可制定相应的工程建设地方标准。

工程建设地方标准在省、自治区、直辖市范围内由省、自治区、直辖市建设行政主管部门统一计划、统一审批、统一发布、统一管理。

2）工程建设地方标准的实施和复审

工程建设地方标准不得与国家标准和行业标准相抵触。对与国家标准或行业标准相抵触的工程建设地方标准的规定，应当自行废止。工程建设地方标准应报国务院建设行政主管部门备案。未经备案的工程建设地方标准，不得在建设活动中使用。

工程建设地方标准中，对直接涉及人民生命财产安全、人体健康、环境保护和公共利益的条文，经国务院建设行政主管部门确定后，可作为强制性条文。在不违反国家标准和行业标准的前提下，工程建设地方标准可以独立实施。

工程建设地方标准实施后，应根据科学技术的发展、本行政区域工程建设的需要，以及工程建设国家标准、行业标准的制定和修订情况，适时进行复审，复审周期一般不超过5年。对复审后需要修订或局部修订的工程建设地方标准，应当及时进行修订或局部修订。

4. 工程建设企业标准

《标准化法》规定，企业生产的产品没有国家标准和行业标准的，应当制定企业标准，作为组织生产的依据。已有国家标准或者行业标准的，国家鼓励企业制定严于国家标准或者行业标准的企业标准，在企业内部适用。

原建设部《关于加强工程建设企业标准化工作的若干意见》指出，工程建设企业标准一般包括企业的技术标准、管理标准和工作标准。

企业技术标准，是指对本企业范围内需要协调或统一的技术要求所制定的标准，如对施工过程中的质量、方法或工艺的要求，安全、卫生和环境保护的技术要求，以及试验、检验和评定方法等作出规定。对已有国家标准、行业标准或地方标准的，企业可以按照国家标准、行业标准或地方标准的规定执行，也可以根据本企业的技术特点和实际需要制定优于国家标准、行业标准或地方标准的企业标准；对没有国家标准、行业标准或地方标准的，企业应当制定企业标准。国家鼓励企业积极采用国际标准或国外先进标准。

企业管理标准，是指对本企业范围内需要协调或统一的管理要求所制定的标准，如企业的组织管理、计划管理、技术管理、质量管理和财务管理等。

需要说明的是，标准、规范、规程都是标准的表现方式，习惯上统称为标准。当针对产品、方法、符号、概念等基础标准时，一般采用"标准"，如《道路工程标准》《建筑抗震鉴定标准》等；当针对工程勘察、规划、设计、施工等通用的技术事项作出规定时，一般采用"规范"，如《混凝土结构设计规范》《住宅建筑设计规范》《建筑设计防火规范》等；当针对操作、工艺、管理等专用技术要求时，一般采用"规程"，如《建筑安装工程工艺及操作规程》《建筑机械使用安全使用规程》等。

此外，在实践中还有推荐性的工程建设协会标准。

3.2.3 工程建设标准的制定与实施

工程建设标准的制定对管理建设工程有很大的作用，对建设工程的设计、建造、监理和验收有明确的执行依据，在实施中，需要各个管理部门共同协作和努力，严格遵守，以起到它的实际作用和意义。

第3章 建设工程勘察设计法律制度

1. 工程建设标准制定的原则

工程建设标准制定的原则主要有以下几点。

(1) 遵守国家的有关法律、法规及相关方针、政策，密切结合自然条件和实际情况，合理利用资源，充分考虑使用、维修的要求和后期运行的情况，做到安全适用、技术先进、经济合理。

(2) 积极开展科学实验或测试验证。设立有关项目，并且应积极纳入主管部门的科研计划，认真组织实施，写出成果报告。

(3) 积极采用新技术、新工艺、新设备、新材料。经有关主管部门(或受托单位)检验和鉴定，有完整的技术文件，且经实践检验的，应积极纳入标准。

(4) 积极采用国际标准和国外先进标准。凡经认真分析论证或测试验证，并符合我国国情的国外和国际先进标准，应积极纳入我国的标准体系中。

(5) 标准条文规定严谨明确，文句简练，不得模棱两可。内容深度、术语、符号、计量单位等应前后一致，不得矛盾。

(6) 标准条文注意与先行标准的协调。要遵守现行的工程建设标准，确有更改需要的，必须经过审批。工程建设标准中，不得规定产品标准的内容。

(7) 发扬民主、充分讨论。对有关政策问题应认真研究、统一认识；对有争论的技术性问题，应在调查研究、实验验证或专题讨论的基础上，充分协商，才做结论。

2. 工程建设标准的审批和发布

工程建设国家标准由国务院建设行政主管部门审查批准，国务院标准化行政主管部门和建设行政主管部门**联合颁行**。

工程建设行业标准由国务院有关行政主管部门审批、颁行，并报国务院建设行政主管部门备案。

工程建设地方标准的制定、审批、发布方法，由省、自治区、直辖市人民政府规定，但标准发布后应报国务院建设行政主管部门和标准化行政主管部门备案。

工程建设企业标准由企业组织制定，并按国务院有关行政主管部门或省、自治区、直辖市人民政府的规定报送备案。

3. 工程建设标准的实施

工程建设标准的实施，不仅关系到建设工程的经济效益、社会效益和环境效益，而且直接关系到工程建设者、所有者和使用者的人身安全，以及国家、集体和公民的财产安全。因此，必须严格执行，认真监督。

各级行政主管部门在制定有关工程建设的规定时，不得擅自更改国家及行业的强制性标准；从事工程建设活动的部门、单位和个人，都必须执行强制性标准；对于不符合强制性标准的工程勘察成果报告和规划、设计文件，不得批准使用；不按标准施工，质量达不到合格标准的工程，不得验收。

工程质量监督机构和安全监督机构，应根据现行的强制性标准，对工程建设的质量和安全进行监督，当监督机构与被监督单位对适用的强制性标准存在争议时，由该标准的批准部门进行裁决。

各级行政主管部门应对勘察、设计、规划、施工单位及建设单位执行强制性标准的情况进行监督检查。国家机关、社会团体、企事业单位及全体公民均有权检举、揭发违反强制性标准的行为。

对于工程建设推荐性标准，国家鼓励自愿采用。采用何种推荐性标准，由当事人在工程合同中予以确定。

【违建危及大动脉】

3.3 工程设计文件

3.3.1 建设工程设计的原则和依据

建设工程设计的原则是为了更好地把握建设工程的要求，使得工程设计达到社会效益、经济效益等各方面的共同要求，它的依据就是各个建设工程在设立前必须进行的各种调查和研究，得出的工程建设目的和条件。

1. 工程设计的原则

工程设计是工程建设的主导环节，对工程建设的质量、投资效益起着决定性的作用。设计的好坏最根本地决定了整个工程的作用和实际效果，有些方面留下的问题还是建设好后无法更改的缺陷。为保证工程设计的质量和水平，使建设工程设计与社会经济发展水平相适应，真正做到经济效益、社会效益和环境效益相统一，相关法规规定，工程设计必须遵循以下主要原则。

1) 贯彻经济规划、社会发展规划、城乡规划和产业政策

经济、社会发展规划及产业政策，是国家某一时期的建设目标和指导方针，工程设计必须贯彻其精神；城乡规划一经批准公布，即成为工程建设必须遵守的规定，工程设计活动也必须符合其要求。

2) 综合利用资源，满足环保要求

工程设计中，要充分考虑矿产、能源、水、农、林、牧、渔等资源的综合利用。要因地制宜，提高土地利用率。要尽量利用荒地、劣地，不占或少占耕地。工业项目中要选用耗能少的生产工艺和设备；民用项目中，要采取节约能源的措施，提倡区域集中供热，重视余热利用。城市的新建、扩建和改建项目，应配套建设节约用水设施。在工程设计时，还应积极改进工艺，采取行之有效的技术措施，防止粉尘、毒物、废水、废气、废渣、噪声、放射性物质及其他有害因素对环境的污染，要进行综合治理和利用，使设计符合国家环保标准。

3) 遵守工程建设技术标准

工程建设中有关安全、卫生和环境保护等方面的标准都是强制性标准，工程设计时必须严格遵守，如《工程建设标准强制性条文》的各个部分。

4) 采用新技术、新工艺、新材料和新设备

工程设计应当广泛吸收国内外先进的科研和技术成果，结合我国的国情和工程实际情况，积极采用新技术、新工艺、新材料和新设备，以保证建设工程的先进性和可靠性。

5) 重视技术和经济效益的结合

采用先进的技术，可提高生产效率，增加产量，降低成本，但往往会增加建设成本和建设工期。因此，要注重技术和经济效益的结合，从总体上全面考虑工程的经济效益、社会效益和环境效益。在具体工程中，有时这些新的要求会增加一次性投入成本，但在后期的使用过程中是会体现出来优势的。这种情况需要相关部门有力的扶持和帮助，使我国的建设水平提高，使整个社会效益提高。

6) 公共建筑和住宅要注意美观、适用和协调

建筑既要有实用功能，又要能美化城市，给人们提供精神享受。公共建筑和住宅设计应巧于构思，造型新颖，独具特色，但又要与周围环境相协调，保护自然景观，同时还要满足功能适用、结构合理的要求。在公共建筑方面，特别强调要求"以人为本"的设计思想，对残疾人士的照顾是必需的，对弱势群体的关心要体现在具体的设计中。

2. 工程设计的依据

《建设工程勘察设计管理条例》规定，编制建设工程勘察、设计文件，应当以下列规定为依据：①项目批准文件；②城市规划；③工程建设强制性标准；④国家规定的建设工程勘察、设计深度要求。

铁路、交通、水利等专业建设工程，还应当以专业规划的要求为依据。

设计单位还应积极参加项目建议书的编制、建设地址的选择、建设规划及试验研究等设计前期工作。对大型水利枢纽、水电站、大型矿山、大型工厂等重点项目，在项目建议书批准前，可根据长远规划的要求进行必要的资源调查、工程地质和水文勘察、经济调查和多种方案的技术经济比较等方面的工作，以从中了解和掌握有关情况，收集必要的设计基础资料，为编制设计文件做好准备。项目建议书是非常重要的一个指导性文本，它的完善性往往会影响整个建设项目的构成和水平，编制项目建议书需要有充足的调查和研究，并对今后的社会需求、技术发展有正确的判断，使得项目建议书真正成为设计的正确依据。我们在以往的工程中，特别在中小项目上对项目建议书缺乏足够的认识，往往由领导的一面之词、一念之差造成整个项目建成后的不理想，浪费国家资源。

3.3.2 工程设计文件的要求和内容

根据《基本建设设计工作管理暂行办法》的规定，设计阶段可根据建设项目的复杂程度来决定。一般可以把项目分为如下几种规模：①一般建设项目。可按初步设计和施工图设计两阶段进行。②技术复杂的建设项目。可增加技术设计阶段，即按初步设计、技术设计、施工图设计三个阶段进行。③存在总体部署问题的建设项目。一些牵涉面广的项目，如大型矿区、油田、林区、垦区、联合企业等，存在总体开发部署等重大问题，这时，在进行一般设计前还可进行总体规划设计或总体设计。

1. 工程设计文件的要求

工程设计文件按内容可分为如下几类。

勘察文件：建设工程勘察文件，应当真实、准确，满足建设工程规划、选址、岩土治理和施工的需要。

设计文件：方案设计文件应满足编制初步设计文件和控制概算的需要；初步设计文件应满足编制施工招标文件、主要设备材料订货和编制施工图设计文件的需要；施工图设计文件应满足设备材料采购、非标准设备制作和施工的需要，并注明建设工程合理使用年限。

材料、设备的选用文件：设计文件中选用的材料、构配件、设备，应当注明其规格、型号、性能等技术指标，其质量要求必须符合国家规定的标准。

勘察、设计文件中规定采用的新技术、新材料，可能影响建设工程质量和安全，又没有国家技术标准的，应当由国家认可的检测机构进行试验、论证，出具检测报告，并经国务院有关部门或省、自治区、直辖市人民政府有关部门组织的建设工程技术专家委员会审定后，方可使用。

2. 各设计阶段的内容和相应的深度

1）总体设计

总体设计一般由文字说明和图纸两部分组成。其内容包括：建设规模、产品方案、原料来源、工艺流程概况、主要设备配备、主要建筑物及构筑物、公用和辅助工程、"三废"治理及环境保护方案、占地面积估计、总图布置及运输方案、生活区规划、生产组织和劳动定员估计、工程进度和配合要求、投资估算等。

总体设计的深度应满足开展下述工作的要求：初步设计、主要大型设备、材料的预安排、土地征用谈判等。现在，总体设计中往往还对建设经济的指标有明确要求。

2) 初步设计

初步设计一般应包括以下有关文字说明和图纸：设计依据、设计指导思想、产品方案、各类资源的用量和来源、工艺流程、主要设备选型及配置、总图运输、主要建筑物和构筑物、公用及辅助设施、新技术采用情况、主要材料用量、外部协作条件、占地面积和土地利用情况、综合利用和"三废"治理、生活区建设、抗震和人防措施、生产组织和劳动定员、各项技术经济指标、建设顺序和期限、总概算等。

初步设计的深度应满足以下要求：设计方案的比选和确定、主要设备材料订货、土地征用、基建投资的控制、施工招标文件的编制、施工图设计的编制、施工组织设计的编制、施工准备和生产准备等。

3) 技术设计

技术设计的内容，由有关部门根据工程的特点和需要，自行制定。

其深度应能满足确定设计方案中重大技术问题和有关实验、设备制造等方面的要求。

4) 施工图设计

施工图设计，应根据已获批准的初步设计进行。

其深度应能满足以下要求：设备材料的安排和非标准设备的制作与施工、施工图预算的编制、施工要求等，并应注明建设工程合理使用年限。

3.3.3 建设工程的抗震和防灾

1. 建设工程抗震防灾的概念

建设工程是一个使用时间长久的工程，建设工程抗震和防灾是指通过编制、实施抗震防灾规划，对建设工程进行抗震设防和加固，最大限度地抵抗和防御地震灾害的活动；对工程在建设和使用中可能出现的其他灾害情况做一定的考虑，预防重大的灾害发生或者是在灾害发生时能够减少损失。

2. 建设工程抗震防灾的设计

工程勘察设计单位应按规定的业务范围承担工程项目的**抗震设计**，严格遵守现行抗震设计规范和有关规定。工程项目的设计文件应有抗震设防的内容，包括设防依据、设防标准、方案论证等。

新建工程采用新技术、新材料和新结构体系，均应通过相应级别的抗震性能鉴定，符合抗震要求，方可采用。工程项目抗震设计质量由建设行政主管部门会同有关部门进行审查、监督。

【模拟地震】

除了地震的灾害，我们在设计时还要根据当地情况和历史，考虑其他的自然灾害的存在，并作出预防；对人为的灾害，如火灾等，要在满足设计规范的同时，考虑实际的需求，以减少发生灾害时的损失。

3.3.4 工程设计文件的审批和修改

1. 工程设计文件的审批

在我国建设项目设计文件的审批，实行分级管理、分级审批的原则。根据《基本建设设计工作管理暂行办法》，设计文件具体审批权限规定如下：①大中型建设项目的初步设计和总概算及技术设计，按隶属关系，由国务院主管部门或省、市、自治区审批；②小型建设项目初步设计的审批权限，由主管部门或省、市、自治区自行规定；③总体规划设计(或总体设计)的审批权限与初步设计的审批权限相同；④各部直接代管的下放项目的初步设计，由国务院主管部门为主，会同有关省、市、自治区审查或批准；⑤施工图设计除主管部门规定要审查者外，一般不再审批，设计单位要对施工图的质量负责，并向生产、施工单位进行技术交底，听取意见。

2. 工程设计文件的修改

设计文件是工程建设的主要依据，经批准后，就具有一定的严肃性，不得任意修改和变更，如必须修改，则须经有关部门批准，其批准权限，根据修改的内容所涉及的范围而定。根据《基本建设设计工作管理暂行办法》，修改设计文件应遵守以下规定：①设计文件是工程建设的主要依据，经批准后不得任意修改。②凡涉及计划任务书的主要内容，如建设规模、产品方案、建设地点、主要协作关系等方面的修改，须经原计划任务书审批机关批准。③凡涉及初步设计的主要内容，如总平面布置、主要工艺流程、主要设备、建筑面积、建筑标准、总定员、总概算等方面的修改，须经原设计审批机关批准。修改工作须由原设计单位负责进行。④施工图的修改，须经原设计单位的同意。建设单位、施工单位、监理单位都无权修改建设工程勘察、设计文件。确需修改的，应由原勘察设计单位进行。经原勘察设计单位同意，建设单位也可委托其他具有相应资质的建设工程勘察、设计单位修改，并由修改单位对修改的勘察设计文件承担相应责任。

设计文件的修改一般有几种情况：一是施工单位或监理单位发现施工图纸的内容或项目的缺陷，或者是施工工艺与自己的不合，提出修改意见，原设计单位在满足设计达到各级标准和规范的前提下，为了方便施工而进行修改；二是施工方或监理方或甲方要求应用新的工艺或方法，这种新的工艺或方法同时也满足规范和各级标准，从而提出修改；三是设计方发现自己的错误或缺陷，提出修改；四是甲方的要求和目的发生改变，从而要求对施工图进行修改。总之，施工图的修改或修正是一件十分严肃的事情，如果考虑不周全，很容易发生工程事故。所以，对施工图的修改必须谨慎和严格，应该把它的重要性提到与施工图设计同等高度上，甚至更加严格地进行审核。

随着我国经济体制改革的深化和社会主义市场经济体制的建立，政府职能转化，投资主体多元化，我国设计文件的审批和修改必将进一步改革，政府对设计文件的审批内容将侧重于规划、安全和职业卫生、环境保护等内容(属国家投资的项目，审批内容中应有投资规模)，其他内容将由建设单位自行审查。

3.4 工程勘察设计质量管理

3.4.1 工程勘察设计活动质量管理的概念

工程勘探设计的质量直接关系到巨额资产和不可再生资源的投入和产出，其质量管理十分重要，合理的法律和程序、严格的标准和规范是保证设计活动质量的必要条件。

1. 工程勘察设计活动质量管理的含义

工程勘察设计活动质量管理分为两大部分：一是**设计资质的管理**，二是**设计规范、标准的管理**。这两个方面管理的好坏，直接决定了设计活动质量的好和坏。加强这两方面的管理，才能保证我们工程设计工作的正常进行。

2. 资质资格管理

设计单位和从业人员的资质是保证参与工程设计人员素质的根本，不同的设计资质单位必须严格遵守国家的相关规定。对于超越资质范围的设计，一旦发现，对其设计单位必须加以处罚，直至取消设计资质。对于从业人员的资质管理，主要在人员注册方面，保证从业人员注册的唯一性，不允许在本注册单位以外进行设计活动，以保证设计市场管理的透明和严格。

3. 工程勘察设计总承包与分包

随着科学技术的进步，复杂的工程建设越来越多，多学科、跨行业的项目使得建筑工程在设计时就必须考虑其他专业的技术问题。为了工程完成后设备安装、运行的顺利，许多工程必须多个专业合作才能完成。另外，工程设计单位不可能一家包揽全部的设计项目，有时需要与其他工程设计单位合作才能更有效地完成设计，因此在工程勘察设计中，设计总承包和分包越来越普遍了。例如，一个大跨度钢结构的加油站，就是建筑设计单位负责设计总平面、建筑基础、车行流线等，而钢结构专业公司(具有专业钢结构设计、施工资质)来配合设计钢结构的屋顶(包括钢屋顶的结构部分)，一般钢结构屋顶不由建筑设计院设计。类似的还有建筑外装饰的玻璃幕墙设计，都需要设计承包方(设计院)与其他专业设计单位配合，因此设计总承包和单项分包是必不可少的。

在工程勘察设计的总承包和分包中，必须严格遵守国家相关的法律和法规，注意总承包单位和分包单位的设计资质是否满足国家的相关规定，是否有越级设计的地方，总承包和分包合同是否完备，而且必须到相关管理部门备案。

3.4.2 施工图文件审查的概念

施工图设计文件审查是指国务院建设行政主管部门和省、自治区、直辖市人民政府建设行政主管部门依法认定的设计审查机构，根据国家的法律、法规、技术标准与规范，对施工图设计文件进行结构安全和强制性标准、规范执行情况等技术方面进行的独立审查。它是政府主管部门对建筑工程勘察设计质量监督管理的重要环节，是基本建设必不可少的程序，工程建设各方必须认真贯彻执行。

建设工程质量和效益与社会公共利益、广大公民生命财产安全紧密相连，因此，监管好工程质量是政府不可推卸的职责。而工程设计是整个工程建设的灵魂，对建设工程质量有着至关重要的作用。因此，世界上主要发达国家和地区都建立有工程设计施工图审查制度，这是保证工程质量的必要条件。

当前，我国正走向市场经济，工程建设项目投资主体多元化，勘察、设计单位的企业化等一系列改革使工程设计质量管理工作面临新情况，而工程设计质量也出现了一些新问题：一些业主及勘察设计单位片面追求利益的最大化，忽视社会公共利益和国家利益，使得工程设计质量下降；一些设计单位和业主片面理解和运用国家规范，使得工程项目侵占了其他项目或个人或社会的利益，造成整个社会资源的浪费。因此，在我国建立起施工图审查制度是十分必要的。

《建设工程质量管理条例》中规定，建设单位应当将施工图设计文件报县级以上人民政府建设行政主管部门或者其他有关部门审查，县级以上人民政府建设行政主管部门或者交通、水利等有关部门应对施工图设计文件中涉及公共利益、公众安全、工程建设强制性标准的内容进行审查。未经审查批准的施工图设计文件，不得使用。根据这些法律规定，建设部先后颁布了《建筑工程施工图设计文件审查暂行办法》《房屋建筑和市政基础设施工程施工图设计文件审查管理办法》等管理办法，对具体事项作出了相关规定。

1. 施工图审查的范围和内容

《建设工程施工图设计文件审查暂行办法》规定，凡属建筑工程设计等级分级标准中的各类新建、改建、扩建的建设工程项目均须进行施工图审查。各地的具体审查范围，由各省、自治区、直辖市人民政府建设行政主管部门确定。

【关于印发《建筑工程施工图设计文件审查暂行办法》的通知】

《建设工程施工图设计文件审查暂行办法》规定，施工图审查的主要内容为：①建筑物的稳定性与安全性，包括地基基础及结构主体的安全；②是否符合消防、节能、环保、抗震、卫生、人防等有关强制性标准、规范；③是否达到规定的施工图设计深度的要求；④是否损害公共利益。

施工图审查的目的是维护社会公共利益、保护社会公众的生命财产安全，因此，施工图审查主要涉及社会公众利益、公众安全方面的问题。至于设计方案在经济上是否合理、技术上是否保守、设计方案是否可以改进等这些主要只涉及业主利益的问题，是属于设计咨询范畴的内容，不属施工图审查的范围。当然，在施工图审查中如发现这方面的问题，也可提出建议，由业主自行决定是否进行修改。如业主另行委托，也可进行这方面的审查。

2. 施工图审查机构

施工图审查是一项专业性和技术性都非常强的工作，它是一般政府公务员难以完成的，所以必须由政府主管部门审定批准的审查机构来承担，它是具有独立法人资格的公益性中介组织。《建设工程施工图设计文件审查暂行办法》规定，符合下列条件的机构方可承担施工图审查工作：①具有独立的法人资格；②具有符合设计审查条件的工程技术人员，不同级别的审查单位有不同的人员配备要求；③有固定的工作场所，注册资金不少于20万元；④有健全的技术管理和质量保证体系；⑤审查人员应熟练掌握国家和地方现行的强制性标准、规范。

设计审查人员必须具备的条件为：①具有10年以上相关设计工程的工作经历，独立完成过5项2级以上(含2级)项目工程设计；②获准国家注册的工程师，并具有高级工程师职称；③年满35周岁并不超过65周岁；④有独立工作能力，并有一定的语言文字表达能力；⑤有良好的职业道德。

凡符合上述条件的直辖市、计划单列市、省会城市的设计审查机构，由省、自治区、直辖市建设行政主管部门初审后，报国务院建设行政主管部门审批，并颁发施工图设计审查许可证；其他城市的设计审查机构由省级建设行政主管部门审批，并颁发施工图设计审查许可证。取得施工图设计审查许可证的机构，方可承担审查工作。

施工图审查单位是一个独立法人的单位，它必须承担相关的责任。随着市场化进程的加快，多个审查单位同时存在，共同竞争是发展趋势，国家行政管理和行业管理部门慢慢放弃指定审查单位的方法，采用市场竞争的方式来发展审查行业是一个必然的过程。同时，审查单位不是一个单纯的企业单位，它还肩负着对国家法规、规范、标准的修正和反馈的义务。因此，对审查单位资质的管理有一定的复杂性，今后还需要我们认真对待和研究，使得我国的工程施工图审查制度越来越完善。

建设单位或设计单位对审查机构作出的审查报告有重大分歧意见时，可由建设单位或设计单位向所在省、自治区、直辖市人民政府建设行政主管部门提出复查申请，省、自治区、直辖市人民政府建设行政主管部门组织专家论证并作出复查结果。

3. 施工图审查的程序

设计单位在施工图完成后，建设单位应将施工图连同该项目批准立项的文件或初步设计批准文件及主要的初步设计文件一起报送建设行政主管部门，由建设行政主管部门委托有关审查机构进行审查。

施工图审查是**建设程序的审批环节**，而**非业主的市场行为**。所以，在现阶段，由业主向有审批权的政府主管部门报批，再由主管部门交由审查机构审查，而不能由业主自行委托审查机构审查。随着建筑市场的成熟和发展，最合理的做法应是政府认定了一批有资格、成熟可靠的审查机构后，由业主自主委托审查机构审查，政府依据审查结果再行审批。这样，可以减少政府权力寻租的机会。

施工图审查包括有消防、环保、抗震、卫生等内容，这涉及不同行政主管部门的业务范围。为简化手续、提高办事效率，所以《建设工程施工图设计文件审查暂行办法》规定，凡需进行消防、环保、抗震等专项审查的项目，应当逐步做到有关专业审查与结构安全性审查统一报送、统一受理，通过有关专项审查后，由建设行政主管部门统一颁发设计审查批准书。

4. 施工图审查的要求

审查机构在审查结束后，应向建设行政主管部门提交书面的项目施工图审查报告，报告应有审查人员签字、审查机构盖章。

审查合格的项目，建设行政主管部门收到审查报告后，应及时向建设单位通报审查结果，并颁发施工图审查批准书；审查不合格的项目，由审查机构提出书面意见，并将施工图退回建设单位，交由原设计单位修改后，重新报送。

审查机构在收到审查材料后，应在一个期限范围内完成审查工作，并提出工作报告。

施工图一经审查批准，不得擅自进行修改。如遇特殊情况需要进行涉及审查主要内容的修改时，必须重新报请原审批部门委托审查机构审查，并经批准后方能实施。

施工图审查所需经费，由施工图审查机构向建设单位收取。

5. 施工图审查各方的责任

设计文件如果出现设计质量问题，设计单位和设计人员应承担直接责任，设计审查单位和设计审查人员负间接的监督责任。如因设计质量存在问题而造成损失时，业主只能向设计单位和设计人员追责，审查机构和审查人员在法律上并不承担赔偿责任。

1) 设计单位与设计人员的责任

勘察设计单位及其设计人员必须对自己的勘察设计文件的质量负责，这是《建设工程质量管理条例》《建设工程勘察设计管理条例》等法规所明确的，也是国际上通行的规则，它并不因通过了审查机构的审查就可免责。审查机构的审查只是一种监督行为，它只对工程设计质量承担间接的审查责任，其直接责任仍由完成设计的单位及个人负责。如若出现质量问题，设计单位及设计人员还必须依据实际情况和相关法律的规定，承担相应的经济责任、行政责任和刑事责任。

2) 审查机构及审查人员的责任

审查机构和审查人员在设计质量有问题时，自己审查没有发现，并不是说不要承担任何责任。对自己的失职行为，审查机构和审查人员必须承担直接责任，这些责任可分为经济责任、行政责任和刑事责任，它将依据具体事实和相关情节依法认定。《建设工程施工图设计文件审查暂行办法》中规定，"施工图审查机构和审查人员应当依据法律、法规和国家与地方的技术标准认真履行审查职责"，"对玩忽职守、徇私舞弊、贪污受贿的审查人员和机构，由建设行政主管部门依法给予暂停或吊销其审查资格，并处以相应的经济处罚；构成犯罪的，依法追究其刑事责任"。

3) 政府主管部门的责任

依据相关法律规定，政府各级建设行政主管部门在施工图审查中享有行政审批权，主要负责行政监督管理和程序性审批工作。它对设计文件的质量不承担直接责任，但对其审批工作的质量，负有不可推卸的责任，这个责任具体表现为行政责任和刑事责任，对此，《建设工程勘察设计管理条例》明确规定："国家机关工作人员在建设工程勘察设计活动的监督管理工作中玩忽职守、滥用职权、徇私舞弊，构成犯罪的，依法追究刑事责任；尚不构成犯罪的，依法给予行政处分。"

3.5 工程勘察设计质量监督

3.5.1 建设工程勘察设计监督管理

1. 监督管理机构

《建设工程勘察设计管理条例》规定，国务院建设行政主管部门对全国的建设工程勘察、设计活动实施统一监督管理。国务院铁路、交通、水利等有关部门按照国务院规定的职责分工，负责全国的有关专业建设工程勘察、设计活动的监督管理。也就是说，住房城乡建设主管部门是我国建设工程勘察设计活动的监管主管单位，其他行业的部委(如交通部等)是在建设工程中相关专业的监管主管部门。

县级以上地方人民政府建设行政主管部门对本行政区域内的建设工程勘察、设计活动实施监督管理。县级以上地方人民政府交通、水利等有关部门在各自的职责范围内，负责对本行政区域内的有关专业建设工程勘察、设计活动的监督管理。

县级以上人民政府建设行政主管部门或者交通、水利等有关部门应当对施工图设计文件中涉及公共利益、公众安全、工程建设强制性标准的内容进行审查。施工图设计文件未经审查批准的，不得使用。

县级以上人民政府建设行政主管部门和其他有关部门应当加强对建设工程质量的监督管理，对其是否违反有关建设工程质量的法律、法规和强制性标准执行情况的监督检查。任何单位和个人对建设工程勘察、设计活动中的违法行为都有权检举、控告、投诉。

2. 监督管理内容

县级以上人民政府建设行政主管部门或交通、水利等有关部门应对施工图设计文件中涉及公共利益、公共安全、工程建设强制性标准的内容进行审查。未经审查批准的施工图设计文件，不得使用。

建设工程勘察、设计单位在其勘察、设计资质证书规定的业务范围内跨部门、跨地区承揽勘察设计任务的，有关地方人民政府及其所属部门不得设置障碍，不得违反国家规定收取任何费用。

3.5.2 建设工程勘察设计违法责任

违反《建设工程勘察设计管理条例》的行为，必须受到相应的处罚，造成重大安全事故的，还要追究刑事责任。

1. 建设单位的违法责任

发包方将建设工程勘察、设计业务发包给不具有相应资质等级的建设工程勘察、设计单位的，责令改正，处以50万元以上100万元以下的罚款。

建设单位在施工图设计文件未经审查或审查不合格，却擅自施工的，将处20万元以上50万元以下的罚款。

2. 勘察、设计单位的违法责任

非法承揽业务的责任：建设工程勘察设计单位未取得资质证书承揽工程的，予以取缔。以欺骗手段取得资质证书承揽工程的，吊销其资质证书。对于超越资质等级许可的范围，或以其他勘察设计单位的名义承揽勘察、设计业务；或者允许其他单位或个人以本单位的名义承揽建设工程勘察、设计业务的建设工程勘察设计单位，可责令其停业整顿，降低资质等级；情节严重的，吊销其资质证书。

对于有上述各种行为的勘察设计单位，还应处以合同约定的勘察费、设计费1倍以上2倍以下的罚款，并没收其违法所得。

非法转包的责任：建设工程勘察设计单位将所承揽的工程进行转包的，责令改正，没收违法所得，处以合同约定的勘察费、设计费25%以上50%以下的罚款，还可责令其停业整顿、降低其资质等级；情节严重的，吊销其资质证书。

不按规定进行设计的责任：对于不按工程建设强制性标准进行勘察、设计的勘察设计单位，不按勘察成果文件进行设计，或指定建筑材料、建筑构配件生产厂、供应商的设计单位，责令其改正，并处10万元以上30万元以下的罚款。因上述行为造成工程事故的，责令停业整顿，降低资质等级；情节严重的，吊销资质证书；造成损失的，依法承担赔偿损失。

3. 不按规定进行勘察设计的责任

勘察、设计单位未依据项目批准文件，城乡规划及专业规划，国家规定的建设工程勘察、设计深度要求编制建设工程勘察、设计文件的，责令限期改正；逾期不改正的，处10万元以上30万元以下的罚款；造成工程质量事故或者环境污染和生态破坏的，责令停业整顿，降低资质等级；情节严重的，吊销资质证书；造成损失的，依法承担赔偿责任。

4. 违反建设工程质量行为的责任

对于不按工程建设强制性标准进行勘察、设计的勘察设计单位，不按勘察成果文件进行设计，或指定建筑材料、建筑构配件生产厂、供应商的设计单位，责令其改正，并处10万元以上30万元以下的罚款。因上述行为造成工程事故的，责令停业整顿，降低资质等级；情节严重的，吊销资质证书；造成损失的，依法承担赔偿损失。

3.6 外商投资建设工程设计企业的管理

3.6.1 外商投资建设工程设计企业概述

外商投资建设工程设计企业，是指根据中华人民共和国法律、法规的规定，在中华人民共和国境内投资设立的外资建设工程设计企业、中外合资经营建设工程设计企业以及中外合作经营建设工程设计企业。

随着我国市场经济的发展，外商参与我国建设工程设计的机会和事例越来越多，一般有两种参与方式：一是外商投资建设工程设计企业(独资或合资)；二是中外合作进行建设工程设计。

1. 外商投资建设工程设计企业的要求

外国投资者在中华人民共和国境内设立外商投资建设工程设计企业，并从事建设工程设计活动，应当依法取得对外贸易经济行政主管部门颁发的外商投资企业批准证书，在国家工商行政管理总局或者其授权的地方工商行政管理局注册登记，并取得建设行政主管部门颁发的建设工程设计企业资质证书。

省、自治区、直辖市人民政府对外贸易经济行政主管部门在授权范围内负责外商投资建设工程设计企业设立的管理工作；省、自治区、直辖市人民政府建设行政主管部门按照本规定负责本行政区域内的外商投资建设工程设计企业资质的管理工作。

2. 外商投资建设工程设计企业的前提

申请设立建筑工程设计甲级资质及其他建设工程设计甲、乙级资质外商投资建设工程设计企业的，其设立由国务院对外贸易经济行政主管部门审批，其资质由国务院建设行政主管部门审批；申请设立建筑工程设计乙级资质、其他建设工程设计丙级及以下等级资质外商投资建设工程设计企业的，其设立由省、自治区、直辖市人民政府对外贸易经济行政主管部门审批，其资质由省、自治区、直辖市人民政府建设行政主管部门审批。

3.6.2 申请外商投资建设工程设计企业的程序

1. 申请程序

设立外商投资建设工程设计企业，申请建筑工程设计甲级资质及其他建设工程设计甲、乙级资质的程序：①申请者向拟设立企业所在地的省、自治区、直辖市人民政府对外贸易经济行政主管部门提出设立申请。②省、自治区、直辖市人民政府对外贸易经济行政主管部门在受理申请之日起30日内完成初审；初审同意后，报国务院对外贸易经济行政主管部门。③国务院对外贸易经济行政主管部门在收到初审材料之日起10日内将申请材料送国务院建设行政主管部门征求意见。国务院建设行政主管部门在收到征求意见函之日起30日内提出意见。国务院对外贸易经济行政主管部门在收到国务院建设行政主管部门书面意见之日起30日内作出批准或者不批准的书面决定。予以批准的，发给外商投资企业批准证书；不予批准的，书面说明理由。④取得外商投资企业批准证书的，应当在30日内到登记主管机关办理企业登记注册。⑤取得企业法人营业执照后，申请建设工程设计企业资质的，按照建设工程设计企业资质管理规定办理。

设立外商投资建设工程设计企业，申请建筑工程乙级资质和其他建设工程设计丙级及以下等级资质的程序，由各省、自治区、直辖市人民政府建设行政主管部门和对外贸易经济行政主管部门，结合本地区实际情况，参照上述规定以及建设工程设计企业资质管理规定执行。

2. 申请设立外商投资建设工程设计企业所需材料

申请设立外商投资建设工程设计企业应当向对外贸易经济行政主管部门提交下列资料：①投资方法定代表人签署的外商投资建设工程设计企业设立申请书；②投资方编制或者认可的可行性研究报告；③投资方法定代表人签署的外商投资建设工程设计企业合同和章程(其中，设立外资建设工程设计企业只需提供章程)；④企业名称预先核准通知书；⑤投资方所在国或者地区从事建设工程设计的企业注册登记证明、银行资信证明；⑥投资方拟派出的董事长、董事会成员、经理、工程技术负责人等任职文件及证明文件；⑦经注册会计师或者会计师事务所审计的投资方最近三年的资产负债表和损益表。

申请外商投资建设工程设计企业资质应当向建设行政主管部门提交下列资料：①外商投资建设工程设计企业资质申报表；②外商投资企业批准证书；③企业法人营业执照；④外方投资者所在国或者地区从事建设工程设计的企业注册登记证明、银行资信证明；⑤外国服务提供者所在国或者地区的个人执业资格证明以及由所在国或者地区政府主管部门或者行业学会、协会、公证机构出具的个人、企业建设工程设计业绩、信誉证明；⑥建设工程设计企业资质管理规定要求提供的其他资料。

3.6.3 中外合作建设工程的设计

近年来,中外合作设计项目越来越多,而加入世贸组织后,中国工程建设领域将更加开放。加强外国设计机构在中国的设计活动及中外合作设计活动的管理,已成为中国有关部门面临的重要问题之一,2002年发布了《外商投资建设工程设计企业管理规定》,2003年发布了《外商投资城市规划服务企业管理规定》等相关文件。在现在的中国市场中,大量存在的还是中外合作的建设工程设计。

1. 中外合作设计工程项目的范围

中国投资或中外合资、外国贷款工程项目的设计,需要委托外国设计机构承担时,应有中国设计机构参加,进行合作设计。

中国投资的工程项目,中国设计机构能够设计的,不得委托外国设计机构承担设计,但可以引进与工程有关的部分设计技术或向外国设计机构进行技术经济咨询。现在,大量的外国设计师利用与中国国内设计单位合作的形式,参与到中国国内的建设项目中,就是利用这一条款的规定。

外国在中国境内投资的工程项目,原则上也应由中国设计机构承担设计;如果投资方要求由外国设计机构承担设计,应有中国设计机构参加,进行合作设计。

外国勘察设计单位及其在中国境内的办事机构,不得单独承接中国境内建设项目的勘察设计业务。承接中国境内建设项目的勘察设计业务,必须与中方勘察设计单位进行合作勘察或设计,也可以成立合营单位,领取相应的勘察设计资质证书,按国家有关中外合作、合营勘察设计单位的管理规定和本规定开展勘察设计业务活动。

2. 外国设计机构的资格审查

外国设计机构的设计资格经审查合格者,方可承担中国工程项目的设计任务。外国设计机构的资格是否合格,由设计项目的主管部门进行审查。

审查设计资格是否合格的主要内容包括:外国设计机构所在国或地区出具的设计资格注册证书,技术水平、技术力量和技术装备状况,承担设计的资历和经营管理状况,社会信誉。

3. 中外合作设计的合同管理

合作设计双方必须签订合作设计合同,明确双方的权利和义务。合作设计合同应包括以下内容:①合作设计双方的名称、国籍、主营业场所和法定代表人的姓名、职务、国籍、住所;②合作的形式、目的、范围和期限;③对设计内容、深度、质量和工作进度的要求;④合作设计双方收费的货币构成、分配方法和分配比例;⑤合作设计双方工作联系的方法;⑥违反合同的责任;⑦对合同发生的争议的解决方法;⑧合同生效的条件;⑨合同签订的日期、地点。在签订合作合同时,被选定为合作设计的主设计方应与项目委托方签订设计承包合同。

4. 中外合作设计的其他管理

合作设计可以包括从工程项目的调研、勘察到工程设计的全过程,也可以选择其中某一阶段进行合作。合作设计应采用先进的、适用的标准规范,合作设计双方应互相提供拟采用的范本。

合作设计双方要进行设计文件会审,并对设计质量负责。合作设计双方按合同完成设计后,送项目委托方审查认可。

在合作设计的过程中,合作设计双方应按合同要求严格履行自己的义务,如未达到合同要求,应按合同规定承担责任。

合作设计双方设计所得收入,应按中国有关税法规定纳税。

【工程质量事故典型案例】

本章小结

建设工程勘察设计法律制度是确保工程勘察设计的科学性和严肃性的指导性文件，它贯穿于勘察设计的全过程之中，是勘察设计中必须严格遵守的法律条文，随着国家公民和法律概念的加强，这些法律制度对我们的勘察设计工作的进行会产生越来越大的影响。

勘察设计是所有建设工程的前期工作，好的勘察设计成果，对整个建设项目影响重大，而勘察设计中设计人员的工作态度、工作素质极为重要，因此必要的审查和监督是不可缺少的。

习 题

一、填空题

1. 建设工程勘察是指依据建设工程的要求，＿＿＿＿＿＿建设场地的地质地理环境特征和岩土工程条件，＿＿＿＿＿＿文件的活动。

2. ＿＿＿＿＿＿是指为在工程建设领域内获得最佳秩序，对建设工程的勘察、设计、施工、安装、验收、运营维护及管理等活动和结果需要协调统一的事项所制定的共同的、重复使用的＿＿＿＿＿＿和准则。

3. 工程建设国家标准的制订程序分为准备、＿＿＿＿＿＿、送审和＿＿＿＿＿＿四个阶段。

4. 工程建设国家标准由＿＿＿＿＿＿审查批准，＿＿＿＿＿＿和建设行政主管部门联合颁行。工程建设行业标准由＿＿＿＿＿＿审批、颁行，并报＿＿＿＿＿＿备案。

5. 工程建设中有关安全、卫生和环境保护等方面的标准都是＿＿＿＿＿＿，工程设计时必须严格遵守。

6. 建设工程是一个使用时间长久的工程，建设工程＿＿＿＿＿＿和防灾是指通过编制、实施＿＿＿＿＿＿防灾规划，对建设工程进行抗震设防和加固，＿＿＿＿＿＿地震灾害带来的损失。

7. 工程勘察设计活动质量管理分为两大部分：一是＿＿＿＿＿＿的管理，二是＿＿＿＿＿＿、＿＿＿＿＿＿的管理。这两个方面管理的好坏，直接决定了设计活动质量的好和坏。加强这两方面的管理，才能保证我们工程设计工作的正常进行。

8. 在工程勘察设计的总承包和分包中，必须严格遵守国家相关的法律和法规，注意总承包单位和分包单位的＿＿＿＿＿＿是否满足国家的相关规定，是否有＿＿＿＿＿＿的地方。

9. 县级以上地方人民政府建设行政主管部门对＿＿＿＿＿＿的建设工程勘察、设计活动实施监督管理。县级以上地方人民政府交通、水利等有关部门在各自的职责范围内，负责对本行政区域内的有关专业建设工程勘察、设计活动的监督管理。

10. 已经注册的执业人员和其他专业技术人员，但未受聘于一个建设工程勘察设计单位或同时受聘于＿＿＿＿＿＿建设工程勘察设计单位从事有关业务活动的，可责令停止执行业务或吊销资格证书。

二、单项选择题

1. 建设工程的设计需要坚持的原则是( )。
   A. 先设计再论证其可行性
   B. 设计成果可以在项目中直接使用
   C. 在城市建设中需要，在乡村建设时可以省略
   D. 必须遵守各自行业的相关法律制度和管理条例

2. 工程建设设计标准是( )。
   A. 有不同的类别的
   B. 统一的设计标准
   C. 一般只有国家标准和企业标准
   D. 行业标准必须高于企业标准

3. 工程建设标准制定原则中，说法正确的是( )。
   A. 必须遵守国家的有关法律
   B. 科学实验和测试验证是可以忽略的
   C. 文字错误是可以忽略的
   D. 积极采用已经使用的技术，降低制造成本

4. 关于工程建设标准的审批，正确的是( )。
   A. 国家标准是由国务院标准化行政主管部门审批
   B. 行业标准是由该行业国家协会审批
   C. 地方标准是由该地方行业协会审批
   D. 企业标准是不需要政府部门审批

5. 建设工程设计的原则是( )。
   A. 加快施工进度
   B. 减少施工难度
   C. 在前期各种调查研究基础上得出工程建设的目的和条件
   D. 提高施工技术含量

6. 对于大型水利枢纽工程，必须有项目建议书，它的内容有( )。
   A. 前期充足的调查和研究报告
   B. 领导的提议
   C. 当地的历史文化分析
   D. 一个方案的技术经济报告

7. 工程技术文件中包含"具体分析工程重大技术问题和有关实验、设备制造等方面要求"的阶段，是在各个设计阶段中的( )。
   A. 总体设计阶段
   B. 初步设计阶段
   C. 技术设计阶段
   D. 施工图设计阶段

8. 关于建设工程的抗震和防灾设计，下面观点( )是不正确的。
   A. 通过编制和实施抗震防灾规划，加强对工程的安全保证
   B. 在历史上没有地震的地方，可以不考虑抗震设计
   C. 对创新性工程的抗震防灾设防标准必须有抗震防灾方案论证
   D. 对建设和使用过程中可能出现的其他灾害情况也要一起考虑

9. 关于设计文件的修改，不正确的观点是( )。
   A. 设计文件经批准后不得修改
   B. 设计文件的修改只需要设计单位作出新的设计文件就可以实施

C. 对建设地点的修改必须经过原项目审批管理部门的批准

D. 设计文件的修改不可超过原审批文件中明确的规模

10. 关于工程勘察设计的总包和分包，正确的观点是(　　)。

A. 总包单位设计资质必须全面包括所有设计范围

B. 总包单位设计资质不可超越范围，分包单位可以借用总包单位资质进行设计

C. 总包单位只要有相应的资质，分包单位就可以不需要资质

D. 总包和分包单位都必须有相应的资质

三、多项选择题

1. 《建设工程勘察设计管理条例》规定，编制勘察、设计文件的依据有(　　)。

A. 项目批准文件

B. 该项目建设地的城市规划

C. 相关国外项目的设计依据

D. 工程建设强制性标准

E. 国外相关标准

2. 施工图审查单位必须具备的条件有(　　)。

A. 是大型设计单位的子公司

B. 独立的法人资格

C. 设计人员可以担任其他项目的审查人员

D. 审查人员必须有国家注册资质

E. 审查人员年龄不得超过65岁

3. 关于设计文件的修改，《基本建设设计工作暂行办法》中规定(　　)。

A. 对主要内容如总平面布局、主要工艺流程、主要设备等方面修改必须经原审批单位批准

B. 设计文件经有关部门批准后，修改前必须申请原批准单位同意后才可以进行

C. 施工过程中的修改只需要施工单位做修改后，在原设计单位备案就可以

D. 施工工艺的修改必须经过原审批单位批准

E. 施工图的修改只可由原来设计单位承担

4. 关于建设工程设计标准的概念，正确的是(　　)。

A. 设计标准是国家确定的标准

B. 设计标准有多种，具体工程采用什么标准必须事先明确

C. 设计标准是技术标准，对施工管理方面不存在相应的标准

D. 不同的设计标准使用范围不同

E. 企业标准肯定高于国家标准

5. 建设工程施工图审查内容包括(　　)。

A. 编制人员是否有相关项目的编制经历

B. 施工图设计范围是否超越该项目批准立项文件

C. 编制人员是否具有相应资质

D. 消防、环保、抗震、卫生等

E. 建设地点是否符合规划

6. 关于建设工程勘察设计，正确的观点是(　　)。
   A. 勘察设计文件应该包括建设场地的地质地理环境特征和岩土工程条件的资料文件
   B. 勘察设计活动必须满足国家相关法律法规规定
   C. 勘察设计活动是设计企业的自主安排行为，不受政府管理部门监督
   D. 国家关于建设工程勘察设计制定了很多法律法规，它们之间有些条款存在一定的冲突情况
   E. 勘察、设计、施工活动可以同步进行，加快建设工程进度
7. 关于工程建设标准的审批和发布，正确观点是(　　)。
   A. 工程建设国家标准有国务院审查并发布
   B. 工程建设行业标准是行业协会审批并发布
   C. 工程建设地方标准由省、自治区、直辖市人民政府制定但同时要上报国务院建设行政主管部门和标准化行政主管部门备案
   D. 工程建设企业标准有企业自行制定并实施
   E. 工程建设标准一经审定，不可轻易修改
8. 工程建设标准的实施，以下观点错误的是(　　)。
   A. 工程建设的强制性条文是必须严格执行的
   B. 工程建设的强制性条文是单独制定的
   C. 工程建设标准的实施中，主要参考强制性条文
   D. 工程质量监督机构必须严格依据现行强制性条文进行监督
   E. 工程建设标准有推荐性条款，可以自愿采用

四、思考题

1. 工程勘察设计法律有什么重要意义？
2. 工程建设设计标准有什么内容和实际意义？
3. 工程设计的依据和设计内容是什么？
4. 如何管理好工程设计的过程和保证设计成果的正确？
5. 工程设计行业中对外商参与有什么要求？其进入行业的过程是怎样的？

五、案例分析题

案例1

甲工厂与乙勘察设计单位签订一份《厂房建设设计合同》，甲委托乙完成厂房建设初步设计，约定设计期限为支付定金后60天，设计费用按国家有关标准计算。另外约定，如果甲方要求增加工作内容，其费用增加10%，合同中没有对基础资料的提供进行约定。

甲方支付定金后，乙方向甲方索要设计任务书以及选厂报告和燃料、水、电协议文件，甲方仅仅提供设计任务书，其他资料都没有。乙方自行收集了相关资料。于第77天交付设计成果，要求甲方按增加工作量的约定，增加10%设计费用。但是，甲方认为合同中没有约定自己提供资料，不同意乙方增加费用的要求，并提出乙方完成合同逾期违约赔偿。

双方协商不成，乙方到法院起诉甲方。

法院认为，合同中未对基础资料的提供和期限给出明确约定，但作为乙方是这个专业的勘探单位，应该明白自己工作需要的前提资料，因此，并不能以此调高勘察设计收费标准，乙方要求无效；乙方超过合同期限17天(以甲方定金支付之日算起)，没有不可抗拒的力量存在，乙方违约存在。最终判定：甲方按国家标准计算方法计算设计费用给乙方，乙方按合同约定向甲方支付逾期违约金。

问题：(1)这个案例法院依据什么条款判定乙方并没有增加工作量？合理吗？(2)乙方是否真的逾期而应该赔偿甲方逾期的违约金？

案例2

某工厂需要建办公楼，与该市建设工程总公司签订了建筑工程承包合同，其后，经该工厂同意，建设工程总公司与市建筑设计院签订了建设工程勘察设计合同，该合同约定由市建筑设计院对工厂所需办公楼及配套建筑提供勘察、设计服务，完成建筑工程施工图和相应资料。

合同签订后，市建筑设计院完成设计任务，并将全套图纸交给市建设工程总公司，完工后，工厂会同有关质量监督部门对工程进行验收，发现工程存在严重质量问题，必须进行修复后才可使用，并确认是由于设计不合规范造成的。

经过多方检验和论证，事故原因是市建筑设计院对现场地质情况没有进行仔细的勘探，借用了部分相邻地块的数据，造成基础出现偏差。

问题：在这个案例中，市建筑工程总公司和市建筑设计院应该如何判定责任？

【第3章习题参考答案】

第4章
建筑法律制度

📚 教学目标

人类在广泛的生产、生活的领域中，总是离不开建筑活动的。工程建设活动是一个复杂的、系统化的过程，包括前期的策划和可研、建设准备和建设实施等一系列程序，其中建设实施又分为勘察设计和施工阶段。本章主要讲述建筑法律制度的基本内容和若干重点问题，以求有助于了解和运用建筑法。通过本章学习，应达到以下目标。

(1) 了解建筑法立法沿革和建筑法在建设法规体系中的地位和作用。
(2) 熟悉建筑许可制度。
(3) 掌握建设工程招标与投标的法律规定。
(4) 熟悉建设工程监理和安全生产的有关规定。

📚 教学要求

知识要点	能力要求	相关知识
建筑法律制度概述	(1) 了解建筑法的概念及基本原则 (2) 熟悉建筑法的适用对象和范围 (3) 掌握建筑法的立法目的	(1) 建筑法的概念 (2) 建筑法的调整对象 (3) 建筑法的立法宗旨
建筑许可	(1) 掌握建筑工程施工许可证的申领时间、范围、申领条件 (2) 了解从业单位的资质 (3) 了解专业技术人员执业资格许可制度	(1) 建筑工程施工许可证 (2) 建筑业企业资质 (3) 注册建筑师执业资格
建设工程发包与承包	(1) 了解建筑工程发包与承包的特征 (2) 了解招标、投标、评标、开标、定标的定义、特征，招投标的分类 (3) 熟悉招标投标程序，明确必须招标和可以不招标的范围、废标的情形 (4) 理解评标的标准和方法	(1) 招标程序、强制招标制度 (2) 投标的要求 (3) 开标程序 (4) 投标文件的送达 (5) 评标委员会的组成

知识要点	能力要求	相关知识
建设工程监理	(1) 了解监理的概念及工程监理的原则 (2) 熟悉强制监理的范围 (3) 了解建设监理合同的相关内容	(1) 监理的概念 (2) 强制监理 (3) 建设监理合同
建筑安全生产管理	(1) 了解建筑安全生产管理的方针 (2) 熟悉建筑安全生产管理基本制度 (3) 了解工程建设重大事故调查处理	(1) 安全第一、预防为主 (2) 建筑安全生产责任制度 (3) 工程建设重大事故

基本概念

建筑许可；施工许可；从业单位的资质；从业人员执业资格制度；招投标；中标；监理；建筑安全生产管理。

引例

2010年11月15日下午，上海市中心静安区一幢正在进行外部修缮、28层高的教师公寓发生特别重大火灾事故，造成58人死亡，71人受伤，直接经济损失1.58亿元。经调查，此次特别重大火灾事故的直接原因是：起火大楼在装修作业施工中，有2名无证电焊工违规实施作业，在短时间内形成密集火灾。事故的间接原因：一是建设单位、投标企业、招标代理机构相互串通、虚假招标和转包、违法分包。二是工程项目施工组织管理混乱。三是设计企业、监理机构工作失职。四是市、区两级建设主管部门对工程项目监督管理缺失。五是静安区公安消防机构对工程项目监督检查不到位。六是静安区政府对工程项目组织实施工作领导不力。无计划、无资金来源、无施工方案、无资质、无报建、无报监、无消防报备；交叉施工，违规动火个个熟视无睹，终致冲天大火。

这起事故暴露出5个方面的问题：电焊工无特种作业人员资格证，严重违反操作规程，引发大火后逃离现场；装修工程违法违规，层层多次分包，导致安全责任不落实；施工作业现场管理混乱，安全措施不落实，存在明显的抢工期、抢进度、突击施工的行为；事故现场违规使用大量尼龙网、聚氨酯泡沫等易燃材料，导致大火迅速蔓延；有关部门安全监管不力，致使多次分包、多家作业和无证电焊工上岗，对停产后复工的项目安全管理不到位。那么涉及的相关建筑法律、法规是如何规定的呢？

【防"火"于未"燃"】

4.1 建筑法律制度概述

4.1.1 建筑法的概念和调整对象

1. 建筑法的概念

建筑法有广义和狭义之分。狭义的建筑法，即形式意义的建筑法，是指国家立法机关制定的统一调整建设单位、建筑从业单位及从业者、建筑行政机关在建筑活动中的市场准入、工程发包与承包、勘察、设计、施工、竣工验收直至交付使用等各个环节所发生的各种社会关系的基本法律，如《中华人民共和国建筑法》。广义的建筑法，即实质意义的建筑法，是指以在建筑活动中和建筑管理活动中形成的社会关系为调整对象的法律规范体系，是规范建筑活动和建筑管理活动的法律、行政法规、部门规章、地方立法和司法解释等组成的有机整体。

狭义的建筑法是指1997年11月1日颁布的《中华人民共和国建筑法》(以下简称《建筑法》)，自1998年3月1日起施行，后来又于2011年4月22日进行了修正。目前，该法共八章八十五条。其主要内容包括：总则、建筑许可、建筑工程发包与承包、建筑工程监理、建筑安全生产管理、建筑工程质量管理、法律责任和附则。

【中华人民共和国建筑法】

2. 建筑法的调整对象

建筑活动，是建筑法所要规范的核心内容。建筑法所称的建筑活动是指各类房屋建筑及其附属设施的建造和与其配套的线路、管道、设备的安装活动。但建筑法中关于施工许可、建筑施工企业资质审查和建筑工程发包、承包、禁止转包，以及建筑工程监理、建筑工程安全和质量管理的规定，适用于其他专业建筑工程的建筑活动。

建筑装修活动，如果是建筑过程中的装修，则属于建造活动的组成部分，适用建筑法的规定，不必单独列出。对已建成的建筑进行装修,如果涉及建筑物的主体或承重结构变动的,则应按照建筑法的规定执行;如果不涉及主体或承重结构变动的装修,则不属于建筑法调整的范围。此外,对不包括建筑装修内容的建筑装饰活动,因其不涉及建筑物的安全性和基本使用功能,完全可以因使用者的爱好和审美情趣的不同而各有不同,不需要以法律强制规范,因此建筑法的调整范围不包括建筑装饰活动。

关于建筑活动在建筑法和其他法律中有特别规定的还应执行特别规定。根据《建筑法》第八十三条的规定,省、自治区、直辖市人民政府确定的小型房屋建筑工程的建筑活动不直接适用《建筑法》,而是参照适用。依法核定作为文物保护的纪念建筑物和古建筑等的修缮,依照文物保护的有关法律规定执行。抢险救灾及其他临时性房屋建筑和农民自建低层住宅的建筑活动,不适用《建筑法》。根据《建筑法》第八十四条的规定,军用房屋建筑工程建筑活动的具体管理办法,由国务院、中央军事委员会依据《建筑法》制定。

建筑法的调整对象主要有两种社会关系:一是从事建筑活动过程中所形成的社会关系;二是在实施建筑活动管理过程中所形成的社会关系。从性质上来看,前一种属于平等主体的民事关系,即平等主体的建设单位、勘察设计单位、建筑安装企业、监理单位、建筑材料供应单位之间在建筑活动中所形成的民事关系;后一种则属于行政管理关系,即建设行政主管部门对建筑活动进行的计划、组织、监督的关系。

4.1.2 建筑法的立法目的

任何一项法律制度或者政策性措施的出台,都有着其特定的目的。建筑法的立法也不例外。根据《建筑法》规定,制定建筑法的主要目的在于以下四方面。

1. 加强对建筑活动的监督管理

所谓加强对建筑活动的监督管理,包括三个方面:第一个方面是目前对建筑活动监督管理的力度不够,在此基础上还应依法加大监督管理力度;第二个方面是建筑活动的监督管理并不是什么都管,而应是在本法规定的范围的基础上进行监督管理;第三个方面是指在现有管理的基础上依法重点管理建筑活动,确立与社会主义市场经济相适应的管理制度,以现代化的管理方式来管理建筑活动。通过制定建筑法,规定从事建筑活动和对建筑活动进行监督管理必须遵守的行为规范,以法律的强制力保证实施,为加强对建筑活动的有效监督管理提供法律依据和法律保障,这是制定本法的重要目的。

2. 维护建筑市场秩序

所谓**维护建筑市场秩序**,包括两个方面:一个方面是维护现有合法、合理的建筑市场秩序,属于建筑市场合法的行为依法予以保护,合法的行为得到了保护,正常的市场秩序就能得到维护;另一个方面是清除和打击建筑市场不规范行为,不规范的行为在建筑市场被清除掉,正常的市场秩序才能得到充分的发展和维护。通过制定建筑法,确立建筑市场运行必须遵守的基本规则,要求参与建筑市场活动的各个方面都必须一体遵循,对违反建筑市场法定规则的行为依法追究法律责任,这对于构筑建筑市场竞争有序的市场秩序,保证建筑业在市场经济条件下健康发展,是非常必要的。

3. 保证建筑工程的质量和安全

所谓**保证建筑工程的质量和安全**,是指建筑市场的监督管理者和建筑市场的参与者都必须根据国家的建筑工程质量和安全的标准、规范等来从事自己的行为,只有其行为符合有关建筑工程质量和安全的标准,建筑工程的质量和安全才会以保证。"百年大计、质量第一",这是从事建筑活动必须始终坚持的基本准则。建筑法将保证建筑工程的质量和安全作为本法的立法宗旨和立法重点,从总则到分则做了若干重要规定，这对保证建筑工程的质量和安全具有重要意义。

4. 促进建筑业健康发展

这里讲的促进建筑业的"健康发展"，不仅包括对建筑业在发展速度和经济效益方面的要求，更重要的是对建筑业在确保工程质量和安全方面的要求，要使我国的建筑业真正做到在"质量好、效益高"的基础上，得到持续、稳定、快速的发展，最终使得建筑业适应社会主义市场经济发展的要求，得以合理有序地向前发展。

4.2 建筑许可

行政许可是指行政机关根据公民、法人和其他组织的申请，经依法审查，准予其从事特定活动的行为。例如，张三要开一家杂货店，就要依法向工商局提出登记申请，经工商局依法核准登记，发给营业执照，才能开业，否则，他就成无证摊贩了。

建筑许可是指建设行政主管部门或者其他有关行政主管部门准许、变更和终止公民、法人和其他组织从事建筑活动的具体行政行为。建筑许可制度是各国普遍采用的对建筑活动进行管理的一项重要制度。实行建筑许可制度有利于国家对基本建设进行宏观调控和对从事建筑活动的单位和人员进行总量控制，有利于规范建筑市场，保证建筑工程质量和建筑安全生产，也有利于保护建设单位、从事建筑活动的单位和个人的合法权益。

建筑许可的表现形式为施工许可证、批准证件(开工报告)、资质证书、执业资格证书等。根据《建筑法》的规定，建筑许可包括三项许可制度，即建筑工程施工许可制度、从事建筑活动单位资质制度和从事建筑活动的个人资格制度。

建筑工程施工许可制度是建设行政主管部门根据建设单位的申请，依法对建筑工程是否具备施工条件进行审查，符合条件者，准许该建筑工程开始施工并颁发施工许可证的一种制度。

从业资格许可制度是指国家对从事建筑活动的单位(企业)和人员实行资质或资格审查，并许可其按照相应的资质、资格条件从事相应的建筑活动的制度。从业资格许可制度包括从事建筑活动的单位资质制度和从事建筑活动的个人资格制度两类。从业资格制度的管理对象，单位主要包括房地产开发企业、建设工程总承包企业、建设工程勘察设计企业、建筑业企业、建设工程监理企业等；个人主要包括注册建筑师、注册监理工程师、注册造价工程师、注册结构工程师等。建筑业是一个专业性、技术性很强的行业，只有加强对从业者的管理，才能保障工程质量和施工安全，维护建筑市场秩序。

4.2.1 建筑工程施工许可

对建筑工程实行施工许可证制度，是许多国家对建筑活动实施监督管理所采用的做法。这项制度是指由国家授权有关行政主管部门，在建筑工程施工开始以前，对该项工程是否符合法定的开工必备条件进行审查，对符合条件的建筑工程发给施工许可证，允许该工程开工建设。根据《建筑法》《建筑工程施工许可管理办法》等法律法规规定，从1999年12月1日起在全国施行建筑工程施工许可证制度。在我国对有关建筑工程实行施工许可证制度，有利于保证开工建设的工程符合法定条件，在开工后能够顺利进行；同时也便于有关行政主管部门全面掌握和了解其管辖范围内有关建筑工程的数量、规模、施工队伍等基本情况，及时对各个建筑工

【建筑工程施工许可管理办法】

程依法进行监督和指导，保证建筑活动依法进行。

1. 施工许可证的申请

1) 施工许可证的申请时间

根据《建筑法》第七条的规定，施工许可证应在建筑工程开工前申请领取。也即应当在施工准备工作基本就绪之后，组织施工之前申请。根据国家有关规定，开工日期是指建设项目或单项工程设计文件中规定的永久性工程计划开始施工的时间，以永久性工程正式破土开槽开始施工的时间为准，在此以前的准备工作，如地质勘探、平整场地、拆除旧有建筑物、临时建筑、施工用临时道路、水、电等工程都不算正式开工。

施工许可证的申请者是建设单位(也可称业主或者项目法人)，做好各项施工准备工作，是建设单位的义务。因此，施工许可证的申领，应当由建设单位来承担，而不应是施工单位或其他单位。建设单位未依法在开工前申请领取施工许可证便开工建设的，属于违法行为，应当依法追究其行政法律责任。

2) 施工许可证的申请范围

【建设工程施工许可证样本】

根据《建筑法》第七条规定："建筑工程开工前，建设单位应当按照国家有关规定向工程所在地县级以上人民政府建设行政主管部门申请领取施工许可证；但是，国务院建设行政主管部门确定的限额以下的小型工程除外。按照国务院规定的权限和程序批准开工报告的建筑工程，不再领取施工许可证。"根据《建筑工程施工许可管理办法》第二条规定，工程投资额在30万元以下或者建筑面积在300平方米以下的建筑工程，可以不申请办理施工许可证。省、自治区、直辖市人民政府建设行政主管部门可以根据当地的实际情况，对限额进行调整，并报国务院建设行政主管部门备案。开工报告是建设单位依照国家有关规定向计划行政主管部门申请准予开工的文件。为什么有依法批准的开工报告的建筑工程不再领取施工许可证呢？主要是开工报告的审批内容和施工许可证的内容基本相同，同时又经过国家机关的批准，所以没有必要再进行审批。

必须申请领取施工许可证的建筑工程未取得施工许可证的，一律不得开工。对于未取得施工许可证或者为规避办理施工许可证将工程项目分解后擅自施工的，由有管辖权的发证机关责令改正，对于不符合开工条件的责令停止施工，并对建设单位和施工单位分别处以罚款。

2. 施工许可证的审批

根据《建筑法》第七条的规定，施工许可证由工程所在地县级以上人民政府建设行政主管部门审批。具体由哪一级建设行政主管部门审批，则要视工程的投资额大小和投资额来源的不同而定。

建设行政主管部门应当在接到申请后的15日内，对符合条件的申请者颁发施工许可证。对经审查不符合条件的，应当通知建设单位，不予颁发施工许可证。同时，按照《中华人民共和国行政诉讼法》的规定，建设单位如果认为其申请颁发施工许可证的建筑工程符合规定的施工条件、而建设行政主管部门拒绝颁发施工许可证或者建设行政主管部门在规定的15日内不予答复的，有权向发证机关的上一级行政机关申请行政复议，对复议决定不服的，可以向人民法院提起行政诉讼，建设单位也可以直接向人民法院提起行政诉讼。

3. 申请领取施工许可证的条件

施工许可证的申请条件，是指申请领取施工许可证应当达到的要求。施工许可证申请条件的确定是为了保证建筑工程开工后，组织施工能够顺利进行。根据《建筑法》第八条的规定，申请领取施工许可证，应当具备下列条件。

1) **已经办理建筑工程用地批准手续**

根据《中华人民共和国城市房地产管理法》《中华人民共和国土地管理法》的规定，建设单位从国家手中取得建筑工程用地土地使用权，可以通过两种方式，即出让和划拨。建设单位取得由县级以上人民政府颁发的土地使用权证书表明已经办理了该建筑工程用地批准手续。

2) **城市、镇规划区内的建筑工程，已经取得规划许可证**

根据《中华人民共和国城乡规划法》的规定，规划许可证包括建设用地规划许可证和建设工程规划许可证。建设用地规划许可证是建设单位在向土地管理部门申请征用、划拨土地前，经城乡规划行政主管部门确认建设项目位置和范围符合城乡规划的法定凭证，是建设单位用地的法律凭证。建设工程规划许可证是城市规划行政主管部门向建设单位或个人核发的确认其建设工程符合城市规划要求的证件。要求城市、镇规划区内的建筑工程在开工时必须取得规划许可证，不仅可以确保该项工程的土地利用符合城市、镇规划，而且还可以使建设单位按照规划使用土地的合法权益不被侵犯。

3) **需要拆迁的，其拆迁进度符合施工要求**

拆迁是指为了新建工程的需要，将该建筑工程区域内的原有建筑物、构筑物及其他附着物拆除和迁移。对在城市旧区进行建筑工程的新建、改建、扩建，拆迁是施工准备的一项重要任务。对成片进行综合开发的，应根据建筑工程建设计划，在满足施工要求的前提下，分期分批进行拆迁。拆迁必须按计划和施工进度要求进行，过早过迟都会造成损失和浪费。在建筑工程开始施工时，拆迁的进度必须符合工程开工的要求，这是保证该建筑工程正常施工的基本条件。

4) **已经确定建筑施工企业**

建筑工程的施工必须由具备相应资质的建筑施工企业来承担。在建筑工程开工前，建设单位必须确定承包该建筑工程的建筑施工企业。建设单位确定建筑施工企业可以通过直接发包或招标发包两种方式。招标发包又可分为公开招标和邀请招标两种形式。建设单位通过以上方式确定建筑施工企业后，双方应当签订建筑工程承包合同，明确双方的责任、权利和义务。

5) **有满足施工需要的施工图纸及技术资料**

施工图纸是实现建筑工程的最根本的技术文件，是施工的依据。技术资料包括地形、地质、水文、气象等自然条件资料和主要原材料、燃料来源、水电供应和运输条件等技术经济条件资料。技术资料可以通过勘察、调查等方式取得。施工图纸和技术资料是进行工程施工作业的技术依据，是在施工过程中保证建筑工程质量的重要因素。因此，为了保证工程质量，在开工前必须有满足施工需要的施工图纸和技术资料。

6) **有保证工程质量和安全的具体措施**

建筑工程的质量状况往往直接关系到人身和财产安全，是至关重要的大问题，在工程施工作业中必须把保证工程质量放在首位。同时，由于建筑施工多为露天、高处作业、施工环境和条件比较差等原因，工程施工中危及安全的因素较多，对施工安全也必须高度重视。保证工程质量和安全的具体措施是施工组织设计的一项重要内容。施工组织设计的编制是施工准备工作的中心环节，其编制的好坏直接影响建设工程质量和建筑安全生产，影响组织施工能否顺利进行。因此，施工组织设计必须在建筑工程开工前编制完毕。

7) **建设资金已经落实**

近年来，一些建设单位无视自身的经济实力，违反工程建设程序，在建设资金不落实或资金不足的情况下，盲目上新建设项目，强行要求建筑施工企业带资承包工程和垫款施工，转嫁投资缺口，造成拖欠工程款数额急剧增加。这不仅干扰了国家对固定资产投资的宏观调控和工程建设的正常进行，严重影响了投资效益的提高，也加重了建筑施工企业生产经营的困难。因此，在建筑工程开工前，建设资金必须足额落实。根据《建筑工程施工许可管理办法》第四条规定，建设工期不足一年的，到位资金原则上不得少于工程合同价的50%，建设工期超过一年的，到位资金原则上不得少于工程合同价的30%。建设单位应当提供银行出具的到位资金证明，有条件的可以实行银行付款保函或者其他第三方担保。按照国家有关规定应当纳入投资计划的，必须列入年度计划。计划、财政、审计等部门应严格审查建设项目开工前和年度计划中的资金来源，据实出具资金证明。对建设资金不落实或资金不足的建筑工程，建设行政主管部门不予颁发施工许可证。

8) 法律、行政法规规定的其他条件

这是指法律、行政法规对施工许可证申领条件的特别规定。由于建筑工程的施工活动本身复杂，各类建筑工程的施工方法、技术要求等不同，申请领取施工许可证的条件也有其复杂性和诸多不同特点，很难用列举的方式把这些条件都包容进去。况且，对建筑活动的管理正在不断完善，施工许可证的申领条件也会发生变化。法律、行政法规可以根据实际的需要，发展和完善施工许可证的申领条件。为了保证施工许可证申领的统一性和权威性，本项规定只有由全国人大及其常委会制定的法律和国务院制定的行政法规，才可以增加施工许可证的其他条件，其他法规如部门规章和地方性法规、规章均不得规定增加施工许可证的申领条件。

上述八个方面，是建设单位申领施工许可证所必须具备的必要条件，这八个条件，必须同时具备，缺一不可。对于采用虚假证明文件骗取施工许可证的，由原发证机关收回施工许可证，责令停止施工，并对责任单位处以罚款；构成犯罪的，依法追究刑事责任。

4. 施工许可证的有效期限

根据《建筑法》第九条规定，建设单位应当自领取施工许可证之日起三个月内开工。建设单位因客观原因可以申请延期开工，但不得无故拖延开工，延期最多是两次，每次期限均为三个月。既不开工又不申请延期或者超过延期时限的，施工许可证自行废止。施工许可证废止后，建设单位需按规定重新领取施工许可证，方可开工。

5. 中止施工和恢复施工

所谓**中止施工**，是指建筑工程开工后，在施工过程中，因特殊情况的发生而中途停止施工的一种行为。中止施工的时间一般都较长，恢复施工的日期难以在中止时确定。

中止施工后，建设单位应做好两方面的工作：①向该建筑工程颁发施工许可证的建设行政主管部门报告中止施工的情况，报告内容包括中止施工的时间、原因、在施部位、施工现状、维护管理措施等，此报告应在中止施工之日起一个月内完成；②按照规定做好建筑工程的维护管理工作。

所谓**恢复施工**，是指建筑工程中止施工后，造成中断施工的情况消除，而继续进行施工的一种行为。恢复施工时，中止施工不满一年的，建设单位应当向该建筑工程颁发施工许可证的建设行政主管部门报告恢复施工的有关情况；中止施工满一年的，建筑工程恢复施工前，建设单位应当报发证机关核验施工许可证。建设行政主管部门对中止施工满一年的建筑工程进行审查，是否仍具备组织施工的条件，符合条件的，应允许恢复施工，施工许可证继续有效；对不符合条件的，不许恢复施工，施工许可证收回，待具备条件后，建设单位重新申领施工许可证。

6. 建筑工程开工报告

开工报告制度是我国建设领域长期实施的一项制度。根据《建筑法》第十一条规定，按照国务院有关规定批准开工报告的建筑工程，因故不能按期开工或者中止施工的，应当及时向批准机关报告情况。

因故不能按期开工超过六个月的,应当重新办理开工报告的批准手续。

【案例4-1】隆祥建筑工程有限公司与东瓯大学建设施工合同案

基本案情

原告:隆祥建筑工程有限公司(化名)

被告:东瓯大学(化名)

2009年10月4日原告与被告签订了一份《华东新校区行政办公楼工程施工合同》,合同约定:原告承包被告的行政办公楼工程,施工范围是土建和水电安装等;承包方式是包工包料、包工期、包质量和安全;总有效工期为285天;开工日期以书面通知为准,交工日期以竣工验收合格5日内;合同价款以工程决算为准;合同还约定:原告应向被告交纳30万元履约保证金,退还保证金的时间为完成基础工程退30%……结构封顶全部退还。合同还对工程结算和支付、质量保修作出了约定。合同签订后当月13日原告向被告交纳保证金10万元,被告向原告出具了收据。2009年12月10日,原、被告再次签订了《华东新校区行政办公楼工程施工合同》,内容与前述合同基本一致,除工期、收费标准有变更外,合同履约保证金变为10万元且退还时间也有变更,并特别约定:只要原告不能按合同要求完成所有工程任务,就不能以任何理由要求退还保证金,被告也有权不退还该保证金。该合同签订时,被告将原告手中双方的第一份合同予以收回。

原告在进场后,发现该工程项目未经国家批准,也未取得规划许可证和施工许可证,系违法建筑,属于无效合同。原告多次找被告要求其归还保证金无果,故提起诉讼,要求法院判令:被告立即退还保证金10万元,并承担自2009年10月13日起至给付之日的银行利息约18000元和要求被告承担本案的诉讼费用,庭审时原告增加诉讼请求要求法院确认双方签订的工程施工合同为无效合同。而被告口头辩称:①原告所诉双方的合同无效不能成立,原、被告所签合同并不违反法律强制性规定,且已实际履行,故应当认定有效;②原告起诉所依据的2007年10月4日的合同已经作废,双方于2007年12月10日又重新签订了合同,所以原告要求退还保证金并不具备合同约定的条件;③原告要求被告支付利息无法律依据。综上,请求法院依法驳回原告的诉讼请求。另查明,庭审结束前,被告未提供其"华东新校区行政办公楼"工程开发、招投标、施工等任何许可的证据。

根据原、被告诉辩请求,本案争议焦点是原告要求确认与被告的施工合同无效并要求被告退还保证金及利息的诉讼请求是否于法有据。

法院认为

从事建筑活动应当遵守国家法律、法规及其行业规范,不得损害社会公共利益和他人的合法权益。建筑工程开工前应当取得有关部门的规划许可证及施工许可证,且依法应当招投标的工程建设项目必须进行招投标程序,不需要的应当到建设行政部门备案。被告发包给原告的华东新校区建设项目属科技、教育、文化项目,是关系到社会公共利益、公众安全的公用事业。被告未取得任何开发、建设、施工许可文件而发包给原告方施工,其行为违反我国限制性法律规范,故此,原、被告签订的《华东新校区行政办公楼工程施工合同》为无效合同,被告依据该合同取得原告的保证金应予退还;因被告的过错行为造成原告损失,故原告要求被告支付利息损失的诉讼请求,予以支持。综上,依照《中华人民共和国合同法》第五十二条第(五)项、第五十八条;《中华人民共和国建筑法》第五条、第七条第一款、第二十条;国务院《工程建设项目招标范围和规模标准规定》第三条第(二)项;《最高人民法院》第一条第(三)项之规定,判决如下。

一、原告隆祥建筑工程有限公司(化名)与被告东瓯大学(化名)签订的《华东新校区行政办公楼工程施工合同》无效。

二、被告于判决生效10日内返还原告保证金10万元,并按中国人民银行同期贷款利率支付利息(利息计算自2007年10月13日至实际给付之日)。如被告未按本判决指定的期间履行给付金钱义务,应依照《中华人民共和国民事诉讼法》第二百二十九条之规定,加倍支付迟延履行期间的债务利息。

4.2.2 工程建设从业单位资质管理

建筑工程种类很多,不同的建筑工程,其建设规模和技术要求的复杂程度可能有很大的差别。而从事建筑活动的施工企业、勘察单位、设计单位和工程监理单位的情况也各有不同,有些从事建筑活动的单位资本雄厚、专业技术人员较多、有关技术装备齐全,有较强的经济和技术实力,而有些单位的经济和技术实力则比较薄弱。一般来说,建筑工程的建设规模越大,技术复杂程度越高,对承包该项工程的建筑单位所具有的经济和技术力量的要求也越高,否则将难以保证工程的建筑质量。为此,不少国家在对建筑活动的监督管理中,都将从事建筑活动的单位按其具有的不同经济、技术条件,划分为不同的资质等级,并对不同资质等级的单位所能从事的建筑活动的范围作出明确规定。实践证明,这是建立和维护建筑市场的正常秩序,保证建筑工程质量的一项有效措施。

从事建设活动的企业资质管理制度,是指建设行政主管部门对从事建设活动的工程总承包企业、建筑业企业、勘察企业、设计企业和工程监理企业的人员素质、管理水平、资金数量、业务能力等进行审查,以确定其承担任务的范围,并发给相应的资质证书的一种制度。《建筑法》第十三条对建设工程从业单位作出了必须进行资质审查的明确规定:"从事建筑活动的建筑施工企业、勘察单位、设计单位和工程监理单位,按照其拥有的注册资本、专业技术人员、技术装备和已完成的建筑工程业绩等资质条件,划分为不同的资质等级,经资质审查合格,取得相应等级的资质证书后,方可在其资质等级许可的范围内从事建筑活动。"

1. 工程勘察企业

工程勘察企业是指按照国家有关规定取得相应资质证书,并根据建设工程的要求,查明、分析、评价建设场地的地质地理环境特征和岩土工程条件,编制建设工程勘察文件的企业。

1) 工程勘察企业资质分类和分级

(1) 资质分类。

工程勘察资质分为工程勘察综合资质、工程勘察专业资质、工程勘察劳务资质。

综合资质包括工程勘察所有专业;专业资质是指岩土工程、水文地质勘察、工程测量等专业中的某一项,其中岩土工程专业类可以是岩土工程勘察、设计、测试监测检测、咨询监理中的一项或全部;劳务资质是指岩土工程治理、工程钻探、凿井等。

(2) 资质分级。

工程勘察综合资质只设甲级;工程勘察专业资质根据工程性质和技术特点设立类别和级别,原则上设甲、乙两个级别,确有必要设置丙级勘察资质的经住建部批准后方可设置专业类丙级;工程勘察劳务资质不分级别。

2) 工程勘察企业资质管理

(1) 资质申请与许可。

申请工程勘察甲级资质,应当向企业工商注册所在地的省、自治区、直辖市人民政府住房城乡建设主管部门提出申请。其中,国务院国资委管理的企业应当向国务院建设主管部门提出申请;国务院国资委管理的企业下属一层级的企业申请资质,应当由国务院国资委管理的企业向国务院住房城乡建设主管部门提出申请。省、自治区、直辖市人民政府住房城乡建设主管部门应当自受理申请之日起20日内初审完毕，并将初审意见和申请材料报国务院住房城乡建设主管部门。国务院住房城乡建设主管部门应当自省、自治区、直辖市人民政府住房城乡建设主管部门受理申请材料之日起60日内完成审查，公示审查意见，公示时间为10日。

工程勘察乙级及以下资质、劳务资质的资质许可由省、自治区、直辖市人民政府住房城乡建设主管部门实施。具体实施程序由省、自治区、直辖市人民政府住房城乡建设主管部门依法确定。省、自治区、直辖市人民政府住房城乡建设主管部门应当自作出决定之日起30日内，将准予资质许可的决定报国务院住房城乡建设主管部门备案。

新设立的建设工程勘察企业，其资质等级最高不超过乙级，且不考核企业工程勘察业绩。已具备施工资质的企业首次申请同类别或相近类别的工程勘察资质的，可以将相应规模的工程总承包业绩作为工程业绩予以申报。其申请资质等级最高不超过其现有施工资质等级。由于企业改制，或者企业分立、合并后组建设立的建设工程勘察企业，其资质等级根据实际达到的资质条件核定。

建设工程勘察资质证书分为正本和副本，由国务院住房城乡建设主管部门统一印制，正、副本具有同等法律效力。资质证书有效期为5年。

资质有效期届满，企业需要延续资质证书有效期的，应当在资质证书有效期届满60日前，向原资质许可机关提出资质延续申请。对在资质有效期内遵守有关法律、法规、规章、技术标准，信用档案中无不良行为记录，且专业技术人员满足资质标准要求的企业，经资质许可机关同意，有效期延续5年。

(2) 承担业务范围。

综合类工程勘察企业可以承接各专业(海洋工程勘察除外)、各等级工程勘察业务。

专业类甲级工程勘察企业承担本专业工程勘察业务范围和地区不受限制。

专业类乙级工程勘察企业可承担本专业工程勘察中小型工程项目，其地区不受限制。

专业类丙级工程勘察企业可承担本专业工程勘察小型工程项目，地区限定在省、自治区、直辖市所辖行政区范围内。

劳务类工程勘察企业只能承担岩土工程治理、工程钻探、凿井等工程勘察劳务工作，但地区不受限制。

2. 工程设计企业

工程设计企业是指按照国家有关规定取得相应资质证书，并根据建设工程的要求，对建设工程所需的技术、经济、资源、环境等条件进行综合分析、论证，编制建设工程设计文件的企业。

1) 工程设计企业资质分类和分级

(1) 资质分类。

工程设计资质分为**工程设计综合资质**、**工程设计行业资质**、**工程设计专业资质**和**工程设计专项资质**四个序列。

工程设计综合资质是指涵盖21个行业的设计资质；工程设计行业资质是指涵盖某个行业资质标准中的全部设计类型的设计资质；工程设计专业资质是指某个行业资质标准中的某一个设计类型的设计资质；工程设计专项资质是指为适应和满足行业发展的需求，对已形成产业的专项技术独立进行设计以及设计、施工一体化而设立的资质。

(2) 资质分级。

工程设计综合资质只设甲级；工程设计行业资质、工程设计专业资质、工程设计专项资质设甲级、乙级。根据工程性质和技术特点，个别行业、专业、专项资质可以设丙级，建筑工程专业资质可以设丁级。

2) 工程设计企业资质管理

(1) 资质申请与许可。

申请工程设计甲级资质，以及涉及铁路、交通、水利、信息产业、民航等方面的工程设计乙级资质的，应当向企业工商注册所在地的省、自治区、直辖市人民政府住房城乡建设主管部门提出申请。其中，国务院国资委管理的企业应当向国务院住房城乡建设主管部门提出申请；国务院国资委管理的企业下属一层级的企业申请资质，应当由国务院国资委管理的企业向国务院建设主管部门提出申请。省、自治区、直辖市人民政府住房城乡建设主管部门应当自受理申请之日起20日内初审完毕，并将初审意见和申请材料报国务院住房城乡建设主管部门。国务院住房城乡建设主管部门应当自省、自治区、直辖市人民政府住房城乡建设主管部门受理申请材料之日起60日内完成审查，公示审查意见，公示时间为10日。其中，涉及铁路、交通、水利、信息产业、民航等方面的工程设计资质，由国务院住房城乡建设主管部门送国务院有关部门审核，国务院有关部门在20日内审核完毕，并将审核意见送国务院住房城乡建设主管部门。

工程设计乙级(涉及铁路、交通、水利、信息产业、民航等方面的工程设计乙级资质除外)及以下资质许可由省、自治区、直辖市人民政府住房城乡建设主管部门实施。具体实施程序由省、自治区、直辖市人民政府住房城乡建设主管部门依法确定。省、自治区、直辖市人民政府住房城乡建设主管部门应当自作出决定之日起30日内，将准予资质许可的决定报国务院住房城乡建设主管部门备案。

新设立的建设工程设计企业，到工商行政管理部门登记注册后，方可向住房城乡建设主管部门提出资质申请，其资质等级最高不超过乙级，且不考核企业工程设计业绩。已具备施工资质的企业首次申请同类别或相近类别的工程设计资质的，可以将相应规模的工程总承包业绩作为工程业绩予以申报。其申请资质等级最高不超过其现有施工资质等级。由于企业改制，或者企业分立、合并后组建设立的建设工程设计企业，其资质等级根据实际达到的资质条件核定。

建设工程设计资质证书分为正本和副本，由国务院住房城乡建设主管部门统一印制，正、副本具有同等法律效力。

资质有效期届满，企业需要延续资质证书有效期的，应当在资质证书有效期届满60日前，向原资质许可机关提出资质延续申请。对在资质有效期内遵守有关法律、法规、规章、技术标准，信用档案中无不良行为记录，且专业技术人员满足资质标准要求的企业，经资质许可机关同意，有效期延续5年。

(2) 承担业务范围。

取得工程设计综合资质的企业，其承接工程设计业务范围不受限制。

工程设计行业甲级设计企业承担相应行业建设项目的工程设计的范围和地区都不受限制。

工程设计行业乙级设计企业可承担相应行业的中小型建设项目的工程设计任务，但地区不受限制。

工程设计行业丙级设计企业可承担相应行业的小型建设项目的工程设计任务，但地区限定在省、自治区、直辖市所辖行政区范围内。

具有甲、乙级行业资质的设计企业，可承担相应的咨询业务，除特殊规定外，还可承担相应的工程设计专项资质的业务。

取得工程设计专项甲级资质证书的设计企业可承担大、中、小型专项工程设计项目，不受地区限制；取得工程设计专项乙级资质证书的设计企业可承担中小型专项工程设计项目，不受地区限制。

持工程设计专项甲、乙级资质的设计企业可承担相应的咨询业务。

3. 建筑业企业

建筑业企业，是指从事土木工程、建筑工程、线路管道设备安装工程、装修工程的新建、扩建、改建等活动的企业。它分为**施工总承包企业**、**专业承包企业**和**劳务分包企业**。

1) 建筑业企业资质分类和分级

(1) 资质分类。

建筑业企业资质分为施工总承包、专业承包和劳务分包三个序列。

获得施工总承包资质的企业，可以对工程实行施工总承包或者对主体工程实行施工承包。承担施工总承包的企业可以对所承接的工程全部自行施工，也可以将非主体工程或者劳务作业分包给具有相应专业承包资质或者劳务分包资质的其他建筑业企业。根据专业范围，施工总承包企业资质分为房屋建筑工程、公路工程、铁路工程、港口工程、水利水电工程、电力工程、矿山工程、冶炼工程、化工石油工程、市政公用工程、通信工程、机电安装工程12类。一个施工总承包企业在获得一类工程施工资质作为本企业主项资质的同时，还可再申请其他工程种类的施工总承包资质或专业承包资质，但其他工程种类的资质级别不得高于主项资质的级别。

获得专业承包资质的企业，可以承接施工总承包企业分包的专业工程或者建设单位按照规定发包的专业工程。专业承包企业可以对所承接的工程全部自行施工，也可以将劳务作业分包给具有相应劳务分包资质的劳务分包企业。根据专业范围，专业承包企业资质分为地基与基础工程、土石方工程、建筑装修装饰工程、建筑幕墙工程等60类。

获得劳务分包资质的企业，可以承接施工总承包企业或者专业承包企业分包的劳务作业。根据其作业范围，劳务分包资质分为木工作业、砌筑作业、抹灰作业等13类。

专业承包企业、劳务分包企业在获得一类主项资质的同时，还可在各自资质序列内申请类别相近的其他资质。

(2) 资质分级。

各类施工总承包企业资质等级的划分不尽相同，其中大多数划分为特级、一级、二级、三级共四级；港口与航道工程、冶炼工程、化工石油工程只划分为特级、一级、二级共三级；通信工程分为一级、二级、三级共三级；机电安装工程则只划分为一级、二级共两级。

60类专业承包企业在资质等级设置上共有四种类型：分为一级、二级、三级共三级，分为一级、二级两级，分为二级、三级两级及不分等级。其中分为一级、二级、三级的为多，共有38类。分为一级、二级两级的有电梯安装工程、桥梁工程、隧道工程等14类。分为二级、三级两级的有预拌商品混凝土、混凝土预制构件、建筑防水工程、预应力工程共四类。不分等级的有公路交通工程、水上交通管制工程、城市轨道交通工程、特种专业工程共四类。

各类建筑业企业的专业范围差别很大，其具体的业务范围见《建筑业企业资质等级标准》中的有关规定。

2) 建筑业企业资质管理

(1) 资质的申请与许可。

建筑业企业可以申请一项或多项建筑业企业资质；申请多项建筑业企业资质的，应当选择等级最高的一项资质作为企业的主项资质。

施工总承包资质序列特级资质、一级资质及铁路工程施工总承包二级资质；专业承包资质序列公路、水运、水利、铁路、民航方面的专业承包一级资质及铁路、民航方面的专业承包二级资质；涉及多个专业的专业承包一级资质。经省级住房城乡建设主管部门审核同意后，由国务院住房城乡建设主管部门许可。其中，国务院国有资产管理部门直接监管的企业及其下属一层级的企业，应当由国务院国有资产管理部门直接监管的企业向国务院住房城乡建设主管部门提出申请。省、自治区、直辖市人民政府住房城乡建设主管部门应当自受理申请之日起20个工作日内初审完毕，并将初审意见和申请材料报国务院住房城乡建设主管部门。国务院住房城乡建设主管部门应当自省、自治区、直辖市人民政府住房城乡建设主管部门受理申请材料之日起60个工作日内完成审查，公示审查意见，公示时间为10个工作日。其中，涉及公路、水运、水利、通信、铁路、民航等方面资质的，由国务院住房城乡建设主管部门会同国务院有关部门审查。

施工总承包资质序列二级资质及铁路、通信工程施工总承包三级资质；专业承包资质序列一级资质(不含公路、水运、水利、铁路、民航方面的专业承包一级资质及涉及多个专业的专业承包一级资质)；专业承包资质序列二级资质(不含铁路、民航方面的专业承包二级资质)；铁路方面专业承包三级资质；特种工程专业承包资质。由企业工商注册所在地省、自治区、直辖市人民政府住房城乡建设主管部门许可。

施工总承包资质序列三级资质(不含铁路、通信工程施工总承包三级资质)；专业承包资质序列三级资质(不含铁路方面专业承包资质)及预拌混凝土、模板脚手架专业承包资质；施工劳务资质；燃气燃烧器具安装、维修企业资质。由企业工商注册所在地设区的市人民政府住房城乡建设主管部门许可。

企业申请建筑业企业资质，应当如实提交有关申请材料。资质许可机关收到申请材料后，应当按照《中华人民共和国行政许可法》的规定办理受理手续。

企业首次申请或增项申请资质，应当申请最低等级资质。企业发生合并、分立、重组以及改制等事项，需承继原建筑业企业资质的，应当申请重新核定建筑业企业资质等级。

建筑业企业资质证书分为正本和副本，正本一份，副本若干份，由国务院住房城乡建设主管部门统一印制，正、副本具备同等法律效力。资质证书有效期为5年。

(2) 资质的延续与变更。

建筑业企业资质证书有效期届满，企业继续从事建筑施工活动的，应当于资质证书有效期届满3个月前，向原资质许可机关提出延续申请。资质许可机关应当在建筑业企业资质证书有效期届满前作出是否准予延续的决定；逾期未作出决定的，视为准予延续。

企业在建筑业企业资质证书有效期内名称、地址、注册资本、法定代表人等发生变更的，应当在工商部门办理变更手续后1个月内办理资质证书变更手续。

由国务院住房城乡建设主管部门颁发的建筑业企业资质证书的变更，企业应当向企业工商注册所在地省、自治区、直辖市人民政府住房城乡建设主管部门提出变更申请，省、自治区、直辖市人民政府住房城乡建设主管部门应当自受理申请之日起2日内将有关变更证明材料报国务院住房城乡建设主管部门，由国务院住房城乡建设主管部门在2日内办理变更手续。前款规定以外的资质证书的变更，由企业工商注册所在地的省、自治区、直辖市人民政府住房城乡建设主管部门或者设区的市人民政府住房城乡建设主管部门依法另行规定。变更结果应当在资质证书变更后15日内，报国务院住房城乡建设主管部门备案。涉及公路、水运、水利、通信、铁路、民航等方面的建筑业企业资质证书的变更，办理变更手续的住房城乡建设主管部门应当将建筑业企业资质证书变更情况告知同级有关部门。

企业需更换、遗失补办建筑业企业资质证书的，应当持建筑业企业资质证书更换、遗失补办申请等材料向资质许可机关申请办理。资质许可机关应当在2个工作日内办理完毕。企业遗失建筑业企业资质证书的，在申请补办前应当在公众媒体上刊登遗失声明。

(3) 资质的监督管理。

县级以上人民政府住房城乡建设主管部门和其他有关部门应当依照有关法律、法规和本规定，加强对企业取得建筑业企业资质后是否满足资质标准和市场行为的监督管理。上级住房城乡建设主管部门应当加强对下级住房城乡建设主管部门资质管理工作的监督检查，及时纠正建筑业企业资质管理中的违法行为。

企业违法从事建筑活动的，违法行为发生地的县级以上地方人民政府住房城乡建设主管部门或者其他有关部门应当依法查处，并将违法事实、处理结果或者处理建议及时告知该建筑业企业资质的许可机关。对取得国务院住房城乡建设主管部门颁发的建筑业企业资质证书的企业需要处以停业整顿、降低资质等级、吊销资质证书行政处罚的，县级以上地方人民政府住房城乡建设主管部门或者其他有关部门，应当通过省、自治区、直辖市人民政府住房城乡建设主管部门或者国务院有关部门，将违法事实、处理建议及时报送国务院住房城乡建设主管部门。

取得建筑业企业资质证书的企业，应当保持资产、主要人员、技术装备等方面满足相应建筑业企业资质标准要求的条件。企业不再符合相应建筑业企业资质标准要求条件的，县级以上地方人民政府住房城乡建设主管部门、其他有关部门，应当责令其限期改正并向社会公告，整改期限最长不超过3个月；企业整改期间不得申请建筑业企业资质的升级、增项，不能承揽新的工程；逾期仍未达到建筑业企业资质标准要求条件的，资质许可机关可以撤回其建筑业企业资质证书。被撤回建筑业企业资质证书的企业，可以在资质被撤回后3个月内，向资质许可机关提出核定低于原等级同类别资质的申请。

有下列情形之一的，资质许可机关应当撤销建筑业企业资质：①资质许可机关工作人员滥用职权、玩忽职守准予资质许可的；②超越法定职权准予资质许可的；③违反法定程序准予资质许可的；④对不符合资质标准条件的申请企业准予资质许可的；⑤依法可以撤销资质许可的其他情形。以欺骗、贿赂等不正当手段取得资质许可的，应当予以撤销。

有下列情形之一的，资质许可机关应当依法注销建筑业企业资质，并向社会公布其建筑业企业资质证书作废，企业应当及时将建筑业企业资质证书交回资质许可机关：①资质证书有效期届满，未依法申请延续的；②企业依法终止的；③资质证书依法被撤回、撤销或吊销的；④企业提出注销申请的；⑤法律、法规规定的应当注销建筑业企业资质的其他情形。

有关部门应当将监督检查情况和处理意见及时告知资质许可机关。资质许可机关应当将涉及有关公路、水运、水利、通信、铁路、民航等方面的建筑业企业资质许可被撤回、撤销、吊销和注销的情况告知同级有关部门。

资质许可机关应当建立健全建筑业企业信用档案管理制度。建筑业企业信用档案应当包括企业基本情况、资质、业绩、工程质量和安全、合同履约、社会投诉和违法行为等情况。企业的信用档案信息按照有关规定向社会公开。取得建筑业企业资质的企业应当按照有关规定，向资质许可机关提供真实、准确、完整的企业信用档案信息。

县级以上地方人民政府住房城乡建设主管部门或其他有关部门依法给予企业行政处罚的，应当将行政处罚决定以及给予行政处罚的事实、理由和依据，通过省、自治区、直辖市人民政府住房城乡建设主管部门或者国务院有关部门报国务院住房城乡建设主管部门备案。

【施工队的资质】

4. 工程监理企业

工程监理企业是指从事工程监理业务并取得工程监理企业资质证书的经济组织。它是监理工程师的执业机构。工程监理企业应当按照所拥有的注册资本、专业技术人员数量和工程监理业绩等资质条件申请资质，经审查合格，取得相应等级的资质证书后，才能在其资质等级许可的范围内从事工程监理活动。

1) 工程监理企业的资质分类与分级

(1) 资质分类。

工程监理企业资质分为**综合资质**、**专业资质**和**事务所资质**。其中，专业资质按照工程性质和技术特点划分为若干工程类别。

(2) 资质分级。

综合资质、事务所资质不分级别。专业资质分为甲级、乙级；其中，房屋建筑、水利水电、公路和市政公用专业资质可设立丙级。每一个工程监理企业可以同时申请一类或多类工程监理资质。

2) 工程监理企业资质管理

(1) 资质申请与许可。

申请综合资质、专业甲级资质的，应当向企业工商注册所在地的省、自治区、直辖市人民政府住房城乡建设主管部门提出申请。省、自治区、直辖市人民政府住房城乡建设主管部门应当自受理申请之日起20日内初审完毕，并将初审意见和申请材料报国务院住房城乡建设主管部门。国务院住房城乡建设主管部门应当自省、自治区、直辖市人民政府住房城乡建设主管部门受理申请材料之日起60日内完成审查，公示审查意见，公示时间为10日。其中，涉及铁路、交通、水利、通信、民航等专业工程监理资质的，由国务院住房城乡建设主管部门送国务院有关部门审核。国务院有关部门应当在20日内审核完毕，并将审核意见报国务院住房城乡建设主管部门。国务院住房城乡建设主管部门根据初审意见审批。

专业乙级、丙级资质和事务所资质由企业所在地省、自治区、直辖市人民政府住房城乡建设主管部门审批。专业乙级、丙级资质和事务所资质许可、延续的实施程序由省、自治区、直辖市人民政府住房城乡建设主管部门依法确定。省、自治区、直辖市人民政府住房城乡建设主管部门应当自作出决定之日起10日内，将准予资质许可的决定报国务院住房城乡建设主管部门备案。

因改制、分立、合并而新组建的企业，则按其所具备的实际条件核定相应资质等级。

工程监理企业资质证书分为正本和副本，每套资质证书包括一本正本，四本副本。正、副本具有同等法律效力。工程监理企业资质证书的有效期为5年。工程监理企业资质证书由国务院住房城乡建设主管部门统一印制并发放。

资质有效期届满，工程监理企业需要继续从事工程监理活动的，应当在资质证书有效期届满60日前，向原资质许可机关申请办理延续手续。对在资质有效期内遵守有关法律、法规、规章、技术标准，信用档案中无不良记录，且专业技术人员满足资质标准要求的企业，经资质许可机关同意，有效期延续5年。

(2) 承担业务范围。

综合资质：可以承担所有专业工程类别建设工程项目的工程监理业务。

专业资质：其中甲级资质可承担相应专业工程类别建设工程项目的工程监理业务。乙级资质可承担相应专业工程类别二级以下(含二级)建设工程项目的工程监理业务。丙级资质可承担相应专业工程类别三级建设工程项目的工程监理业务。

事务所资质：可承担三级建设工程项目的工程监理业务，但是，国家规定必须实行强制监理的工程除外。

工程监理企业可以开展相应类别建设工程的项目管理、技术咨询等业务。

4.2.3 工程建设专业技术人员执业资格管理

工程建设从业人员执业资格制度，是指建设行政主管部门及有关部门对从事建筑活动的专业技术人员，依法进行考试和注册，并颁发执业资格证书的一种制度。在技术要求较高的行业实行专业技术人员执业资格制度已成为国际惯例。

从事建筑活动的专业技术人员，是指直接在建筑工程的勘察、设计、施工工艺、工程监理等专业技术岗位上工作的技术人员。建筑工程技术要求比较复杂，其质量问题直接涉及公众人身、财产安全，关系重大。因此，《建筑法》第十四条规定，从事建筑活动的专业技术人员，应取得相应的执业资格证书，并在执业资格证书许可的范围内从事建筑活动。目前，我国对从事建筑活动的专业技术人员实施的执业资格制度有：注册建筑师、注册结构工程师、注册监理工程师、注册造价工程师、注册房地产估价师、注册规划师、注册建造师、注册风景园林师、注册咨询工程师、注册土木工程师(岩土)、注册土木工程师(港口与航道工程)等注册工程师制度。

1. 注册建筑师制度

1995年9月23日国务院令第184号发布《中华人民共和国注册建筑师条例》、2008年1月原建设部颁布《中华人民共和国注册建筑师条例实施细则》等一批法律法规的生效为在我国推行注册建筑师执业资格制度提供了强有力的法律保障。

【中华人民共和国注册建筑师条例】

注册建筑师，是指经考试、特许、考核认定取得中华人民共和国注册建筑师执业资格证书，或者经资格互认方式取得建筑师互认资格证书，并按照规定注册，取得中华人民共和国注册建筑师注册证书和中华人民共和国注册建筑师执业印章，从事建筑设计及相关业务活动的专业技术人员。注册建筑师分为一级注册建筑师和二级注册建筑师。

1) 注册建筑师的考试

注册建筑师考试分为一级注册建筑师考试和二级注册建筑师考试。注册建筑师考试实行全国统一考试，每年进行一次。遇特殊情况，经国务院建设主管部门和人事主管部门同意，可调整该年度考试次数。注册建筑师考试由全国注册建筑师管理委员会统一部署，省、自治区、直辖市注册建筑师管理委员会组织实施。

一级注册建筑师考试内容包括建筑设计前期工作、场地设计、建筑设计与表达、建筑结构、环境控制、建筑设备、建筑材料与构造、建筑经济、施工与设计业务管理、建筑法规等。上述内容分成若干科目进行考试。科目考试合格有效期为8年。

二级注册建筑师考试内容包括场地设计、建筑设计与表达、建筑结构与设备、建筑法规、建筑经济与施工等。上述内容分成若干科目进行考试。科目考试合格有效期为4年。

符合下列条件之一的，可以申请参加一级注册建筑师考试：①取得建筑学硕士以上学位或者相近专业工学博士学位，并从事建筑设计或者相关业务2年以上的；②取得建筑学学士学位或者相近专业工学硕士学位，并从事建筑设计或者相关业务3年以上的；③具有建筑学专业大学本科毕业学历并从事建筑设计或者相关业务5年以上的，或者具有建筑学相近专业大学本科毕业学历并从事建筑设计或者相关业务7年以上的；④取得高级工程师技术职称并从事建筑设计或者相关业务3年以上的，或者取得工程师技术职称并从事建筑设计或者相关业务5年以上的；⑤不具有前四项规定的条件，但设计成绩突出，经全国注册建筑师管理委员会认定达到前四项规定的专业水平的。

符合下列条件之一的，可以申请参加二级注册建筑师考试：①具有建筑学或者相近专业大学本科毕业以上学历，从事建筑设计或者相关业务2年以上的；②具有建筑设计技术专业或者相近专业大学毕业以上学历，并从事建筑设计或者相关业务3年以上的；③具有建筑设计技术专业4年制中专毕业学历，并从事建筑设计或者相关业务5年以上的；④具有建筑设计技术相近专业中专毕业学历，并从事建筑设计或者相关业务7年以上的；⑤取得助理工程师以上技术职称，并从事建筑设计或者相关业务3年以上的。

申请参加注册建筑师考试者，可向省、自治区、直辖市注册建筑师管理委员会报名，经省、自治区、直辖市注册建筑师管理委员会审查，符合规定的，方可参加考试。

2) 注册建筑师的注册

注册建筑师实行注册执业管理制度。取得执业资格证书或者互认资格证书的人员，必须经过注册方可以注册建筑师的名义执业。有下列情形之一的，不予注册：①不具备完全民事行为能力的；②申请在两个或者两个以上单位注册的；③未达到注册建筑师继续教育要求的；④因受刑事处罚，自处罚完毕之日起至申请之日止不满5年的；⑤因在建筑设计或者相关业务中犯有错误受行政处罚或者撤职以上行政处分，自处罚之日止不满2年的；⑥受吊销注册建筑师证书的行政处罚，自处罚决定之日起至申请注册之日止不满5年的；⑦申请人的聘用单位不符合注册单位要求的；⑧法律、法规规定不予注册的其他情形。

注册建筑师每一注册有效期为2年。注册建筑师注册有效期满需继续执业的，应在注册有效期届满30日前，按照规定的程序申请延续注册。延续注册有效期为2年。

注册建筑师注册后，注册后有下列情形之一的，由准予注册的全国注册建筑师管理委员会或者省、自治区、直辖市注册建筑师管理委员会撤销注册，收回注册建筑师证书：①完全丧失民事行为能力的；②受刑事处罚的；③因在建筑设计或者相关业务中犯有错误，受到行政处罚或者撤职以上行政处分的；④自行停止注册建筑师业务满2年的。

被注销注册者或者不予注册者，重新具备注册条件的，可以按照规定的程序重新申请注册。被撤销注册的当事人对撤销注册、收回注册建筑师证书有异议的，可以自接到撤销注册、收回注册建筑师证书的通知之日起15日内向国务院建设行政主管部门或者省、自治区、直辖市人民政府建设行政主管部门申请复议。

3) 注册建筑师的执业

(1) **执业范围**。

注册建筑师可从事建筑设计，建筑设计技术咨询，建筑物调查与鉴定，对本人主持设计的项目进行施工指导和监督及国务院建设主管部门规定的其他业务。一级注册建筑师的执业范围不受工程项目规模和工程复杂程度的限制。二级注册建筑师的建筑设计范围只限于承担国家规定的民用建筑工程等级分级标准三级(含三级)以下项目。五级(含五级)以下项目允许非注册建筑师进行设计。

注册建筑师的执业范围不得超越其聘用单位的业务范围。注册建筑师的执业范围与其聘用单位的业务范围不符时，个人执业范围服从聘用单位的业务范围。

(2) **执业要求及责任**。

目前，我国尚不允许注册建筑师个人单独执业，因此，取得资格证书的人员，应当受聘于中华人民共和国境内的一个建设工程勘察、设计、施工、监理、招标代理、造价咨询、施工图审查、城乡规划编制等单位，经注册后方可从事相应的执业活动。从事建筑工程设计执业活动的，应当受聘并注册于中华人民共和国境内一个具有工程设计资质的单位，并由单位统一接受设计业务和统一收费。因设计质量造成的经济损失，由建筑设计单位承担赔偿责任；建筑设计单位有权向签字的注册建筑师追偿。

注册建筑师所在单位承担民用建筑设计项目，应当由注册建筑师任工程项目设计主持人或设计总负责人；工业建筑设计项目，须由注册建筑师任工程项目建筑专业负责人。

凡属工程设计资质标准中建筑工程建设项目设计规模划分表规定的工程项目，在建筑工程设计的主要文件(图纸)中，须由主持该项设计的注册建筑师签字并加盖其执业印章，方为有效。否则设计审查部门不予审查，建设单位不得报建，施工单位不准施工。

修改经注册建筑师签字盖章的设计文件，应当由原注册建筑师进行；因特殊情况，原注册建筑师不能进行修改的，可以由设计单位的法人代表书面委托其他符合条件的注册建筑师修改，并签字、加盖执业印章，对修改部分承担责任。

2. 注册结构工程师制度

注册结构工程师是指取得注册结构工程师执业资格证书和注册证书，从事房屋结构、桥梁结构及塔架结构等工程设计及相关业务的专业技术人员。根据1997年9月1日原建设部、人事部联合颁发的《注册结构工程师执业资格制度暂行规定》，注册结构工程师分为一、二两级。

1) 注册结构工程师的考试

注册结构工程师的考试实行全国统一大纲、统一命题、统一组织的方法，原则上每年举行一次。参考人员资格、具体考试内容和考试方法由住建部与人事部规定。一级注册结构工程师的考试分为基础考试和专业考试两部分。通过基础考试的人员，从事结构工程设计或相关业务满一定年限，方可申请参加专业考试。

2) 注册结构工程师的注册

取得注册结构工程师执业资格者，要从事结构工程设计业务的，必须先行注册，有下列情形之一的，不予注册：①不具备完全民事行为能力的；②因受刑事处罚，自处罚完毕之日起至申请之日止不满5年的；③因在结构工程设计或相关业务中犯有错误受到行政处罚或撤职以上行政处分，自处罚决定之日起至申请注册之日止不满2年的；④受吊销注册结构工程师证书处罚，自处罚决定之日起至申请之日止不满5年的；⑤住建部和国务院有关部门规定不予注册的其他情形。

注册结构工程师注册有效期为2年，有效期届满需要继续注册的，应当在期满前30日内办理注册手续。

注册结构工程师注册后，发生下列情形之一，注册结构工程师管理委员会将撤销其注册，并收回注册证书：①完全丧失民事行为能力的；②受刑事处罚的；③因在工程设计或相关业务中造成工程事故，受到行政处罚或撤职以上行政处分的；④自行停止注册结构工程师业务满2年的。

注册被撤销后，可按规定要求重新申请注册。

3) 注册结构工程师的执业

(1) **执业范围**。

注册结构工程师可从事结构工程设计，结构工程设计技术咨询，建筑物、构筑物、工程设施等调查和鉴定，对本人主持设计的项目进行施工指导和监督及建设部和国务院有关部门规定的其他业务。一级注册结构工程师的执业范围不受工程规模及工程复杂程度的限制。二级注册结构工程师的执业范围只限于承担国家规定的民用建筑工程等级分级标准三级项目。

(2) **执业要求及责任**。

目前，我国还不允许注册结构工程师个人单独执业，因此，注册结构工程师必须加入一个勘察设计企业后才能执业，并由单位统一接受设计业务和统一收费。

结构工程师设计的主要文件(图纸)中，除应注明设计单位资格和加盖单位公章外，还必须在结构设计图的右下角由主持该项设计的注册结构工程师签字并加盖其执业专用章，方为有效。否则设计审查部门不予审查，建设单位不得报建，施工单位不准施工。

注册结构工程师因设计质量造成经济损失时，由勘察设计企业承担赔偿责任，勘察设计企业有权向签字的注册结构工程师追偿。

4) 注册结构工程师的权利与义务

(1) 权利：①注册结构工程师有权以注册结构工程师的名义执行注册结构工程师业务，非注册结构工程师不得以注册结构工程师的名义执行注册结构工程师业务；②国家规定的一定跨度、高度以上的结构工程设计，应当由注册结构工程师主持设计；③任何单位和个人修改注册结构工程师的设计图纸，应当征得该注册结构工程师同意，但因特殊情况不能征得该注册结构工程师同意的除外。

(2) 义务：①遵守法律、法规和职业道德，维护社会公共利益；②保证工程设计质量，并在其负责的设计图纸上签字盖章；③保守在执业中知悉的单位和个人的秘密；④不得同时受聘于两个以上勘察设计企业执行业务；⑤不得准许他人以本人名义执行业务；⑥按规定接受必要的继续教育，定期进行业务和法规培训。

3. 注册监理工程师制度

注册监理工程师，是指经考试取得中华人民共和国监理工程师资格证书，并按照规定注册，取得中华人民共和国注册监理工程师注册执业证书和执业印章，从事工程监理及相关业务活动的专业技术人员。我国根据国情的需要，于1992年开始建立注册监理工程师制度，规定监理工程师为岗位职务，并按专业设置相应岗位。

1) 注册监理工程师的考试

注册监理工程师的资格考试，实行全国统一大纲、统一命题，在全国监理工程师资格考试委员会的统一组织指导下进行，原则上每年举行一次。报名参加注册监理工程师执业资格考试的人员必须具有工程技术或工程经济专业大专或大专以上学历，具有高级专业技术职务或取得中级专业技术职务后从事工程设计、施工管理或工程监理等工程实践满3年，还要获得所在单位的推荐。

2) 注册监理工程师的注册

经监理工程师资格考试合格者，由监理工程师注册机关核发《监理工程师资格证书》，《监理工程师资格证书》持有者，自领取证书起，5年内未注册，其证书失效。取得《监理工程师资格证书》，并同时具备以下三个条件的人员，可以由其聘用的工程建设监理企业统一向本地区或本部门的监理工程师注册机关提出申请：①热爱中华人民共和国，拥护社会主义制度，遵纪守法，遵守监理工程师职业道德；②身体健康，胜任工程建设的现场管理工作；③已取得《监理工程师资格证书》。

国家行政管理机关现职工作人员，不得申请监理工程师注册。已经注册的监理工程师，不得以个人名义私自承接工程建设监理业务。注册管理机构每5年对监理工程师的注册复查一次，对不符合条件的，注销其注册，收回《监理工程师岗位证书》。

3) 注册监理工程师的执业

取得资格证书的人员，应当受聘于一个具有建设工程勘察、设计、施工、监理、招标代理、造价咨询等一项或者多项资质的单位，经注册后方可从事相应的执业活动。从事工程监理执业活动的，应当受聘并注册于一个具有工程监理资质的单位。注册监理工程师从事执业活动，由所在单位接受委托并统一收费。因工程监理事故及相关业务造成的经济损失，聘用单位应当承担赔偿责任；聘用单位承担赔偿责任后，可依法向负有过错的注册监理工程师追偿。

注册监理工程师可以从事工程监理、工程经济与技术咨询、工程招标与采购咨询、工程项目管理服务以及国务院有关部门规定的其他业务。

修改经注册监理工程师签字盖章的工程监理文件，应当由该注册监理工程师进行；因特殊情况，该注册监理工程师不能进行修改的，应当由其他注册监理工程师修改，并签字、加盖执业印章，对修改部分承担责任。

4. 注册建造师制度

注册建造师是指经全国统一考试合格并核准注册的从事建设工程项目总承包及施工管理的专业技术人员。注册建造师分为**一、二两级**。由于各行业的工程都具有各自的特点，对从事建造活动的专业技术人员的专业知识和技能有着各自的特殊要求，因此，建造师将按专业进行划分。目前，确定的专业有：建筑工程、公路工程、铁路工程、民航机场工程、港口与航道工程、水利水电工程等10个。只有通过某个专业特定科目的考试后，才能取得相应专业的建造师资格。

1) **注册建造师的考试**

(1) 一级注册建造师的考试。

一级建造师执业资格实行全国统一大纲、统一命题、统一组织的考试制度，由人事部、住建部共同组织实施，原则上每年举行一次考试；考试设《建设工程经济》《建设工程法规及相关知识》《建设工程项目管理》和《专业工程管理与实务》4个科目。《专业工程管理与实务》科目设置10个专业类别：建筑工程、公路工程、铁路工程、民航机场工程、港口与航道工程、水利水电工程、市政公用工程、通信与广电工程、矿业工程、机电工程，考生在报名时可根据实际工作需要选择其一。

参加一级注册建造师执业资格考试的人员，应遵守法律、法规，同时还必须具有工程类或工程经济类大学专科以上学历，其参加工作及施工管理工作还必须满一定年限，具体是：大专工作满6年，其中施工管理满4年；本科工作满4年，其中施工管理满3年；双学士学位或研究生班毕业工作满3年，其中施工管理满2年；取得硕士学位的工作满2年，其中施工管理满1年；取得博士学位的只要求从事施工管理工作满1年。

参加一级建造师执业资格考试合格，由各省、自治区、直辖市人事部门颁发人力资源和社会保障部统一印制，人力资源和社会保障部与住房和城乡建设部共同用印的《中华人民共和国一级建造师执业资格证书》。该证书在全国范围内有效。

(2) 二级注册建造师的考试。

二级注册建造师的全国统一考试大纲由建设部拟订，人事部负责审定后，再由各个省、自治区、直辖市的住房城乡建设主管部门及人事主管部门负责命题并组织考试。考试设《建设工程施工管理》《建设工程法规及相关知识》《专业工程管理与实务》3个科目。

凡遵纪守法且具有工程类或工程经济类中专以上学历，从事施工管理工作满2年，都可报名参加二级建造师执业资格考试。

二级建造师执业资格考试合格者，由省、自治区、直辖市人事部门颁发由人力资源和社会保障部、住房和城乡建设部统一格式的《中华人民共和国二级建造师执业资格证书》。该证书在所在行政区域内有效。

2) 注册建造师的注册与执业

参加建造师执业资格考试合格并取得建造师执业资格证书的人员可申请注册，对于无犯罪记录，身体健康、能坚持建造师岗位工作，经其所在单位考核合格者，可准予注册登记，有效期为3年。

经核准注册登记的人员，方可以建造师的名义执业，一级建造师可担任特级、一级建筑业企业业务范围内建设工程项目施工的项目经理，二级建造师则只许担任二级及二级以下建筑业企业业务范围内建设工程项目施工的项目经理。一、二级建造师还可以从事其他施工活动的管理工作及法律、法规规定的其他业务工作。

3) 注册建造师的违法责任

未取得注册证书和执业印章，担任大中型建设工程项目施工单位项目负责人，或者以注册建造师的名义从事相关活动的，签署的工程文件无效，由县级以上地方人民政府建设主管部门或者其他有关部门给予警告，责令停止违法活动，并可处以1万元以上3万元以下罚款。

注册建造师未办理变更注册而继续执业的，由县级以上地方人民政府建设主管部门或者其他有关部门责令限期改正；逾期不改正的，可处以5000元以下罚款。

注册建造师在执业过程中违反国家规定，降低工程质量标准，造成重大安全事故并负有直接责任的，处5年以下有期徒刑或者拘役，并处罚金；后果特别严重的，处5年以上10年以下有期徒刑，并处罚金。

对担任施工单位项目负责人的注册建造师，未按照节能设计进行施工的，责令改正，并记入注册建造师不良记录档案；整改所发生的工程费用，由施工单位负责；可以给予警告，情节严重的，对施工单位处以工程合同价款2%以上4%以下罚款。

注册建造师违反国家有关强制性技术标准签署有虚假记载等不合格的文件，编造执业过程文件的，由县级以上建设行政主管部门责令改正，处以1万元以上3万元以下罚款；情节严重的，由注册机关吊销其注册证书，3年内不得给予注册；情节特别严重并对社会造成严重影响的，不再给予注册。

注册建造师瞒报或谎报重大质量、安全、环境事故的，处以1万元以上3万元以下罚款，由注册机关吊销其注册证书；构成犯罪的，依法追究刑事责任。

注册建造师在从事工程施工活动过程中，偷工减料的，使用不合格的建筑材料、建筑构配件和设备的，或者有其他不按照工程设计图纸或者施工技术标准施工的行为的，责令改正，处以1万元以上3万元以下罚款；情节严重的，由注册机构吊销注册证书，3年内不得再次申请注册；造成建筑工程质量不符合规定的质量标准而返工、修理的，赔偿因此造成的损失，最多不超过10万元；构成犯罪的，依法追究刑事责任。

未履行安全生产管理职责的，责令限期改正；逾期未改正的，责令施工单位停业整顿；造成重大安全事故、重大伤亡事故或者其他严重后果，构成犯罪的，依照刑法有关规定追究刑事责任，尚不够刑事处罚的，处以2万元以上20万元以下罚款或者按照管理权限给予撤职处分并由注册机关吊销其注册；自刑罚执行完毕或者受处分之日起，5年内不得再次申请注册。

【注册建造师"挂靠"现象调查】

注册建造师未执行法律、法规和工程建设强制性标准的，责令停止执业3个月以上1年以下；情节严重的，由注册机关吊销注册证书，5年内不予注册；造成重大安全事故的，终身不予注册；构成犯罪的，依法追究刑事责任。

注册建造师在执业过程中，造成环境污染危害的，责令改正，处以1万元以上3万元以下罚款；情节严重的，由注册机构吊销注册证书，3年内不得再次申请注册；造成重大环境污染事故，导致公私财产重大损失或者人身伤亡严重后果构成犯罪的，依法追究刑事责任。

5. 注册造价工程师制度

造价工程师执业资格制度属于国家统一规划的专业技术人员执业资格制度范围。造价工程师，是指经全国统一考试合格，取得造价工程师执业资格证书，并经注册从事建设工程造价业务活动的专业技术人员。

1) 造价工程师的考试

凡从事工程建设活动的建设、设计、施工、工程造价咨询、工程造价管理等单位和部门，必须在计价、评估、审查(核)、控制及管理等岗位配备有造价工程师执业资格的专业技术人员。人事部和住建部共同负责全国造价工程师执业资格制度的政策制定、组织协调、资格考试、注册登记和监督管理工作。

造价工程师的资格考试，实行全国统一大纲、统一命题、统一组织的办法。原则上每年举行一次。注册造价工程师执业资格考试的人员报考条件：①工程造价专业大专毕业后，从事工程造价业务工作满5年；工程或工程经济类大专毕业后，从事工程造价业务工作满6年。②工程造价专业本科毕业后，从事工程造价业务工作满4年；工程或工程经济类本科毕业后，从事工程造价业务工作满5年。③获上述专业第二学士学位或研究生班毕业和获硕士学位后，从事工程造价业务工作满3年。④获上述专业博士学位后，从事工程造价业务工作满2年。

2) 造价工程师注册

参加造价工程师执业资格考试合格并取得造价工程师执业资格证书的人员受聘于一个工程造价咨询企业或者工程建设领域的建设、勘察设计、施工、招标代理、工程监理、工程造价管理等单位，可申请注册，对于无犯罪记录，身体健康、能坚持造价工程师岗位工作，经其所在单位考核合格者，可准予注册登记，有效期为4年。再次注册者，应经单位考核合格并有继续教育、参加业务培训的证明。延续注册的有效期为4年。

3) 注册造价工程师执业范围

注册造价工程师执业范围包括：建设项目建议书、可行性研究投资估算的编制和审核，项目经济评价，工程概、预、结算、竣工结(决)算的编制和审核；工程量清单、标底(或者控制价)、投标报价的编制和审核，工程合同价款的签订及变更、调整、工程款支付与工程索赔费用的计算；建设项目管理过程中设计方案的优化、限额设计等工程造价分析与控制，工程保险理赔的核查；工程经济纠纷的鉴定。

4.3 建设工程发包与承包

4.3.1 概述

1. 建设工程发包与承包的概念

建设工程发包与承包作为构成建设工程承发包商业活动不可分割的两个方面。**建筑工程的发包**，是指建筑工程的建设单位(或总承包单位)将建筑工程任务(勘察、设计、施工等)的全部或一部分通过招标或其他方式，交付给具有从事建筑活动的法定从业资格的单位完成，并按约定支付报酬的行为。**建筑工程的承包**，即建筑工程发包的对称，是指具有从事建筑活动的法定从业资格的单位，通过投标或其他方式，承揽建筑工程任务，并按约定取得报酬的行为。建筑工程的发包单位，通常为建筑工程的建设单位，即投资建设该项建筑工程的单位(即"业主")。建筑工程的承包单位，即承揽建筑工程的勘察、设计、施工等业务的单位，包括对建筑工程实行总承包的单位和承包分包工程的单位。

建设工程发包和承包的内容涉及建设工程的全过程，包括可行性研究的承发包、工程勘察设计的承发包、材料及设备采购承发包、工程施工的承发包、工程劳务的承发包、工程项目监理的承发包、工程项目管理的承发包等。但在实践中，建设工程承发包的内容较多的是指建设工程勘察设计、施工的承发包。

【在建楼房因何倒塌？】

2. 建设工程发包与承包的方式

根据《建筑法》的规定，建设工程的发包方式分为**招标发包**和**直接发包**。建筑工程的发包与承包属于市场交易行为，应当按照法定的市场交易规则进行。多数建筑工程的发包与承包，应当按照公开、公平、公正的原则进行招标投标，以充分发挥市场竞争机制的作用。少数不适于采用招标投标形式进行发包与承包的建筑工程，也应当由发包方与承包方按照正常的交易规则协商签订承包合同，实行直接发包。

1) 建设工程直接发包

建设工程直接发包，是发包方与承包方直接进行协商，以约定工程建设的价格、工期和其他条件的交易方式。

《中华人民共和国招标投标法》(以下简称《招标投标法》)及相关法规规定，下列工程项目可以不进行招投标而直接发包：①涉及国家安全、国家秘密、抢险救灾或者属于利用扶贫资金实行以工代赈、需要使用农民工等特殊情况；②需要采用不可替代的专利或者专有技术；③采购人依法能够自行建设、生产或者提供；④已通过招标方式选定的特许经营项目投资人依法能够自行建设、生产或者提供；⑤需要向原中标人采购工程、货物或者服务，否则将影响施工或者功能配套要求；⑥国家规定的其他特殊情形。

【中华人民共和国招标投标法】

招标人为适用前款规定弄虚作假的，属于招标投标法第四条规定的规避招标。

2) 建设工程招标与投标

建设工程招标与投标，是发包方事先标明其拟建工程的内容和要求，由愿意承包的单位递送标书，明确其承包工程的价格、工期、质量等条件，再由发包方从中择优选择工程承包方的交易方式。

根据《招标投标法》的规定，在中华人民共和国境内进行下列工程建设项目包括项目的勘察、设计、施工、监理，以及与工程建设有关的重要设备、材料等的采购，必须进行招标：①大型基础设施、公用事业等关系社会公共利益、公众安全的项目；②全部或者部分使用国有资金投资或者国家融资的项目；③使用国际组织或者外国政府贷款、援助资金的项目。

【工程建设项目招标范围和规模标准规定】

前款所列项目的具体范围和规模标准，由国务院发展计划部门会同国务院有关部门制订，报国务院批准。法律或者国务院对必须进行招标的其他项目范围有规定的，依照其规定。

2018年3月27日国家发展和改革委员会发布《必须招标的工程项目规定》，该规定自2018年6月1日起施行，将强制招标的范围进一步界定如下。

(1) 全部或者部分使用国有资金投资或者国家融资的项目包括：①使用预算资金200万元人民币以上，并且该资金占投资额10%以上的项目；②使用国有企业事业单位资金，并且该资金占控股或者主导地位的项目。

(2) 使用国际组织或者外国政府贷款、援助资金的项目包括：①使用世界银行、亚洲开发银行等国际组织贷款、援助资金的项目；②使用外国政府及其机构贷款、援助资金的项目。

(3) 不属于前面规定情形的大型基础设施、公用事业等关系社会公共利益、公众安全的项目，必须招标的具体范围由国务院发展改革部门会同国务院有关部门按照确有必要、严格限定的原则制订，报国务院批准。

上述规定范围内的项目，其勘察、设计、施工、监理，以及与工程建设有关的重要设备、材料等的采购达到下列标准之一的，必须招标。

(1) 施工单项合同估算价在400万元人民币以上；
(2) 重要设施、材料等货物采购，单项合同估算价在200万元人民币以上；
(3) 勘察、设计、监理等服务采购，单项合同估算价在100万元人民币以上。

同一项目中可以合并进行的勘察、设计、施工、监理，以及与工程建设有关的重要设备、材料等的采购，合同估算价合计达到前款规定标准的，必须招标。

3. 建设工程发包与承包的一般规定

1) 建设工程发包与承包合同必须采用**书面形式**

根据我国法律规定，当事人订立合同，有书面形式、口头形式和其他形式，但法律另有规定或双方当事人另有约定的除外。建筑工程的发包单位与承包单位订立的合同，是指有关建筑工程的承包合同，即由承包方按期完成发包方交付的特定工程项目，发包方按期验收，并支付报酬的协议。建筑工程承包合同是个总概念，它包括建筑工程的勘察合同、设计合同、建筑施工合同和设备安装合同。建筑工程承包合同一般具有合同标的数额大(因建筑工程造价高)、合同内容复杂、履行期较长等特点，从促使当事人慎重行事和避免对社会产生不良后果的旨意出发，《建筑法》《中华人民共和国合同法》及《招标投标法》都规定，建设工程承发包合同必须采用书面形式。也就是说，以口头约定方式所订立的建设工程承发包合同，由于其形式要件不符合法律规定而无效。

2) 建设工程承发包中，禁止行贿受贿

通过行贿以获取工程承包权既是一种不正当竞争的手段，又是危害社会的犯罪行为，它严重扰乱了建设市场的正常秩序，违背公平竞争的原则。通过行贿受贿来承发包工程的非法行为，是任何公正的社会都不能容忍的，必须予以禁止。《建筑法》规定，发包单位及其工作人员在建筑工程发包中不得收受贿赂、回扣或者索取其他好处。承包单位及其工作人员不得利用向发包单位及其工作人员行贿、提供回扣或者给予其他好处等不正当手段承揽工程。在工程发包与承包中索贿、受贿、行贿，构成犯罪的，依法追究刑事责任；不构成犯罪的，分别处以罚款，没收贿赂的财物，对直接负责的主管人员和其他直接责任人员给予处分。对在工程承包中行贿的承包单位，除依照前款规定处罚外，可以责令停业整顿，降低资质等级或者吊销资质证书。

3) 承包单位必须具有相应资格

建设活动不同于一般的经济活动，它具有技术要求高、社会影响大的特点，因此，世界上大多数国家对工程建设活动都实行执业资格制度，我国现在也实行了这一制度。承包建筑工程的勘察、设计、施工、监理等单位应当持有依法取得的资质证书，并在其资质等级许可的业务范围内承揽工程。禁止承包单位超越本企业资质等级许可的业务范围或者以任何形式用其他企业的名义承揽工程。禁止建筑施工企业以任何形式允许其他单位或者个人使用本企业的资质证书、营业执照，以本企业的名义承揽工程。而建筑构配件和非标准设备的加工、生产单位，也必须是具有生产许可证或是经有关主管部门依法批准生产的单位。

4) 提倡总承包、禁止肢解发包和转包

肢解发包是指建设单位将应当由一个承包单位完成的建筑工程肢解成若干部分发包给不同承包单位的行为。因此，《建筑法》规定，建筑工程的发包单位可以将建筑工程的勘察、设计、施工、设备采购一并发包给一个工程总承包单位；也可以将建筑工程勘察、设计、施工、设备采购的一项或者多项发包给一个工程总承包单位；但是，不得将应当由一个承包单位完成的建筑工程肢解成若干部分发包给几个承包单位。

大型建筑工程或者结构复杂的建筑工程，可以由两个以上的承包单位联合共同承包。共同承包的各方对承包合同的履行承担连带责任。两个以上不同资质等级的单位实行联合共同承包的，应当按照资质等级低的单位的业务许可范围承揽工程。

建筑工程总承包单位可以将承包工程中的部分工程发包给具有相应资质条件的分包单位。但是，除总承包合同中约定的分包外，必须经建设单位认可。施工总承包的，建筑工程主体结构的施工必须由总承包单位自行完成。建筑工程总承包单位按照总承包合同的约定对建设单位负责，分包单位按照分包合同的约定对总承包单位负责。总承包单位和分包单位就分包工程对建设单位承担连带责任。

转包是指承包单位承包建设工程后，不履行合同的责任与义务，将其承包的建设工程倒手转让给他人或将其承包的全部建设工程肢解以后以分包的名义分别转给其他单位承包，并不对工程承担技术、质量、经济等法律责任的行为。因此，《建筑法》规定，禁止承包单位将其承包的全部建筑工程转包给他人；禁止承包单位将其承包的全部建筑工程肢解以后以分包的名义分别转包给他人；禁止总承包单位将工程分包给不具备相应资质条件的单位；禁止分包单位将其承包的工程再分包。

由于转包行为严重扰乱了建筑市场的秩序，具有较大的危害性，因此，转包人应对其行为承担法律责任。《建筑法》第六十七条第一款规定："承包单位将承包的工程转包的，或者违反本法规定进行分包的，责令改正，没收违法所得，并处罚款，可以责令停业整顿，降低资质等级；情节严重的，吊销资质证书。"

除此之外，转包行为属法律禁止行为，转包合同无效。转包人对因转包工程不符合规定的质量标准造成的损失，与接受转包的单位承担连带责任。

5) 建筑工程合同价款的确定

建筑工程造价应当按照国家的有关规定，由发包单位与承包单位在合同中约定。实行直接发包的建筑工程，其工程造价由发包方与承包方通过一对一的谈判协商确定，并在承包合同中订明。实行公开招标发包的建筑工程，其造价需按照有关招标投标法律规定的招标投标的法定程序确定。发包方应当按照合同对于工程价款的支付时间、应付金额和支付方式的约定，及时、足额地向承包方支付工程价款，违反合同约定的应当依法承担违约责任。

【案例4-2】谁该为昆仑饭店的工程损失负责

基本案情

昆仑饭店因扩建经营场地，筹备在饭店旁建设一座六层的写字楼，地下一层是停车场，六楼顶层作空中花园。由于设计和施工有特殊要求，在招标过程中，昆仑饭店对参加投标的单位进行了详细的考核，最后确定由华厦市政工程公司承包该工程。华厦市政工程公司征得昆仑饭店同意，将整个工程设计分包给闽发建筑设计院并签订了《建设工程设计合同》，与此同时，华厦市政工程公司未经昆仑饭店许可，擅自将整个工程施工任务转包给大诚建筑公司。后闽发建筑设计院按时完成了设计任务，大诚建筑公司根据闽发建筑设计院的设计图纸进行了施工，经验收合格，工程交付使用。在昆仑饭店投入使用一个月后，楼顶空中花园对顶层造成严重损害，不断有水渗漏到六层的房间内，导致六层写字楼的客户无法正常办公，租用的客户不断向昆仑饭店提出租金和损失索赔。针对这种情况，昆仑饭店要求华厦市政工程公司进行维修和部分工程返修，但始终未能从根本上解决问题。经当地的建设工程质量监督部门检测，确认工程设计存在严重质量缺陷是导致工程渗水的主要原因；另外，施工单位在工程施工中有偷工减料的情节，特别是导致渗水的材料原因就是水泥的标号不够。面对上述质量问题，昆仑饭店依法将华厦市政工程公司起诉到法院，要求华厦市政工程公司赔偿工程损失和其他直接经济损失。

试分析本案中应由谁赔偿昆仑饭店的工程损失和其他直接经济损失？为什么？

案例评析

依据我国现行建筑工程法律法规，建筑工程总承包单位可以将其承包工程中的部分工程发包给具有相应资质条件的分包单位；但是，除总承包合同中约定的分包外，必须经建设单位认可。施工总承包的，建筑工程主体结构的施工必须由总承包单位自行完成。建筑工程总承包单位按照总承包合同的约定对建设单位负责；分包单位按照分包合同的约定对总承包单位负责。总承包单位和分包单位就分包工程对建设单位承担连带责任。现行建筑工程法律法规禁止承包单位将其承包的全部建筑工程转包给他人，禁止承包单位将其承包的全部工程肢解以后以分包的名义分别转包给他人。

在本案中，华厦市政工程公司在工程承包过程中，将工程的整个设计分包给闽发建筑设计院，虽征得昆仑饭店同意，但是对设计质量并没有给予高度的关注，因此闽发建筑设计院因设计质量导致的责任，华厦市政工程公司应承担首要责任；特别是工程施工部分，华厦市政工程公司擅自将全部施工任务分包给大诚建筑公司，对于工程主体结构部分没有亲自进行施工，很明显属于我国现行建筑工程法律法规严厉禁止的工程转包，因施工单位偷工减料而产生的责任，华厦市政工程公司同样应承担首要责任。

综上所述，对于昆仑饭店的工程损失和其他直接经济损失，华厦市政工程公司应负首要责任，闽发建筑设计院和大诚建筑公司应当与华厦公司承担连带责任。

4.3.2 建设工程招标

建设工程招标是指招标人在发包建设项目之前，公开招标或邀请投标人，根据招标人的意图和要求提出报价，择日当场开标，以便从中择优选定中标人的一种经济活动。招标人是依法提出施工招标项目、进行招标的法人或者其他组织。通常为该建设工程的投资人即项目业主或建设单位。

1. 建设工程招标的原则

建设工程招标的原则也就是建设工程招投标活动所应遵循的原则，即**公开、公平、公正**和**诚实信用**。所谓"**公开**"**原则**，就是要求招标投标活动具有较高的透明度，实行招标信息、招标程序、开标过程、评标标准和程序以及中标结果公开，使每一个投标人获得同等的信息，知悉招标的一切条件和要求。

所谓"**公平**"原则，就是要求在招标投标活动中，双方当事人的权利、义务大致相等，合情合理。

所谓"**公正**"原则，就是要求招标人对每一个投标人应一视同仁，给予所有投标人平等的机会，按事先公布的程序和标准进行评标，公正地对待每一个投标人。

诚实信用，这是所有民事活动都应遵循的基本原则之一。它要求当事人应以诚实、守信的态度行使权利、履行义务，保证彼此都能得到自己应得的利益，同时不得损害第三人和社会的利益，不得规避招标、串通投标、泄露标底、骗取中标等。

2. 建设工程招标的种类

1) 建设工程项目总承包招标

建设工程项目总承包招标又叫建设项目全过程招标，在国外称之为"交钥匙"承包方式。它是指从项目建议书开始，包括可行性研究报告、勘察设计、设备材料询价与采购、工程施工、生产准备、投料试车，直到竣工投产、交付使用为止的建设全过程实行招标。工程总承包企业根据建设单位提出的工程使用要求，对项目建议书、可行性研究、勘察设计、设备询价与选购、材料订货、工程施工、职工培训、试生产、竣工投产等实行全面报价投标。

2) 建设工程勘察招标

建设工程勘察招标，是指招标人就拟建工程的勘察任务发布通告，以法定方式吸引勘察单位参加竞争，经招标人审查获得投标资格的勘察单位按照招标文件的要求，在规定的时间内向招标人递送标书，招标人从中选择条件优越者完成勘察任务的法律行为。

3) 建设工程设计招标

建设工程设计招标，是指招标人就拟建工程的设计任务发布通告，以吸引设计单位参加竞争，经招标人审查获得投标资格的设计单位按照招标文件的要求，在规定的时间内向招标人递送投标书，招标人从中择优确定中标单位来完成工程设计任务的法律行为。设计招标主要是设计方案招标，工业项目可进行可行性研究方案招标。

4) 建设工程施工招标

建设工程施工招标，是指招标人就拟建的工程发布公告或者邀请，以法定方式吸引建筑施工企业参加竞争，招标人从中选择条件优越者完成工程建设任务的法律行为。

5) 建设工程监理招标

建设工程监理招标，是指招标人为了委托监理任务的完成，以法定方式吸引监理单位参加竞争，招标人从中选择条件优越者完成监理任务的法律行为。

6) 建设工程材料设备招标

建设工程材料设备招标，是指招标人就拟购买的材料设备发布公告或者邀请，以法定方式吸引建设工程材料设备供应商参加竞争，招标人从中选择条件优越者购买其材料设备的法律行为。

3. 自行招标与招标代理

根据《招标投标法》第八条的规定，招标人是依照《招标投标法》规定提出招标项目、进行招标的法人或其他组织。建设工程招标发包的招标人，通常为该建设工程的投资人即项目业主或建设单位，对不具备自行招标条件的建设单位，可委托招标代理机构进行招标。

1) **自行招标**

2000年7月1日国家计委颁发《工程建设项目自行招标试行办法》规定，招标人是指依照法律规定进行工程建设项目的勘察、设计、施工、监理，以及与工程建设有关的重要设备、材料等招标的法人。

招标人自行办理招标事宜，应当具有编制招标文件和组织评标的能力，具体包括：①具有项目法人资格(或者法人资格)；②具有与招标项目规模和复杂程度相适应的工程技术、概预算、财务和工程管理等方面专业技术力量；③有从事同类工程建设项目招标的经验；④设有专门的招标机构或者拥有3名以上专职招标业务人员；⑤熟悉和掌握《招标投标法》及有关法规规章。

具备上述条件的建设单位，可组织相应的招标机构负责招标事宜，《招标投标法》还规定："任何单位和个人不得强制其委托招标代理机构办理招标事宜。"不具备上述条件的建设单位和个人，就必须委托招标代理机构来进行招标。

2) 招标代理

招标代理机构是依法设立、从事招标代理业务并提供相关服务的社会中介组织。

招标代理机构应当具备下列条件：①有从事招标代理业务的营业场所和相应资金；②有能够编制招标文件和组织评标的相应专业力量；③有符合法律规定条件，可以作为评标委员会成员人选的技术、经济等方面的专家库。

自2017年12月28日起，各级住房城乡建设部门不再受理招标代理机构资格认定申请，停止招标代理机构资格审批。招标代理机构可按照自愿原则向工商注册所在地省级建筑市场监管一体化工作平台报送基本信息。信息内容包括：营业执照相关信息、注册执业人员、具有工程建设类职称的专职人员、近3年代表性业绩、联系方式。上述信息统一在住房和城乡建设部全国建筑市场监管公共服务平台对外公开，供招标人根据工程项目实际情况选择参考。

【工程建设项目招标代理机构资格认定办法】

招标代理机构对报送信息的真实性和准确性负责，并及时核实其在公共服务平台的信息内容。信息内容发生变化的，应当及时更新。任何单位和个人如发现招标代理机构报送虚假信息，可向招标代理机构工商注册所在地省级住房城乡建设主管部门举报。工商注册所在地省级住房城乡建设主管部门应当及时组织核实，对涉及非本省市工程业绩的，可商请工程所在地省级住房城乡建设主管部门协助核查，工程所在地省级住房城乡建设主管部门应当给予配合。对存在报送虚假信息行为的招标代理机构，工商注册所在地省级住房城乡建设主管部门应当将其弄虚作假行为信息推送至公共服务平台对外公布。

招标代理机构与行政机关和其他国家机关不得存在隶属关系或者其他利益关系。招标人有权自行选择招标代理机构委托其办理招标事宜。任何单位和个人不得以任何方式为招标人指定招标代理机构。

4. 招标方式

《招标投标法》将招标分为公开招标和邀请招标。

1) 公开招标

公开招标也称无限竞争性招标，是一种由招标人按照法定程序，在公开出版物上发布招标公告，所有符合条件的供应商或承包商都可以平等参加投标竞争，从中择优选择中标者的招标方式。任何认为自己符合招标人要求的法人或其他组织、个人都有权向招标人索取招标文件并届时投标。采用公开招标的，招标人不得以任何借口拒绝向符合条件的投标人出售招标文件，依法必须进行招标的项目，招标人不得以地区或者部门不同等借口违法限制任何潜在投标人参加投标。招标公告的发布有多种途径，如可以通过报纸、广播、网络等公共媒体。公开招标的优点在于能够在最大限度内选择投标商，竞争性更强，择优率更高，同时也可以在较大程度上避免招标活动中的贿标行为。

2) 邀请招标

邀请招标又称选择性招标，它是有限竞争性的招标，是指招标人以投标邀请书的方式邀请特定的法人或者其他组织投标。招标人采用邀请招标方式的，应当向3个以上具备承担招标项目能力的、资信良好的特定的法人或者其他组织发出投标邀请书。邀请招标虽然也能够邀请到有经验和资信可靠的投标者投标，保证履行合同，由于限制了竞争范围，可能会失去技术上和报价上有竞争力的投标者。

按照《工程建设项目施工招标投标办法》第十一条规定，国务院发展计划部门确定的国家重点建设项目和各省、自治区、直辖市人民政府确定的地方重点建设项目，以及全部使用国有资金投资或者国有资金投资占控股或者主导地位的工程建设项目，应当公开招标；有下列情形之一的，经批准可以进行邀请招标：①项目技术复杂或有特殊要求，只有少量几家潜在投标人可供选择的；②受自然地域环境限制的；③涉及国家安全、国家秘密或者抢险救灾，适宜招标但不宜公开招标的；④拟公开招标的费用与项目的价值相比，不值得的；⑤法律、法规规定不宜公开招标的。

国家重点建设项目的邀请招标，应当经国务院发展计划部门批准；地方重点建设项目的邀请招标，应当经各省、自治区、直辖市人民政府批准。

全部使用国有资金投资或者国有资金投资占控股或者主导地位的并需要审批的工程建设项目的邀请招标，应当经项目审批部门批准，但项目审批部门只审批立项的，由有关行政监督部门批准。

3) 公开招标与邀请招标的差别

在招标实践中，招标人若采用公开招标方式，对强制招标的项目，一般须在指定的报刊、电子网络或其他媒体上发布招标公告，凡具备相应资质、符合招标条件的投标人不受地域和行业限制均可申请投标；若采用邀请招标方式，一般是招标人向预先选择的若干家具备承担招标项目能力、资信良好的承包商发出投标邀请函，将招标工程的概况、工作范围和实施条件等作出简要说明，请他们参加投标竞争。邀请对象的数目以5~7家为宜，不应少于3家。

这两种方式的区别主要在于：①发布信息的方式不同。公开招标采用公告的形式发布，邀请招标采用投标邀请书的形式发布。②选择的范围不同。公开招标因使用招标公告的形式，针对的是一切潜在的对招标项目感兴趣的法人或其他组织，招标人事先不知道投标人的数量。邀请招标针对已经了解的法人或其他组织，而且事先已经知道投标者的数量。③竞争的范围不同。由于公开招标使所有符合条件的法人或其他组织都有机会参加投标，竞争的范围较广，竞争性体现得也比较充分，招标人拥有绝对的选择余地，容易获得最佳招标效果。邀请招标中投标人的数目有限，竞争的范围有限，招标人拥有的选择余地相对较小，有可能提高中标的合同价，也有可能将某些在技术上或报价上更有竞争力的承包商漏掉。④公开的程度不同。公开招标中，所有的活动都必须严格按照预先指定并为大家所知的程序和标准公开进行，大大减少了作弊的可能。相比而言，邀请招标的公开程度逊色一些，产生不法行为的机会也就多一些。⑤时间和费用不同。由于邀请招标不发公告，招标文件只送几家，使整个招投标的时间大大缩短，招标费用也相应减少。公开招标的程序比较复杂，从发布公告，投标人作出反应，评标，到签订合同，有许多时间上的要求，要准备许多文件，因而耗时较长，费用也比较高。

5. 招标程序

招标程序主要包括：招标人办理审批手续，发布招标公告或投标邀请书，进行资格预审，编制与发售招标文件，组织现场考察和召开标前会议等环节。

1) 招标人办理审批手续

批准建设的建设工程项目只有在具备一定的条件后，才能进行招标，这些条件主要由三方面组成：一是已落实建设资金，二是已履行相关审批手续，三是必要的准备工作已完成。建设工程在施工招标时必须具备的条件是：①招标人已经依法成立；②初步设计及概算应当履行审批手续的，已经批准；③招标范围、招标方式和招标组织形式等应当履行核准手续的已经批准；④有相应资金或资金来源已经落实；⑤有招标所需的设计图纸及技术资料。

建设工程项目具备必要的条件后，招标人可向当地行政主管部门或其招标办事机构提出招标申请，经审查批准后，方可开展招标活动。

2) 招标人发布招标公告或投标邀请书

招标人采用公开招标方式的，应当发布招标公告。必须依法进行招标项目的招标公告，应当通过国家指定的报刊、信息网络或者其他媒介发布。招标人采用邀请招标方式的，应当向3个以上具备承担招标项目能力，资信良好的特定法人或者其他组织发出投标邀请书。招标人采用资格预审办法对潜在投标人进行资格审查的，应当发布资格预审公告、编制资格预审文件。

招标公告或投标邀请书应当载明招标人的名称和地址、招标项目的性质、数量、实施地点和时间以及获取招标文件的办法等事项。

招标人应当按照资格预审公告、招标公告或者投标邀请书规定的时间、地点发售资格预审文件或者招标文件。资格预审文件或者招标文件的发售期不得少于5日。

3) 招标人对投标人的资格审查

招标人可以根据招标项目本身的要求，在招标公告或者投标邀请书中，要求潜在投标人提供有关资质证明文件和业绩情况，并对潜在投标人进行资格审查；国家对投标人的资格条件有规定的，依照其规定。招标人不得以不合理的条件限制或者排斥潜在投标人，不得对潜在投标人实行歧视待遇。

招标人对潜在投标人的资格审查主要是审查投标人的财务能力、机械设备条件、技术水平、施工经验、工程信誉及法律资格等方面的有关情况，以剔除资格条件不适合承担或履行合同的潜在投标人或投标人。一般来说，资格审查可分为资格预审和资格后审。资格预审是在投标前对潜在投标人进行的审查；资格后审是在投标后(一般是在开标后)对投标人进行的资格审查。目前，在招标实践中，招标人经常采用的是资格预审程序。

招标人应当合理确定提交资格预审申请文件的时间。依法必须进行招标的项目提交资格预审申请文件的时间，自资格预审文件停止发售之日起不得少于5日。

资格预审应当按照资格预审文件载明的标准和方法进行。国有资金占控股或者主导地位的依法必须进行招标的项目，招标人应当组建资格审查委员会审查资格预审申请文件。资格审查委员会及其成员应当遵守招标投标法和有关评标委员会及其成员的规定。

资格预审结束后，招标人应当及时向资格预审申请人发出资格预审结果通知书。未通过资格预审的申请人不具有投标资格。通过资格预审的申请人少于3个的，应当重新招标。

招标人采用资格后审办法对投标人进行资格审查的，应当在开标后由评标委员会按照招标文件规定的标准和方法对投标人的资格进行审查。

4) 编制和发售招标文件

招标人应当根据招标项目的特点和需要编制招标文件。招标文件应当包括招标项目的技术要求，对投标人资格审查的标准，投标报价要求和评标标准等所有实质性要求和条件以及拟签订合同的主要条款。国家对招标项目的技术、标准有规定的，招标人应当按照其规定在招标文件中提出相应要求。招标项目需要划分标段、确定工期的，招标人应当合理划分标段、确定工期，并在招标文件中载明。招标文件不得要求或者标明特定的生产供应者以及含有倾向或者排斥潜在投标人的其他内容。

对于已经通过资格预审的投标人，招标人应当向其发售招标文件。

招标人可以对已发出的资格预审文件或者招标文件进行必要的澄清或者修改。澄清或者修改的内容可能影响资格预审申请文件或者投标文件编制的，招标人应当在提交资格预审申请文件截止时间至少3日前，或者投标截止时间至少15日前，以书面形式通知所有获取资格预审文件或者招标文件的潜在投标人；不足3日或者15日的，招标人应当顺延提交资格预审申请文件或者投标文件的截止时间。

潜在投标人或者其他利害关系人对资格预审文件有异议的，应当在提交资格预审申请文件截止时间2日前提出；对招标文件有异议的，应当在投标截止时间10日前提出。招标人应当自收到异议之日起3日内作出答复；作出答复前，应当暂停招标投标活动。

依法必须进行招标的项目，自招标文件开始发出之日起至投标人提交投标文件截止之日止，最短不得少于20日。

招标人编制的资格预审文件、招标文件的内容违反法律、行政法规的强制性规定，违反公开、公平、公正和诚实信用原则，影响资格预审结果或者潜在投标人投标的，依法必须进行招标的项目的招标人应当在修改资格预审文件或者招标文件后重新招标。

招标人应当在招标文件中载明投标有效期。投标有效期从提交投标文件的截止之日起算。

招标人在招标文件中要求投标人提交投标保证金的，投标保证金不得超过招标项目估算价的2%。投标保证金有效期应当与投标有效期一致。依法必须进行招标的项目的境内投标单位，以现金或者支票形式提交的投标保证金应当从其基本账户转出。招标人不得挪用投标保证金。

招标人可以自行决定是否编制标底。一个招标项目只能有一个标底。标底必须保密。接受委托编制标底的中介机构不得参加受托编制标底项目的投标，也不得为该项目的投标人编制投标文件或者提供咨询。招标人设有最高投标限价的，应当在招标文件中明确最高投标限价或者最高投标限价的计算方法。招标人不得规定最低投标限价。

5) 招标人组织现场考察

招标人在投标须知规定的时间组织投标人自费进行现场考察。设置此程序的目的，一方面让投标人了解工程项目的现场情况、自然条件、施工条件及周围环境条件，以便于编制投标书；另一方面要求投标人通过自己的实地考察确定投标的原则和策略，避免合同履行过程中投标人以不了解现场情况为理由推卸应承担的合同责任。

招标人不得组织单个或者部分潜在投标人踏勘项目现场。

6) 招标人召开标前会议

投标人研究招标文件和现场考察后会以书面形式提出某些质疑问题，招标人可以及时给予书面解答，也可以留待标前会议上解答。如果对某一投标人提出的问题给予书面解答时，所回答的问题必须发送给每一位投标人，以保证招标的公开和公平，但不必说明问题的来源。在这种情况下就无须召开标前会议。

标前会议的记录和各种问题的统一解释或答复，常被视为招标文件的组成部分，均应整理成书面文件分发给每一位投标人。

7) 招标应注意的事项

招标人可以依法对工程以及与工程建设有关的货物、服务全部或者部分实行总承包招标。以暂估价形式包括在总承包范围内的工程、货物、服务属于依法必须进行招标的项目范围且达到国家规定规模标准的，应当依法进行招标。所谓的暂估价，是指总承包招标时不能确定价格而由招标人在招标文件中暂时估定的工程、货物、服务的金额。

对技术复杂或者无法精确拟定技术规格的项目，招标人可以分两阶段进行招标。第一阶段，投标人按照招标公告或者投标邀请书的要求提交不带报价的技术建议，招标人根据投标人提交的技术建议确定技术标准和要求，编制招标文件。第二阶段，招标人向在第一阶段提交技术建议的投标人提供招标文件，投标人按照招标文件的要求提交包括最终技术方案和投标报价的投标文件。招标人要求投标人提交投标保证金的，应当在第二阶段提出。

招标人终止招标的，应当及时发布公告，或者以书面形式通知被邀请的或者已经获取资格预审文件、招标文件的潜在投标人。已经发售资格预审文件、招标文件或者已经收取投标保证金的，招标人应当及时退还所收取的资格预审文件、招标文件的费用，以及所收取的投标保证金及银行同期存款利息。

招标人不得以不合理的条件限制、排斥潜在投标人或者投标人。

招标人有下列行为之一的，属于以不合理条件限制、排斥潜在投标人或者投标人：①就同一招标项目向潜在投标人或者投标人提供有差别的项目信息；②设定的资格、技术、商务条件与招标项目的具体特点和实际需要不相适应或者与合同履行无关；③依法必须进行招标的项目以特定行政区域或者特定行业的业绩、奖项作为加分条件或者中标条件；④对潜在投标人或者投标人采取不同的资格审查或者评标标准；⑤限定或者指定特定的专利、商标、品牌、原产地或者供应商；⑥依法必须进行招标的项目非法限定潜在投标人或者投标人的所有制形式或者组织形式；⑦以其他不合理条件限制、排斥潜在投标人或者投标人。

【要投标 先入"会"】

4.3.3 建设工程投标

建设工程投标是工程招标的对称概念，指具有合法资格和能力的投标人根据招标条件，经过初步研究和估算，在指定期限内填写标书，提出报价，并等候开标，决定能否中标的经济活动。

1. 投标人及其资格要求

1) 投标人的概念

投标人是响应招标、参加投标竞争的法人或者其他组织。

响应招标，是指投标人应当对招标人在招标文件中提出的实质性要求和条件作出响应。

参加投标竞争，是指按照招标文件的要求并在规定时间内提交投标文件的活动。

《招标投标法》规定，除依法允许个人参加投标的科研项目外，其他项目的投标人必须是法人或其他组织，自然人不能成为建设工程的投标人。这是由于我国的有关法律、法规对建设工程投标人的资格有特殊要求。在建设工程中，投标人一般应当是法人，其他组织投标的主要是联合体投标。

2) 投标人应当具备的条件

为保证建设工程的顺利完成，《招标投标法》规定："国家有关规定对投标人资格条件或者招标文件对投标人资格条件有规定的，投标人应当具备规定的资格条件。"

投标人在向招标人提出投标申请时，应附带有关投标资格的资料，以供招标人审查，这些资料应表明自己存在的合法地位、资质等级、技术与装备水平、资金与财务状况、近期经营状况及以前所完成的与招标工程项目有关的业绩。

投标人参加依法必须进行招标的项目的投标，不受地区或者部门的限制，任何单位和个人不得非法干涉。

与招标人存在利害关系可能影响招标公正性的法人、其他组织或者个人，不得参加投标。单位负责人为同一人或者存在控股、管理关系的不同单位，不得参加同一标段投标或者未划分标段的同一招标项目投标。违反前两款规定的，相关投标均无效。

3) 投标联合体

两个以上法人或者其他组织可以组成一个联合体，以一个投标人的身份共同投标。联合体各方均应当具备承担招标项目的相应能力；国家有关规定或者招标文件对投标人资格条件有规定的，联合体各方均应当具备规定的相应资格条件。由同一专业的单位组成的联合体，按照资质等级较低的单位确定资质等级。联合体各方应当签订共同投标协议，明确约定各方拟承担的工作和责任，并将共同投标协议连同投标文件一并提交招标人。联合体中标的，联合体各方应当共同与招标人签订合同，就中标项目向招标人承担连带责任。招标人不得强制投标人组成联合体共同投标，不得限制投标人之间的竞争。

4) 投标人的法定义务

投标人不得相互串通投标报价，不得排挤其他投标人的公平竞争，损害招标人或者其他投标人的合法权益。投标人不得与招标人串通投标，损害国家利益、社会公共利益或者他人的合法权益。禁止投标人以向招标人或者评标委员会成员行贿的手段谋取中标。投标人不得以低于成本的报价竞标，也不得以他人名义投标或者以其他方式弄虚作假，骗取中标。

2. 投标的程序

1) 投标人编制投标文件

《招标投标法》规定："投标文件应当对招标文件提出的实质性要求和条件作出响应。"实质性要求和条件，是指招标项目的价格、项目进度计划、技术规范、合同的主要条款等，投标文件必须对之作出响应，不得遗漏、回避，更不能对招标文件进行修改或提出任何附带条件。对于建设工程施工招标，投标文件的内容还应包括拟派出的项目负责人与主要技术人员的简历、业绩和拟用于完成招标项目的机械设备等内容。投标人拟在中标后将中标项目的部分非主体、非关键性工作进行分包的，应当在投标文件中载明。

招标人应当在资格预审公告、招标公告或者投标邀请书中载明是否接受联合体投标。招标人接受联合体投标并进行资格预审的，联合体应当在提交资格预审申请文件前组成。资格预审后联合体增减、更换成员的，其投标无效。联合体各方在同一招标项目中以自己的名义单独投标或者参加其他联合体投标的，相关投标均无效。

投标人发生合并、分立、破产等重大变化的，应当及时书面告知招标人。投标人不再具备资格预审文件、招标文件规定的资格条件或者其投标影响招标公正性的，其投标无效。

2) 投标人提交投标文件

投标人应当在招标文件要求提交投标文件的截止时间前，将投标文件送达投标地点。招标人收到投标文件后，应当签收保存，不得开启。投标人少于3家的，招标人应当重新招标。未通过资格预审的申请人提交的投标文件，以及逾期送达或者不按照招标文件要求密封的投标文件，招标人应当拒收。招标人应当如实记载投标文件的送达时间和密封情况，并存档备查。

投标人在招标文件要求提交投标文件的截止时间前，可以补充、修改或者撤回已提交的投标文件，并书面通知招标人。补充、修改的内容为投标文件的组成部分。

投标人撤回已提交的投标文件，应当在投标截止时间前书面通知招标人。招标人已收取投标保证金的，应当自收到投标人书面撤回通知之日起5日内退还。投标截止后投标人撤销投标文件的，招标人可以不退还投标保证金。

3. 串通投标行为的认定

在招投标活动中禁止串通投标行为的发生，有下列情形之一的为串通投标行为。

(1) 属于投标人相互串通投标的情形：①投标人之间协商投标报价等投标文件的实质性内容；②投标人之间约定中标人；③投标人之间约定部分投标人放弃投标或者中标；④属于同一集团、协会、商会等组织成员的投标人按照该组织要求协同投标；⑤投标人之间为谋取中标或者排斥特定投标人而采取的其他联合行动。

(2) 视为投标人相互串通投标的情形：①不同投标人的投标文件由同一单位或者个人编制；②不同投标人委托同一单位或者个人办理投标事宜；③不同投标人的投标文件载明的项目管理成员为同一人；④不同投标人的投标文件异常一致或者投标报价呈规律性差异；⑤不同投标人的投标文件相互混装；⑥不同投标人的投标保证金从同一单位或者个人的账户转出。

(3) 属于招标人与投标人串通投标的情形：①招标人在开标前开启投标文件并将有关信息泄露给其他投标人；②招标人直接或者间接向投标人泄露标底、评标委员会成员等信息；③招标人明示或者暗示投标人压低或者抬高投标报价；④招标人授意投标人撤换、修改投标文件；⑤招标人明示或者暗示投标人为特定投标人中标提供方便；⑥招标人与投标人为谋求特定投标人中标而采取的其他串通行为。

【上海市政工程串标团伙案】

4.3.4 建设工程开标、评标和定标

1. 开标

1) 开标的概念

开标是指投标人提交投标截止时间后，招标人依据招标文件规定的时间和地点，开启投标人提交的投标文件，公开宣布投标人的名称、投标价格及投标文件中的其他主要内容。这是定标成交阶段的第一个环节。开标、评标是选择中标人、保证招标成功的重要环节，有许多必须遵守的规则。

2) 开标时间与组织

《招标投标法》规定："开标应当在招标文件确定的提交投标文件截止时间的同一时间公开进行；开标地点应当为招标文件中预先确定的地点。"这就是说，提交投标文件截止之时(如某年某月某日几时几分)，即是开标之时(也是某年某月某日几时几分)。这样做主要是为了防止投标截止时间之后与开标之前仍有一段时间间隔。如有间隔，也许会给不端行为造成可乘之机(如在指定开标时间之前泄露投标文件中的内容，尤其是投标报价)，即使投标人等到开标之前最后一刻才提交投标文件，也同样存在这种风险。

开标由招标人或者招标代理人主持，邀请所有投标人参加。开标时，还可邀请招标主管部门、评标委员会、监察部门的有关人员参加，也可委托公证部门对整个开标过程依法进行公证。

3) 开标程序

检查投标文件的密封情况。开标时，由投标人或者其推选的代表检查投标文件的密封情况，也可以由招标人委托的公证机构检查并公证。

拆封、宣读投标文件并记录备查。由工作人员当众拆封，宣读投标人名称、投标价格和投标文件的其他主要内容。招标人在招标文件要求提交投标文件的截止时间前收到的所有投标文件，开标时都应当众予以拆封、宣读。开标过程应当记录，并存档备查。

2. 评标

【评标委员会和评标方法暂行规定】

评标，就是依据招标文件的规定和要求，对投标文件所进行的审查、评审和比较。评标由招标人组建的评标委员会负责。为了规范评标过程，2001年7月5日，国家计委、国家经贸委、建设部(现改名为"住房和城乡建设部")、铁道部、交通部、信息产业部、水利部联合发布了《评标委员会和评标方法暂行规定》。同时该规定根据2013年3月11日《关于废止和修改部分招标投标规章和规范性文件的决定》2013年第23号令进行了修正。

1) 评标委员会

(1) 评标委员会的组成。

评标委员会由招标人或其委托的招标代理机构熟悉相关业务的代表,以及有关技术、经济等方面的专家组成,成员人数为**5人以上的单数**,其中技术、经济等方面的专家不得少于成员总数的2/3。

评标委员会的专家成员应当从依法组建的专家库内的相关专家名单中确定。按规定确定评标专家,可以采取随机抽取或者直接确定的方式。一般项目,可以采取随机抽取的方式;技术复杂、专业性强或者国家有特殊要求的招标项目,采取随机抽取方式确定的专家难以保证胜任的,可以由招标人直接确定。但与投标人有利害关系的人不得进入相关项目的评标委员会,已经进入的应当更换。

评标委员会成员名单一般应于开标前确定,而且该名单在中标结果确定前应当保密。

(2) 对评标委员会成员的要求。

根据《评标委员会和评标方法暂行规定》的规定,参加评标委员会的专家应当满足:从事相关领域工作满8年并具有高级职称或具有同等专业水平的条件;熟悉有关招标投标的法律法规,并具有与招标项目相关的实践经验;能够认真、公正、诚实、廉洁地履行职责。

不得担任评标委员会成员的情形:①投标人或者投标人主要负责人的近亲属;②项目主管部门或者行政监督部门的人员;③与投标人有经济利益关系,可能影响对投标公正评审的;④曾因在招标、评标以及其他与招标投标有关活动中从事违法行为而受过行政处罚或刑事处罚的。评标委员会成员有前款规定情形之一的,应当主动提出回避。

评标委员会成员应当客观、公正地履行职责,遵守职业道德,对所提出的评审意见承担个人责任。评标委员会成员不得与任何投标人或者与招标结果有利害关系的人进行私下接触,不得收受投标人、中介人、其他利害关系人的财物或者其他好处,不得向招标人征询其确定中标人的意向,不得接受任何单位或者个人明示或者暗示提出的倾向或者排斥特定投标人的要求,不得有其他不客观、不公正履行职务的行为。否则,可由有关行政监督部门责令改正;情节严重的,禁止其在一定期限内参加依法必须进行招标的项目的评标;情节特别严重的,取消其担任评标委员会成员的资格。

【深圳严查评标违规】

评标委员会成员和与评标活动有关的工作人员不得透露对投标文件的评审和比较、中标候选人的推荐情况以及与评标有关的其他情况。

2) 评标工作程序

(1) **评标准备**。

评标准备工作内容包括准备评标场所、让评标委员会成员知悉招标情况等。

《招标投标法》第三十八条规定:"招标人应当采取必要的措施,保证评标在严格保密的情况下进行。任何单位和个人不得非法干预、影响评标的过程和结果。"因此,落实一个适合秘密评标的场所,十分必要。

招标人或者其委托的招标代理机构应当向评标委员会提供评标所需的重要信息和数据,但不得带有明示或者暗示倾向或者排斥特定投标人的信息。

评标委员会成员至少应了解和熟悉以下内容:招标的目标;招标项目的范围和性质;招标文件中规定的主要技术要求、标准和商务条款;招标文件规定的评标标准、评标方法和在评标过程中考虑的相关因素。

招标人设有标底的,标底在开标前应当保密,并在评标时作为参考。

(2) **初步评审**。

评标委员会应当按照投标报价的高低或者招标文件规定的其他方法对投标文件排序。以多种货币报价的，应当按照中国银行在开标日公布的汇率中间价换算成人民币。招标文件应当对汇率标准和汇率风险作出规定。未做规定的，汇率风险由投标人承担。

评标委员会可以书面方式要求投标人对投标文件中含义不明确，对同类问题表述不一致或者有明显文字和计算错误的内容做必要的澄清、说明或者补正。澄清、说明或者补正应以书面方式进行，并不得超出投标文件的范围或者改变投标文件的实质性内容，如补充新的内容或更改投标文件中的报价、技术方案、工期、主要合同条款等。

投标文件中的大写金额和小写金额不一致的，以大写金额为准；总价金额与单价金额不一致的，以单价金额为准，但单价金额小数点有明显错误的除外；对不同文字文本投标文件的解释发生异议的，以中文文本为准。

在评标过程中，如出现以下情况，评标委员会应按废标处理：①评标委员会发现投标人以他人的名义投标，串通投标，以行贿手段谋取中标或者以其他弄虚作假方式投标的，该投标人的投标应做废标处理。②评标委员会发现投标人的报价明显低于其他投标报价，或者在设有标底时明显低于标底，使得其投标报价可能低于其成本的，应当要求该投标人作出书面说明并提供相关证明材料。投标人不能合理说明或者不能提供相关证明材料的，由评标委员会认定该投标人以低于成本报价竞标，其投标应做废标处理。③投标人资格条件不符合国家有关规定和招标文件要求的，或者拒不按照要求对投标文件进行澄清、说明或者补正的，评标委员会可以否决其投标。④评标委员会应当审查每一投标文件是否对招标文件提出的所有实质性要求和条件作出响应。未能在实质上响应的投标，应做废标处理。

评标委员会应当根据招标文件，审查并逐项列出投标文件的全部投标偏差。**投标偏差**分为**重大偏差**和**细微偏差**。

下列情况属于重大偏差：①没有按照招标文件要求提供投标担保或者所提供的投标担保有瑕疵；②投标文件没有投标人授权代表签字和加盖公章，没有按照招标文件的规定提供授权代理人授权书；③投标文件载明的招标项目完成期限超过招标文件规定的期限；④明显不符合技术规格、技术标准的要求；⑤投标文件载明的货物包装方式、检验标准和方法等不符合招标文件的要求；⑥投标文件附有招标人不能接受的条件；⑦以联合体投标时，没有提交联合体投标协议；⑧未按招标文件要求编写或字迹模糊导致无法确认关键技术方案、关键工期、关键工程质量保证措施、投标价格等内容；⑨不符合招标文件中规定的其他实质性要求。

投标文件有上述情形之一的，为未能对招标文件作出实质性响应，并按规定做废标处理。招标文件对重大偏差另有规定的，从其规定。

细微偏差是指投标文件在实质上响应招标文件要求，但在个别地方存在漏项或者提供了不完整的技术信息和数据等情况，并且补正这些遗漏或不完整不会对其他投标人造成不公平的结果。细微偏差不影响投标文件的有效性。评标委员会通常会书面要求存在细微偏差的投标人在评标结束前予以补正。拒不补正的，在详细评审时可以对细微偏差做不利于该投标人的量化，量化标准应当在招标文件中规定。

投标人资格条件不符合国家有关规定和招标文件要求的，或者拒不按照要求对投标文件进行澄清、说明或者补正的，评标委员会可以否决其投标。

评标委员会根据规定否决不合格投标或者界定为废标后，因有效投标不足3家使得投标明显缺乏竞争的，评标委员会可以否决全部投标。投标人少于3家或者所有投标被否决的，招标人在分析招标失败的原因并采取相应措施后，应当依法重新招标。

(3) **详细评审**。

经初步评审合格的投标文件，评标委员会应当根据招标文件确定的评标标准和方法，对其技术部分和商务部分做进一步评审、比较。

商务评审的目的在于从成本、财务和经济分析等方面确定投标报价的合理性和可靠性,并估量授标给各投标人后的不同经济效果。

技术评审的目的在于确认备选的中标人完成本招标项目的技术能力以及所提方案的可靠性,其重点在于评审投标人将怎样实施本招标项目。

所采用的评标方法有经评审的最低投标价法、综合评估法或者法律、行政法规允许的其他评标方法。

经评审的最低投标价法一般适用于具有通用技术、性能标准或者招标人对其技术、性能没有特殊要求的招标项目。根据经评审的最低投标价法,能够满足招标文件的实质性要求,并且经评审的最低投标价的投标,应当推荐为中标候选人。采用经评审的最低投标价法的,评标委员会应当根据招标文件中规定的评标价格调整方法,以所有投标人的投标报价以及投标文件的商务部分做必要的价格调整。采用经评审的最低投标价法的,中标人的投标应当符合招标文件规定的技术要求和标准,但评标委员会无须对投标文件的技术部分进行价格折算。根据经评审的最低投标价法完成详细评审后,评标委员会应当拟定一份"标价比较表",连同书面评标报告提交招标人。"标价比较表"应当载明投标人的投标报价、对商务偏差的价格调整和说明以及经评审的最终投标价。

根据综合评估法,最大限度地满足招标文件中规定的各项综合评价标准的投标,应当推荐为中标候选人。衡量投标文件是否最大限度地满足招标文件中规定的各项评价标准,可以采取折算为货币的方法、打分的方法或者其他方法。需量化的因素及其权重应当在招标文件中明确规定。评标委员会对各个评审因素进行量化时,应当将量化指标建立在同一基础或者同一标准上,使各投标文件具有可比性。对技术部分和商务部分进行量化后,评标委员会应当对这两部分的量化结果进行加权,计算出每一投标的综合评估价或者综合评估分。根据综合评估法完成评标后,评标委员会应当拟定一份"综合评估比较表",连同书面评标报告提交招标人。"综合评估比较表"应当载明投标人的投标报价、所做的任何修正、对商务偏差的调整、对技术偏差的调整、对各评审因素的评估以及对每一投标的最终评审结果。

根据招标文件的规定,允许投标人投备选标的,评标委员会可以对中标人所投的备选标进行评审,以决定是否采纳备选标。不符合中标条件的投标人的备选标不予考虑。

评标委员会在评标过程中发现的问题,应当及时作出处理或者向招标人提出处理建议,并做书面记录。

(4) 评标报告。

《招标投标法》规定:"评标委员会完成评标后,应当向招标人提出书面评标报告,并推荐合格的中标候选人。"评标委员会可在评标报告中推荐1~3个中标候选人,由招标人确定。招标人也可授权评标委员会在评标报告中直接确定中标人。如果经过评审,评标委员会认为所有投标都不符合招标文件要求,它可否决所有投标。这时,强制招标的项目应重新进行招标。

评标报告由评标委员会全体成员签字。对评标结论持有异议的评标委员会成员可以书面方式阐述其不同意见和理由。评标委员会成员拒绝在评标报告上签字且不陈述其不同意见和理由的,视为同意评标结论。评标委员会应当对此作出书面说明并记录在案。

3. 定标

1) 中标人必须满足的条件

根据《招标投标法》的规定,中标人应当符合下列条件之一:①能够最大限度地满足招标文件中规定的各项综合评价标准;②能够满足招标文件的实质性要求,并且经评审的投标价格最低,但是投标价格低于成本的除外。

国有资金占控股或者主导地位的项目,招标人应当确定排名第一的中标候选人为中标人。排名第一的中标候选人放弃中标、因不可抗力提出不能履行合同，或者招标文件规定应当提交履约保证金而在规定的期限内未能提交，或者被查实存在影响中标结果的违法行为等情形，不符合中标条件的，招标人可以按照评标委员会提出的中标候选人名单排序依次确定其他中标候选人为中标人。依次确定其他中标候选人与招标人预期差距较大，或者对招标人明显不利的，招标人可以重新招标。

招标人可以授权评标委员会直接确定中标人。国务院对中标人的确定另有规定的，从其规定。

2) 定标的程序

(1) 发出中标通知书。

中标通知书即是招标人向中标的投标人发出的告知其中标的书面通知文件。《招标投标法》规定：中标人确定后，招标人应当向中标人发出中标通知书，同时通知未中标人并退还他们的投标保证金或保函，并与中标人在投标有效期内以及中标通知书发出之日起30日之内签订合同。中标通知书发出后，即对招标人和中标人产生法律效力，招标人改变中标结果或中标人拒绝签订合同均要承担相应的法律责任。

(2) 签订工程承包合同。

《招标投标法》规定：招标人和中标人应当自中标通知书发出之日起30日内，按照招标文件和中标人的投标文件订立书面合同。招标人不得向中标人提出任何不合理要求作为订立合同的条件，双方不得再行订立背离合同实质性内容的其他协议，如签了这样的协议，其在法律上也将是无效的。合同的主要条款与招标文件、中标人的投标文件的内容不一致，或者招标人、中标人订立背离合同实质性内容的协议的，由有关行政监督部门责令改正，可以处中标项目金额5‰以上10‰以下的罚款。

中标人无正当理由不与招标人订立合同，在签订合同时向招标人提出附加条件，或者不按照招标文件要求提交履约保证金的，取消其中标资格，投标保证金不予退还。对依法必须进行招标的项目的中标人，由有关行政监督部门责令改正，可以处中标项目金额10‰以下的罚款。

(3) 提交招标投标报告。

《招标投标法》规定：强制招标的项目，招标人应自确定中标人之日起15日内，向有关行政监督部门提交招标投标报告。这是国家对招投标活动所进行的监督活动之一。

评标和定标应当在投标有效期内完成。不能在投标有效期结束日30个工作日前完成评标和定标的，招标人应当通知所有投标人延长投标有效期。拒绝延长投标有效期的投标人有权收回投标保证金。同意延长投标有效期的投标人应当相应延长其投标担保的有效期，但不得修改投标文件的实质性内容。因延长投标有效期造成投标人损失的，招标人应当给予补偿，但因不可抗力需延长投标有效期的除外。招标文件应当载明投标有效期。投标有效期从提交投标文件截止日起计算。

4.3.5 违法行为与法律责任

所谓违法行为，是指行为人实施的损害国家利益、社会公共利益或者他人合法利益的行为。招标投标过程中的违法行为的表现形式多种多样。例如，泄露保密资料、泄露标底、串通招标、串通投标、歧视(排斥、限制、非法干涉)投标、规避招标、假招标、转让中标项目、骗取中标、中标项目肢解后分别向他人转让等。

所谓法律责任，是指行为人因违反法律规定或合同约定的义务而应当承担的强制性的不利后果。《招标投标法》规定的法律责任主体有招标人、投标人、招标代理机构、有关行政监督部门、评标委员会成员、有关单位对招标投标活动直接负责的主管人员和其他直接责任人员，以及任何干涉招标投标活动正常进行的单位或个人。其各自应承担的法律责任如下。

1. 招标人违法行为应承担的法律责任

违反《招标投标法》规定，必须进行招标的项目而不招标的，将必须进行招标的项目化整为零或者以其他任何方式规避招标的，责令限期改正，可以处项目合同金额5‰以上10‰以下的罚款；对全部或者部分使用国有资金的项目，可以暂停项目执行或者暂停资金拨付；对单位直接负责的主管人员和其他直接责任人员依法给予处分。

招标人以不合理的条件限制或者排斥潜在投标人的，对潜在投标人实行歧视待遇的，强制要求投标人组成联合体共同投标的，或者限制投标人之间竞争的，责令改正，可以处1万元以上5万元以下的罚款。

依法必须进行招标的项目的招标人向他人透露已获取招标文件的潜在投标人的名称、数量或者可能影响公平竞争的有关招标投标的其他情况的，或者泄露标底的，给予警告，可以并处1万元以上10万元以下的罚款；对单位直接负责的主管人员和其他直接责任人员依法给予处分；构成犯罪的，依法追究刑事责任；若该行为影响中标结果的，中标无效。

依法必须进行招标的项目，招标人违反《招标投标法》规定，与投标人就投标价格、投标方案等实质性内容进行谈判的，给予警告，对单位直接负责的主管人员和其他直接责任人员依法给予处分；若该行为影响中标结果的，中标无效。

招标人在评标委员会依法推荐的中标候选人以外确定中标人的，依法必须进行招标的项目在所有投标被评标委员会否决后自行确定中标人的，中标无效，责令改正，可以处中标项目金额5‰以上10‰以下的罚款；对单位直接负责的主管人员和其他直接责任人员依法给予处分。

招标人不按照招标文件和中标人的投标文件与中标人签订合同的，或者与中标人签订背离合同实质性内容的协议的，责令改正，可以处中标项目金额5‰以上10‰以下的罚款。

2. 招标代理机构违法行为应承担的法律责任

招标代理机构违法行为应当承担的法律责任有：违反《招标投标法》规定，泄露应当保密的与招标投标活动有关的情况和资料的，或者与招标人、投标人串通损害国家利益、社会公共利益或者他人合法权益的，处5万元以上25万元以下的罚款，对单位直接负责的主管人员和其他直接责任人员处单位罚款数额5%以上10%以下的罚款；有违法所得的，并处没收违法所得；情节严重的，暂停直至取消招标代理资格；构成犯罪的，依法追究刑事责任；给他人造成损失的，依法承担赔偿责任。若该行为影响中标结果的，中标无效。

3. 投标人违法行为应承担的法律责任

投标人相互串通投标或者与招标人串通投标的，投标人以向招标人或者评标委员会成员行贿的手段谋取中标的，中标无效，处中标项目金额5‰以上10‰以下的罚款，对单位直接负责的主管人员和其他直接责任人员处单位罚款数额5%以上10%以下的罚款；有违法所得的，并处没收违法所得；情节严重的，取消其1年至2年内参加依法必须进行招标项目的投标资格并予以公告，直至由工商行政管理机关吊销营业执照；构成犯罪的，依法追究刑事责任；给他人造成损失的，依法承担赔偿责任。

投标人以他人名义投标或者以其他方式弄虚作假，骗取中标的，中标无效；给招标人造成损失的，依法承担赔偿责任；构成犯罪的，依法追究刑事责任；依法必须进行招标的项目的投标人有以上行为尚未构成犯罪的，处中标项目金额5‰以上10‰以下的罚款，对单位直接负责的主管人员和其他直接责任人员处单位罚款数额5%以上10%以下的罚款；有违法所得的，并处没收违法所得，情节严重的，取消其1年至3年内参加依法必须进行招标的项目的投标资格并予以公告，直至由工商行政管理机关吊销营业执照。

中标人将中标项目转让给他人的，将中标项目肢解后分别转让给他人的，违反《招标投标法》规定将中标项目的部分主体、关键性工作分包给他人的，或者分包人再次分包的，转让、分包无效，并处转让、分包项目金额5‰以上10‰以下的罚款；有违法所得的，并处没收违法所得，可以责令停业整顿；情节严重的，由工商行政管理机关吊销营业执照。

中标人不履行与招标人签订的合同的，履约保证金不予退还，给招标人造成的损失超过履约保证金数额的，还应当对超过部分予以赔偿；没有提交履约保证金的，应当对招标人的损失承担赔偿责任；中标人不按照与招标人签订的合同履行义务，情节严重的，取消其2年至5年内参加依法必须进行招标项目的投标资格并予以公告，直至由工商行政管理机关吊销营业执照。

【案例4-3】全国市政工程串标第一案

基本案情

2002年6月，浙江省温州经济技术开发区滨海园区起步区市政工程第二标段向社会公开招标，并采用最低造价中标评标办法。先后有99家工程公司报名参加，湖南省长沙市市政工程公司等7家单位受邀参加最后投标活动。当7家建筑单位获知入围后，7家建筑单位的代表张志文、项光宇、郑定忠等人密谋串标，商定由长沙市市政工程公司与中国建筑第八工程局合伙，在长沙市市政工程公司中标后，支付给其他5家参加投标公司各100万元人民币的"好处费"。2002年8月20日，原本与其他6家参加投标单位预谋商定串标的上海第一市政工程公司代表付光敏，因其公司有关人员不同意参与串通投标，付光敏竟伙同蔡景枢（另案处理）纠集多人抢走该公司投标技术标书，使该公司无法参加当日的投标。长沙市市政工程公司以146572284元的标的额顺利中标，其他5家公司再按事先议定的条件分取了"好处费"。

2003年7月，温州市南塘大道二期工程第三标段向社会公开招标，张志文、潘志勇、黄建和以长沙市市政工程公司代表身份，报名参加该工程的投标，在通过投标资格审查后，张志文再次与参加投标的6家建筑公司的代表进行预谋串标，商定由长沙市市政工程公司中标，该公司在中标后支付参加投标的其他6家单位各90万元的"好处费"。

2003年8月，在南塘大道二期工程第二标段向社会公开招标时，湖南省株洲市市政建设总公司代表陈剑彬、杨旭暖、陈锵，在报名并通过投标资格审查后，与其他6家公司的代表林植更、徐锋明、陈一丰等人串标，确定由株洲市市政建设总公司中标，陈剑彬、杨旭暖、陈锵等人支付其他6家参加投标单位共计176万元人民币作为"回报"。

判决结果

2005年11月15日，全国市政工程领域中标的额最大(2.96亿元)，分取"好处费"最多(1216万元)的串标案，在瓯海区法院作出一审判决，分别以串通投标罪判处张志文、杨旭暖等人6个月至2年、缓刑1年至2年不等的有期徒刑，同时处5万元至80万元的罚金。

评析意见

投标人在参加投标过程中，虽然有串通投标的意思，但如果这个行为没有造成危害社会的后果，那么这样的行为，不会认为是犯罪；但是如果在投标过程中相互串通，损害了招标人或者投标人的利益，或是国家人民集体的利益，损害的程度达到了国家法律规定的标准，那么就构成了犯罪。这个案件虽然是温州招投标中暴露出来的一个最大的串标案，但建筑行业的一些人却认为是司空见惯的事，这种司空见惯的现象说明一个什么问题？说明招投标管理办法存在一定的缺陷。

4. 评标委员会违法行为应承担的法律责任

评标委员会违法行为应承担的法律责任有：评标委员会成员收受投标人的财物或者其他好处的，评标委员会成员或者参加评标的有关工作人员向他人透露对投标文件的评审和比较，中标候选人的推荐以及与评标有关的其他情况的，给予警告，没收收受的财物，可以并处3000元以上5万元以下的罚款；对有所列违法行为的评标委员会成员取消担任评标委员会成员的资格，不得再参加任何依法必须进行招标的项目的评标；构成犯罪的，依法追究刑事责任。

5. 监管人违法行为应承担的法律责任

监管人违法行为承担的法律责任有：对招标投标活动依法负有行政监督职责的国家机关工作人员徇私舞弊、滥用职权或者玩忽职守，构成犯罪的，依法追究刑事责任；不构成犯罪的，依法给予行政处分。

6. 其他情况

其他违反《招标投标法》的情况包括：①任何单位和个人违反《招标投标法》规定，限制或者排斥本地区、本系统以外的法人或者其他组织参加投标的，为招标人指定招标代理机构的，强制招标人委托招标代理机构办理招标事宜的，或者以其他方式干涉招标投标活动的，责令改正；对单位直接负责的主管人员和其他直接责任人员依法给予警告、记过、记大过的处分；情节较重的，依法给予降级、撤职、开除的处分。②依法必须进行招标的项目违反《招标投标法》规定，中标无效的，应当依照《招标投标法》规定的中标条件从其他投标人中重新确定中标人或者依照《招标投标法》重新进行招标。

4.4 建设工程监理

4.4.1 概述

建设工程监理，是指具有相应资质的监理单位受工程项目业主的委托，依据国家有关法律、法规，经建设主管部门批准的工程项目建设文件，建设工程合同和建设工程委托监理合同，对工程建设实施的专业化监督和管理。作为建筑工程的投资者的建设单位(业主)，为了取得好的投资效益，保证工程质量，合理控制工期，需要对施工企业的施工活动实施必要的监督。但多数建设单位并不擅长工程建设的组织管理和技术监督，而由具有工程建设方面的专业知识和实践经验的人员组成的专业化的工程监理单位，接受建设单位的委托，代表建设单位对工程的施工质量、工期和投资使用情况进行监督，对于维护建设单位的利益，协调建设单位与工程承包单位的关系，保证工程质量，规范建筑市场秩序，都有很大的优越性。

建筑工程监理制度在国际上已有较长的发展历史，西方发达国家已经形成了一套完整的工程监理制度，可以说，建筑工程监理已成为建筑领域中的一项国际惯例。许多国际金融机构也把实行监理作为提供建设项目贷款的条件之一。在这种大环境和国内经济体制改革的双重前提下，原建设部于1988年7月25日发出《关于开展建设监理工作的通知》，标志着我国建设监理制度的起步。

《建筑法》第三十条规定：**国家推行建筑工程监理制度**。国务院可以规定实行强制监理的建筑工程的范围。第三十一条规定：实行监理的建筑工程，由建设单位委托具有相应资质条件的工程监理单位监理。建设单位与其委托的工程监理单位应当订立书面委托监理合同。2000年1月30日国务院颁发的《建设工程质量管理条例》中，对工程监理的范围和责任也做了相应的规定。除此之外，建设部及其他部委也制定了部门规章和规范性文件对工程监理活动作出了具体规定。

这里需要指出的是，建筑工程监理对建筑工程的监督，与政府有关主管部门依照国家有关规定对建筑工程进行的质量监督，两者在监督依据、监督性质以及与建设单位和承包单位的关系等方面，都不相同，不能相互替代。工程监理单位对工程项目实施监督的依据，是建设单位的授权，代表建设单位实施监督；在性质上是社会中介组织作为公正方进行的监督，工程监理单位与建设单位、工程承包单位之间是平等的民事主体关系，监理单位如果发现承包单位的违法行为或者违反监理合同的行为应当向建设单位报告，但它没有行政处罚的权力。政府主管部门对工程质量监督的依据则是法律、法规的规定；在性质上属于强制性的行政监督管理，与建设单位和建筑工程承包单位之间属于行政管理与被管理的关系，不论建设单位和工程承包单位是否愿意，都必须服从行政主管部门依法进行的监督管理，政府主管部门有权对建设单位和建筑工程承包单位的违法行为依法作出处罚。

4.4.2 建设工程监理的原则

1. 资质许可原则

《建筑法》第三十一条规定："实行监理的建筑工程，由建设单位委托**具有相应资质条件**的工程监理单位监理。建设单位与其委托的工程监理单位应当订立书面委托合同。"第三十四条规定："工程监理单位应当在其资质等级许可的监理范围内，承担工程监理业务。"这是政府对从事工程监理的单位资质许可的强制性规定，也是从事监理活动的首要原则。

2. 客观、公正性原则

《建筑法》第三十四条规定："工程监理单位应当根据建设单位的委托，客观、公正地执行监理任务。"《建筑法》第三十二条规定："建筑工程监理应当依照法律、行政法规及有关的技术标准、设计文件和建筑工程承包合同，对承包单位在施工质量、建设工期和建设资金使用等方面，代表建设单位实施监督。"工程监理单位是代表建设单位实施建筑工程监理的单位，一方面要根据建设单位的委托，按照监理合同的规定监督承包单位的施工情况；另一方面作为独立的社会中介组织，工程监理单位及其监理人员在对工程实施监理的过程中，必须做到客观和公正。所谓"客观"是指工程监理单位及其监理人员在执行监理任务中，应以事实为根据，并运用科学的方法，在充分掌握监理对象及其外部环境实际情况的基础上，适时、妥帖、高效地处理有关问题，用事实说话，不能主观臆断；所谓"公正"是指工程监理单位及其监理人员在对建筑工程实施质量、投资和进度控制时，应当以独立、超脱的地位，做到公正廉洁，严格把关，不放过任何影响工程质量的问题，清退不合格的材料、提出合理化建议、纠正不合理设计、严格审查预决算，达到节省投资、保证工程质量的目的，同时在处理建设单位与承包单位之间的纠纷时要做到不偏不倚，"一碗水端平"。**客观和公正**是对工程监理活动**最基本的要求**，是工程监理单位及其监理人员应当遵循的**最基本的执业准则**。

3. 监理单位独立完成任务的原则

《建筑法》第三十四条规定："工程监理单位**不得转让工程监理业务**。"工程监理是由建设单位与其信任的具有相应资质等级的监理单位通过订立委托监理合同，委托其对建筑工程的施工进行的监督管理的活动。合同一经订立，就具有法律约束力，任何一方不得擅自变更合同，包括不得变更合同的主体。工程监理单位将委托监理合同约定的监理业务转让他人，违背了建设单位的意志，损害了建设单位的利益，而且有可能因其将监理业务转让给不具备相适应资质条件的单位，不能按照建设单位的要求对工程质量、进度和资金进行控制，对工程质量问题留下隐患。

4.4.3 强制监理的范围

虽然监理是基于业主委托，由监理人自愿承担完成的工作，但与社会公共利益关系重大的工程，为确保工程质量和社会公众的生命财产安全，国家可以规定强制实行监理的建筑工程范围。根据国务院2000年1月30日颁发的《建设工程质量管理条例》和原建设部第86号令《建设工程监理范围和规模标准规定》的相关规定，下列建设工程必须实行监理。

【建设工程监理范围和规模标准规定】

1) **国家重点建设工程**

依据《国家重点建设项目管理办法》所确定的对国民经济和社会发展有重大影响的骨干项目。

2) **大中型公用事业工程**

项目总投资额在3000万元以上的下列工程项目：①供水、供电、供气、供热等市政工程项目；②科技、教育、文化等项目；③体育、旅游、商业等项目；④卫生、社会福利等项目；⑤其他公用事业项目。

3) **成片开发建设的住宅小区工程**

建筑面积在5万平方米以上的住宅建设工程必须实行监理；5万平方米以下的住宅建设工程，可以实行监理，具体范围和规模标准，由省、自治区、直辖市人民政府建设行政主管部门规定。为了保证住宅质量，对高层住宅及地基、结构复杂的多层住宅应当实行监理。

4) **利用外国政府或者国际组织贷款、援助资金的工程**

工程范围包括：①使用世界银行、亚洲开发银行等国际组织贷款资金的项目；②使用国外政府及其机构贷款资金的项目；③使用国际组织或者国外政府援助资金的项目。

5) **国家规定必须实行监理的其他工程**

①项目总投资额在3000万元以上关系社会公共利益、公众安全的下列基础设施项目：煤炭、石油、化工、天然气、电力、新能源等项目；铁路、公路、管道、水运、民航以及其他交通运输业等项目；邮政、电信枢纽、通信、信息网络等项目；防洪、灌溉、排涝、发电、引(供)水、滩涂治理、水资源保护、水土保持等水利建设项目；道路、桥梁、地铁和轻轨交通、污水排放及处理、垃圾处理、地下管道、公共停车场等城市基础设施项目；生态环境保护项目；其他基础设施项目。②学校、影剧院、体育场馆项目。

【施工无良监管不力，楼房保温板"一点就着"】

4.4.4 建设监理合同

《中华人民共和国合同法》第二百七十六条规定："建设工程实行监理的，发包人应当与监理人采用书面形式订立委托监理合同。发包人与监理人的权利和义务以及法律责任，应当依照本法委托合同以及其他有关法律、行政法规的规定。"

由此可见，建设项目的业主(建设监理的委托人)与建设监理单位(建设监理的受托人)之间是由委托合同所确立的权利义务关系；这个委托监理合同又是监理单位开展监理工作的最主要的直接依据之一。监理合同的适当订立和履行不仅关系到建设项目监理工作的成败和建设项目控制目标的实现与否，而且还关系到合同双方的直接利益。正因为如此，业主和监理单位都应当十分重视监理合同的订立和履行。

由于建设项目本身具有复杂性的特点，监理合同的内容不仅复杂而且十分专业化。对于处于委托人地位的建设项目业主来说，能够在平等、自愿的基础上自主签订内容完善、合乎科学规律的委托监理合同，一般而言，不在业主的知识、经验和能力范围之内。因此，委托监理合同示范文本十分必要。原中华人民共和国建设部和中华人民共和国国家工商行政管理局于2000年2月联合发布了《建设工程委托监理合同(示范文本)》(GF—2000—0202)，它由三个部分组成：委托监理合同、标准条件和专用条件。

建设监理委托合同的订立只是监理工作的开端，双方通过履行合同实现各自的经济目的是双方的最终意愿。合同双方，特别是受托人一方必须实施有效管理，监理合同才能得以顺利履行。

按照委托监理合同的规定，委托人的义务为：除了合同条款列明的各项义务，为使监理人顺利进行工作，需要注意如下的协助工作也应由委托人承担。将授予监理人的权利、监理机构主要成员的分工、监理权限及时通知已选定的项目建设承包商，并在与承包商签订的建设工程合同中予以明确；为监理人驻工地的监理机构开展正常工作提供包括信息服务、物质服务和人员服务在内的协助服务，如协助监理人获取工程使用的原材料、构配件、机械设备等生产厂家名录，以掌握产品信息，向监理人提供与本工程有关的协作单位、配合单位的名录，以方便监理工作的组织协调。再比如，委托人应免费向监理人提供职员和服务人员，并在专用条件中写明提供的人数和服务时间，这些人员在监理服务期间只应服从监理工程师的指示，但监理人不对这些人员的失职行为负责。

同样，监理人在履行合同期间，应运用其技能负责任地工作，公正维护委托人以及工程承包商的合法权益。如果监理人不按合同履行其职责，或与承包人串通给委托人或工程造成损失时，委托人有权要求监理人更换监理人员、终止监理合同或要求监理人承担相应的赔偿责任或连带赔偿责任。

监理人开始执行监理工作前应向委托人报送派往该工程项目的总监理工程师及项目机构其他工作人员的情况。合同履行过程中如需要调换总监理工程师，必须经过委托人同意，并派出具有相应资质和能力的人员。

监理人不得泄露与本工程、合同业务有关的包括委托人、承包人在内的各方的保密资料。

非经委托人同意，监理人一方的工作人员不应接受来自任何有关工程建设各方的、委托监理合同约定以外的与监理工程有关的报酬。

监理人不得参与可能与合同规定的与委托人利益相冲突的任何活动。

当委托人和承包人因合同发生争议时，监理机构应以独立的身份判断，公正地进行调解。当双方的争议诉诸诉讼或仲裁解决时，应提供真实的材料以作证据。

4.5 建筑安全生产管理

4.5.1 概述

"安全"是一个永恒的话题。之所以说它永恒，是因为不论各行各业，不论远古未来都涉及安全。用一句简单的话概括："只要有人类活动的场所就有安全，保证了人类生命不受伤害就保证了安全。"那么要如何才能真正地实现安全呢？

建筑安全生产管理，是指为保证建筑生产安全所进行的计划、组织、指挥、协调和控制等一系列管理活动，目的在于保护职工在生产过程中的安全与健康，保证国家和人民的财产不受到损失，保证建筑生产任务的顺利完成。建筑安全生产管理包括：建设行政主管部门对于建筑活动过程中安全生产的行业管理；劳动行政主管部门对建筑活动过程中安全生产的综合性监督管理；从事建筑活动的主体(包括建筑施工企业、建筑勘察单位、设计单位和工程监理单位)为保证建筑生产活动的安全生产所进行的自我管理。

建筑业是国民经济的重要产业。建筑安全生产工作是全国安全生产工作的重要组成部分。第一，建筑生产活动多为露天、高处作业，不安全因素较多，有些工作危险性较大，是事故多发的行业。第二，建筑市场不规范，监管不严。建设工程项目投资主体的多元化，建筑市场秩序不规范，违法分包、非法转包、挂靠等现象比较普遍，建筑市场上存在着拆分项目过细、工程标价过低、不合理压缩工期等问题,特别是建筑业市场门槛过低,一些低水平、低素质的建筑施工企业及队伍进入建筑市场,给建筑安全造成隐患。第三,工程建设各方主体责任落实不到位,管理滞后。在建设规模高速增长,施工战线拉长,安全风险加大的形势下,工程建设各方主体管理滞后,安全责任不落实。第四,施工现场管理不严,隐患整改不彻底,一些施工企业对隐患排查治理工作不认真,对发现的隐患整改不力,对工程分包队伍资质审核不严,违规分包、转包、习惯性违章等现象还大量存在。农民工未经培训或培训不合格上岗作业,缺乏自我保护意识和自救能力。以上种种原因造成建筑业每年因工死亡人数仅次于矿山,居全国各行业的第二位。

为了加强建筑安全生产管理,预防和减少建筑业事故的发生,保障建筑职工和他人的人身安全和财产安全,国家制定了一系列的工程建设安全生产法规和规范性文件。特别是,全国人大先后制定通过的《建筑法》和《中华人民共和国安全生产法》,为建筑业的安全生产管理提供了有力的法律保障;针对建设工程安全生产的具体情况,国务院于2003年又专门发布了《建设工程安全生产管理条例》,加大了建筑安全生产管理方面的立法力度,奠定了建筑安全管理工作的法规体系的基础,把建筑安全生产工作真正纳入法制化轨道,开始实现建筑安全生产监督管理向规范化、标准化和制度化管理的过渡。相关工程建设安全生产法规和规范性文件还包括:2004年颁布《安全生产许可证条例》和《建设工程安全生产管理条例》、2009年颁布《生产安全事故报告和调查处理条例》等。

【中华人民共和国安全生产法】

4.5.2 建筑安全生产管理的方针和基本制度

1. 建筑安全生产管理的方针

建筑工程安全生产管理必须坚持"**安全第一、预防为主**"的方针。所谓坚持安全第一、预防为主的方针,是指在建筑生产活动中,应当将保证生产安全放到第一位,在管理、技术等方面采取能够确保生产安全的预防性措施,防止建筑工程事故发生。这个方针是根据建设工程的特点,在总结实践中血的教训得出来的。"安全第一"的方针,就是要求所有参与工程建设的人员,包括管理者和从业人员以及对工程建设活动进行监督管理的人员都必须树立安全的观念,不能为了经济的发展而牺牲安全。当安全与生产发生矛盾时,必须先解决安全问题,在保证安全的前提下从事生产活动,也只有这样,才能使生产正常进行,才能充分发挥职工的积极性,提高劳动生产率,促进经济的发展,保持社会稳定。"预防为主"是手段和途径,是指在工程建设活动中,根据工程建设的特点,对不同的生产要素采取相应的管理措施,有效地控制不安全因素的发展和扩大,把可能发生的事故消灭在萌芽状态,以保证生产活动中人的安全与健康。对于施工活动而言,必须预先分析危险点、危险源、危险场地等,预测和评估危害程度,发现和掌握危险出现的规律,制定事故应急预案,采取相应措施,将危险消灭在转化为事故之前。

从实践中看,坚持"安全第一、预防为主"的方针,应当做到以下几点:①从事建筑活动的单位的各级管理人员和全体职工,尤其是单位负责人,一定要牢固树立安全第一的意识,正确处理安全生产与工程进度、效益等方面的关系,把安全生产放在首位;②要加强劳动安全生产工作的组织领导和计划性,在建筑活动中加强对安全生产的统筹规划和各方面的通力协作;③要建立健全安全生产的责任制度和群防群治制度;④要对有关管理人员及职工进行安全教育培训,未经安全教育培训的,不得从事安全管理工作或者上岗作业;⑤建筑施工企业必须为职工发放保障安全生产的劳动保护用品;⑥使用的设备、器材、仪器和建筑材料必须符合保证生产安全的国家标准和行业标准。

【别让小失误带来大痛苦】

2. 建筑安全生产管理的基本制度

1) 建筑安全生产责任制度

所谓**安全生产责任制度**，是指将各项保障生产安全的责任具体落实到各有关管理人员和不同岗位人员身上的制度。这一制度是"安全第一、预防为主"方针的具体体现，是工人们在长期生产实践中用血的代价换来的行之有效、必须坚持的制度。

在建筑活动中，只有明确安全责任，分工负责，才能形成完整有效的安全管理体系，激发每个人保证生产安全的责任感，严格执行保证建筑生产安全的法律、法规和安全规程、技术规范，防患于未然，减少和杜绝建筑生产活动中的安全事故，为建筑生产活动创造一个良好的环境。就建筑施工企业而言，企业的安全生产责任制度，是由企业内部各个不同层次的安全生产责任制度所构成的保障生产安全的责任体系，主要包括以下三方面。

(1) **建筑施工企业主要负责人的安全生产责任制**，企业的法定代表人应对本企业的生产安全负全面责任。

(2) **企业各职能机构的负责人及其工作人员的安全生产责任制**。就建筑施工企业来讲，企业中的生产、技术、材料供应、设备管理、财务、教育、劳资、卫生等各职能机构，都应在各自业务范围内，对实现安全生产的要求负责。生产部门要合理组织生产，贯彻安全规章制度，加强现场平面管理，建立安全生产、文明生产秩序；技术部门要严格按照国家有关安全标准和技术规程编制设计、施工、工艺等技术文件，提出相应的保证生产安全的技术措施，负责安全设备、仪表等的技术鉴定和安全技术科研项目的研究工作；设备管理部门应当对有关机电设备配齐安全防护保险装置，加强机电设备、锅炉和压力容器的经常检查、维修、保养，确保安全运转；材料供应部门对实现安全技术措施所需材料应当保证供应，对绳杆架木、安全帽、安全带、安全网等要定期检验，不合格的要报废更新；财务部门要按照规定提供实现安全技术措施的经费，并监督其合理使用；教育部门负责将安全教育纳入全员培训计划，组织职工的安全技术训练；劳动工资部门要配合安全部门做好新工人、调换岗位工人、特殊工种工人的培训、考核、发证工作，贯彻劳逸结合，严格控制加班加点，对因工伤残和患职业病职工及时安排适合的工作；卫生部门负责对职工的定期健康检查和现场劳动卫生工作，监测有毒有害作业场所的尘毒浓度，提出职业病预防和改善卫生条件的措施。

(3) **岗位人员的安全生产责任制**。岗位人员必须对安全负责，从事特种作业的人员必须经过安全培训，考试合格后方能上岗作业。就建筑施工企业来讲：一是企业技术负责人对本企业劳动保护和安全生产的技术工作负总的责任。在组织编制和审批施工组织设计(施工方案)和采用新技术、新工艺、新设备时，必须制定相应的安全技术措施，负责提出改善劳动条件的项目和实施措施，并付诸实现；对职工进行安全技术教育；及时解决施工中的安全技术问题；参加重大伤亡事故的调查分析，提出技术鉴定意见和改进措施。二是工区(工程处、厂、站)主任、施工队长应对本单位劳动保护和安全生产工作负具体领导责任。认真执行安全生产规章制度，不违章指挥；制定和实施安全技术措施；经常进行安全检查，消除事故隐患，制止违章作业；对职工进行安全技术和安全纪律教育；发生伤亡事故要及时上报，并认真分析事故原因，提出和实现改进措施。三是工长、施工员、车间主任对所管工程的安全生产负直接责任。组织实施安全技术措施，进行技术安全交底；对施工现场搭设的架子和安装的电气、机械设备等安全防护装置，都要组织验收，合格后方能使用；不违章指挥；组织工人学习安全操作规程，教育工人不违章作业；认真消除事故隐患，发生工伤事故要立即上报，保护现场，参加调查处理。四是班组长要模范遵守安全生产规章制度，领导本组安全作业；认真执行安全交底，有权拒绝违章指挥。班前要对所使用的机具、设备、防护用具及作业环境进行安全检查，发现问题立即采取改进措施；组织班组安全活动日，开好班前安全生产会；发生工伤事故要立即向工长报告。

2) 建筑安全生产的群防群治制度

所谓**群防群治制度**，是指由广大职工群众共同参与的预防安全事故的发生、治理各种安全事故隐患的制度。这一制度也是"安全第一、预防为主"方针的具体体现，同时也是群众路线在安全工作中的具体体现，是企业进行民主管理的重要内容。实践证明，搞好安全生产只靠少数人是不成的，安全工作必须发动群众，使得大家懂得安全生产的重要性，注意安全生产，才能防患于未然。

从实践中看，建立建筑安全生产管理的群防群治制度应当做到：①企业制定的有关安全生产管理的重要制度和制定的有关重大技术组织措施计划应提交职工代表大会讨论，在充分听取职工代表大会意见的基础上作出决策，发挥职工群众在安全生产方面的民主管理作用；②要把专业管理同群众管理结合起来，充分发挥职工安全员网络的作用；③发挥工会在安全生产管理中的作用，利用工会发动群众、教育群众、动员群众的力量预防安全事故的发生；④对新职工要加强安全教育，对特种作业岗位的工人要进行专业安全教育，不经训练，不能上岗操作；⑤发动群众开展技术革新、技术改造，采用有利于保证生产安全的新技术、新工艺，积极改善劳动条件，努力将使不安全的、有害健康的作业变为无害作业；⑥组织开展遵章守纪和预防事故的群众性监督检查，职工对于违反有关安全生产的法律、法规和建筑行业安全规章、规程的行为有权提出批评、检举和控告。

3) 建筑安全生产教育培训制度

《建筑法》第四十六条规定："建筑施工企业应当建立健全**安全生产教育培训制度**，加强对职工安全生产的教育培训；未经安全生产教育培训的人员，不得上岗作业。"安全生产教育培训制度是安全管理的一项重要的内容，是保证安全生产的重要手段。通过安全教育培训，不仅能提高各级领导和广大职工对"安全第一、预防为主"方针的认识，提高安全责任感，提高自觉遵守各项安全生产和规章制度的自觉性，而且能使企业各级管理人员和工人群众掌握安全生产的科学知识，提高安全生产的操作技能，为确保安全生产创造条件。近年来，我国建筑业发展较快，从事建筑施工的人员增加较多，其中不少人员文化素质偏低，更缺乏有关保证建筑工程施工安全的专门知识。建筑施工企业中有相当一批职工没有经过建筑安全生产知识的教育培训，不懂安全知识，不熟悉安全操作规范，不会防止建筑工程安全事故，这也是造成建筑工程安全事故时常发生的原因之一。

建筑施工企业对职工进行劳动安全生产教育培训的主要内容应当包括以下两方面。

(1) **有关安全生产的法律、法规的教育培训**。通过对职工进行有关安全生产方面的法律、法规和政策的教育，使企业职工能够正确理解和掌握有关安全生产的法律、法规及政策，并在建筑生产活动中严格遵照执行。在这方面，尤其要加强对于企业各级领导干部和安全管理人员的教育，增强安全生产的法律意识，熟悉有关安全生产方面的法律、法规的规定，依法做好安全工作。

(2) **安全科学技术知识的教育培训**。所谓安全科学技术知识的教育，是指基本的安全技术知识和专业性安全技术知识的教育。对职工进行安全科学技术知识的教育必须做到如下几点：一是新职工应当进行入厂教育。教育内容包括安全技术知识、设备性能、操作规程、安全制度和严禁事项，经教育培训合格后，方可进入操作岗位。二是对特殊工种应针对其工作特点进行专门的安全教育。如对电工、焊工、架子工、司炉工、爆破工、起重工、打桩工和各种机动车辆司机等，除进行一般安全教育外，还要经过本工种的安全技术教育，经考试合格后，方准独立操作；对从事尘毒危害作业的职工，要进行尘毒危害和防治知识教育。三是采用新技术、新工艺、新设备施工和调换工作岗位时，要对操作人员进行新技术操作和新岗位的安全教育，未经教育不得上岗操作。

4) 建筑安全生产人身伤害保险制度

《建筑法》第四十八条规定："建筑施工企业应当依法为职工参加工伤保险缴纳工伤保险费。鼓励企业为从事危险作业的职工办理意外伤害保险，支付保险费。"规定了建筑企业可以工程项目为单位参加工伤保险，建立了建筑行业以工伤保险为主，商业保险为补充的综合保险体系。建筑行业是人身事故多发的行业，考虑到参加工伤保险是社会保险法规定的企业的法定义务，工伤保险的保障水平高于商业性的意外伤害保险，为职工参加工伤保险作为企业的强制性义务是必要的，在参加工伤保险后，出现事故，员工将得到有效的社会保障，企业也无须再额外承担赔偿费用，纠纷将会减少。施工单位是必须为其作业人员办理工伤保险，这是强制性的义务，施工单位必须执行。同时，鼓励企业在参加工伤保险的基础上为从事危险作业的职工办理意外伤害保险。意外伤害保险，是针对施工现场从事危险作业的人员，由于工作岗位的特殊性，这些人员所面临的危害也比其他人员大得多，给他们更多的保障，减少他们的后顾之忧，是非常有必要的。

【安全生产许可证条例】

5) 建筑施工企业安全生产许可证制度

国家颁发了《安全生产许可证条例》和《建筑施工企业安全生产许可证管理规定》，要求所有施工总承包企业、专业承包企业均应依法申领建筑施工企业安全生产许可证，没有取得建筑施工企业安全生产许可证的企业不得从事建筑施工活动。

4.5.3 建筑生产安全管理的责任体系

1. 建设单位的安全责任

建设单位应当向施工单位提供施工现场及毗邻区域内供水、排水、供电、供气、供热、通信、广播电视等地下管线资料，气象和水文观测资料，相邻建筑物和构筑物、地下工程的有关资料，并保证资料的真实、准确、完整。建设单位因建设工程需要，向有关部门或者单位查询前款规定的资料时，有关部门或者单位应当及时提供。

建设单位不得对勘察、设计、施工、工程监理等单位提出不符合建设工程安全生产法律、法规和强制性标准规定的要求，不得压缩合同约定的工期。

建设单位在编制工程概算时，应当确定建设工程安全作业环境及安全施工措施所需费用。

建设单位不得明示或者暗示施工单位购买、租赁、使用不符合安全施工要求的安全防护用具、机械设备、施工机具及配件、消防设施和器材。

建设单位在申请领取施工许可证时，应当提供建设工程有关安全施工措施的资料。依法批准开工报告的建设工程，建设单位应当自开工报告批准之日起15日内，将保证安全施工的措施报送建设工程所在地的县级以上地方人民政府建设行政主管部门或者其他有关部门备案。

建设单位应当将拆除工程发包给具有相应资质等级的施工单位。建设单位应当在拆除工程施工15日前，将下列资料报送建设工程所在地的县级以上地方人民政府建设行政主管部门或者其他有关部门备案：①施工单位资质等级证明；②拟拆除建筑物、构筑物及可能危及毗邻建筑的说明；③拆除施工组织方案；④堆放、清除废弃物的措施。实施爆破作业的，应当遵守国家有关民用爆炸物品管理的规定。

2. 勘察、设计、工程监理及其他有关单位的安全责任

勘察单位应当按照法律、法规和工程建设强制性标准进行勘察，提供的勘察文件应当真实、准确，满足建设工程安全生产的需要。勘察单位在勘察作业时，应当严格执行操作规程，采取措施保证各类管

线、设施和周边建筑物、构筑物的安全。

设计单位应当按照法律、法规和工程建设强制性标准进行设计，防止因设计不合理导致生产安全事故的发生。设计单位应当考虑施工安全操作和防护的需要，对涉及施工安全的重点部位和环节在设计文件中注明，并对防范生产安全事故提出指导意见。采用新结构、新材料、新工艺的建设工程和特殊结构的建设工程，设计单位应当在设计中提出保障施工作业人员安全和预防生产安全事故的措施建议。设计单位和注册建筑师等注册执业人员应当对其设计负责。

工程监理单位应当审查施工组织设计中的安全技术措施或者专项施工方案是否符合工程建设强制性标准。工程监理单位在实施监理过程中，发现存在安全事故隐患的，应当要求施工单位整改；情况严重的，应当要求施工单位暂时停止施工，并及时报告建设单位。施工单位拒不整改或者不停止施工的，工程监理单位应当及时向有关主管部门报告。工程监理单位和监理工程师应当按照法律、法规和工程建设强制性标准实施监理，并对建设工程安全生产承担监理责任。

为建设工程提供机械设备和配件的单位，应当按照安全施工的要求配备齐全有效的保险、限位等安全设施和装置。

出租的机械设备和施工机具及配件，应当具有生产(制造)许可证、产品合格证。出租单位应当对出租的机械设备和施工机具及配件的安全性能进行检测，在签订租赁协议时，应当出具检测合格证明。禁止出租检测不合格的机械设备和施工机具及配件。

在施工现场安装、拆卸施工起重机械和整体提升脚手架、模板等自升式架设设施，必须由具有相应资质的单位承担。安装、拆卸施工起重机械和整体提升脚手架、模板等自升式架设设施，应当编制拆装方案、制定安全施工措施，并由专业技术人员现场监督。

施工起重机械和整体提升脚手架、模板等自升式架设设施安装完毕后，安装单位应当自检，出具自检合格证明，并向施工单位进行安全使用说明，办理验收手续并签字。

施工起重机械和整体提升脚手架、模板等自升式架设设施的使用达到国家规定的检验检测期限的，必须经具有专业资质的检验检测机构检测。经检测不合格的，不得继续使用。

检验检测机构对检测合格的施工起重机械和整体提升脚手架、模板等自升式架设设施，应当出具安全合格证明文件，并对检测结果负责。

3. 施工单位的安全责任

施工单位从事建设工程的新建、扩建、改建和拆除等活动，应当具备国家规定的注册资本、专业技术人员、技术装备和安全生产等条件，依法取得相应等级的资质证书，并在其资质等级许可的范围内承揽工程。

施工单位主要负责人依法对本单位的安全生产工作全面负责。施工单位应当建立健全安全生产责任制度和安全生产教育培训制度，制定安全生产规章制度和操作规程，保证本单位安全生产条件所需资金的投入，对所承担的建设工程进行定期和专项安全检查，并做好安全检查记录。施工单位的项目负责人应当由取得相应执业资格的人员担任，对建设工程项目的安全施工负责，落实安全生产责任制度、安全生产规章制度和操作规程，确保安全生产费用的有效使用，并根据工程的特点组织制定安全施工措施，消除安全事故隐患，及时、如实报告生产安全事故。

施工单位对列入建设工程概算的安全作业环境及安全施工措施所需费用，应当用于施工安全防护用具及设施的采购和更新、安全施工措施的落实、安全生产条件的改善，不得挪作他用。

施工单位应当设立安全生产管理机构，配备专职安全生产管理人员。专职安全生产管理人员负责对安全生产进行现场监督检查。发现安全事故隐患，应当及时向项目负责人和安全生产管理机构报告；对违章指挥、违章操作的，应当立即制止。

建设工程实行施工总承包的，由总承包单位对施工现场的安全生产负总责。总承包单位应当自行完成建设工程主体结构的施工。总承包单位依法将建设工程分包给其他单位的，分包合同中应当明确各自的安全生产方面的权利、义务。总承包单位和分包单位对分包工程的安全生产承担连带责任。分包单位应当服从总承包单位的安全生产管理，分包单位不服从管理导致生产安全事故的，由分包单位承担主要责任。

垂直运输机械作业人员、安装拆卸工、爆破作业人员、起重信号工、登高架设作业人员等特种作业人员，必须按照国家有关规定经过专门的安全作业培训，并取得特种作业操作资格证书后，方可上岗作业。

施工单位应当在施工组织设计中编制安全技术措施和施工现场临时用电方案，对下列达到一定规模的危险性较大的分部分项工程编制专项施工方案，并附具安全验算结果，经施工单位技术负责人、总监理工程师签字后实施，由专职安全生产管理人员进行现场监督：①基坑支护与降水工程；②土方开挖工程；③模板工程；④起重吊装工程；⑤脚手架工程；⑥拆除、爆破工程；⑦国务院建设行政主管部门或者其他有关部门规定的其他危险性较大的工程。对所列工程中涉及深基坑、地下暗挖工程、高大模板工程的专项施工方案，施工单位还应当组织专家进行论证、审查。

建设工程施工前，施工单位负责项目管理的技术人员应当对有关安全施工的技术要求向施工作业班组、作业人员作出详细说明，并由双方签字确认。

施工单位应当在施工现场入口处、施工起重机械、临时用电设施、脚手架、出入通道口、楼梯口、电梯井口、孔洞口、桥梁口、隧道口、基坑边沿、爆破物及有害危险气体和液体存放处等危险部位，设置明显的安全警示标志。安全警示标志必须符合国家标准。施工单位应当根据不同施工阶段和周围环境及季节、气候的变化，在施工现场采取相应的安全施工措施。施工现场暂时停止施工的，施工单位应当做好现场防护，所需费用由责任方承担，或者按照合同约定执行。

施工单位应当将施工现场的办公、生活区与作业区分开设置，并保持安全距离；办公、生活区的选址应当符合安全性要求。职工的膳食、饮水、休息场所等应当符合卫生标准。施工单位不得在尚未竣工的建筑物内设置员工集体宿舍。施工现场临时搭建的建筑物应当符合安全使用要求。施工现场使用的装配式活动房屋应当具有产品合格证。

施工单位对因建设工程施工可能造成损害的毗邻建筑物、构筑物和地下管线等，应当采取专项防护措施。施工单位应当遵守有关环境保护法律、法规的规定，在施工现场采取措施，防止或者减少粉尘、废气、废水、固体废物、噪声、振动和施工照明对人和环境的危害和污染。在城市市区内的建设工程，施工单位应当对施工现场实行封闭围挡。

施工单位应当在施工现场建立消防安全责任制度，确定消防安全责任人，制定用火、用电、使用易燃易爆材料等各项消防安全管理制度和操作规程，设置消防通道、消防水源，配备消防设施和灭火器材，并在施工现场入口处设置明显标志。

施工单位应当向作业人员提供安全防护用具和安全防护服装，并书面告知危险岗位的操作规程和违章操作的危害。作业人员有权对施工现场的作业条件、作业程序和作业方式中存在的安全问题提出批评、检举和控告，有权拒绝违章指挥和强令冒险作业。在施工中发生危及人身安全的紧急情况时，作业人员有权立即停止作业或者在采取必要的应急措施后撤离危险区域。

作业人员应当遵守安全施工的强制性标准、规章制度和操作规程，正确使用安全防护用具、机械设备等。

施工单位采购、租赁的安全防护用具、机械设备、施工机具及配件，应当具有生产(制造)许可证、产品合格证,并在进入施工现场前进行查验。施工现场的安全防护用具、机械设备、施工机具及配件必须由专人管理,定期进行检查、维修和保养,建立相应的资料档案,并按照国家有关规定及时报废。

施工单位在使用施工起重机械和整体提升脚手架、模板等自升式架设设施前,应当组织有关单位进行验收,也可以委托具有相应资质的检验检测机构进行验收;使用承租的机械设备和施工机具及配件的,由施工总承包单位、分包单位、出租单位和安装单位共同进行验收。验收合格的方可使用。《特种设备安全监察条例》规定的施工起重机械,在验收前应当经有相应资质的检验检测机构监督检验合格。施工单位应当自施工起重机械和整体提升脚手架、模板等自升式架设设施验收合格之日起30日内,向建设行政主管部门或者其他有关部门登记。登记标志应当置于或者附着于该设备的显著位置。

施工单位的主要负责人、项目负责人、专职安全生产管理人员应当经建设行政主管部门或者其他有关部门考核合格后方可任职。施工单位应当对管理人员和作业人员每年至少进行一次安全生产教育培训,其教育培训情况记入个人工作档案。安全生产教育培训考核不合格的人员,不得上岗。

作业人员进入新的岗位或者新的施工现场前,应当接受安全生产教育培训。未经教育培训或者教育培训考核不合格的人员,不得上岗作业。施工单位在采用新技术、新工艺、新设备、新材料时,应当对作业人员进行相应的安全生产教育培训。

【野蛮施工屡禁不止,公共安全难以保障】

施工单位应当为施工现场从事危险作业的人员办理意外伤害保险。意外伤害保险费由施工单位支付。实行施工总承包的,由总承包单位支付意外伤害保险费。意外伤害保险期限自建设工程开工之日起至竣工验收合格止。

4.5.4 建筑生产安全事故的应急救援与调查处理

建筑安全管理的方针是安全第一、预防为主。安全第一毋庸置疑,如当安全与工期、安全与费用产生矛盾时,应确保安全。预防为主是明智之见,目前的绝大部分管理和安全措施都是为了预防事故的发生。但对事故发生后的控制、救援、处理也应从制度和管理上予以加强,这一方面可以减少事故的损失,另一方面完善的救援措施也可为工人提供一种安全感。建筑生产安全事故的调查处理,是安全生产的重要环节。做好建筑生产安全事故处理工作,不仅有利于强化事故责任追究,也有利于预防和减少事故发生。

1. 建筑生产安全应急事故救援预案的制定

在实践当中,一旦发生安全生产事故,最重要的首先是应急救援,安全事故都是人命关天的事故,任何的拖延和耽误都有可能导致生命和财产安全的威胁,都有可能导致损失的扩大。因此,必须在事故发生以前,未雨绸缪,制定好应急救援的措施,一旦发生事故,可以在最短的时间内,将损失降低到最小。

1) 建设行政主管部门制定本行政区域内建设工程特大生产安全事故应急救援预案

建设工程特大生产安全事故,是指建设工程生产领域造成特别重大人身伤亡或者巨大经济损失,以及性质特别严重,产生重大影响的生产安全事故。特大生产安全事故后果极其严重,影响特别重大,应当采取措施预防为主。但是特大生产安全事故的发生不可能完全避免。实践中,特大生产安全事故多具有突发性、紧迫性的特点,如果不事先做好充分的应急准备工作,很难在短时间内组织起有效的抢救,防止事故扩大,减少人员伤亡和财产损失。因此,事先制定应急救援预案的工作十分重要。

应急救援预案是指事先制定的关于特大生产安全事故发生时进行紧急救援的组织、程序、措施、责任以及协调等方面的方案和计划。制定应急救援预案时,应当注意:①重点突出,针对性强。结合本行政区域内建设工程安全生产的实际情况,确定易发生事故的情况和单位,分析可能导致发生事故的原因，有针对性地制定应急救援预案。②应急救援预案确定的程序应当简单，步骤要明确，省去一切不必要的烦琐程序，保证在突发事故时，应急救援预案能及时启动，并紧张有序地实施。③统一指挥，责任明确。施工单位、行政机关以及其他有关方面如何分工、配合、协调，应当在预案中明确。

2) 施工单位生产安全事故应急救援预案的制定和责任的落实

施工单位应当制定本单位的生产安全事故应急预案。

应急救援组织是单位内部专门从事应急救援工作的独立机构。建筑施工单位应当设立应急救援组织，一旦发生生产安全事故，应急救援组织就能够迅速、有效地投入抢救工作，防止事故进一步扩大，最大限度地减少人员伤亡和财产损失。为了保证应急救援组织能够适应救援工作的需要，应急救援组织应当对应急救援人员进行培训和必要的演练，使其了解本行业安全生产方针、政策、有关法律、法规以及安全救护规程；熟悉应急救援组织的任务和职责，掌握救援行动的方法、技能和注意事项；熟悉本单位的安全生产情况；掌握应急救援器材、设备的性能、使用方法、常见故障处理和维护保养的要求。

对于生产经营规模较小，可以不建立应急救援组织的，应当配备应急救援人员。这些单位主要是一些规模较小，从业人员较少，发生安全事故时应急救援任务相对较轻，可以由兼职应急救援人员胜任的单位。这些单位虽然可以不建立应急救援组织，但是由于其所从事的作业同样具有危险性，必须指定兼职的应急救援人员。兼职应急救援人员也应当具备与专业应急救援人员相同的素质，在发生生产安全事故时能够有效担当起应急救援任务。兼职应急救援人员在平时参加生产经营活动，但应当安排适当的应急救援培训和演练，并在发生生产安全事故时保证能够立即投入到应急救援工作中来。

施工单位应当配备必要的应急救援器材、设备。必要的应急救援器材、设备，是进行事故应急救援不可缺少的工具和手段。这些器材设备必须在平时就予以配备，否则，发生事故时就很难有效进行救援。因此，在要求施工单位建立相应的组织、配备相应人员的同时，还要配备必要的应急救援器材、设备。所谓"配备必要的应急救援器材、设备"，是指根据本单位生产经营活动的性质、特点以及应急救援工作的实际需要，有针对、有选择地配备应急救援器材、设备。为了保证这些器材、设备处于正常运转状态，在发生事故时用得上、用得好，还应当对这些器材、设备进行经常性的维护、保养。

对于配备的应急救援组织、人员和器材、设备，施工单位应当定期地组织演练，保证在发生安全事故时，能够及时运用这些资源进行救援，减少损失。

2. 建筑工程重大事故报告制度

1) 建筑工程重大事故的等级

【生产安全事故报告和调查处理条例】

根据国务院颁布的《生产安全事故报告和调查处理条例》，事故一般分为以下等级：①特别重大事故，是指造成30人以上死亡，或者100人以上重伤(包括急性工业中毒，下同)，或者1亿元以上直接经济损失的事故；②重大事故，是指造成10人以上30人以下死亡，或者50人以上100人以下重伤，或者5000万元以上1亿元以下直接经济损失的事故；③较大事故，是指造成3人以上10人以下死亡，或者10人以上50人以下重伤，或者1000万元以上5000万元以下直接经济损失的事故；④一般事故，是指造成3人以下死亡，或者10人以下重伤，或者1000万元以下直接经济损失的事故。

国务院安全生产监督管理部门可以会同国务院有关部门，制定事故等级划分的补充性规定。上述条款中所称的"以上"包括本数，所称的"以下"不包括本数。

2) 建筑工程事故报告制度

建筑工程事故发生后，事故现场有关人员应当立即向本单位负责人报告；单位负责人接到报告后，应当于1小时内向事故发生地县级以上人民政府安全生产监督管理的部门、建设行政主管部门或者其他有关部门报告。情况紧急时，事故现场有关人员可以直接向事故发生地县级以上人民政府安全生产监督管理的部门、建设行政主管部门或者其他有关部门报告。负责安全生产监督管理的部门对全国的安全生产工作负有综合监督管理的职能，因此，他必须了解企业事故的情况。同时，有关调查处理的工作也需要由他来组织，所以施工单位应当向负责安全生产监督管理的部门报告事故情况。建设行政主管部门是建设安全生产的监督管理部门，对建设安全生产实行的是统一的监督管理，因此，各个行业的建设施工中出现了安全事故，都应当向建设行政主管部门报告。对于专业工程的施工中出现生产安全事故的，由于有关的专业主管部门也承担着对建设安全生产的监督管理职能，因此，专业工程出现安全事故，还需要向有关行业主管部门报告。

安全生产监督管理部门和建设行政主管部门接到事故报告后，应当依照下列规定上报事故情况，并通知公安机关、劳动保障行政部门、工会和人民检察院：①特别重大事故、重大事故逐级上报至国务院安全生产监督管理的部门、建设行政主管部门或者其他有关部门；②较大事故逐级上报至省、自治区、直辖市人民政府安全生产监督管理的部门、建设行政主管部门或者其他有关部门；③一般事故上报至设区的市级人民政府安全生产监督管理的部门、建设行政主管部门或者其他有关部门。

安全生产监督管理部门和负有安全生产监督管理职责的有关部门依照前款规定上报事故情况，应当同时报告本级人民政府。国务院安全生产监督管理部门和负有安全生产监督管理职责的有关部门以及省级人民政府接到发生特别重大事故、重大事故的报告后，应当立即报告国务院。

根据《特种设备安全监察条例》第六十二条："特种设备发生事故，事故发生单位应当迅速采取有效措施，组织抢救，防止事故扩大，减少人员伤亡和财产损失，并按照国家有关规定，及时、如实地向负有安全生产监督管理职责的部门和特种设备安全监督管理部门等有关部门报告。不得隐瞒不报、谎报或者拖延不报。"条例还规定，在特种设备发生事故时，还应当同时向特种设备安全监督管理部门报告。这是因为特种设备的事故救援和调查处理专业性、技术性更强，因此，由特种设备安全监督部门组织有关救援和调查处理更方便一些。

建设工程实行施工总承包的，由总承包单位对施工现场的安全生产负总责。因此，一旦发生安全事故，施工总承包单位应当担负起及时报告的义务。事故报告应当及时、准确、完整，任何单位和个人对事故不得迟报、漏报、谎报或者瞒报。

3) **安全事故现场保护制度**

一旦发生安全事故，施工现场需要做的工作主要有两件。

(1) 采取措施防止事故扩大。一旦发生安全事故，施工单位必须针对不同情况，采取相应的应急措施。如施工现场发生火灾的，应当立即报警，组织现场人员扑灭；发生人员伤害需要救护的，应当迅速联系医疗单位进行抢救，有条件的，还应当进行现场救护等。当然，施工单位在采取这些应急措施的时候应当注意不要因为这些措施而破坏施工事故现场，相反，对于那些对事故调查处理意义重大的事故现场还应当采取相应措施进行保护。

(2) 保全有关证据材料。一方面是要保护现场不被破坏，另一方面，确实因为救援或者其他需要，必须移动现场物品的，应当作出标记和书面记录，妥善保管有关证物。

施工单位的保全证据的行为必须真实、准确，如果有弄虚作假的行为，是可能造成犯罪，需要承担刑事责任的。

3. **建筑工程重大事故的调查处理**

特别重大事故由国务院或者国务院授权有关部门组织事故调查组进行调查。重大事故、较大事故、一般事故分别由事故发生地省人民政府、设区的市级人民政府、县级人民政府负责调查。省级人民政府、设区的市级人民政府、县级人民政府可以直接组织事故调查组进行调查，也可以授权或者委托有关部门组织事故调查组进行调查。未造成人员伤亡的一般事故，县级人民政府也可以委托事故发生单位组织事故调查组进行调查。

根据事故的具体情况，事故调查组由有关人民政府、安全生产监督管理部门、建设行政主管部门、事故发生单位的主管部门、监察机关、公安机关以及工会派人组成，并应当邀请人民检察院派人参加。事故调查组可以聘请有关专家参与调查。事故调查组成员应当具有事故调查所需要的知识和专长，并与所调查的事故没有直接利害关系。

事故调查组履行下列职责：查明事故发生的经过、原因、人员伤亡情况及直接经济损失；认定事故的性质和事故责任；提出对事故责任者的处理建议；总结事故教训，提出防范和整改措施；提交事故调查报告。

事故调查组应当自事故发生之日起60日内提交事故调查报告；特殊情况下，经负责事故调查的人民政府批准，提交事故调查报告的期限可以适当延长，但延长的期限最长不超过60日。事故调查报告报送负责事故调查的人民政府后，事故调查工作即告结束。事故调查的有关资料应当归档保存。

对重大事故的处理，**坚持"四不放过"的原则**。"四不放过"是指事故的原因查不清楚不放过，事故的责任者得不到处理不放过，广大职工群众受不到教育不放过，防范措施没有落实不放过。

重大事故、较大事故、一般事故，负责事故调查的人民政府应当自收到事故调查报告之日起15日内作出批复；特别重大事故，30日内作出批复，特殊情况下，批复时间可以适当延长，但延长的时间最长不超过30日。有关机关应当按照人民政府的批复，依照法律、行政法规规定的权限和程序，对事故发生单位和有关人员进行行政处罚，对负有事故责任的国家工作人员进行处分。事故发生单位应当按照负责事故调查的人民政府的批复，对本单位负有事故责任的人员进行处理。负有事故责任的人员涉嫌犯罪的，依法追究刑事责任。

【案例4-4】昆明机场高速路施工方状告安监局要求撤销处罚

基本案情

2010年1月3日，连接机场高速路和航站楼的高架桥东引桥在施工中一段支架失衡垮塌，造成7人死亡、34人受伤。这起事故被昆明市安全生产监督管理局认定为责任事故，在该事件的处理决定中，吉林诚信劳务公司法定代表人代广学、技术负责人杨树全、工长代金昌，云南建工市政建设有限公司云南省昆明新机场工程项目部副经理潘国成、陈涛等6名事故责任人被移送司法机关处理，相关工程承包方、施工方也分别受到处罚。施工单位之一——诚信公司被清除出云南省建筑市场，并处30万元罚款。

诚信公司不服处罚，一纸诉状将昆明市安监局告上法庭。起诉理由很简单，提出"被告的处罚决定没有事实和法律依据"，请求法院撤销处罚决定。9月29日，该案一审在昆明盘龙区法院开审。昆明市安监局局长出庭应诉。

原告方认为，自己只是作为劳务输出单位为新机场工程提供"人力"，以云南建工集团的名义工作，工程承包人云南省建工集团市政公司才是安全事故责任主体，自己不应承担事故责任；自己作为分包工程方只对发包人承担责任，是内部管理关系；导致事故的直接原因如模板支架架体构造有缺陷等，但工人是严格依据项目部和监理方的要求搭建支架的，错不在原告方。诚信公司代理人反复强调公司只是提供人力，无权监管工程质量，事故的板子应打在工程承包方身上，而不是提供"工人"的劳务公司身上。

被告方昆明市安监局则认为，事故中原告存在明显的违法违规行为：搭设的模板支架架体构造有缺陷；模板支架安装违反规范；购买及使用了质量不合格的钢管及没有合格证明的碗扣，未认真按规范对进场材料进行验收；大部分员工未持证上岗，安全生产制度不健全，安全责任落实不到位。更重要的是，原告使用伪造的建筑业劳务分包企业资质及安全生产许可证,进行非法承包。原告是新机场建设工程中的承包方(分包人),从事的就是建筑劳务分包活动,在法律上是独立的施工主体,应当承担安全责任。因此,昆明市安监局对其作出罚款30万元的行政处罚,并无不当。

判决结果

该案于10月13日宣判,盘龙法院认为市安监局作出的行政处罚决定事实清楚,适用依据正确,程序合法,据此判决驳回劳务公司的诉请。(本案例根据相关媒体报道改写)

本章小结

通过本章学习,可以使学生加深对掌握建筑法律、法规基本知识的理解,培养学生的工程建设法律意识,使学生具备运用所学建筑法律、法规基本知识解决工程建设中相关法律问题的基本能力。

学完本章后应达到以下要求:①增强法律意识,掌握建筑法规的基本知识,对现行建筑法规掌握和理解;②掌握建筑法律知识,并能运用建筑法规的规范和要求正确分析和处理工程建设中常见的法律问题;③在今后的工作实际中,具有运用法律手段依法办事的能力,能在法律允许的范围内从事建筑活动。

习 题

一、填空题

1. 建筑法所称的建筑活动是指各类房屋建筑及其附属设施的_____和与其配套的线路、管道、设备的安装活动。

2. 建设行政主管部门应当在接到申请后的15日内,对符合条件的申请者颁发施工许可证。对经审查不符合条件的,则应当通知_____不予颁发施工许可证。

3. 工程勘察资质分为_____、工程勘察专业资质、工程勘察劳务资质。

4. 获得专业承包资质的企业,可以承接施工总承包企业_____的专业工程或者建设单位按照规定发包的专业工程。

5. 从事建筑活动的专业技术人员,应取得相应的_____,并在执业资格证书许可的范围内从事建筑活动。

6. 建设工程招标是指_____在发包建设项目之前,公开招标或邀请投标人,根据招标人的意图和要求提出报价,择日当场开标,以便从中择优选定中标人的一种经济活动。

7. 评标委员会完成评标后,应当向招标人提出_____,并推荐合格的中标候选人。

8. 建设单位应当委托具有相应资质条件的工程监理单位实施监理,并与其委托的工程监理单位订立_____。

9. 建筑施工企业应当建立健全安全生产教育培训制度,加强对职工安全生产的教育培训;未经安全生产教育培训的_____，不得上岗作业。

10. 特别重大事故，是指造成_____以上死亡，或者100人以上重伤(包括急性工业中毒)，或者1亿元以上直接经济损失的事故。

二、单项选择题

1. 东州市第二人民医院欲新建一办公大楼，该办公大楼由东州市城建集团承包建造，则施工许可证应由(　　)申领。
   A. 东州市城建集团　　　　　　　　　B. 东州市第二人民医院
   C. 东州市城建集团分包商　　　　　　D. 东州市第二人民医院或东州市城建集团

2. 建设单位申领建筑施工许可证后，既不开工又不申请延期，或者超过延期的时限(　　)。
   A. 建筑施工许可证自行废止　　　　　B. 由发证机关收回建筑施工许可证
   C. 由建设行政主管机关处以罚款　　　D. 取消该建设项目

3. 建设施工许可证应在(　　)时申领。
   A. 投标以前　　　　　　　　　　　　B. 施工准备工作完成后
   C. 正式施工以后　　　　　　　　　　D. 施工准备工作完成后，组织施工以前

4. 建筑法中规定了申领施工许可证的必备条件，下列条件中，不符合建筑法要求的是(　　)。
   A. 已办理用地手续　　　　　　　　　B. 已经取得了规划许可证
   C. 已有了方案设计图　　　　　　　　D. 施工企业已落实

5. 上海市百联集团欲新建一座大型综合市场，于2009年2月20日领到工程施工许可证。领取施工许可证后因故不能按规定期限正常开工，故向发证机关申请延期。开工后又因故于2009年10月15日中止施工，2010年10月20日恢复施工。

   根据上述背景，按照建筑法施工许可制度的规定，作答以下各题。

   (1) 该工程正常开工的最迟允许日期应为2009年(　　)。
      A. 3月19日　　B. 5月19日　　C. 5月20日　　D. 8月20日
   (2) 该建设单位通过申请延期，所持工程施工许可证的有效期最多可延长到2009年(　　)为止。
      A. 6月19日　　B. 7月19日　　C. 8月19日　　D. 11月19日
   (3) 建设单位申请施工许可证延期的次数最多只有(　　)。
      A. 1次　　　　B. 2次　　　　C. 3次　　　　D. 4次
   (4) 因故中止施工，该建设单位向施工许可证发证机关报告的最后期限应是2009年(　　)。
      A. 10月15日　　B. 10月22日　　C. 11月14日　　D. 12月14日
   (5) 该工程恢复施工前，该建设单位应当(　　)。
      A. 报发证机关核验施工许可证　　　　B. 重新申领施工许可证
      C. 向发证机关报告　　　　　　　　　D. 请发证机关检查施工场地

6. 中国国际建筑承包工程公司承建土耳其的伊斯坦布尔—安卡拉高速公路项目，则在该项目施工过程中(　　)。
   A. 必须遵守我国《建筑法》　　　　　　B. 如果该项目属大型项目，则要遵守我国《建筑法》
   C. 不用遵守我国《建筑法》　　　　　　D. 将不受我国所有法律的约束

7. 我国《建设工程安全生产管理条例》规定，对没有安全施工措施的建设项目，建设行政主管部门不予颁发(　　)。
   A. 建设工程规划许可证　　　　　　　　B. 施工许可证

C. 建设用地规划许可证 D. 安全许可证

8. 建设工程勘察、设计单位（　　）承揽勘察、设计业务。
   A. 不得跨部门、跨地区　　　　B. 可跨部门但不得跨地区
   C. 可跨地区但不得跨部门　　　D. 可跨部门、跨地区

9. 《建设工程勘察设计企业资质管理规定》将工程勘察资质划分为（　　）。
   A. 综合资质、专业资质和劳务资质
   B. 总承包资质、专业承包资质和劳务分包资质
   C. 综合资质、行业资质和劳务资质
   D. 总承包资质、行业承包资质和劳务分包资质

10. 建设单位应当将工程发包给（　　）的单位。
    A. 愿意承包建设　　　　　　B. 可以建设完成
    C. 任何　　　　　　　　　　D. 具有相应资质等级

11. 建设工程的勘察、设计、施工、设备采购的一项或者多项实行总承包的，（　　）应当对其承包的建设工程或者采购的设备的质量负责。
    A. 勘察设计单位　　　　　　B. 施工单位
    C. 设备采购单位　　　　　　D. 总承包单位

12. 王小伟是杭州市建筑设计院的一名工作人员，他利用其获得的建造师执业资格证书的行为中合法的是（　　）。
    A. 将证书借给杭州建筑工程公司并获得相应的报酬
    B. 将证书出售给需要者
    C. 经所在单位领导同意，将证书中的房屋建筑专业改成了公路工程专业
    D. 在完成本单位设计任务的同时，利用这个证书到外单位应聘

13. 根据《注册建筑师条例》，因注册建筑师造成的设计质量问题引起的委托方经济损失，由（　　）负责赔偿。
    A. 建筑设计单位　　　　　　B. 建筑设计单位和注册建筑师共同
    C. 注册建筑师　　　　　　　D. 建筑设计单位和监理单位

14. 张小虎取得建造师资格证书并经（　　）后，方有资格以建造师名义担任建设工程项目施工的项目经理。
    A. 登记　　　B. 注册　　　C. 备案　　　D. 所在单位考核合格

15. 施工企业东方建筑公司的资质等级为二级，而发包方红太阳集团公司的工程项目需要一级资质的建筑商承建，于是东方建筑公司就借用了另一大型建筑企业广厦建筑公司的资质等级证书，承揽了红太阳集团公司的办公大楼工程，后来因该项工程不符合规定的质量标准而给红太阳集团造成了损失。那么，赔偿责任应当由（　　）承担。
    A. 东方建筑公司
    B. 东方建筑公司和广厦建筑公司按资产比例
    C. 东方建筑公司和广厦建筑公司连带
    D. 广厦建筑公司

16. 关于建筑工程发承包制度的说法，正确的是（　　）。
    A. 发包人可以将一个单位工程的主体分解成若干部分发包

B. 总承包合同可以采用书面形式或口头形式
C. 建筑工程只能招标发包，不能直接发包
D. 国家提倡对建筑工程实行总承包

17. 在我国境内进行的大型基础施工工程建设项目，可以不进行招标的环节是（　　）。
　　A. 可行性研究　　B. 勘察设计　　C. 施工　　D. 监理

18. 联合体中标的，联合体各方应当（　　）与招标人签订合同。
　　A. 分别　　　　　　　　　　B. 共同
　　C. 由承担主要责任的公司　　D. 推选 1 名代表

19. 在下列关于开标的有关规定中，正确的是（　　）。
　　A. 开标过程应当记录
　　B. 开标应投在投标文件截止时间之后尽快进行
　　C. 开标应在投标有效期至少 30 天前进行
　　D. 开标应由公正机构主持

20. 某建设项目递交投标文件的截止时间为 2010 年 3 月 1 日上午 9 点，某投标人由于交通拥堵于 2010 年 3 月 1 日上午 9 点 5 分将投标文件送达，开标当时的正确做法是（　　）。
　　A. 招标人不予受理，该投标文件作为无效标书处理
　　B. 经其他全部投标人过半数同意，该投标可以进入开标程序
　　C. 由评标委员会按废标处理
　　D. 经招标办审查批准后，该投标有效，可以进入开标程序

21. 承包商假借资质投标违反了《招标投标法》中的（　　）原则。
　　A. 公开　　B. 公平　　C. 公正　　D. 诚实信用

22. 建设行政主管部门派出工作人员对招标活动进行监督，则该工作人员有权（　　）。
　　A. 参加开标会议　　　　　　B. 作为评标委员会成员
　　C. 决定中标单位　　　　　　D. 参加定标投票

23. 根据《招标投标法》的规定，不属于评标专家库专家必备条件的是（　　）。
　　A. 大学本科以上学历
　　B. 从事相关专业领域工作满 8 年并具有高级职称
　　C. 熟悉有关招标投标的法律法规
　　D. 身体健康，能够承担评标工作

24. 某招标项目在招标文件中规定的评标标准为：投标报价在标底上下 5% 区间内为有效标，在此范围内最低价中标。该项目有甲、乙、丙三家施工单位参加投标，其报价分别比标底低 5.1%、5.5%、5.9%，则（　　）。
　　A. 招标人应确定投标人甲为中标人
　　B. 招标人应确定投标人丙为中标人
　　C. 评标委员会可否决所有投标，招标人可取消招标
　　D. 评标委员会可否决所有投标，招标人应重新招标

25. 实行监理的工程，由（　　）委托具有相应资质条件的工程监理企业监理。
　　A. 建设单位　　　　　　　　B. 总承包单位
　　C. 分包单位　　　　　　　　D. 各级人民政府建设行政主管部门

26. 工程监理人员发现某建筑工程设计不符合合同约定的质量标准的,应(   )。
    A. 指示施工单位修改设计文件
    B. 要求设计单位改正
    C. 自行将设计文件修改后向建设单位报告
    D. 报告建设单位要求设计单位改正

27. 建筑施工单位应当设置安全生产管理机构或配备(   )安全生产管理人员。
    A. 兼职   B. 专职
    C. 一定数量   D. 一定比例

28. 某工程的设备安装工程分包给某专业设备安装公司。在施工过程中,总承包单位发现存在安全隐患,遂要求该安装公司暂停施工,但分包单位仍继续施工,导致生产安全事故。对此事故,(   )。
    A. 由分包单位承担责任   B. 由总承包单位承担
    C. 由分包单位承担主要责任   D. 由总承包单位承担主要责任

29. 东瓯建设集团有限公司是某施工项目的施工总承包单位,华兴建筑装饰公司是其分包单位。若华兴建筑装饰公司的施工项目发生了生产安全事故,应由(   )向负有安全生产监督管理职责的部门报告。
    A. 华兴建筑装饰公司
    B. 东瓯建设集团有限公司和华兴建筑装饰公司
    C. 东瓯建设集团有限公司
    D. 东瓯建设集团有限公司或华兴建筑装饰公司

30. 有关地方人民政府和负有安全生产监督管理职责的部门负责人接到重大生产安全事故的报告后,其正确的做法是(   )。
    A. 咨询有关专家   B. 报告上级领导,等候指示
    C. 立即赶赴现场组织抢救   D. 立即处罚有关违章人员

三、多项选择题

1. 《建筑法》中关于(   )的规定,也适用于其他专业建筑工程的建筑活动。
   A. 建筑许可   B. 建筑工程监理
   C. 法律责任   D. 建筑工程发包、承包、禁止转包
   E. 建筑工程安全和质量管理

2. 建设单位在建设工程发包前,应当向建设行政主管机关办理登记手续的工程,不得(   )。
   A. 发包   B. 公告
   C. 签订工程合同   D. 进行规划
   E. 进行勘察

3. 根据我国相关法规规定,我国建筑业企业的类别分为(   )。
   A. 施工总承包   B. 建筑工程勘察设计
   C. 专业承包   D. 工程咨询监理
   E. 劳务分包

4. 在工程项目的发包中,可采用直接委托的情况有(   )。
   A. 限额以下的建设项目   B. 政府的公共工程
   C. 以工代赈的建设项目   D. 保密工程
   E. 抢险救灾紧急工程

5.《招标投标法》规定，投标人相互串通投标或与招标人相互串通投标的，可能要承担的法律责任包括（   ）。
  A. 没收违法所得   B. 降低资质等级
  C. 吊销资质证书   D. 吊销营业执照
  E. 追究刑事责任

6. 某招标人委托某招标代理机构办理招标事宜，并委托公证机构对开标进行公证，招标文件规定2010年8月7日14时为投标截止时间。甲、乙、丙、丁四家承包商参加投标，并均于8月6日17时前提交了投标文件，但8月7日14时前，丙公司又提交了一份补充文件，而丁公司则由于某种原因书面提出撤回已提交的投标文件。对此，下列描述中，正确的是（   ）。
  A. 开标会由该招标代理机构主持
  B. 由于某评标专家迟到1小时，开标会推迟到2010年8月7日15时进行
  C. 开标时，由公证机构检查投标文件的密封情况
  D. 丙公司的投标文件有效，但其补充投标文件在评标时将不予考虑
  E. 丁公司的投标文件在当众拆封、宣读后即宣布为无效投标文件

7. 投标文件对招标文件响应的重大偏差，包括（   ）等。
  A. 提供了不完整的技术信息和数据
  B. 提供的投标担保有瑕疵
  C. 个别地方存在漏项
  D. 没有按招标文件要求提供投标担保
  E. 投标文件没有投标人授权代表签字

8. 开标后，应作为废标处理的情况有（   ）。
  A. 以虚假方式谋取中标
  B. 高于成本数倍竞标
  C. 未能在实质上响应的投标
  D. 低于成本报价竞标
  E. 不符合资格条件或者拒不对投标文件澄清、说明或改正

9. 建筑工程监理应当对承包单位在（   ）方面，代表建设单位实施监督。
  A. 施工质量   B. 安全生产
  C. 建设工期   D. 建设资金使用
  E. 劳动保护

10. 施工中发生事故时，建筑企业应当采取紧急措施减少人员伤亡和事故损失，并按照国家有关规定及时向有关部门报告。事故处理必须遵循一定的程序，做到（   ）的原则。
  A. 没有防范措施不放过   B. 事故原因不清不放过
  C. 群众没受到教育不放过   D. 安全生产责任制不完善不放过
  E. 事故责任者没受到教育不放过

四、思考题

1. 《建筑法》的调整对象有哪些？
2. 什么是建筑许可？《建筑法》规定的建筑许可包括哪几种？
3. 申请领取施工许可证应当具备哪些条件？

4. 建筑业企业的资质是如何分类和划分资质等级的？
5. 我国在建筑行业将实行哪几种执业人员的执业资格制度？
6. 什么是注册建筑师？它分为几级？各自的考试报名条件、执业范围有何不同？
7. 什么是注册结构工程师？它分为几级？它的考试报名条件如何？
8. 什么是注册建造师？它分为几级？注册建造师的违法责任如何？
9. 什么是建设工程的发包与承包？它有哪些方式？
10. 《建筑法》对建设工程承发包都做了哪些规定？
11. 我国实行强制招标的建设工程有哪些？其规模标准是怎样规定的？
12. 招标方式有几种？它们之间的主要区别是什么？
13. 《招标投标法》对投标文件、投标时间等方面做了哪些规定？
14. 《招标投标法》对开标时间、地点及参加人等有哪些规定？
15. 《招标投标法》对评标委员会组成有哪些规定？
16. 工程建设监理与政府质量监督有什么区别？
17. 实行强制监理的建设工程的范围有哪些？
18. 建筑安全生产管理的方针是什么？
19. 什么是建筑工程重大事故？它分为哪几个等级？
20. 简述建筑工程重大事故的报告程序和要求。

五、案例分析题

案例1

东州医学院因教学需要兴建办公楼与东州建设集团签订了建筑工程总承包合同。之后，经东州医学院同意，东州建设集团分别与东方建筑设计院和梅城第一建筑工程公司签订了工程勘察设计合同和工程施工合同。

勘察设计合同约定：由东方建筑设计院对东州医学院的办公楼及附属公共设施提供设计服务，并按勘察设计合同的约定交付有关的设计文件和资料。

施工合同约定：由梅城第一建筑工程公司根据东方建筑设计院提供的设计图纸进行施工，工程竣工时根据国家有关验收规定及设计图纸进行质量验收。

合同签订后，东方建筑设计院按时将设计文件和有关资料交付给梅城第一建筑工程公司，梅城第一建筑工程公司根据设计图纸进行施工。

工程竣工后，东州医学院会同有关质量监督部门对工程进行验收，发现工程存在严重质量问题，是由于设计不符合规范所致。原来东方建筑设计院未对现场进行仔细勘察即自行进行设计，导致设计不合理，给东州医学院带来了重大损失，并以与东州医学院没有合同关系为由拒绝承担责任，东州建设集团又以自己不是设计人为由推卸责任，东州医学院遂以东方建筑设计院为被告向法院起诉。

问题：(1)东州医学院、东州建设集团、东方建筑设计院、梅城第一建筑工程公司四家公司之间的合同关系是否合法有效？为什么？(2)这起事件应该由谁来承担责任？为什么？

案例2

阳光房地产开发有限公司计划在北京市昌平区开发60000m²的住宅项目，可行性研究报告已经通过国家有关部门批准，资金为自筹方式。目前项目的建设资金尚未完全到位，仅有初步设计图纸，由于急于开工，组织销售，在此情况下决定采用邀请招标的方式，随后向7家施工单位发出了投标邀请书。

问题：(1)建设工程施工招标的必备条件有哪些？(2)本项目在上述条件下是否可以进行工程施工招

标?(3)通常情况下,哪些工程项目适宜采用邀请招标的方式进行招标?

案例3

2005年5月,浙江省开达商贸开发有限公司(以下简称开达公司)董事会决定在公司本部兴建一座标志性建筑,命名为"世纪曙光"。经咨询有关专家,董事会对建筑风格和艺术造型都做了特殊的要求。由开达公司副总经理张晓光具体负责"世纪曙光"建设的相关事宜。张晓光在准备寻找勘察设计单位时,咨询了开达公司法律顾问李律师。李律师称,开达公司"世纪曙光"标志性建筑工程的勘察设计合同,不必采用招投标形式。

张晓光为了显示其工作能力,千方百计与河北省隆盛工程设计院(以下简称隆盛设计)取得联系,声称深知对方"信誉良好、工程设计水平国际一流",但鉴于两省相隔遥远,来往信函多有不便,最好是其主要负责人能来开达公司面谈,不出意外该工程设计便委托隆盛设计。此后不久,开达公司董事长曹丽敏偶然向张晓光提起,本省的通然工程设计研究所(以下简称通然设计)"水平很高",个人建议"世纪曙光"工程由其设计。张晓光随即与通然设计联系,并在三日内签订合同。

第四天一早,隆盛设计谈判代表李爱民赶到开达公司,准备与张晓光洽谈,但被告知"世纪曙光"的工程设计工作已委托通然设计。李爱民立刻找到张晓光,要其赔偿往返路费及相关经济损失,合计12000元人民币。

张晓光称,约请隆盛设计来公司洽谈,是为了进一步确认对方是否具备条件。双方并未就该工程的委托设计达成任何协议,而且李爱民的相关损失纯属于自身的"缔约成本",与开达公司无关,所以拒绝赔偿任何损失。

因协商不成,隆盛设计向人民法院起诉开达公司,要求其承担违约责任。

问题:(1)本案中李律师的答复是否恰当?为什么?(2)隆盛设计的诉讼请求是否会得到人民法院的支持?为什么?(3)李爱民的相关损失应当由谁承担?依据是什么?

【第4章习题参考答案】

第5章
建设工程质量管理法律制度

📚 教学目标

主要讲述建设工程质量管理相关的法律、法规和标准。通过本章的学习，应达到以下目标。
(1) 熟悉工程建设强制性标准实施的规定。
(2) 掌握施工单位的质量责任和义务。
(3) 熟悉建设单位及相关单位的质量责任和义务。
(4) 掌握建设工程竣工验收制度和质量保修制度的相关规定。

📚 教学要求

知识要点	能力要求	相关知识
工程建设强制性标准	(1) 熟悉工程建设强制性标准实施的规定 (2) 掌握违反工程建设标准的法律责任	(1) 工程建设强制性标准的规定 (2) 违法行为应承担的法律责任
施工单位的质量责任和义务	(1) 掌握施工单位质量责任和义务制度 (2) 了解施工质量检验制度 (3) 熟悉违法行为应承担的法律责任	(1) 施工单位质量责任和义务 (2) 施工质量检验制度 (3) 违法行为应承担的法律责任
建设单位及相关单位的质量责任和义务	(1) 掌握建设单位的质量责任和义务 (2) 了解勘察、设计单位的质量责任和义务 (3) 熟悉工程监理单位的质量责任和义务	(1) 建设单位的质量责任和义务 (2) 勘察、设计单位的质量责任 (3) 工程监理单位的质量责任和义务
建设工程竣工验收制度	(1) 掌握竣工验收的主体和法定条件 (2) 熟悉施工单位应提交的档案资料 (3) 了解规划、消防、环保等验收的规定	(1) 竣工验收的主体和法定条件 (2) 施工单位应提交的档案资料 (3) 规划、消防、环保等验收的规定
建设工程质量保修制度	(1) 掌握质量保修书和保修期限的规定 (2) 了解质量责任的损失赔偿 (3) 熟悉违法行为应承担的法律责任	(1) 质量保修书和保修期限的规定 (2) 质量责任的损失赔偿 (3) 违法行为应承担的法律责任

📚 基本概念

工程建设标准；施工质量检验；工程项目竣工验收；建设工程质量保修制度。

引例

建设工程作为一种特殊产品，是人们日常生活或生产、经营、工作等的主要场所，是人类赖以生存和发展的重要物质基础。建设工程一旦发生质量事故，特别是重大垮塌事故，将危及人民生命财产安全，甚至造成无可估计的损失。因此，"百年大计，质量第一"，必须进一步提高建设工程质量水平，确保建设工程的安全可靠。

某施工单位承担了一栋办公楼的施工任务。在进行二层楼面施工时，施工单位在楼面钢筋、模板分项工程完工并自检后，准备报请监理方进行钢筋隐蔽工程验收。由于其楼面钢筋中有一种用量较少的钢筋复检结果尚未出来，监理方的隐蔽验收便未通过。因为建设单位要求赶工期，在建设单位和监理单位的同意下，施工单位浇筑了混凝土，进行了钢筋隐蔽。事后，建设工程质量监督机构要求施工单位破除楼面，进行钢筋隐蔽验收。监理单位也提出了同样的要求。与此同时，待检的少量钢筋复检结果显示钢筋质量不合格。显然，该钢筋隐蔽工程存在质量问题。后经设计验算，提出用碳纤维进行楼面加固，造成直接经济损失约80万元。为此，有关方对损失的费用由谁承担发生了争议。

【建筑为什么被伤"筋"动骨】

5.1 工程建设强制性标准

5.1.1 工程建设强制性标准实施的规定

工程建设标准制定的目的在于实施，否则，再好的标准也是一纸空文。我国工程建设领域所出现的各类工程质量事故，大都是没有贯彻或没有严格贯彻强制性标准的结果。因此，《标准化法》规定，强制性标准，必须执行。《建筑法》规定，建筑活动应当确保建筑工程质量和安全，符合国家的建设工程安全标准。

1. 工程建设各方主体实施强制性标准的法律规定

【建设工程质量管理条例】

《建筑法》和《建设工程质量管理条例》规定，建设单位不得以任何理由，要求建筑设计单位或者建筑施工企业在工程设计或者施工作业中，违反法律、行政法规和建筑工程质量、安全标准，降低工程质量。建设单位不得明示或者暗示设计单位或者施工单位违反工程建设强制性标准，降低建设工程质量。建筑设计单位和建筑施工企业对建设单位违反规定提出的降低工程质量的要求，应当予以拒绝。

勘察、设计单位必须按照工程建设强制性标准进行勘察、设计，并对其勘察、设计的质量负责。建筑工程设计应当符合按照国家规定制定的建筑安全规程和技术规范，保证工程的安全性能。勘察、设计文件应当符合有关法律、行政法规的规定和建筑工程质量、安全标准、建筑工程勘察、设计技术规范以及合同的约定。设计文件选用的建筑材料、建筑构配件和设备，应当注明其规格、型号、性能等技术指标，其质量要求必须符合国家规定的标准。

施工单位必须按照工程设计图纸和施工技术标准施工，不得擅自修改工程设计，不得偷工减料。施工单位必须按照工程设计要求、施工技术标准和合同约定，对建筑材料、建筑构配件、设备和商品混凝土进行检验，检验应当有书面记录和专人签字；未经检验或者检验不合格的，不得使用。

建筑工程监理应当按照法律，行政法规及有关的技术标准、设计文件和建筑工程承包合同，对承包单位在施工质量、建设工期和建设资金使用等方面，代表建设单位实施监督。工程监理人员不符合设计建筑工程质量标准或者合同约定的质量要求的，应当报告建设单位要求设计单位改正。

2. 工程建设标准强制性条文的实施

在工程建设标准的条文中，使用"必须""严禁""应""不应""不得"等属于强制性标准的用词，而使用"宜""不宜""可"等一般不是强制性标准的规定。但在工作实践中，强制性标准与推荐性标准的划分仍然存在一些困难。

对此，自2000年起，国务院建设行政主管部门对工程建设强制性标准进行了改革，严格按照《标准化法》的规定，把现行工程建设强制性国家标准、行业标准中必须严格执行的直接涉及工程安全、人体健康、环境保护和公众利益的技术规定摘编出来，以工程项目类别为对象，编制完成了《工程建设标准强制性条文》，包括城乡规划、城市建设、房屋建筑、工业建筑、水利工程、电力工程、信息工程、水运工程、公路工程、铁道工程、石油和化工技术工程、矿业工程、人防工程、广播电影电视工程和民航机场工程15个部分。同时，对于今后新批准发布的工程建设标准，除明确其必须执行的强制性条文外，已经不再确定标准本身的强制性或推荐性。也就是说，在一项工程建设标准中可以同时存在强制性条文和推荐性条文。

《实施工程建设强制性标准监督规定》规定，在中华人民共和国境内从事新建、扩建、改建等工程建设活动，必须执行工程建设强制性标准。工程建设强制性标准是指直接涉及工程质量、安全、卫生及环境保护等方面的工程建设标准强制性条文。国家工程建设标准强制性条文由国务院建设行政主管部门会同国务院有关行政主管部门确定。

【实施工程建设强制性标准监督规定】

在工程建设中，如果拟采用的新技术、新工艺、新材料不符合现行强制性标准规定的，应当由拟采用单位提请建设单位组织专题技术论证，报批准标准的建设行政主管部门或者国务院有关主管部门审定。工程建设中采用国际标准或者国外标准，而我国现行强制性标准未作规定的，建设单位应当向国务院建设行政主管部门或者国务院有关行政主管部门备案。

在对工程建设强制性标准实施改革后，我国目前实行的**强制性标准**包括三部分：①批准发布时已明确为强制性标准的；②批准发布时虽未明确为强制性标准，但其编号中不带"/T"，仍为强制性标准；③自2000年后批准发布的标准，批准时虽未明确为强制性标准，但其中有必须严格执行的强制性条文(黑体字)，编号也不带"/T"的，也应视为强制性标准。

3. 对工程建设强制性标准的监督检查

1) 监督管理机构

《实施工程建设强制性标准监督规定》规定，国务院建设行政主管部门负责全国实施工程建设强制性标准的监督管理工作。国务院有关行政主管部门按照国务院的职能分工负责实施工程建设强制性标准的监督管理工作。县级以上地方人民政府建设行政主管部门负责本行政区域内实施工程建设强制性标准的监督管理工作。

建设项目规划审查机关应当对工程建设规划阶段执行强制性标准的情况实施监督；施工图设计文件审查单位应当对工程建设勘察、设计阶段执行强制性标准的情况实施监督；建筑安全监督管理机构应当对工程建设施工阶段执行施工安全强制性标准的情况实施监督；工程质量监督机构应当对工程建设施工、监理、验收等阶段执行强制性标准的情况实施监督。

建设项目规划审查机关、施工图设计文件审查单位、建筑安全监督管理机构、工程质量监督机构的技术人员必须熟悉、掌握工程建设强制性标准。

2) 监督检查的方式和内容

工程建设标准批准部门应当定期对建设项目规划审查机关、施工图设计文件审查单位、建筑安全监督管理机构、工程质量监督机构实施强制性标准的监督进行检查，对监督不力的单位和个人，给予通报批评，建议有关部门处理。

工程建设标准批准部门应当对工程项目执行强制性标准情况进行监督检查。监督检查可以采取重点检查、抽查和专项检查的方式。

强制性标准监督检查的内容包括：①工程技术人员是否熟悉、掌握强制性标准；②工程项目的规划、勘察、设计、施工、验收等是否符合强制性标准的规定；③工程项目采用的材料、设备是否符合强制性的规定；④工程项目的安全、质量是否符合强制性标准的规定；⑤工程项目采用的导则、指南、手册、计算机软件的内容是否符合强制性标准的规定。

建设行政主管部门或者有关行政主管部门在处理重大事故时，应当有工程建设标准方面的专家参加；工程事故报告应当包含是否符合工程建设强制性标准的意见。

5.1.2 违法行为应承担的法律责任

工程建设标准违法行为应承担的主要法律责任包括下面四个方面。

1. 建设单位违法行为应承担的法律责任

《建筑法》规定，建设单位违反本法规定，要求建筑设计单位或者建筑施工企业违反建筑工程质量、安全标准，降低工程质量的，责令改正，可以处以罚款；构成犯罪的，依法追究刑事责任。

《建设工程质量管理条例》规定，建设单位有下列行为之一的，责令改正，处20万元以上50万元以下的罚款：……(三)明示或者暗示设计单位或者施工单位违反工程建设强制性标准，降低工程质量的。

2. 勘察、设计单位违法行为应承担的法律责任

《建筑法》规定，建筑设计单位不按照建筑工程质量、安全标准进行设计的，责令改正，处以罚款；造成工程质量事故的，责令停业整顿，降低资质等级或者吊销资质证书，没收违法所得，并处以罚款；造成损失的，承担赔偿责任；构成犯罪的，依法追究刑事责任。

《建设工程质量管理条例》规定，有下列行为之一的，责令改正，处10万元以上30万元以下的罚款：(一)勘察单位未按照工程建设强制性标准进行勘察的；……(四)设计单位未按照工程建设强制性标准进行设计的。有以上所列行为，造成工程质量事故的，责令停业整顿，降低资质等级；情节严重的，吊销资质证书；造成损失的，依法承担赔偿责任。

3. 施工企业违法行为应承担的法律责任

《建筑法》规定，建筑施工企业在施工中偷工减料的，使用不合格的建筑材料、建筑构配件和设备的，或者有其他不按照工程设计图纸或者施工技术标准施工的行为的，责令改正，处以罚款；情节严重的，责令停业整顿，降低资质等级或者资质证书；造成建筑工程质量不符合规定的质量标准的，负责返工、修理，并赔偿因此造成的损失；构成犯罪的，依法追究刑事责任。

《建设工程质量管理条例》规定，施工单位在施工中偷工减料的，使用不合格的建筑材料、建筑构配件和设备的，或者有不按照工程设计图纸或者施工技术标准施工的其他行为的，责令改正，处工程合

同价款2%以上4%以下的罚款；造成建设工程质量不符合规定的质量标准的，负责返工、修理，并赔偿因此造成的损失；情节严重的，责令停业整顿，降低资质等级或者吊销资质证书。

4. 工程监理单位违法行为应承担的法律责任

《实施工程建设强制性标准监督规定》规定，工程监理单位违反强制性标准规定，将不合格的建设工程以及建筑材料、建筑构配件和设备按照合格签字的，责令改正，处50万元以上100万元以下的罚款，降低资质等级或者吊销资质证书；有违法所得的，予以没收；造成损失的，承担连带赔偿责任。

5.2 施工单位的质量责任和义务

施工单位是工程建设的重要责任主体之一。施工阶段是建设工程实物质量形成的阶段，勘察、设计工作质量均要在这一阶段得以实现。由于施工阶段影响质量稳定的因素和涉及的责任主体均较多，协调管理的难度较大，施工阶段的质量责任制度尤为重要。

5.2.1 对施工质量负责和总分包单位的质量责任

1. 施工单位对施工质量负责

《建筑法》规定，建筑施工企业对工程的施工质量负责。《建设工程质量管理条例》进一步规定，施工单位对建设工程的施工质量负责。施工单位应当建立质量责任制，确定工程项目的项目经理、技术负责人和施工管理负责人。

对施工质量负责是施工单位法定的质量责任。施工单位是建设工程质量的重要责任主体，但不是唯一的责任主体。建设工程质量要受到多方面的制约，在勘察、设计质量没有问题的前提下，整个建设工程的质量状况，最终将取决于施工质量。因此，从法律上确立施工质量责任制，要求施工单位对建设工程的施工质量负责，也就是对自己的施工行为负责，既可避免让施工单位承担过多的工程质量责任而开脱建设单位及其主体的责任，又可避免让建设单位及其他主体承担过多的工程质量而忽略施工单位应承担的施工质量责任。建设单位各方主体依法各司其职，各负其责，以使建设工程质量责任真正落到实处。

施工单位的质量责任制，是其质量保证体系的一个重要组成部分，也是施工质量目标得以实现的重要保证。建立质量责任制，主要包括制订质量目标计划，建立考核标准，并层层分解落实到具体的责任单位和责任人，特别是工程项目的项目经理、技术负责人和施工管理负责人。落实质量责任制，不仅是为了在出现质量问题时可以追究责任，更重要的是通过层层落实质量责任制，做到事事有人管，人人有职责，加强对施工过程的全面质量控制，保证建设工程的施工质量。

2. 总分包单位的质量责任

《建筑法》规定，建筑工程实行总承包的，工程质量由工程总承包单位负责，总承包单位将建筑工程分包给其他单位的，应当对分包工程的质量与分包单位承担连带责任。分包单位应当接受总承包单位的质量管理。

《建设工程质量管理条例》进一步规定，建设工程实行总承包的，总承包单位应当对全部建设工程质量负责；建设工程勘察、设计、施工、设备采购的一项或者多项实行总承包的，总承包单位应当对其承包的建设工程或者采购的设备的质量负责。总承包单位依法将建设工程分包给其他单位的，分包单位应当按照分包合同的约定对其分包工程的质量向总承包单位负责，总承包单位与分包单位对分包单位的质量承担连带责任。

据此，无论是实行建设工程总承包还是对建设工程勘察、设计、施工、设备采购的一项或者多项实行总承包，总承包单位都应当对其所承包的工程或工作承担总体的质量责任。这是因为，在总分包的情况下存在总包、分包两个合同，所以就有两种合同法律关系：①总承包单位要按照总包合同向建设单位负总体质量责任，这种责任的承担不论是总承包单位造成的还是分包单位造成的；②在总承包单位承担责任后，可以依据分包合同的约定，追究分包单位的质量责任包括追偿经济损失。

同时，分包单位应当接受总承包单位的质量管理。总承包单位与分包单位对分包工程的质量还要依法承担连带责任。当分包工程发生质量问题时，建设单位或其他受害人既可以向分包人请求赔偿，也可以向总承包单位请求赔偿；进行赔偿的一方，有权依据分包合同的约定，对不属于自己责任的那部分赔偿向对方追偿。

5.2.2 按照工程设计图纸和施工技术标准施工的规定

《建筑法》规定，建筑施工企业必须按照工程设计图纸和施工技术标准施工，不得偷工减料。工程设计的修改由原设计单位负责，建筑施工企业不得擅自修改工程设计。

《建设工程质量管理条例》进一步规定，施工单位必须按照工程设计图纸和施工技术标准施工，不得擅自修改工程设计，不得偷工减料。施工单位在施工工程中发现设计文件和图纸有差错的，应当及时提出意见和建议。

这是对施工单位的施工依据以及有义务对设计文件和图纸及时提出意见和建议的规定。

1. 按图施工，遵守标准

按工程设计图纸施工，是保证工程实现设计意图的前提，也是明确划分设计、施工单位质量责任的前提。如果施工单位不按图施工或不经原设计单位同意就擅自修改工程设计，其直接的后果往往是违反了原设计的意图，严重的将给工程结构安全留下隐患；间接的后果是在原设计有缺陷或出现工程质量事故的情况下，由于施工单位擅自修改了设计，将会混淆设计、施工单位各自的质量责任。所以，按图施工、不擅自修改设计，是施工单位保证工程质量的最基本要求。

施工技术标准是工程建设中规范施工行为的技术依据。如前所述，工程建设国家标准、行业标准均分为强制性标准和推荐性标准。施工单位只有按照施工技术标准，特别是强制性标准的要求施工，才能保证工程的施工质量。偷工减料则属于一种非法牟利的行为。如果在工程的一般部位，施工工序不严格按照标准要求，减少工料投入，简化操作程序，将会产生一般性的质量通病，影响工程外观质量或一般使用功能；但在关键部位，如结构中使用劣质钢筋、水泥，或是让不具备资格的人上特殊岗位如充当电焊工等，将给工程留下严重的结构隐患。

此外，从法律的角度来看，工程设计图纸和施工技术标准都属于合同文件的组成部分，如果施工单位不按照工程设计图纸和施工技术标准施工，则属于违约行为，应当对建设单位承担违约责任。

2. 防止设计文件和图纸出现差错

由于工程项目的设计涉及多个专业，还需要同有关方面进行协调，设计文件和图纸也有可能会出现差错。这些差错通常会在图纸会审或施工过程中被逐渐发现。施工人员特别是施工管理负责人、技术负责人以及项目经理等，均为有丰富实践经验的专业人员，对设

【江西泰和一在拆大桥坍塌】

计文件或图纸中存在的差错是有能力发现的。因此，如果施工单位在施工过程中发现设计文件和图纸中确实存在差错，有义务及时向设计单位提出，避免造成不必要的损失和质量问题。这是施工单位应具备的职业道德，也是履行合同应尽的基本义务。

5.2.3 对建筑材料、设备等进行检验检测的规定

《建筑法》规定，建筑施工企业必须按照工程设计要求、施工技术标准和合同的约定，对建筑材料、建筑构配件和设备进行检验，不合格的不得使用。

《建设工程质量管理条例》进一步规定，施工单位必须按照工程设计要求、施工技术标准和合同约定，对建筑材料、建筑构配件、设备和商品混凝土进行检验，检验应当有书面记录和专人签字；未经检验或者检验不合格的，不得使用。

由于建设工程属于特殊产品，其质量隐蔽性强、终检局限性大，在施工全过程质量控制中，必须严格执行法定的检验检测制度。否则，将给建设工程造成难以逆转的先天性质量隐患，甚至导致质量安全事故。依法对建筑材料、设备等进行检验检测，是施工单位的一项重要法定义务。

1. 建筑材料、建筑构配件、设备和商品混凝土的检验制度

施工单位对进入施工现场的建筑材料、建筑构配件、设备和商品混凝土实行检验制度，是施工单位质量保证体系的重要组成部分，也是保证施工质量的重要前提。施工单位应当严把两道关：一是谨慎选择生产供应厂商；二是实行进场二次检验。

施工单位的检验是依据工程设计要求、施工技术标准和合同约定。检验对象是将在工程施工中使用的建筑材料、建筑构配件、设备和商品混凝土。合同若有其他约定的，检验工作还应满足合同相应条款的要求。检验结果要按规定的格式形成书面记录，并由相关的专业人员签字。这是为了促使检验工作严谨认真，以及未来必要时有据可查，方便管理，明确责任。

对于未经检验或检验不合格的，不得在施工中用于工程上。否则，将是一种违法行为，要追究擅自使用或批准使用人的责任。此外，对于混凝土构件和商品混凝土的生产厂家，还应当按照《混凝土构件和商品混凝土生产企业资质管理规定》的要求，如果没有资质或相应资质等级的，其提供的产品应视为不合格产品。

2. 施工检测的见证取样或送检制度

《建设工程质量管理条例》规定，施工人员对涉及结构安全的试块、试件以及有关材料，应当在建设单位或者工程监理单位监督下现场取样，并送具有相应资质等级的质量检测单位进行检测。

在施工过程中，为了控制工程总体或相应部位的施工质量，通常要依据有关的技术标准，用特定方法对用于工程的材料或构件抽取一定数量的样品进行检测检验，并根据其结果来判断所代表部位的质量。这是控制和判断施工质量水平所采取的重要技术措施。试件、试块及有关材料的真实性和代表性，是保证这一措施有效的前提条件。因此，施工检测应当实行见证取样或送检制度，并由具有相应资质等级的质量检测单位进行检测。

1) 见证取样和送检

所谓见证取样和送检，是指在建设单位或工程监理单位人员的见证下，由施工单位的现场试验人员对工程涉及结构安全的试块、试件和材料在现场取样，并送至具有法定资格的质量检测单位进行检测的活动。

【房屋建筑工程和市政基础设施工程实行见证取样和送检的规定】

原建设部《房屋建筑工程和市政基础设施工程实行见证取样和送检的规定》中规定，涉及结构安全的试块、试件和材料见证取样和送检的比例不得低于有关技术标准中固定应取样数量的30%。下列试块、试件和材料必须实施见证取样和送检：①用于承重结构的混凝土试块；②用于承重墙体的砌筑砂浆试块；③用于承重结构的钢筋及连接接头试件；④用于承重墙的砖和混凝土小型砌块；⑤用于拌制混凝土和砌筑砂浆的水泥；⑥用于承重结构的混凝土中使用的掺加剂；⑦地下、屋面、厕浴间使用的防水材料；⑧国家规定必须实行见证取样和送检的其他试块、试件和材料。

见证人员应由建设单位或该工程的监理单位中具备施工试验知识的专业技术人员担任，并由建设单位或该工程的监理单位书面通知施工单位、检测单位和负责该项工程的质量监督机构。

在施工过程中，见证人员应按照见证取样和送检计划，对施工现场的取样和送检进行见证。取样人员应在试样或其包装上作出标识、封志。标识、封志应标明工程名称、取样部位、取样日期、样品名称和样品数量，并由见证人员和取样人员签字。见证人员和取样人员应对试样的代表性和真实性负责。

2) 工程质量检测单位的资质和检测规定

【建设工程质量检测管理办法】

原建设部《建设工程质量检测管理办法》规定，工程质量检测机构是具有独立法人资格的中介机构。按照其承担的检测业务内容分为专项检测机构资质和见证取样检测资质。检测机构未取得相应的资质证书，不得承担本办法规定的质量检测业务。

质量检测业务由工程项目建设单位委托具有相应资质的检测机构进行检测。委托方与被委托方应当签订书面合同。

检测机构完成检测业务后，应当及时出具检测报告。检测报告经检测人员签字、检测机构法定代表人或者其授权的签字人签署，并加盖检测机构公章或者检测专用章后方可生效。检测报告经建设单位或者工程监理单位确认后，由施工单位归档。任何单位和个人不得明示或者暗示检测机构出具虚假检测报告，不得篡改或者伪造检测报告。如果检测报告利害关系人对检测结果发生争议的，由双方共同认可的检测机构复检，复检结果由提出复检方报当地建设主管部门备案。

检测机构应当将检测过程中发现的建设单位、监理单位、施工单位违反有关法律、法规和工程建设强制性标准的情况，以及涉及结构安全检测结果的不合格情况，及时报告工程所在地建设主管部门。检测机构应当建立档案管理制度，并应当单独建立检测结果不合格项目台账。

检测人员不得同时受聘于两个或者两个以上的检测机构。检测机构和检测人员不得推荐或者监制建筑材料、构配件和设备。检测机构不得与行政机关，法律、法规授权的具有管理公共事务职能的组织以及所检测工程项目相关的设计单位、施工单位、监理单位有隶属关系或者其他利害关系。

检测机构不得转包检测业务。检测机构应当对其检测数据和检测报告的真实性和准确性负责。检测机构违反法律、法规和工程建设强制性标准，给他人造成损失的，应当依法承担相应的赔偿责任。

5.2.4 施工质量检验和返修的规定

1. 施工质量检验制度

《建设工程质量管理条例》规定，施工单位必须建立健全施工质量的检验制度，严格工序管理，做好隐蔽工程的质量检查和记录。隐蔽工程在隐蔽前，施工单位应当通知建设单位和建设工程质量监督机构。

施工质量检验，通常是指工程施工过程中工序质量检验(或称为过程检验)，包括预检、自检、交接检、专职检、分部工程中间检验以及隐蔽工程检验等。

1) 严格工序质量检验和管理

施工工序也可以称为过程。各个工序或过程之间横向和纵向的联系形成了工序网络或过程网络。任何一项工程的施工，都是通过一个由许多工序或过程组成的工序(或过程)网络来实现的。网络上的关键工序或过程都有可能对工程最终的施工质量产生决定性的影响。如焊接点的破坏，就可能引起桁架破坏，从而导致屋面坍塌。因此，施工单位要加强对施工工序或过程的质量控制，特别是要加强影响结构安全的地基和结构等关键施工过程的质量控制。

完善的检验制度和严格的工序管理是保证工序或过程质量的前提。只有工序或过程网络上的所有工序或过程的质量都受到严格控制，整个工程的质量才能得到保证。

2) 强化隐蔽工程质量检查

隐蔽工程，是指在施工过程中某一道工序所完成的工程实物，被后一道工序形成的工程实物所隐蔽，而且不可以逆向作业的那部分工程。例如，钢筋混凝土工程施工中，钢筋为混凝土所覆盖，前者为隐蔽工程。

由于隐蔽工程被后续工序隐蔽后，其施工质量就很难检验及认定。如果不去认真做好隐蔽工程的质量检查工作，便容易给工程留下隐患。因此，隐蔽工程在隐蔽前，施工单位除了要做好检查、检验并做好记录外，还应及时通知建设单位(实施监理的工程为监理单位)和建设工程质量监督机构，以接受政府监督和向建设单位提供质量保证。

按照《建设工程施工合同(示范文本)》的规定，工程具备隐蔽条件或达到专用条款约定的中间验收部位，施工单位进行自检，并在隐蔽或中间验收前48小时以书面形式通知监理工程师验收。验收不合格的，施工单位在监理工程师限定的时间内修改并重新验收。如果工程质量符合标准规范和设计图纸等要求，验收24小时后，监理工程师不在验收记录上签字的，则视为已经批准，施工单位可继续进行隐蔽或施工。

【建设工程施工合同（示范文本）】

建设工程质量监督机构接到施工单位隐蔽验收的通知后，可以根据工程的特点和隐蔽部位的重要程度以及工程质量监督管理规定，确定是否监督该部位的隐蔽验收。对于整个工程所有隐蔽工程的验收活动，建设工程质量监督机构要保持一定的抽检频率。对于工程关键部位的隐蔽工程验收通常要到场，并对参加隐蔽工程验收的各方人员资格、验收程序以及工程实物进行监督检查，发现问题及时责成责任方予以纠正。

2. 建设工程的返修

《建筑法》规定，对已发现的质量缺陷，建筑施工企业应当修复。《建设工程质量管理条例》进一步规定，施工单位对施工中出现质量问题的建设工程或者竣工验收不合格的建设工程，应当负责返修。

《合同法》也作出了相应规定，因施工人的原因致使建设工程质量不符合约定的，发包人有权要求施工人在合理期限内无偿修理或者返工、改建。

返修作为施工单位的法定义务，其返修包括施工过程中出现质量问题的建设工程和竣工验收不合格的建设工程两种情形。

所谓返工，是指工程质量不符合规定的质量标准，而又无法修理的情况下重新进行施工；修理则是工程质量不符合标准，而又有可能修复的情况下，对工程进行修补，使其达到质量标准的要求。不论是施工过程中出现质量问题的建设工程，还是竣工验收时发现质量问题的工程，施工单位都要负责返修。

对于非施工单位原因造成的质量问题，施工单位也应当负责返修，但是因此造成的损失及返修费由责任方负责。

5.2.5 建立健全职工教育培训制度的规定

《建设工程质量管理条例》规定，施工单位应当建立健全教育培训制度，加强对职工的教育培训；未经教育培训或者考核不合格的人员，不得上岗作业。

国务院《质量振兴纲要(1996—2010年)》中指出，把提高劳动者的素质作为提高质量的重要环节。切实加强对企业经营者和职工的质量意识和质量管理知识教育，积极开展职工劳动技能培训。

施工单位建立健全教育培训制度，加强对职工的教育培训，是企业重要的基础工作之一。由于施工单位从事一线施工活动的人员大多来自农村，教育培训的任务十分艰巨。施工单位的教育培训通常包括各类质量教育和岗位技能培训等。

先培训、后上岗。特别是与质量工作有关的人员，如总工程师、项目经理、质量体系内审员、质量检查员、施工人员、材料试验及检测人员、关键技术工种如焊工、钢筋工、混凝土工等，未经培训或者培训考核不合格的人员，不得上岗或作业。

5.2.6 违法行为应承担的法律责任

施工单位质量违法行为应承担的主要法律责任如下。

1. 违反资质管理规定和转包、违法分包造成质量问题应承担的法律责任

《建筑法》规定，建筑施工企业转让、出借资质证书或者以其他方式允许他人以本企业的名义承揽工程的，……对因该项承揽工程不符合规定的质量标准造成的损失，建筑施工企业与使用本企业名义的单位或者个人承担连带赔偿责任。承包单位将承包的工程转包的，或者违反本法规定进行分包的，……对因转包工程或者违法分包的工程不符合规定的质量标准造成的损失，与接受转包或者分包的单位承担连带赔偿责任。

2. 偷工减料等违法行为应承担的法律责任

《建筑法》规定，建筑施工企业在施工中偷工减料的，使用不合格的建筑材料、建筑构配件和设备的，或者有其他不按照工程设计图纸或者施工技术标准施工的行为的，责令改正，处以罚款；情节严重的，责令停业整顿，降低资质等级或者吊销资质证书；造成建筑工程质量不符合规定的质量标准的，负责返工、修理，并赔偿因此造成的损失；构成犯罪的，依法追究刑事责任。

《建设工程质量管理条例》规定，施工单位在施工中偷工减料的，使用不合格的建筑材料、建筑构配件和设备的，或者有不按照工程设计图纸或者施工技术标准施工的其他行为的，责令改正，处工程合同价款2%以上4%以下的罚款；造成建设工程质量不符合规定的质量标准的，负责返工、修理，并赔偿因此造成的损失；情节严重的，责令停业整顿，降低资质等级或者吊销资质证书。

3. 检验检测违法行为应承担的法律责任

《建设工程质量管理条例》规定，施工单位未对建筑材料、建筑构配件、设备和商品混凝土进行检验，或者未对涉及结构安全的试块、试件以及有关材料取样检测的，责令改正，处10万元以上20万元以下的罚款；情节严重的，责令停业整顿，降低资质等级或者吊销资质证书；造成损失的，依法承担赔偿责任。

4. 构成犯罪的追究刑事责任

《建设工程质量管理条例》规定，建设单位、设计单位、施工单位、工程监理单位违反国家规定，

降低工程质量标准，造成重大安全事故，构成犯罪的，对直接责任人员依法追究刑事责任。

建设、勘察、设计、施工、工程监理单位的工作人员因调动工作、退休等原因离开该单位后，被发现在该单位工作期间违反国家有关建设工程质量管理规定，造成重大工程质量事故的，仍应当依法追究法律责任。

《中华人民共和国刑法》第一百三十七条规定，建设单位、设计单位、施工单位、工程监理单位违反国家规定，降低工程质量标准，造成重大安全事故的，对直接责任人员处5年以下有期徒刑或者拘役，并处罚金；后果特别严重的，处5年以上10年以下有期徒刑，并处罚金。

5.3 建设单位及相关单位的质量责任和义务

建设工程质量责任涵盖了多方主体的质量责任制，除施工单位外，还有建设单位，勘察、设计单位，工程监理单位的质量责任制。

5.3.1 建设单位相关的质量责任和义务

建设单位作为建设工程的投资人，是建设工程的重要责任主体。建设单位有权选择承包单位，有权对建设过程进行检查、控制，对建设工程进行验收，并要按时支付工程款和费用等，在整个建设活动中居于主导地位。因此，要确保建设工程的质量，首先就要对建设单位的行为进行规范，对其质量责任予以明确。

1. 依法发包工程

《建设工程质量管理条例》规定，建设单位应当将工程发包给具有相应资质等级的单位。建设单位不得将建设工程肢解发包。建设单位应当依法对工程建设项目的勘察、设计、施工、监理以及与工程建设有关的重要设备、材料等的采购进行招标。

工程建设活动不同于一般的经济活动，从业单位的素质高低直接影响着建设工程质量。企业资质等级反映了企业从事某项工程建设活动的资格和能力，是国家对建设市场准入管理的重要手段。将工程发包给具有相应资质等级的单位来承担，是保证建设工程质量的基本前提。因此，从事工程建设活动必须符合严格的资质条件。建设部颁布的《工程勘察和工程设计单位资格管理办法》《建筑业企业资质管理规定》《工程建设监理单位资质管理试行办法》等，对工程勘察单位、工程设计单位、施工单位和工程监理单位的资质等级、资质标准、业务范围等作出了明确规定。如果建设单位将工程发包给没有资质等级或资质等级不符合条件的单位，不仅扰乱了建设市场秩序，更重要的将会因为承包单位不具备完成建设工程的技术能力、专业人员和资金，造成工程质量低劣，甚至使工程项目半途而废。

建设单位发包工程时，应该根据工程特点，以有利于工程的质量、进度、成本控制为原则，合理划分标段，但不得肢解发包工程。如果将应当由一个承包单位完成的工程肢解成若干部分，分别发包给不同的承办单位，将使整个工程建设在管理和技术上缺乏应有的统筹协调，从而造成施工现场秩序的混乱，责任不清，严重影响建设工程质量，一旦出现问题也很难找到责任方。

建设单位还要依照《招标投标法》等有关规定，对必须实行招标的工程项目进行招标，择优选定工程勘察、设计、施工、监理单位以及采购重要设备、材料等。

2. 依法向有关单位提供原始资料

《建设工程质量管理条例》规定，建设单位必须向有关的勘察、设计、施工、工程监理等单位提供与建设工程有关的原始资料。原始资料必须真实、准确、齐全。

原始资料是工程勘察、设计、施工、监理等单位赖以进行有关工程建设的基础性材料。建设单位作为建设活动的总责任方，向有关单位提供原始资料，并保证这些资料的真实、准确、齐全，是其基本的责任和义务。

在工程实践中，建设单位根据委托任务必须向勘察单位提供如勘察任务书、项目规划总平面图、地下管线、地形地貌等在内的基础资料；向设计单位提供政府有关部门批准的项目建议书、可行性研究报告等其他基础资料；向施工单位提供概算批准文件，建设项目正式列入国家、部门或地方的年度固定资产投资计划，建设用地的征用资料，施工图纸及技术资料，建设资金和主要建筑材料、设备的来源落实资料，建设项目所在规划部门批准文件，施工现场完成"三通一平"的平面图等资料；向工程监理单位提供的原始资料，除包括给施工单位的资料外，还要有建设单位与施工单位签订的承包合同文本。

3. 限制不合理的干预行为

《建筑法》规定，建设单位不得以任何理由，要求建筑设计单位或者建筑施工企业在工程设计或者施工作业中，违反法律、行政法规和建筑工程质量、安全标准，降低工程质量。

《建设工程质量管理条例》进一步规定，建设工程发包单位，**不得迫使承包方以低于成本的价格竞标，不得任意压缩合理工期**。建设单位不得明示或者暗示设计单位或者施工单位**违反工程建设强制性标准**，降低建设工程质量。

成本是构成价格的主要部分，是承包方估算投标价格的依据和最低的经济底线。如果建设单位一味强调降低成本、节约开支而压级压价，迫使承包方相互压价，以低于成本的价格中标，势必会导致中标单位在承包工程后，为了减少开支、降低成本而采取偷工减料、以次充好、粗制滥造等手段，最终导致建设工程出现质量问题，影响投资效益的发挥。

建设单位也不得任意压缩合理工期。因为，合理工期是指在正常条件下，采取科学合理的施工工艺和管理方法，以现行的工期定额为基础，结合工程项目建设的实际，经合理测算和平等协商而确定的使参与各方均获满意的经济效益的工期。如果盲目要求赶工期，势必会简化工序，不按规程操作，从而导致建设工程出现质量等诸多问题。

建设单位更不得以任何理由，诸如建设资金不足、工期紧等，违反强制性标准的规定，要求设计单位降低设计标准，或者要求施工单位采用建设单位采购的不合格材料设备等。这种行为是法律不允许的。因为，强制性标准是保证建设工程结构安全可靠的基础性要求，违反了这类标准，必然会给建设工程带来重大质量隐患。

4. 依法报审施工图设计文件

《建设工程质量管理条例》规定，建设单位应当将施工图设计文件报县级以上人民政府建设行政主管部门或者其他有关部门审查。**施工图设计文件未经批准的，不得使用**。

施工图设计文件是设计文件的重要内容，是编制施工图预算、安排材料、设备订货和非标准设备制作，进行施工、安装工程验收等工作的依据。施工图设计文件一经完成，建设工程最终所要达到的质量，尤其是地基基础和结构的安全性就有了约束。因此，施工图设计文件的质量直接影响建设工程的质量。

建立和实施施工图设计文件审查制度，是许多发达国家确保建设工程质量的成功做法。我国于1998年开始进行建筑工程项目施工图设计文件审查试点工作，在节约投资、发现设计质量隐患和避免违法违规行为等方面都有明显的成效。通过开展对施工图设计文件的审查，既可以对设计单位的成果进行质量控制，也能纠正参与建设活动各方特别是建设单位的不规范行为。

5. 依法实行工程监理

《建设工程质量管理条例》规定，实行监理的建设工程，建设单位应当委托具有相应资质等级的工程监理单位进行监理，也可以委托具有工程监理相应资质等级并与被监理工程的施工承包单位没有隶属关系或者其他利害关系的该工程的设计单位进行监理。

监理工作要求监理人员具有较高的技术水平和较丰富的工程经验，因此国家对开展工程监理工作的单位实行资质许可。工程监理单位的资质反映了该单位从事某项监理工作的资格和能力。为了保证监理工作的质量，建设单位必须将需要监理的工程委托给具有相应资质等级的工程监理单位进行监理。

目前，我国的工程监理主要是对工程的施工过程进行监督，而该工程的设计人员对设计意图比较了解，对设计中各专业如结构、设备等在施工中可能发生的问题也比较清楚，因此由具有监理资质的设计单位对自己设计的工程进行监理，对保证工程质量是十分有利的。但是，设计单位与承包该工程的施工单位不得有行政隶属关系，也不得存在可能直接影响设计单位实施监理公正性的非常明显的经济或其他利益关系。

《建设工程质量管理条例》还规定，下列建设工程必须实施监理：①国家重点建设工程；②大中型公用事业工程；③成片开发建设的住宅小区工程；④利用外国政府或者国际组织贷款、援助资金的工程；⑤国家规定必须实行监理的其他工程。

6. 依法办理工程质量监督手续

《建设工程质量管理条例》规定，建设单位在领取施工许可证或者开工报告前，应当按照国家有关规定办理工程质量监督手续。

办理工程质量监督手续是法定程序，不办理质量监督手续的，不发施工许可证，工程不得开工。因此，建设单位在领取施工许可证或者开工报告之前，应当依法到建设行政主管部门或铁路、交通、水利等有关管理部门，或者委托的工程质量监督机构办理工程质量监督手续，接受政府主管部门的工程质量监督。

建设单位办理工程质量监督手续，应提供以下文件和资料：①工程规划许可证；②设计单位资质等级证书；③监理单位资质证书，监理合同及《工程项目监理登记表》；④施工单位资质等级证书及营业执照副本；⑤工程勘察设计文件；⑥中标通知书及施工承包合同等。

7. 依法保证建筑材料等符合要求

《建设工程质量管理条例》规定，按照合同约定，由建设单位采购建筑材料、建筑构配件和设备的，建设单位应当保证建筑材料、建筑构配件和设备符合设计文件和合同要求。建设单位不得明示或者暗示施工单位使用不合格的建筑材料、建筑构配件和设备。

在工程实践中，根据工程项目设计文件和合同要求的质量标准，哪些材料和设备由建设单位采购，哪些材料和设备由施工单位采购，应该在合同中明确约定，并且是谁采购、谁负责。因此，由建设单位采购建筑材料、建筑构配件和设备的，建设单位必须保证建筑材料、建筑构配件和设备符合设计文件和合同要求。对于建设单位负责供应的材料设备，在使用前施工单位应当按照规定对其进行检验和试验，如果不合格，不得在工程上使用，并应通知建设单位予以退换。

有些建设单位为了赶进度或降低采购成本，常常以各种明示或暗示的方式，要求施工单位降低标准而在工程上使用不合格的建筑材料、建筑构配件和设备，此类行为不仅严重违法，而且危害极大。

8. 依法进行装修工程

随意拆改建筑主体结构和承重结构等，会危及建设工程安全和人民生命财产安全。因此，《建设工程质量管理条例》规定，涉及建筑主体和承重结构变动的装修工程，建设单位应当在施工前委托原设计单位或者具有相应资质的设计单位提出设计方案；没有设计方案的，不得施工。房屋建筑使用者在装修过程中，不得擅自变动房屋建筑主体和承重结构。

建筑设计方案是根据建筑物的功能要求，具体确定建筑标准、结构形式、建筑物的空间和平面布置以及建筑群体的安排。对于涉及建筑主体和承重结构变动的装修工程，设计单位会根据结构形式和特点，对结构受力进行分析，对构件的尺寸、位置、配筋等重新进行计算和设计。因此，建设单位应当委托该建筑工程的原设计单位或者具有相应资质条件的设计单位提出装修工程的设计方案。如果没有设计方案就擅自施工，则将留下质量隐患甚至造成质量事故，后果严重。

房屋使用者在装修过程中，也不得擅自变动房屋建筑主体和承重结构，如拆除隔墙、窗洞改门洞等，都是不允许的。

9. 建设单位质量违法行为应承担的法律责任

《建筑法》规定，建设单位违法本法规定，要求建筑设计单位或者建筑施工企业违反法律、行政法规和建筑工程质量、安全标准，降低工程质量的，责令改正，可以处以罚款；构成犯罪的，依法追究刑事责任。

【温岭厂房坍塌："拖"出来的灾难】

《建设工程质量管理条例》规定，建设单位有下列行为之一的，责令改正，处20万元以上50万元以下的罚款：①迫使承包商以低于成本的价格竞标的；②任意压缩合理工期的；③明示或者暗示设计单位或者施工单位违反工程建设强制性标准，降低工程质量的；④施工图设计文件未经审查不合格，擅自施工的；⑤建设项目必须实行工程监理而未实行工程监理的；⑥未按照国家规定办理工程质量监督手续的；⑦明示或者暗示施工单位施工不合格的建筑材料、建筑构配件和设备的；⑧未按照国家规定将竣工验收报告、有关认可文件或者准许使用文件报送备案的。

5.3.2 勘察、设计单位相关的质量责任和义务

《建筑法》规定，建筑工程的勘察、设计单位必须对其勘察、设计的质量负责。勘察、设计文件应当符合有关法律、行政法规的规定和建筑工程质量、安全标准、建筑工程勘察、设计技术规范以及合同的约定。

《建设工程质量管理条例》进一步规定，勘察、设计单位必须按照工程建设强制性标准进行勘察、设计，并对勘察、设计的质量负责。注册建筑师、注册结构工程师等注册执业人员应当在设计文件上签字，对设计文件负责。

谁勘察设计谁负责，谁施工谁负责，这是国际上通行的做法。勘察、设计单位和执业注册人员是勘察设计质量的责任主体，也是整个工程质量的责任主体之一。勘察、设计质量实行单位与执业注册人员双重责任，即勘察、设计单位对其勘察、设计的质量负责，注册建筑师、注册结构工程师等专业人士对其签字的设计文件负责。

1. 依法承揽工程的勘察、设计业务

《建设工程质量管理条例》规定，从事建设工程勘察、设计的单位应当依法取得相应等级的资质证书，并在其资质等级许可的范围内承揽工程。禁止勘察、设计单位超越其资质等级许可的范围或者以

其勘察、设计单位的名义承揽工程。禁止勘察、设计单位允许其他单位或者个人以本单位的名义承揽工程。勘察、设计单位不得转包或者违法分包所承揽的工程。

勘察、设计作为一个特殊行业，有着严格的市场准入条件。勘察、设计单位只有具备了相应的资质条件，才有能力保证勘察、设计质量。如果超越资质等级许可的范围承揽工程，就超越了其勘察设计能力，也就不能保证勘察设计的质量。在实践中，超越资质等级许可范围承接工程的行为，大多是通过借用、有偿使用其他资质单位的资质证书、图签来进行的，因而被借用者、出卖者也负有不可推卸的责任。此外，与施工一样，勘察、设计也不允许转包和违法分包。

2. 勘察、设计必须执行强制性标准

《建设工程质量管理条例》规定，勘察、设计单位必须按照工期建设强制性标准进行勘察、设计，并对其勘察、设计的质量负责。

强制性标准是工程建设技术和经验的积累，是勘察、设计工作的技术依据。只有满足工程建设强制性标准才能保证质量，才能满足工程对安全、卫生、环保等多方面的质量要求，因而勘察、设计单位必须严格执行。

3. 勘察单位提供的勘察成果必须真实、准确

《建设工程质量管理条例》规定，勘察单位提供的地质、测量、水文等勘察成果必须**真实、准确**。

工程勘察工作是建设工作的基础工作，工程勘察成果文件是设计和施工的基础资料和重要依据。其真实准确与否直接影响到设计、施工质量，因而工程勘察成果必须真实准确、安全可靠。

4. 设计依据和设计深度

《建设工程质量管理条例》规定，设计单位应当根据勘察成果文件进行建设工程设计。设计文件应当符合国家规定的设计深度要求，注明工程合理使用年限。

勘察成果文件是设计的基础资料，是设计的依据。因此，先勘察、后设计是工程建设的基本做法，也是基本建设程序的要求。我国对各类设计文件的编制深度都有规定，在实践中应当贯彻执行。工程合理使用年限是指从工程竣工合格之日起，工程的地基基础、主体结构能保证在正常情况下安全使用的年限。它与《建筑法》中的"建筑物合理寿命年限"、《合同法》中的"工程合理使用期限"等在概念上是一致的。

5. 依法规范设计对建筑材料等的选用

《建筑法》《建设工程质量管理条例》都规定，设计单位在设计文件中选用的建筑材料、建筑构配件和设备，应当注明规格、型号、性能等技术指标，其质量要求必须符合国家规定的标准。除有特殊要求的建筑材料、专用设备、工艺生产线等外，设计单位不得指定生产厂家、供应商。

为了使建设工程的施工能准确满足设计意图，设计文件中必须注明所选用的建筑材料、建筑构配件和设备的规格、型号、性能等技术指标。这也是设计文件编制深度的要求。但是，在通用产品能保证工程质量的前提下，设计单位不可能故意选用特殊要求的产品，也不能滥用权力限制建设单位或施工单位在材料等采购上的自主权。

6. 依法对设计文件进行技术交底

《建设工程质量管理条例》规定，设计单位应当就审查合格的施工图设计文件向施工单位作出详细说明。

设计文件的技术交底，通常的做法是设计文件完成后，通过建设单位发给施工单位，再由设计单位

将设计的意图、特殊的工艺要求，以及建筑、结构、设备等各专业在施工中的难点、疑点和容易发生的问题等向施工单位做详细说明，并负责解释施工单位对设计图纸的疑问。

对设计文件进行技术交底是设计单位的重要义务，对确保工程质量有重要的意义。

7. 依法参与建设工程质量事故分析

《建设工程质量管理条例》规定，设计单位应当参与建设工程质量事故分析，并对因设计造成的质量事故，提出相应的技术处理方案。

工程质量的好坏，在一定程度上就是工程建设是否准确贯彻了设计意图。因此，一旦发生了质量事故，该工程的设计单位最有可能在短时间内发现存在的问题，对事故的分析具有权威性。这对及时进行事故处理十分有利。对因设计造成的质量事故，原设计单位必须提出相应的技术处理方案，这是设计单位的法定义务。

8. 勘察、设计单位质量违法行为应承担的法律责任

《建设法》规定，建筑设计单位不按照建筑工程质量、安全标准进行设计的，责令改正，处以罚款；造成工程质量事故的，责令停业整顿，降低资质等级或者吊销资质证书，没收违法所得，并处罚款；造成损失的，承担赔偿责任；构成犯罪的，依法追究刑事责任。

《建设工程质量管理条例》规定，有下列行为之一的，责令改正，处10万元以上30万元以下的罚款：①勘察单位未按照工程建设强制性标准进行勘察的；②设计单位未根据勘察成果文件进行工程设计的；③设计单位指定建筑材料、建筑构配件的生产厂家、供应商的；④设计单位未按照工程建设强制性标准进行设计的。有以上所列行为，造成工程质量事故的，责令停业整顿，降低资质等级；情节严重的，吊销资质证书；造成损失的，依法承担赔偿责任。

5.3.3 工程监理单位相关的质量责任和义务

工程监理单位接受建设单位的委托，代表建设单位，对建设工程进行管理。因此，工程监理单位也是建设工程质量的责任主体之一。

1. 依法承担工程监理业务

《建筑法》规定，工程监理单位应当在其资质等级许可的监理范围内，承担工程监理业务。**工程监理单位不得转让工程监理业务**。

《建设工程质量管理条例》进一步规定，工程监理单位应当依法取得相应等级的资质证书，并在其资质等级许可的范围内承担工程监理业务。禁止工程监理单位超越本单位资质等级许可的范围或者以其他工程监理单位的名义承担工程监理义务。禁止工程监理单位允许其他单位或者个人以本单位的名义承担工程监理业务。工程监理单位不得转让工程监理业务。

监理单位按照资质等级承担工程监理业务，是保证监理工作质量的前提。越级监理、允许其他单位或者个人以本单位的名义承担监理业务等，将使工程监理变得有名无实，最终会对工程质量造成危害。监理单位转让工程监理业务，与施工单位转包工程有着同样的危害性。

2. 对有隶属关系或其他利害关系的回避

《建筑法》《建设工程质量管理条例》都规定，工程监理单位与被监理工程的施工承包单位以及建筑材料、建筑构配件和设备供应单位有隶属关系或者其他利害关系的，不得承担该项建设工程的监理业务。

由于工程监理单位与被监理工程的承包单位以及建筑材料、建筑构配件和设备供应单位之间，是一种监督与被监督的关系，为了保证客观、公正地执行监理任务，工程监理单位与上述单位不能有隶属关系或者其他利害关系。如果有这种关系，工程监理单位在接受监理委托前，应当自行回避；对于没有回避而被发现的，建设单位可以依法解除委托关系。

3. 监理工作的依据和监理责任

《建设工程质量管理条例》规定，工程监理单位应当依据法律、法规以及有关技术标准、设计文件和建设工程承包合同，代表建设单位对施工质量实施监理，并对施工质量承担监理责任。

工程监理的依据：①法律、法规，如《建筑法》《合同法》《建设工程质量管理条例》等；②有关技术标准，如《工程建设标准强制性条文》以及建设工程承包合同中确认采用的推荐性标准等；③设计文件，施工图设计等设计文件既是施工的依据，也是监理单位对施工活动进行监督管理的依据；④建设工程承包合同，监理单位据此监督施工单位是否全面履行合同约定的义务。

监理单位对施工质量承担监理责任，包括违约责任和违法责任两个方面：①违约责任。如果监理单位不按照监理合同约定履行监理义务，给建设单位或其他单位造成损失的，应当承担相应的赔偿责任。②违法责任。如果监理单位违法监理，或者降低工程质量标准，造成质量事故的，要承担相应的法律责任。

4. 工程监理的职责和权限

《建设工程质量管理条例》规定，工程监理单位应当选派具备相应资格的总监理工程师和监理工程师进驻施工现场。未经监理工程师签字，建筑材料、建筑构配件和设备不得在工程上使用或者安装，施工单位不得进入下一道工序的施工。未经总监理工程师签字，建设单位不拨付工程款，不进行竣工验收。

监理单位应根据所承担的监理任务，组建驻地监理机构。监理机构一般由总监理工程师、监理工程师和其他监理人员组成。监理工程师拥有对建筑材料、建筑构配件和设备以及每道施工工序的检查权，对检查不合格的，有权决定是否允许在工程上使用或进行下一道工序的施工。工程监理实施总监理工程师负责制。总监理工程师依法和在授权范围内可以发布有关指令，全面负责受委托的监理工程。

5. 工程监理的形式

《建设工程质量管理条例》规定，监理工程师应当按照工程监理规范的要求，采取旁站、巡视和平行检验等形式，对建设工程实施监理。

所谓旁站，是指对工程中有关地基和结构安全的关键工序和关键施工过程，进行连续不断地监督检查或检验的监理活动，有时甚至要连续跟班监理。所谓巡视，主要是强调除了关键点的质量控制外，监理工程师还应对施工现场进行面上的巡视监理。所谓平行检验，主要是强调监理单位对施工单位已经检验的工程应及时进行检验。对于关键性、较大体量的工程实物，采取分段后平行检验的方式，有利于及时发现质量问题，及时采取措施予以纠正。

6. 工程监理单位质量违法行为应承担的法律责任

《建筑法》规定，工程监理单位与建设单位或者建筑施工企业串通，弄虚作假、降低工程质量的，责令改正，处以罚款，降低资质等级或者吊销资质证书；有违法所得的，予以没收；造成损失的，承担连带赔偿责任；构成犯罪的，依法追究刑事责任。

《建设工程质量管理条例》规定，工程监理单位有下列行为之一的，责令改正，处50万元以上100万元以下的罚款，降低资质等级或者吊销资质证书；有违法所得的，予以没收；造成损失的，承担连带赔偿责任：①与建设单位或者施工单位串通，弄虚作假、降低工程质量的；②将不合格的建设工程、建筑材料、建筑构配件和设备按照合格签字的。

5.4 建设工程竣工验收制度

工程项目的竣工验收是施工过程全过程的最后一道工序，也是工程项目管理的最后一项工作。它是建设投资成果转入生产或使用的标志，也是全面考核投资效益、检验设计和施工质量的重要环节。

5.4.1 竣工验收的主体和法定条件

1. 建设工程竣工验收的主体

《建设工程质量管理条例》规定，建设单位收到建设工程竣工报告后，应当组织设计、施工、工程监理等有关单位进行竣工验收。

对工程进行竣工检查和验收，是建设单位法定的权利和义务。在建设工程完工后，承包单位应当向建设单位提供完整的竣工资料和竣工验收报告，提请建设单位组织竣工和验收。建设单位收到竣工验收报告后，应及时组织有设计、施工、工程监理等有关单位参加的竣工验收，检查整个工程项目是否已按照设计要求和合同约定全部建设完成，并符合竣工验收条件。

2. 竣工验收应当具备的法定条件

《建筑法》规定，交付竣工验收的建筑工程，必须符合规定的建筑工程质量标准。有完整的工程技术经济资料和经签署的工程保修书，并具备国家规定的其他竣工条件。建筑工程竣工经验收合格后，方可交付使用；未经验收或验收不合格的，不得交付使用。

《建设工程质量管理条例》进一步规定，建设工程竣工验收应当具备下列条件，建设工程经验收合格的，方可交付使用。

1) **完成建设工程设计和合同约定的各项内容**

建设工程设计和合同约定的内容，主要是指设计文件所确定的以及承包合同"承包人承揽工程项目一览表"中载明的工作范围，也包括监理工程师签发的变更通知单所确定的工作内容。承包单位必须按合同的约定，按质、按量、按时完成上述工作内容，使工程具有正常的使用功能。

2) **有完整的技术档案和施工管理资料**

工程技术档案和施工管理资料是竣工验收和质量保证的重要依据之一，主要包括以下档案和资料：①工程项目竣工验收报告；②分项、分部工程和单位工程技术人员名单；③图纸会审和技术交底记录；④设计变更通知单，技术变更核实单；⑤工程质量事故发生后调查和处理资料；⑥隐蔽验收记录及施工日志；⑦竣工图；⑧质量检验评定资料；⑨合同约定的其他资料。

3) **有工程使用的主要建筑材料、建筑构配件和设备的进场试验报告**

对建设工程使用的主要建筑材料、建筑构配件和设备，除具有质量合格证明资料外，还应当有进场试验、检验报告，其质量要求必须符合国家规定的标准。

4) **有勘察、设计、施工、工程监理等单位分别签署的质量合格文件**

勘察、设计、施工、工程监理等有关单位要依据工程设计文件及承包合同所要求的质量标准，对竣工工程进行检查评定，符合规定的，应当签署合格文件。

5) 有施工单位签署的工程保修书

施工单位同建设单位签署的工程保修书，也是交付竣工验收的条件之一。

凡是没有经过竣工验收或者竣工验收确定为不合格的建设工程，不得交付使用。如果建设单位为提前获得投资效益，在工程未经验收就提前投产或使用，由此而发生的质量等问题，建设单位要承担责任。

5.4.2 施工单位应提交的档案资料

《建设工程质量管理条例》规定，建设单位应当严格按照国家有关档案管理的规定，及时收集、整理建设项目各环节的文件资料，建立健全建设项目档案，并在建设工程竣工验收后，及时向建设行政主管部门或者其他有关部门移交建设项目档案。

建设工程是百年大计，一般的建筑物设计年限都在50～70年之间，重要的建筑物达百年以上。在建设工程投入使用之后，还要进行检查、维修、管理，还可能会遇到改建、扩建或拆除活动，以及在其周围进行建设活动。这些都需要参考原始的勘察、设计、施工等资料。建设单位是建设活动的总负责方，应当在合同中明确要求勘察、设计、施工、监理等单位分别提供工程建设各环节的文件资料，及时收集整理，建立健全建设项目档案。

按照原建设部《城市建设档案管理规定》的规定，建设单位应当在工程竣工验收后3个月内，向城建档案馆报送一套符合规定的建设工程档案。凡建设工程档案不齐全的，应当限期补充。对改建、扩建和重要部位维修的工程，建设单位应当组织设计、施工单位据实修改，补充和完善原建设工程档案。

【城市建设档案管理规定】

施工单位应当按照归档要求制定统一目录，有专业分包工程的，分包单位要按照总承包单位的总体安排做好各项资料整理工作，最后再由总承包单位进行审核、汇总。施工单位一般应当提交的档案资料是：①工程技术档案资料；②工程质量保证资料；③工程检验评定资料；④竣工图等。

5.4.3 规划、消防、环保、节能等验收的规定

《建设工程质量管理条例》规定，建设单位应当自建设工程竣工验收合格之日起15日内，将建设工程竣工验收报告和规划、公共消防、环保等部门出具的认可文件或者准许使用文件报建设行政主管部门或者其他有关部门备案。

1. 建设工程竣工规划验收

《城乡规划法》规定，县级以上地方人民政府城乡规划主管部门按照国务院规定对建设工程是否符合规划条件予以核实。未经核实或者经核实不符合规划条件的，建设单位不得组织竣工验收。建设单位应当在竣工验收后6个月内向城乡规划主管部门报送有关竣工验收资料。

建设工程竣工后，建设单位应当依法向城乡规划行政主管部门提出竣工规划验收申请，由城乡规划行政主管部门按照选址意见书、建设用地规划许可证、建设工程规划许可证、乡村建设规划许可证及其有关规划的要求，对建设工程进行规划验收，包括对建设用地范围内的各项工程建设情况、建筑物的使用性质、位置、间距、层数、标高、平面、立面、外墙装饰材料和色彩、各类配套服务设施、临时施工用房、施工场地等进行全面核查，并作出验收记录。对于验收合格的，由城乡规划行政主管部门出具规

划认可文件或核实建设工程竣工规划验收合格证。

《城乡规划法》还规定,建设单位在**建设工程竣工验收后6个月内**未向城乡规划主管部门报送有关竣工验收资料的,由所在城市、县人民政府城乡规划主管部门责令限期补报;逾期不补报的,处1万元以上5万元以下的罚款。

2. 建设工程竣工消防验收

《中华人民共和国消防法》规定,按照国家工程建设消防技术标准需要进行消防设计的建设工程竣工,按照以下规定进行消防验收、备案:①国务院公安部门规定的大型的人员密集场所和其他特殊建设工程,建设单位应当向公安机关消防机构申请消防验收;②其他建设工程,建设单位在验收后应当报公安消防机构备案,公安消防机构应当进行抽查。依法应当进行消防验收的建设工程,未经消防验收或者消防验收不合格的,禁止投入使用;其他建设工程经依法抽查不合格的,应当停止使用。

公安部《建设工程消防监督管理规定》进一步规定,建设单位申请消防验收应当提供下列材料:建设工程消防验收申报表;工程竣工验收报告;消防产品质量合格证明文件;有防火性能要求的建筑构件、建筑材料、室内装修装饰材料符合国家标准或者行业标准的证明文件、出厂合格证;消防设施、电气防火技术检测合格证明文件;施工、工程监理、检测单位的合法身份证明和资质证明文件;其他依法需要提供的材料。

公安机关消防机构应当自受理消防验收申请之日起20日内组织消防验收,并出具消防验收意见。公安机关消防机构对申报消防验收的建设工程,应当依照建设工程消防验收评定标准对已经消防设计审核合格的内容组织消防验收。对综合评定结论为合格的建设工程,公安机关消防机构应当出具消防验收合格意见;对综合评定结论为不合格的,应当出具消防验收不合格意见,并说明理由。

对于依法应当进行消防验收的建设工程,未经消防验收或者消防验收不合格,擅自投入使用的,《中华人民共和国消防法》规定,由公安机关消防机构责令停止施工、停止使用或者停产停业,并处3万元以上30万元以下罚款。

3. 建设工程竣工环保验收

国务院《建设项目环境保护条例》规定,建设项目竣工后,建设单位应当向审批该建设项目环境影响报告书、环境影响报告表或者环境影响登记表的环境保护行政主管部门,申请该建设项目需要配套建设的环境保护设施竣工验收。

环境保护设施竣工验收,应当与主体工程竣工验收同时进行。需要进行试生产的建设项目,建设单位应当自建设项目投入试生产之日起3个月内,向审批该建设项目环境影响报告书、环境影响报告表或者环境影响登记表的环境保护行政主管部门,申请该建设项目需要配套建设的环境保护设施竣工验收。分期建设、分期投入生产或者使用的建设项目,其相应的环境保护设施应当分期验收。

环境保护行政主管部门应当自收到环境保护设施竣工验收申请之日起30日内,完成验收。建设项目需要配套建设的环境保护设施经验收合格,该建设项目方可正式投入生产或者使用。

《建设项目环境保护条例》还规定,建设项目投入试生产超过3个月,建设单位未申请环境保护设施竣工验收的,由审批该建设项目环境影响报告书、环境影响报告表或者环境影响登记表的环境保护行政主管部门责令限期办理环境保护设施竣工验收手续;逾期未办理的,责令停止试生产,可以处5万元以下的罚款。

建设项目需要配套建设的环境保护设施未建成、未经验收或者验收不合格,主体工程正式投入生产或者使用的,由审批该建设项目环境影响报告书、环境影响报告表和环境影响登记表的环境保护行政主管部门责令停止生产或者使用，可以处10万元以下的罚款。

4. 建筑工程竣工节能验收

《中华人民共和国节约能源法》规定，不符合建筑节能标准的建筑工程，建设主管部门不得批准开工建设；已经开工建设的，应当责令停止施工、限期改正；已经建成的，不得销售或者使用。

国务院《民用建筑节能条例》进一步规定，建设单位组织竣工验收，应当对民用建筑是否符合民用建筑节能强制性标准进行检验；对不符合民用建筑节能强制性标准的，不得出具竣工验收合格报告。

建筑节能工程施工质量的验收，主要应按照国家标准《建筑节能工程施工质量验收规范》《建筑工程施工质量验收统一标准》及各专业工程施工质量验收规范等执行。单位工程竣工验收应在建筑节能分部工程验收合格后进行。

建筑节能工程为单位建筑工程的一个分部工程，并按规定划分为分项工程和检验批。建筑节能工程应该按照分项工程进行验收，如墙体节能工程、幕墙节能工程、门窗节能工程、屋面节能工程、地面节能工程、采暖节能工程、通风与空气调节节能工程、配电与照明节能工程等。当建筑节能分项工程的工程量较大时，可以将分项工程划分为若干个检验批进行验收。当建筑节能工程验收无法按照要求划分分项工程或检验批时，可由建设、施工、监理等各方协商进行划分。但验收项目、验收内容、验收标准和验收记录均应遵守规范的规定。

1) 建筑节能分部分项工程进行质量验收的条件

建筑节能分部工程的质量验收，应在检验批、分项工程全部合格的基础上，进行建筑围护结构的外墙节能构造实体检验，严寒、寒冷和夏热冬冷地区的外窗气密性现场检测，以及系统节能检测和系统联合试运转与调试，确认建筑节能工程质量达到验收的条件后方可进行。

2) 建筑节能分部工程验收的组织

建筑节能工程验收的程序和组织应遵守《建筑工程施工质量验收统一标准》的要求，并符合下列规定：①节能工程的检验批验收和隐蔽工程验收应由监理工程师主持，施工单位相关专业的质量检查员与施工员参加；②节能分项工程验收应由监理工程师主持，施工单位项目技术负责人和相关专业的质量检查员、施工员参加，必要时可邀请设计单位相关专业的人员参加；③节能分部工程验收由总监理工程师(建设单位项目负责人)主持，施工单位项目经理、项目技术负责人和相关专业的质量检查员、施工员参加，施工单位的质量或技术负责人应参加，设计单位节能设计人员应参加。

3) 建筑节能工程验收的程序

(1) 施工单位自检评定。

建筑节能分部工程施工完成后，施工单位对节能工程质量进行检查，确定符合节能设计文件要求后，填写《建筑节能分部工程质量验收表》，并由项目经理和施工单位负责人签字。

(2) 监理单位进行节能工程质量评估。

监理单位收到《建筑节能分部工程质量验收表》后，应全面审查施工单位的节能工程验收资料并整理监理资料，对节能各分项工程进行质量评估，监理工程师及项目总监在《建筑节能分部工程质量验收表》中签字确认验收结论。

(3) 建筑节能分部工程验收。

由监理单位总监理工程师(建设单位项目负责人)主持验收会议，组织施工单位的相关人员、设计单位节能设计人员对节能工程质量进行检查验收。验收各方对工程质量进行检查，提出整改意见。

建筑节能质量监督管理部门的验收监督人员到施工现场对节能工程验收的组织形式、验收程序、执行验收标准等情况进行现场监督，发现有违反规定程序、执行标准或评定结果不准确的，应要求有关单

(4) 施工单位按验收意见进行整改。

施工单位按照验收各方提出的整改意见进行整改；整改完毕后，建设、监理、设计、施工单位对节能工程的整改结果进行确认。对建筑节能工程存在重要的整改内容的项目，质量监督人员参加复查。

(5) 节能工程验收结论。

符合建筑节能工程质量验收规范的工程为验收合格，即通过节能分部工程质量验收。对节能工程验收不合格工程，按《建筑节能工程施工质量验收规范》和其他验收规范的要求整改后，重新检验。

(6) 验收资料归档。

建筑节能工程施工质量验收合格后，相应的建筑节能分部工程验收资料应作为建设工程竣工验收资料中的重要组成部分归档。

4) 建筑节能工程专项验收注意事项

建筑节能工程验收重点是检查建筑节能工程效果是否满足设计及规范要求，监理和施工单位应加强和重视节能验收工作，对验收中发现的工程实物质量问题及时解决。

工程项目存在以下问题之一的，监理单位不得组织节能工程验收：未完成建筑节能工程设计内容的；隐蔽验收记录等技术档案和施工管理资料不完整的；工程使用的主要建筑材料、建筑构配件和设备未提供进场试验报告的，未提供相关的节能型检测报告的；工程存在违反强制性条文的质量问题而未整改完毕的；对监督机构发出的责令整改内容未整改完毕的；存在其他违反法律、法规行为而未处理完毕的。

工程项目验收存在以下问题之一的，应重新组织建筑节能工程验收：验收组织机构不符合法规及规范要求的；参加验收人员不具备相应资格的；参加验收各方主体验收意见不一致的；验收程序和执行标准不符合要求的；各方提出的问题未整改完毕的。

单位工程在办理竣工备案时应提交建筑节能相关资料，不符合要求的不予备案。

5) 建筑工程节能验收违法行为应承担的法律责任

《民用建筑节能条例》规定，建设单位对不符合民用建筑节能强制性标准的民用建筑项目出具竣工验收合格报告的，由县级以上地方人民政府建设主管部门责令改正，处民用建筑项目合同价款2%以上4%以下的罚款；造成损失的，依法承担赔偿责任。

5.5 建设工程质量保修制度

《建筑法》《建设工程质量管理条例》均规定，建设工程实行质量保修制度。

建设工程质量保修制度，是指建设工程竣工验收后，在规定的保修期限内，因勘察、设计、施工、材料等原因造成的质量缺陷，应当由施工承包单位负责维修、返工或更换，由责任单位负责赔偿损失的法律制度。建设工程质量保修制度对于促进建设各方加强质量管理，保护用户及消费者的合法权益可起到重要的保障作用。

5.5.1 质量保修书和最低保修期限的规定

1. 建设工程质量保修书的提交时间及主要内容

《建设工程质量管理条例》规定，建设工程承包单位在向建设单位提交工程竣工验收报告时，应当向建设单位出具质量保修书。质量保修书中应当明确建设工程的保修范围、保修期限和保修责任等。

建设工程质量保修的承诺，应当由承包单位以建设工程质量保修书这一书面形式来体现。建设工程质量保修书是一项保修合同，是承包合同所约定双方权利义务的延续，也是施工单位对竣工验收的建设工程承担保修责任的法律文本。人们在日常生活中购买几十元、数百元的商品，生产供应厂商往往都须出具质量保修书，而建设工程造价动辄几十万元、数百万元、数亿元甚至更多，如果没有保修的书面约定，那么对投资人和用户是不公平的，也不符合权利义务对等的市场经济准则。

建设工程承包单位应当依法在向建设单位提交工程竣工验收报告资料时，向建设单位出具工程质量保修书。工程质量保修书包括如下主要内容：①质量保修范围。《建筑法》规定，建筑工程的保修范围应当包括地基基础工程、主体结构工程、屋面防水工程和其他土建工程，以及电气管线、上下水管线的安装工程，供热、供冷系统工程等项目。当然，不同类型的建设工程，其保修范围有所不同。②质量保修期限。《建筑法》规定，保修的期限应当保证建筑物合理寿命年限内正常使用，维护使用者合法权益的原则确定。具体的保修范围和最低保修期限由国务院规定。据此，国务院在《建设工程质量管理条例》中做了明确规定。③承诺质量保修责任。主要是施工单位向建设单位承诺保修范围、保修期限和有关具体实施保修的措施，如保修的方法、人员及联络办法，保修答复和处理时限，不履行保修责任的罚则等。

需要注意的是，施工单位在建设工程质量保修书中，应当对建设单位合理使用建设工程有所提示。如果是因建设单位或用户使用不当或擅自改动结构、设备位置以及不当装修等造成质量问题的，施工单位不承担保修责任；由此而造成的质量受损或其他用户损失，应当由责任人承担相应的责任。

2. 建设工程质量的最低保修期限

《建设工程质量管理条例》规定，在正常条件下，建设工程的**最低保修期限**为：①基础设施工程、房屋建筑的地基基础工程和主体结构工程，为设计文件规定的该工程的合理使用年限；②屋面防水工程、有防水要求的卫生间、房间和外墙面的防渗漏，为5年；③供热与供冷系统，为两个采暖期、供冷期；④电气管线、给排水管道、设备安装和装修工程，为2年。其他项目的保修期限由发包方和承包方约定。

1) 地基基础工程和主体结构的保修期

基础设施工程、房屋建筑的地基基础工程和主体结构工程的质量，直接关系到基础设施工程和房屋建筑的整体安全可靠，必须在该工程的合理使用年限内予以保修，即实行终身负责制。可以说，工程合理使用年限就是该工程勘察、设计、施工等单位的质量责任年限。

2) 屋面防水工程、供热与供冷系统等的最低保修期

在《建设工程质量管理条例》中，对屋面防水工程、供热与供冷系统、电气管线、给排水管道、设备安装和装修工程等的最低保修期限分别作出了规定。如果建设单位与施工单位经平等协商另行签订保修合同的，其保修期限可以高于法定的最低保修期限，但不能低于最低保修期限，否则视作无效。

建设工程保修期的起始日是竣工验收合格之日。按照《建设工程质量管理条例》的规定，"建设行政主管部门或者其他有关部门发现建设单位在竣工验收过程中有违反国家有关建设工程质量管理规定行为的，责令停止使用，重新组织竣工验收"。对于重新组织竣工验收的工程，其保修期为各方都认可的重新组织竣工验收的日期。

3) 建设工程超过合理使用年限后需要继续使用的规定

《建设工程质量管理条例》规定，建设工程在超过合理使用年限内需要继续使用的，产权所有人应当委托具有相应资质等级的勘察、设计单位鉴定，并根据鉴定结果采取加固、维修等措施，重新界定使用期。

各类工程根据其重要程度、结构类型、质量要求和使用性能等所确定的使用年限是不同的。确定建设工程的合理使用年限，并不意味着超过合理使用年限后，建设工程就一定要报废、拆除。该建设工程

经过具有相应资质等级的勘察、设计单位鉴定，提出技术加固措施，在设计文件中重新界定使用期，并经过相应资质等级的施工单位进行加固、维修和补强，达到能继续使用条件的可以继续使用。否则，如果违法继续使用的，所产生的后果由产权所有人负责。

5.5.2　质量责任的损失赔偿

《建设工程质量管理条例》规定，建设工程在保修范围和保修期限内发生质量问题的，施工单位应当履行保修义务，并对造成的损失承担赔偿责任。

1. 保修义务的责任落实与损失赔偿责任的承担

《最高人民法院关于审理建设施工合同适用法律问题的解释》规定，因保修人未及时履行保修义务，导致建筑物损毁或者造成人身、财产损害的，保修人应当承担赔偿责任。保修人与建筑物所有人或者发包人对建筑物毁损均有过错的，各自承担相应的责任。

建设工程保修的质量问题是在保修范围和保修期限内的质量问题。对于保修义务的承担和维修的经济责任承担应当按下述原则处理：①施工单位未按国家有关标准规范和设计要求施工所造成的质量缺陷，由施工单位负责返修并承担经济责任；②由于设计问题造成的质量缺陷，先由施工单位负责维修，其经济责任按有关规定通过建设单位向设计单位索赔；③因建筑材料、构配件和设备质量不合格引起的质量缺陷，先由施工单位负责维修，其经济责任属于施工单位采购的或经其验收同意的，由施工单位承担经济责任；属于建设单位采购的，由建设单位承担经济责任；④因建设单位(含监理单位)错误管理造成的质量缺陷，先由施工单位负责维修，其经济责任由建设单位承担；如属监理单位责任，则由建设单位向监理单位索赔；⑤因使用单位使用不当造成的损坏问题，先由施工单位负责维修，其经济责任由使用单位自行负责；⑥因地震、台风、洪水等自然灾害或其他不可抗拒原因造成的损坏问题，先由施工单位负责维修，建设参与各方再根据国家具体政策分担经济责任。

2. 建设工程质量保证金

2005年，原建设部、财政部《建设工程质量保证金管理暂行办法》规定，**建设工程质量保证金(保修金)**(以下简称保证金)是指发包人与承包人在建设过程承包合同中约定，从应付的工程款中预留，用以保证承包人在缺陷责任内对建设工程中出现的缺陷进行维修的资金。

1) 缺陷责任期的确定

所谓**缺陷**，是指建设工程质量不符合工程建设强制性标准、设计文件及承包合同的约定。缺陷责任期一般为6个月、12个月或24个月，具体可由发承包双方在合同中约定。

缺陷责任期从工程通过竣(交)工验收之日起计。由于承包人原因导致工程无法按规定期限进行竣(交)工验收的，缺陷责任期从实际通过竣(交)工验收之日起计。由于发包人原因导致工程无法按规定期限进行竣(交)工验收的，在承包人提交竣(交)工验收报告90天后，工程自动进入缺陷责任期。

2) 预留保证金的比例

全部或者部分使用政府投资的建设项目，按工程价款结算总额5%左右的比例预留保证金。社会投资项目采用预留保证金方式的，预留保证金的比例可参照执行。

缺陷责任期内，由承包人原因造成的缺陷，承包人负责维修，并承担鉴定及维修费用。如承包人不维修也不承担费用，发包人可按合同约定扣除保证金，并由承包人承担违约责任。承包人维修并承担相应费用后，不免除对工程的一般损失赔偿责任。由他人原因造成的缺陷，发包人负责维修，承包人不承担费用，且发包人不得从保证金中扣除费用。

3) 质量保证金的返还

缺陷责任期内，承包人认真履行合同约定的责任，到期后，承包人向发包人申请返还保证金。

发包人在接到承包人返还保证金申请后，应于14日内会同承包人按照合同约定的内容进行核实。如无异议，发包人应当在核实后14日内将保证金返还给承包人，逾期支付的，从逾期之日起，按照同期银行贷款利率计付利息，并承担违约责任。发包人在接到承包人返还保证金申请后14日内不予答复，经催告后14日内仍不予答复，视同认可承包人的返还保证金申请。

发包人与承包人对保证金预留、返还，以及工程维修质量、费用有争议的，按承包合同约定的争议和纠纷解决程序处理。

5.5.3 违法行为应承担的法律责任

《建筑法》规定，建筑企业违反本法规定，不履行保修义务的责令改正，可以处以罚款，并对在保修期内因屋顶、墙面渗漏、开裂等质量缺陷造成的损失，承担赔偿责任。

《建设工程质量管理条例》规定，施工单位不履行保修义务或者拖延履行保修义务的责令改正，处10万元以上20万元以下的罚款，并对在保修期内因质量缺陷造成的损失承担赔偿责任。

《建设工程质量保证金管理暂行办法》规定，缺陷责任期内，由承包人原因造成的缺陷，承包人应负责维修，并承担鉴定及维修费用。如承包人不维修也不承担费用，发包人可按合同约定扣除保证金，并由承包人承担违约责任。承包人维修并承担相应费用后，不免除对工程的一般损失赔偿责任。

《建筑业企业资质管理规定》规定，建筑业企业申请晋升资质等级或者主项资质以外的资质，在申请之日前1年内有未履行保修义务，造成严重后果的情形的，建设行政主管部门不予批准。

【《浙版新消费法》来了】

本章小结

本章主要介绍了工程建设标准、施工单位的质量责任和义务、建设单位及相关单位的质量责任和义务、建设工程竣工验收制度、建设工程质量保修制度等建设工程质量法律制度。

工程建设标准按照《标准化法》的规定分为国家标准、行业标准、地方标准和企业标准，国家标准、行业标准又可分为强制性标准和推荐性标准。工程建设各方主体必须实施强制性标准的相关规定。

建筑施工企业对工程的施工质量负责。建设工程实行总承包的，工程质量由总承包商负责，总承包单位将建筑工程分包给其他单位的，应对分包工程的质量与分包单位承担连带责任。施工企业必须按照工程设计图纸和施工技术标准施工；必须按照工程设计要求、施工技术标准和合同的约定，对建筑材料、建筑构配件和设备进行检验。

建设单位是建设工程的重要责任主体，在建设活动中必须依法发包、依法向有关单位提供原始资料、限制不合理的干预行为、依法报审施工图设计文件、依法实行工程监理、依法办理工程质量监督手续、依法保证建筑材料等符合要求、依法进行装修。勘察、设计单位必须按照工程建设强制性标准进行勘察、设计，并对其勘察、设计的质量负责。工程监理单位应该在其资质等级许可的监理范围内，承担工程监理业务；应当依照法律、法规以及有关技术标准、设计文件和建设工程承包合同，代表建设单位对施工质量实施监理，并对施工质量承担监理责任。

对工程进行竣工检查和验收，是建设单位法定的权利和义务。交付竣工验收的建筑工程，必须符合规定的建筑工程质量标准，有完整的工程技术资料和经签署的工程保修书，并具备国家规定的其他竣工条件。

建设工程实行质量保修制度。建设工程承包单位在向建设单位提交工程竣工验收报告时，应当向建设单位出具质量保修书。质量保修书中应当明确建设工程的保修范围、保修期限和保修责任等。建设工程在保修范围和保修期限内发生质量问题的，施工单位应当履行保修义务，并对造成的损失承担赔偿责任。

习 题

一、填空题

1. 工程建设国家标准分为_____和_____。
2. 在_____的条文中，使用"必须""严禁""应""不应""不得"等属于强制性标准的用词，而使用"宜""不宜""可"等一般不是强制性标准的规定。
3. 总承包单位与分包单位对分包工程的质量承担_____责任。
4. 涉及结构安全的试块、试件和材料见证取样或送检的比例不得低于有关技术标准中规定应取样数量的_____。
5. 建设单位在领取施工许可证或者开工报告前，应当按照国家有关规定办理_____手续。
6. 勘察、设计单位必须按照_____进行勘察、设计，并对勘察、设计的质量负责。
7. 监理工程师应按照工程监理规范的要求，采取_____、_____和_____等形式，对建设工程实施监理。
8. 对工程进行竣工检查和验收，是_____法定的权利和义务。
9. 屋面防水工程的最低保修期限为_____年。
10. 全部或者部分使用政府投资的建设项目，按工程价款结算总额_____的比例预留保证金。

二、单项选择题

1. 按照《标准化法》的规定，下列（　　）可以分为强制性标准和推荐性标准。
   A. 技术标准　　　B. 行业标准　　　C. 地方标准　　　D. 企业标准
2. 下列关于工程建设地方标准的表述中，错误的是（　　）。
   A. 在公布国家标准或者行业标准之后，该项地方标准即行废止
   B. 未经备案的工程建设地方标准，不得在建设活动中使用
   C. 地方标准中不存在强制性条文
   D. 地方标准的复审周期一般不超过5年
3. 某住宅工程，总承包商经建设单位同意将装修工程分包给某分包单位施工。工程竣工验收发现：

混凝土基础工程出现渗漏，部分房间地面石材出现大面积花斑。对上述质量问题的责任承担，说法正确的是（　　）。

  A. 由总承包单位对上述问题承担责任，分包单位不承担责任

  B. 由总承包单位与分包单位承担连带责任

  C. 总承包单位对基础混凝土问题承担责任，分包单位对地面石材问题承担责任

  D. 总承包单位对基础混凝土问题承担责任，总包单位与分包单位就地面石材问题承担连带责任

4. 某住宅小区分期开工建设，其中二期5号楼建设单位仍然复制使用一期工程施工图纸。施工时承包方发现图纸使用的02标准图集现已作废，承包方正确的做法是（　　）。

  A. 因为图纸已经施工图审查合格，按图施工即可

  B. 按现行图集套改后继续施工

  C. 由施工单位技术人员修改图纸

  D. 向相关单位及时提出修改建议

5. 按照《建设工程施工合同文本》通用条款规定，工程具备隐蔽条件后，施工单位进行自检，并在隐蔽前（　　）以书面形式通知监理工程师验收。

  A. 1日　　　　B. 36小时　　　　C. 24小时　　　　D. 48小时

6. 某工厂扩建项目需建设二期厂房，厂方将一期建设时的勘察成果提供给设计单位，在厂方一再坚持下，设计单位依法完成了设计任务。工程竣工验收时发现由于设计对地基处理不当引起厂房不均匀沉陷，对此造成的损失应（　　）。

  A. 厂方、设计单位、施工单位分摊　　　　B. 设计单位、施工单位分摊

  C. 厂方、施工单位分摊　　　　D. 厂方、设计单位分摊

7. 依法为建设单位办理质量监督手续，是（　　）的法定义务。

  A. 建设单位　　　B. 施工单位　　　C. 监理单位　　　D. 质量监督机构

8. 某工程承包单位完成了设计图纸和合同规定的施工任务，建设单位欲组织竣工验收，按照《建设工程质量管理条例》规定的工程竣工验收必备条件不包括的是（　　）。

  A. 完整的技术档案和施工管理资料

  B. 工程使用的主要建筑材料、建筑构配件和设备的进场试验报告

  C. 勘察、设计、施工、工程监理等单位共同签署的质量合格文件

  D. 施工单位签署的工程保修书

9. 按照《城乡规划法》的规定，建设单位应当在工程竣工验收后（　　）内向城乡规划主管部门报送有关竣工验收资料。

  A. 15日内　　　B. 30日内　　　C. 3个月　　　D. 6个月

10. 某综合楼工程由A企业总承包，其中消防工程由B企业分包。B企业于自检合格后，于2006年5月1日向A企业申请竣工验收，消防分部工程于2006年5月5日由当地公安消防机构进行了验收，A企业于5月8日向建设单位提出竣工验收申请，建设单位于5月15日组织了竣工验收，验收合格，工程交付使用。则该消防工程的保修期始于2006年（　　）。

  A. 5月1日　　　B. 5月5日　　　C. 5月8日　　　D. 5月15日

三、多项选择题

1. 按照标准的级别，我国将标准划分为（　　）。

  A. 国家标准　　B. 行业标准　　C. 地方标准　　D. 企业标准　　E. 推荐性标准

2. 工程建设标准批准部门应当对工程项目执行强制性标准情况进行监督检查，其检查内容包括（   ）。

    A. 工程作业人员是否熟悉强制性标准

    B. 规划、勘察、设计、施工、验收等是否符合强制性标准的规定

    C. 采用的材料、设备是否符合强制性标准的规定

    D. 采用的导则、指南、手册、计算机软件的内容是否符合强制性标准的规定

    E. 工程安全、质量是否使用了强制性标准

3. 以下材料中，施工单位在工程施工中必须进行见证取样或送检的是（   ）。

    A. 地下防水材料　　　　　　　　　B. 承重钢筋连接接头

    C. 混凝土掺加剂　　　　　　　　　D. 砌筑砂浆的水泥

    E. 分隔墙的混凝土小型砌块

4. 在工程实践中，建设单位应当向施工单位提供原始资料，这些资料主要包括（   ）。

    A. 可行性研究报告

    B. 概算批准文件

    C. 建设用地的征用资料

    D. 建设项目所在地规划部门批准文件

    E. 项目规划总平面图、地下管线、地形地貌等在内的基础资料

5. 作为工程建设的施工单位，应承担的质量责任和义务有（   ）。

    A. 依法承揽工程　　　　　　　　　B. 不得分包工程

    C. 不得转包工程　　　　　　　　　D. 不得指定材料供应商

    E. 不得指定检测单位

6. 工程质量监督机构对竣工验收实施的监督包括（   ）。

    A. 验收程序是否合法　　　　　　　B. 参加验收单位人员的资格是否符合要求

    C. 竣工验收资料是否齐全　　　　　D. 实体质量是否存在严重缺陷

    E. 竣工结算是否编制

7. 建设工程申请消防验收过程中，建设单位应当提交的材料有（   ）。

    A. 防火材料的证明文件　　　　　　B. 防火材料的出厂合格证

    C. 电气防火技术检测合格证明文件　D. 工程检验评定资料

    E. 建设工程规划许可证

8. 某工程项目由于存在质量争议未予办理竣工结算，建设方提前使用了该工程，则产生的后果是（   ）。

    A. 其质量争议按该工程保修合同执行

    B. 就有争议部分的竣工结算暂缓办理

    C. 视为建设方对争议部分的质量认可

    D. 有关部门不予办理权属登记

    E. 参照当地建设行政主管部门发布的计价方法或者计价标准结算工程价款

9. 某住宅楼工程设计合理使用年限为 50 年。以下是该工程施工单位和建设单位签订的《工程质量保修书》关于工程保修期的条款，其中符合《建设工程质量管理条例》规定合法有效的是（   ）。

    A. 地基基础和主体结构工程为 50 年

B. 屋面防水工程、卫生间防水为 8 年
C. 电气管线、给排水管道为 2 年
D. 供热和供冷系统为 2 年
E. 装饰装修工程为 1 年

10. 某工程公司由于建设单位一直拖欠工程款，近两年拒绝履行保修工作，则工程公司应承担的法律责任包括（　　）。
A. 处以罚款　　　　　　　　　B. 被扣除保证金
C. 申请晋升资质等级不予批准　　D. 申请主项资质以外的资质不予批准
E. 追究刑事责任

四、思考题

1. 工程建设国家标准中哪些标准属于强制性标准的范畴？
2. 建设行政主管部门对工程建设强制性标准进行监督检查的内容有哪些？
3. 对于施工单位而言，哪些试块、试件和材料必须实施见证取样和送检？
4. 隐蔽工程的验收程序是怎样的？
5. 建设单位的质量责任和义务有哪些？
6. 工程监理的形式有哪些？什么是平行检验？
7. 竣工验收应具备的法定条件有哪些？
8. 建筑节能工程验收的程序是怎样的？
9. 工程质量保修书的内容有哪些？
10. 根据相关法律法规的规定，屋面防水工程、供热与供冷系统的最低保修期限是多少？

五、案例分析题

案例1

2000年10月，承包商甲通过招投标获得了某单位家属楼工程，后经发包单位同意，承包商甲将家属楼的附属工程分包给杨某负责的工程队，并签订了分包合同。1年后，工程按期完成。但是，经工程质量监督机构检验发现，该家属楼附属工程存在严重的质量问题。发包单位便要求承包商甲承担责任。承包商甲却称该附属工程系经发包单位同意后分包给杨某负责的工程队，所以与己无关。发包单位又找到分包人杨某，杨某亦以种种理由拒绝工程的质量责任。

问题：(1)承包商甲是否应该对该家属楼附属工程的质量负责？(2)该质量问题应该如何解决？

案例2

某化工厂在同一厂区建设第二个大型厂房时，为了节省投资，决定不做勘察，便将4年前为第一个大型厂房做的勘察成果提供给设计院作为设计依据，让其设计新厂房。设计院不同意。但是，在该化工厂的一再坚持下最终设计院妥协，答应使用旧的勘察成果。厂房建成后使用一年多就发现其北墙墙体多处开裂。该化工厂一纸诉状将施工单位告上法院，请求判定施工单位承担工程质量责任。

问题：(1)本案中的质量责任应当由谁承担？(2)工程中设计方是否有过错，违反了什么规定？

【第5章习题参考答案】

第6章
城市房地产管理法

📚 **教学目标**

城市房地产管理法是建设法中的主体法律，是我国城市建设的法律保障，它通过规范城市房地产开发、经营、管理和服务等活动，保障城市房地产权利人的合法权益，促进房地产业健康有序地发展。通过本章学习，应达到以下目标。

(1) 了解房地产法的概念、基本原则以及立法体系。

(2) 熟悉房地产权属及其管理、房地产开发、城市房屋征收与补偿、城市房地产交易、物业管理等方面的相关法律制度。

(3) 掌握购房的相关知识和技能，增强规避房地产纠纷的法律意识。

📚 **教学要求**

知识要点	能力要求	相关知识
城市房地产法概述	(1) 了解房地产与房地产业 (2) 了解城市房地产管理法概况	(1) 房地产的概念 (2) 城市房地产管理法的渊源
建设用地制度	(1) 了解土地、建设用地的概念 (2) 掌握土地使用权相关制度 (3) 熟悉房地产开发用地相关制度	(1) 建设用地、土地使用权的概念 (2) 土地使用权出让 (3) 划拨土地使用权 (4) 划拨土地使用权与出让土地使用权区别
房地产开发	(1) 理解房地产开发的概念与特点 (2) 了解房地产开发企业相关制度 (3) 了解房地产开发项目的管理	(1) 房地产开发的基本原则 (2) 房地产开发企业的设立及资质 (3) 房地产开发的项目立项管理
国有土地上房屋征收与补偿	(1) 了解国有土地上房屋征收概述 (2) 熟悉国有土地上房屋征收决定 (3) 理解国有土地上房屋征收补偿制度	(1) 国有土地上房屋征收的概念 (2) 国有土地上房屋征收程序 (3) 国有土地上房屋征收补偿的形式

知识要点	能力要求	相关知识
房地产交易	(1) 了解房地产交易管理的基本制度 (2) 熟悉房地产转让相关制度 (3) 掌握商品房预售相关制度 (4) 理解商品房现售相关制度 (5) 了解房地产抵押相关制度 (6) 熟悉房屋租赁相关制度	(1) 房地产市场 (2) 房地产转让的方式、禁止条件、符合条件，房屋买卖类型 (3) 商品房预售的条件、程序 (4) 商品房现售的条件、交付 (5) 房地产抵押权的设定、实现 (6) 租赁合同的形式和主要条款
房地产产权产籍管理	(1) 熟悉房地产权属登记制度 (2) 了解产籍管理制度	(1) 土地权属登记 (2) 房屋权属登记 (3) 房屋产籍的概念和种类
物业管理	(1) 了解物业管理概述 (2) 熟悉业主与业主大会相关规定 (3) 了解前期物业管理 (4) 理解物业管理服务相关制度 (5) 了解物业的使用与维护的相关规定	(1) 物业管理的概念 (2) 业主、业主大会、业主委员会各自的权利与义务 (3) 前期物业服务合同 (4) 物业管理合同、物业服务收费 (5) 共用设施设备、共用部位的使用与管理

基本概念

房地产；城市房地产管理法；建设用地；土地使用权；出让；房地产开发；房屋征收；房屋买卖；房屋租赁；房地产抵押；房屋权属登记；房屋产籍管理；物业管理。

第6章 城市房地产管理法

> 🏠 **引例**
>
> 就像一首流行歌曲唱的那样："我想要有个家,一个不需要华丽的地方,在我疲倦的时候,我会想到它……"每个人都想有一个家。通常人们把家叫做"知疼知暖的避风港"。有家就有房子,无论是新房子还是旧房子,不管是自己的房子还是别人的房子,只要是个家,总会有一个能够挡风避雨的小屋。我们每个人都是需要住房的,我们中国人有句俗话"安居乐业",有了房产你才可以在事业上有发展。
>
> 特殊的土地制度导致了地产与房产之间的关系变得非常复杂,比如,在房地产交易中,如何达到购房者和房地产发展商双方利益的最大化?对这类关系的处理直接影响到各方当事人的利益。这些都离不开房地产法的规范。房地产法是一门综合性的法律部门,包括诸多法律规范,理论博大精深,体系庞大而复杂,涉及土地利用和城市建设规划、房地产用地开发、房屋建设、房地产交易、房地产抵押、房地产评估、物业管理等法律制度。

6.1 城市房地产管理法概述

6.1.1 房地产与房地产业

1. 房地产的概念

房地产是房屋财产和土地财产的统称,是指土地和土地上的房屋等建筑物及构筑物。**房产**,是指在法律上拥有明确归属的房屋财产,是对房屋的所有权或其他权益。而房屋是建筑于特定土地上的形成固定空间,供人居住、工作或者用于其他用途的建筑物和构筑物,以及有关的附属设施。**地产**,是指在法律上有明确归属的土地财产,包括土地的所有权和使用权。而土地是指有特定四至范围的陆地表层。房产与地产的联系:①在物质形态上,房产和地产相互联结;②在价格构成上,不论买卖或租赁房屋,房价和房租都包含了地租;③在权属管理上,要保证房地一致。房产与地产的区别:①地产可以单独存在,而房产不能离开地产而独立存在;②地产没有折旧,而房产有折旧;③地产的价格明显受级差地租规律的支配,而房产价格则主要决定于地租和建筑成本。

由于我国对土地和房屋实行分别立法和管理的传统以及土地的公有制,房产和地产之间具有相对独立的关系,房产所有人可以独立享有房产权利而不享有房产所在土地的所有权。一般而言,可以有独立的地产,但没有脱离土地或土地使用权的房产。作为一项独立的财产,房产当然地包含土地或土地使用权。在实际生活中,房地产是我国对房产与地产的习惯称谓,体现了房屋及其占用土地的总体经济价值。由于房屋和土地通常情况下不能移动或一经移动便会丧失其很大的价值,因此法律上又将房地产称之为不动产。房依地建,地为房载,房地具有密不可分性。这一特性产生了房、地一并转移的原则,即房屋随土地使用权处分而处分("房随地走"),土地使用权随房屋的处分而处分("地随房走")。

2. 我国房地产业的发展

房地产业,是以土地和建筑物为经营对象,从事房地产开发、建设、经营、管理以及维修、装饰和服务的集多种经济活动为一体的综合性产业,属于第三产业,是具有先导性、基础性、带动性和风险性的产业。房地产业主要包括:土地开发,房屋的建设、维修、管理,土地使用权的有偿划拨、转让,房屋所有权的买卖、租赁,房地产的抵押贷款,以及由此形成的房地产市场。在实际生活中,人们习惯于将从事房地产开发和经营的行业称为房地产业。

我国房地产业虽然得到了长足的发展，但是当前一些地区不同程度地存在建设用地供应总量失控，国家土地资源流失，房地产中介混乱，商品房销售欺诈，物业管理服务质量低等房地产市场行为不规范的问题。为了更为有效地维护房地产市场秩序，保障房地产权利人的合法权益，促进房地产业健康发展，必须加强房地产管理和房地产立法。

6.1.2 城市房地产管理法概况

1. 城市房地产管理法的概念

城市房地产管理法是指调整在城市房地产开发、经营、管理和服务活动中所形成的一定社会关系的法律规范的总称。它是国家管理城市房地产市场、保障房地产权利人合法权益、促进房地产业健康发展的重要法律。

【中华人民共和国城市房地产管理法】

城市房地产管理法有狭义和广义之分。狭义的城市房地产管理法，仅指1994年7月5日由第八届全国人民代表大会常务委员会第八次会议通过的(后来于2007年8月30日进行了修订)，于1995年1月1日起施行的《中华人民共和国城市房地产管理法》(以下简称《城市房地产管理法》)。广义的城市房地产法，包括《城市房地产管理法》及其之外的所有调整城市房地产关系的法律规范。

因为农村要切实贯彻保护耕地的基本国策，农村集体土地一般不准开发经营房地产，所以《城市房地产管理法》的调整范围主要是在城市规划区范围内。城市房地产法所调整的法律关系既包括民事法律关系，又包括行政法律关系。城市房地产行政法律关系主要包括：土地利用管理及土地利用规划关系、房屋产权产籍管理关系、房屋交易管理关系、房屋拆迁改造管理关系、房屋维修管理关系、房地产市场管理关系等。城市房地产民事法律关系主要包括：房地产开发过程中委托设计、工程发包等关系，房地产转让、租赁、抵押、交换、典当、继承、赠与关系，房地产共有、相邻关系等。

2. 城市房地产管理法的渊源

城市房地产管理法不仅限于专门的房地产法律法规，还通过宪法、民法、行政法等其他的法律形式表现出来。现行的城市房地产管理法的法律渊源主要包括以下几种。

1) 宪法

宪法是国家的根本大法，具有最高的法律效力。宪法中有关房地产归属和利用的基本制度是制定房地产法律、法规所必须遵循的准则，如"城市的土地属于国家所有""国家为了公共利益的需要，可以依照法律规定对土地实行征收或者征用并给予补偿""土地的使用权可以依照法律的规定转让"等。

2) 城市房地产管理法律

城市房地产管理法律，是指由全国人民代表大会及其常委会依法制定的，调整城市房地产管理关系的法律。目前，《城市房地产管理法》是我国最基本的城市房地产管理法律。此外，还包括《中华人民共和国民法通则》《中华人民共和国继承法》《中华人民共和国土地管理法》《中华人民共和国城乡规划法》等有关法律中规范房地产的规定。

3) 城市房地产管理行政法规

城市房地产管理行政法规，是指由国务院依法制定的，调整城市房地产管理关系的条例、决定，如《城镇个人建造住宅管理办法》《城市私有房屋管理条例》《国有土地上房屋征收与补偿条例》《住房公积金管理条例》《物业管理条例》等。

4) 城市房地产管理部门规章

城市房地产管理部门规章,是指国务院各部委依法制定的,调整城市房地产关系的行政规定、决定、命令、指示等,如《城市国有土地使用权出让转让规划管理办法》《城市房地产转让管理规定》《城市房屋租赁管理办法》《城市房地产抵押管理办法》《城市商品房预售管理办法》等。

5) 城市房地产管理地方法规和地方规章

城市房地产地方法规是指由地方人民代表大会及其常委会制定的,调整本行政区域内的城市房地产关系的条例、决定。城市房地产地方规章是指由地方人民政府依法制定的调整本行政区域内的城市房地产关系的行政决定、命令、指示等,如《湖北省城市房地产开发经营管理办法》《湖北省建设工程招标投标管理办法》等。

6) 其他规范性文件

其他规范性文件包括中共中央、国务院及其各部委发布的政策文件和最高人民法院发布的司法解释。前者如国务院发布的《关于进一步深化城镇住房制度改革、加快住房建设的通知》,住房和城乡建设部发布的《关于加快发展公共租赁住房的指导意见》等;后者如《最高人民法院关于房地产案件管理问题的通知》《关于审理商品房买卖合同纠纷案件适用法律若干问题的解释》等。

3. 城市房地产管理法的体系

城市房地产管理法律体系,是用以调整和规范城市房地产开发、经营、管理和服务的一整套法律规范的有机统一体。目前,我国已经基本形成了以《城市房地产管理法》为基本法,辅之以一系列城市房地产单行法规和相关法规,结合宪法、民法、行政法等共同调整城市房地产关系的房地产法规体系。具体的城市房地产管理法规体系如图6.1所示。

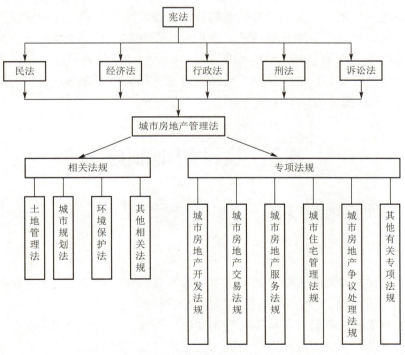

图6.1 城市房地产管理法规体系

4. 城市房地产管理法的基本原则

城市房地产管理法的基本原则,是指在贯彻实施城市房地产法时应遵循的普遍准则。它是城市房地产管理法本质和内在规律的集中体现,是房地产立法、司法、守法全过程的基本指导思想和行动准则。我国城市房地产管理法的基本原则有以下四个方面。

1) 促进房地产商品化原则

市场经济是价值经济,重在对物的利用,实现物的最大价值,增加社会财富。房地产作为社会生产生活中重要的不动产,促进其商品化,实现其价值是首要的原则。对此,《城市房地产管理法》明确规定了国家实行国有土地有偿、有期限的使用制度。改革开放以来,国家通过推进投资主体多元化、实行住房商品化和逐步引入市场机制,形成了一个以市场评价住宅价值、分配住宅资源、实现住宅权益的新体系。法律规定在特定用途下国家无偿划拨使用建设用地的制度。

2) 合理利用土地和保护耕地原则

土地是财富之母,民生之本。我国人多地少,可开发利用的土地资源十分有限,随着城市化进程的加快和房地产业的发展,建设用地、城市占地会越来越多,因此,房地产开发上用地的供求关系将长期处于一个紧张的状态,因此,城市房地产立法和管理要考虑有利于土地资源保护,防止耕地流失的问题。珍惜、合理利用土地和保护耕地业是我国的一项基本国策。

3) 国家扶持发展居民住宅原则

《城市房地产管理法》第四条规定:"国家根据社会、经济发展水平,扶持发展居民住宅建设,逐步改善居民的居住条件。"由于我国经济基础薄弱、人口增长快,城镇居民的住宅建设相对缓慢,"安居"问题十分突出,因此,在房地产开发中,应当将解决城镇居民住房,特别是低收入家庭的住房问题作为一项重要的任务。国家要做好"安居工程"微利房和商品房的建设,加快危旧房的改造,采取税收等方面的优惠措施鼓励和扶持房地产开发企业开发建设居民住宅。

4) 保护房地产权利人合法权益原则

《城市房地产管理法》规定,房地产权利人的合法权益受法律保护,任何单位和个人不得侵犯。随着我国市场经济的发展,房地产市场日益活跃。由于房地产业本身是一个高投入、高利润的产业,先天具备高风险性,房地产市场出现了一些不规范的情形,如土地市场价格混乱、炒地皮、商品房销售欺诈等,这直接影响到房地产开发、房地产交易等活动能否正常、有序、健康地进行。因此,国家必须保护房地产权利人的合法权益,建立规范的房地产市场。

6.2 建设用地制度

6.2.1 土地、建设用地的概念

1. 土地的概念

土地是人类赖以生存和发展的基础,是最基本、最宝贵的自然资源,也是建设活动最基本的载体,因此在建设活动中人们应当珍惜土地,严格保护和合理地利用每一寸土地。

土地的概念十分的宽泛,我们可以从不同的角度进行解读。从地理学的角度,土地指地球的陆地及与陆地相连的、被水所覆盖部分的低洼地所组成的统一体,包括陆地、内陆水域、滩涂、岛屿等。从经济学的角度,土地是自然赐予人类的资源、资产,既包括自然资源,又包括人类劳动而形成的资产,其范围为陆地以上和以下的三维空间范围的全部资源。从政治的角度,土地是一个国家的领土的一部分,国家对于任何主体拥有的土地拥有领土主权,土地既受国家保护,又受到国家利益的制约(如征收)。从法学的角度理解，土地可以看做是具有一定经济价值并为人们所控制和利用的财产，它体现了一定的人与人之间的社会关系。一般从物权法的角度，土地可以表述为：能够为人们所控制和利用的、有一定四至(土地的四边界限或四周与邻地分界线)的陆地表层与地表上下一定的空间之和。

《中华人民共和国土地管理法》(以下简称《土地管理法》)根据土地的用途将土地分为三类：农用地、建设用地和未利用土地。农用地是指直接用于农业生产的土地，包括耕地、林地、草地、农田水利用地、养殖水面等。建设用地是指建造建筑物、构筑物的土地，包括城乡住宅和公共设施用地、工矿用地、交通水利设施用地、旅游用地、军事设施用地等。未利用土地是指农用地和建设用地以外的土地。

【中华人民共和国土地管理法】

2. 建设用地的概念

建设用地是指建造建筑物、构筑物的土地，包括城乡住宅和公共设施用地、工矿用地、交通水利设施用地、旅游用地、军事设施用地等。从广义上讲，建设用地是指一切非农建设和农业建设用地。依据《土地管理法》的规定，建设用地可以分为国有建设用地和农民集体所有建设用地。为了规范建设用地的管理，原国家计委、国家土地管理局于1996年颁布了《建设用地计划管理办法》；国土资源部于1999年颁布了《建设用地审查报批管理办法》，2001年颁布了《建设项目用地预审管理办法》等行政法规。

6.2.2 土地使用权

土地使用权，是指土地使用者依法使用其占有的土地并享有收益及一定处分的权利。土地使用权实际上有两种：一是土地所有权人对自己拥有的土地所享有的使用权；二是非土地所有权人对土地所享有的使用权。前者即所有权人的使用权，可称做所有权人的使用权。后者即非所有权人的使用权，可称做与所有权相分离的使用权。前者不是独立的权利，只是所有权的一项权能；后者是一种独立的、与所有权相关的一项财产权利，它从所有权中分离出来，是相对独立于所有权的一种权利，即本章中所指的土地使用权。其特征有：①派生性。土地使用权是从土地所有权中派生出来的一种权利。即土地使用权是在一定条件下与土地所有权相分离而形成的一种权利。②独立性。土地使用权具有相对的独立性，只要符合法律的规定，土地使用权人可以以转让、出租、抵押等方式行使其权利。

《土地管理法》规定，国家依法实行国有土地有偿使用制度；国有土地和农民集体所有的土地，可以依法确定给单位或者个人使用。取得土地使用权的土地使用者，其使用权在使用年限内可以转让、出租、抵押或者用于其他经济活动，合法权益受国家法律保护。

1. 国有土地使用权

国有土地使用权是指民事主体依法对国家所有的土地享有使用和收益的权利。凡符合依法使用国有土地条件的单位和个人均可成为国有土地使用者。国有土地使用权具有重大意义。国家作为国有土地所有者并不直接使用土地，而是由具体单位和个人来使用。国有土地的收益权能一部分由土地使用者实现，一部分由国家通过收取土地使用税(费)和土地使用权有偿出让的形式来实现。

2. 集体土地使用权

集体土地使用权是指农村集体经济组织及其成员以及符合法律规定的其他组织和个人依法对集体所有的土地享有占有、使用、收益的权利。

集体土地使用权依照土地的用途可划分为农地使用权和农村建设用地使用权。农地使用权一般通过承包经营的方式取得。通过这种方式取得的集体土地使用权，称为土地承包经营权。农村建设用地使用权，主要是指乡镇企业、农村基础设施和公共事业建设、农民宅基地等占用农民集体土地的使用权，是农民集体和个人依法进行非农业建设而使用农民集体土地的权利。农村建设用地使用权依照法律规定的审批程序取得。

6.2.3 国有建设用地

1. 国有建设用地的概念和种类

国有建设用地是指国家进行各项经济、文化、国防建设以及举办社会公共事业所需要使用的土地，包括城市市区的土地，铁路、公路、机场、国有企业、港口等国家所有土地中的建设用地。《土地管理法》第四十三条规定，任何单位和个人进行建设，需要使用土地的，必须依法申请使用国有土地；但是，兴办乡镇企业和村民建设住宅经依法批准使用本集体经济组织农民集体所有的土地的，或者乡(镇)村公共设施和公益事业建设经依法批准使用农民集体所有的土地的除外。前面所说依法申请使用的国有土地包括国家所有的土地和国家征用的原属于农民集体所有的土地。

已经确定为国有建设用地的国有土地，建设时可以直接使用，这是国有建设用地的主要来源。此外，国有建设用地还可以通过国有农用地、国有未利用土地、农村集体所有建设用地、农村集体所有农用地和未利用土地等转化成为国有建设用地。国有建设用地主要有：城镇居民住宅用地和公共设施用地，工矿区用地，交通用地，水利建设用地，旅游区用地，军事设施用地及其他有特殊要求的用地。

国有建设用地的土地所有权归国家所有，任何单位和个人不得侵占、买卖或者以其他形式非法转让土地。土地使用权可以依法转让。建设单位或者个人使用国有建设用地的，必须获得土地使用权。

2. 国有建设用地的使用和收回

《土地管理法》第五十五、五十六、五十七条规定了国有建设用地的使用和回收，具体内容如下。

以出让等有偿使用方式取得国有土地使用权的建设单位，按照国务院规定的标准和办法，缴纳土地使用权出让金等土地有偿使用费和其他费用后，方可使用土地。新增建设用地的土地有偿使用费，30%上缴中央财政，70%留给有关地方人民政府，都专项用于耕地开发。

建设单位使用国有土地的，应当按照土地使用权出让等有偿使用合同的约定或者土地使用权划拨批准文件的规定使用土地；确需改变该幅土地建设用途的，应当经有关人民政府土地行政主管部门同意，报原批准用地的人民政府批准。其中，在城市规划区内改变土地用途的，在报批前，应当先经有关城市规划行政主管部门同意。

有下列情形之一的，由有关人民政府土地行政主管部门报经原批准用地的人民政府或者有权批准的人民政府批准，可以收回国有土地使用权：①为公共利益需要使用土地的；②为实施城市规划进行旧城区改建，需要调整使用土地的；③土地出让等有偿使用合同约定的使用期限届满，土地使用者未申请续期或者申请续期未获批准的；④因单位撤销、迁移等原因，停止使用原划拨的国有土地的；⑤公路、铁路、机场、矿场等经核准报废的。

依照前面第①、②项的规定收回国有土地使用权的，对土地使用权人应当给予适当补偿。

3. 国家建设征收土地和补偿

国家建设征收土地，是指国家为了公共利益的需要，将集体所有土地转变为国有土地的强制手段。《中华人民共和国宪法》规定，国家为了公共利益的需要，可以依法对土地实行征收或者征用并给予补偿。《土地管理法》第四十五、四十六、四十七、四十八、四十九、五十、五十一条对国家建设征收土地做了规定，加上《中华人民共和国土地管理法实施条例》(以下简称《土地管理法实施条例》)的有关规定，具体内容如下。

1) 征收土地的审批权限

《土地管理法》第四十五条规定："征收下列土地的，由国务院批准：①基本农田；②基本农田以外的耕地超过35公顷的；③其他土地超过70公顷的。征用前款规定以外的其他土地的，由省、自治区、直辖市人民政府批准，并报国务院备案。征收农用地的，应当先行办理农用地转用审批。其中，经国务院批准农用地转用的，同时办理征地审批手续，不再另行办理征地审批；经省、自治区、直辖市人民政府在征地批准权限内批准农用地转用的，同时办理征地审批手续，不再另行办理征地审批。超过征地批准权限的，应当依照本条第一款的规定另行办理征地审批。"更为具体的审批手续依照《土地管理法实施条例》《建设用地审查报批管理办法》的有关规定办理。

2) 征收土地的实施

根据《土地管理法》第四十六条及《土地管理法实施条例》有关规定，国家征收土地的，依照法定程序批准后，由县级以上地方人民政府予以公告并组织实施，并将批准征地机关、批准文号、征收土地的用途、范围、面积，以及征地补偿标准、农业人员安置办法和办理征地补偿的期限等，在被征收土地所在的乡(镇)、村予以公告。被征收土地的所有权人、使用权人应当在公告规定的期限内，持土地权属证书到公告指定的人民政府土地行政主管部门办理征地补偿登记。

市、县人民政府土地行政主管部门根据经批准的征收土地方案，会同有关部门拟订征地补偿、安置方案，在被征收土地所在地的乡(镇)、村予以公告，听取被征收土地的农村集体经济组织和农民的意见。征地补偿、安置方案报市、县人民政府批准后，由市、县人民政府土地行政主管部门组织实施。对补偿标准有争议的，由县级以上地方人民政府协调；协调不成的，由批准征收土地的人民政府裁决。征地补偿、安置争议不影响征收土地方案的实施。

征收土地的各项费用应当自征地补偿、安置方案批准之日起3个月内全额支付。

3) 征收土地的补偿

《土地管理法》第四十七条规定，征收土地的，按照被征收土地的原用途给予补偿。征收耕地的补偿费用包括土地补偿费、安置补助费以及地上附着物和青苗的补偿费。

土地补偿费归农村集体经济组织所有；地上附着物及青苗补偿费归地上附着物及青苗的所有者所有。征用土地的安置补助费必须专款专用，不得挪作他用。需要安置的人员由农村集体经济组织安置的，安置补助费支付给农村集体经济组织，由农村集体经济组织管理和使用；由其他单位安置的，安置补助费支付给安置单位；不需要统一安置的，安置补助费发放给被安置人员个人或者征得被安置人员同意后用于支付被安置人员的保险费用。市、县和乡(镇)人民政府应当加强对安置补助费使用情况的监督。

4. 农用地转用

农用地转用是农用地转为建设用地的简称，是指将耕地、林地、草地等农业生产用土地，按照土地利用总体规划和国家规定的批准权限报批后，转变为建造建筑物、构筑物的土地的行为。农用地转用是实施土地用途管制的重要手段，其依据有土地利用总体规划、土地利用年度计划、建设用地供应政策等。

《土地管理法》第四十四条规定，建设占用土地，涉及农用地转为建设用地的，应当办理农用地转用审批手续。具体的审批手续有：①省、自治区、直辖市人民政府批准的道路、管线工程和大型基础设施建设项目、国务院批准的建设项目占用土地，涉及农用地转为建设用地的，由国务院批准。②在土地利用总体规划确定的城市和村庄、集镇建设用地规模范围内，为实施该规划而将农用地转为建设用地的，按土地利用年度计划分批次由原批准土地利用总体规划的机关批准。在已批准的农用地转用范围内,具体建设项目用地可以由市、县人民政府批准。③前面第①、②项规定以外的建设项目占用土地,涉及农用地转为建设用地的,由省、自治区、直辖市人民政府批准。

根据《土地管理法实施条例》第二十条的规定,农用地转用应当遵循以下程序办理:①市、县人民政府按照土地利用年度计划拟订农用地转用方案、补充耕地方案、征用土地方案,分批次逐级上报有批准权的人民政府。②有批准权的人民政府土地行政主管部门对农用地转用方案、补充耕地方案、征用土地方案进行审查,提出审查意见,报有批准权的人民政府批准;其中,补充耕地方案由批准农用地转用方案的人民政府在批准农用地转用方案时一并批准。③农用地转用方案、补充耕地方案、征用土地方案经批准后,由市、县人民政府组织实施,按具体建设项目分别供地。

在土地利用总体规划确定的村庄、集镇建设用地范围内,为实施村庄、集镇规划占用土地的,由市、县人民政府拟订农用地转用方案、补充耕地方案,依照前面规定的程序办理。

5. 临时用地

临时用地是指在建设施工过程中或者地质勘查过程中需要临时使用国有或者集体所有的土地,使用完毕后,即恢复土地原状或改善土地使用状况,并归还土地所有人的土地。

根据《土地管理法》第五十七条的规定,建设项目施工和地质勘查需要临时使用国有土地或者农民集体所有的土地的,由县级人民政府土地行政主管部门批准。其中,在城市规划区内的临时用地,在报批前,应当先经有关城市规划行政主管部门同意。土地使用者应当根据土地权属,与有关土地行政主管部门或者农村集体经济组织、村民委员会签订临时使用土地合同,并按照合同的约定支付临时使用土地补偿费。

临时使用土地的使用者应当按照临时使用土地合同约定的用途使用土地,并不得修建永久性建筑物。临时使用土地期限一般不超过两年。

【执法忙,土地才不闲】

《土地管理法实施条例》进而规定,抢险救灾等急需使用土地的,可以先行使用土地。其中,属于临时用地的,灾后应当恢复原状并交还原土地使用者使用,不再办理用地审批手续;属于永久性建设用地的,建设单位应当在灾情结束后6个月内申请补办建设用地审批手续。建设项目施工和地质勘查需要临时占用耕地的,土地使用者应当自临时用地期满之日起一年内恢复种植条件。

6.2.4 房地产开发用地

1. 房地产开发用地的概念

房地产开发用地,是指以进行房地产开发为目的而取得使用权的土地。根据《城市房地产管理法》的规定,房地产开发用地包括两类,即基础设施建设用地和房屋建设用地。理解房地产开发用地需要注意以下几点:①房地产开发用地仅限于国有土地,现阶段能够用作房地产开发用地的,主要是城市的国有土地及城市市郊的国有土地,而不包括农村或城市郊区的集体土地。②房地产开发用地仅指取得开发用地的使用权,而不是取得开发用地的所有权。国家实行土地所有权和土地使用权相分离的制度,房地产开发商取得的仅仅是土地使用权。依据《城市房地产管理法》,城市国有土地的使用权可通过出让及划拨方式取得。

2. 土地使用权出让

1) 土地使用权出让的概念与特征

土地使用权出让,即国有建设用地使用权出让,是指国家以土地所有者的身份将建设用地使用权在一定年限内让渡给土地使用者，并由土地使用者向国家支付土地使用权出让金的行为。土地使用权出让具有以下几个特征。

(1) **土地使用权出让是民事法律行为。**

土地使用权出让的双方，一方为出让人，一方为受让人，出让人为国家，受让人为法人或自然人。国家虽然是行政管理机关，但是在土地使用权出让法律关系中，国家并不以主权者的身份出现，而是以"土地所有人"的身份出现。作为土地所有者，国家与土地使用权受让人的法律地位平等，双方应遵循民法上的平等、自愿、有偿原则。

(2) **土地使用权出让是一种有偿行为。**

土地使用者取得一定年限内的国有土地使用权，须向国家支付土地使用权出让金。土地使用权出让金的本质，是国家凭借土地所有权取得的土地经济利益，表现为一定年限内的地租，一般以土地使用者向国家支付一定数额的货币为表现形式。但是在实践中，土地出让金的构成，除一定年限内的地租外，还包括土地使用权出让前国家对土地的开发成本以及有关的征地拆迁补偿安置等费用。

(3) **土地使用权出让是一种附有特殊限制的行为。**

这一特征主要表现为：①土地使用权出让的有期性。我国土地使用权出让有一定年限且不得超过法定的最高年限。这里的年限是指一次出让签约的最高年限。土地使用权出让年限届满时，土地使用者可以申请续期。未申请续期或虽申请未经批准的，国家无偿收回土地使用权。②土地使用权出让是国家为土地使用者设定他物权的行为，根据"物权法定原则"，土地使用者应在法定的限度内行使法定的权利，并对土地负有管理、保护和合理利用的义务。③土地使用权的客体仅及于土地。该土地的地下资源、埋藏物和市政公用设施等属于国家。

2) 土地使用权出让的批准权限和宏观调控

(1) 土地使用权出让的批准权限。

土地使用权出让的审批，是政府对土地使用权出让活动进行管理的一种行政措施，目的在于加强土地使用权出让的监督、检查，使土地所有权出让有计划、有步骤地进行。

《城市房地产管理法》第十二条规定："土地使用权出让，由市、县人民政府有计划、有步骤地进行。出让的每幅地块、用途、年限和其他条件，由市、县人民政府土地管理部门会同城市规划、建设、房产管理部门共同拟订方案，按照国务院规定，报有批准权的人民政府批准后，由市、县人民政府土地管理部门实施。"根据这一条规定，土地使用权出让的批准权在于国务院规定的各级人民政府。

根据1989年国务院下发的《关于出让国有土地使用权批准权限的通知》，政府对土地使用权出让的批准权限与使用权划拨的批准权限相同，具体批准权限如下：①出让耕地1000亩以上，其他土地2000亩以上的，由国务院批准；②出让耕地1000亩以下，其他土地2000亩以下的，由省、自治区、直辖市人民政府批准；③出让耕地3亩以下，其他土地10亩以下的，由县级人民政府批准；④省辖市、自治州人民政府对出让土地使用权的批准权限，由省、自治区人大常委会决定。直辖市的区和县人民政府对出让土地使用权的批准权限，由直辖市人大常委会决定。

(2) 土地使用权出让的宏观调控。

土地使用权出让的宏观调控，是指国家对未来出让土地使用权用于房地产开发的用地进行安排和布置，以此实现用地的总量控制。根据《城市房地产管理法》第十条和第十一条的规定，土地使用权出让，必须符合土地利用总体规划、城市规划和年度建设用地计划。县级以上地方人民政府出让土地使用权用于房地产开发的，须根据省级以上人民政府下达的控制指标拟定年度出让土地使用权总面积方案，按照国务院规定，报国务院或者省级人民政府批准。这是国家对土地使用权出让实行总量控制和宏观调控的法律依据。据此，各级政府必须将出让土地使用权的总面积严格控制在下达的指标之内。

3) 土地使用权出让的方式

土地使用权出让的方式，是指国家将国有土地使用权出让给土地使用人所采取的形式和方法。《城市房地产管理法》第十三条规定，我国的国有土地使用权可以采取拍卖、招标和拍卖方式。2002年，国土资源部出台的《招标拍卖挂牌出让国有土地使用权规定》(国土资源部令第11号)增加了国有土地使用权出让的挂牌出让方式。2007年9月，国土资源部发布《招标拍卖挂牌出让国有建设用地使用权规定》(该规定是对国土资源部第11号令修改形成的)，对国有建设用地使用权招拍挂出让范围、挂牌出让截止期限、缴纳出让价款和发放国有建设用地使用权证书等作出了明确规定。因此，目前我国国有建设用地使用权出让方式有四种：协议、招标、拍卖、挂牌。

(1) **协议出让的方式**。

协议出让，是指出让方与受让方(土地使用者)通过谈判、协商，最终达成出让土地使用权一致意见的一种方式。具体而言，它是由土地使用者向政府提出用地申请，经批准后，再由出让方与受让方协商地价、用地年限、付款方式和时间以及其他用地的条件并达成一致而出让土地使用权。协议出让的方式由于缺乏公开性、竞争性，受具体经办人的主观因素影响较大，容易出现出让金偏低等不正常现象，故法律已限制这种方式的运用。

协议出让国有土地使用权范围：①供应商业、旅游、娱乐和商品住宅等各类经营性用地以外用途的土地，其供地计划公布后同一宗地只有一个意向用地者的；②原划拨、承租土地使用权人申请办理协议出让，经依法批准，可以采取协议方式，但《国有土地划拨决定书》《国有土地租赁合同》、法律、法规、行政规定等明确应当收回土地使用权重新公开出让的除外；③划拨土地使用权转让申请办理协议出让，经依法批准，可以采取协议方式，但《国有土地划拨决定书》、法律、法规、行政规定等明确应当收回土地使用权重新公开出让的除外；④出让土地使用权人申请续期，经审查准予续期的，可以采用协议方式；⑤法律、法规、行政规定明确可以协议出让的其他情形。对不能确定是否符合协议出让范围的具体宗地，可由国有土地使用权出让协调决策机构集体认定。

《城市房地产管理法》第十三条规定："商业、旅游、娱乐和豪华住宅用地，有条件的，必须采取拍卖、招标方式；没有条件，不能采取拍卖、招标方式的，可以采取双方协议的方式。"且"采取双方协议方式出让土地使用权的出让金不得低于按国家规定所确定的最低价"。《招标拍卖挂牌出让国有土地使用权规定》进一步规定："商业、旅游、娱乐和商品住宅等各类经营性用地，必须以招标、拍卖或者挂牌方式出让。"还规定："前款规定以外用途的土地的供地计划公布后，同一宗地有两个以上意向用地者的，也应当以招标、拍卖或者挂牌方式出让。"这实际上意味着，凡是有两个以上潜在受让人的，就应该采用公开方式出让土地使用权，而不再受土地用途的限制。2003年6月国土资源部发布了《协议出让国有土地使用权规定》，对协议出让国有土地使用权行为进行规范。根据《协议出让国有土地使用权规定》，协议出让的范围一般只适用同一地块只有一个意向用地者的非经营性用地。

2004年3月，国土资源部、监察部联合下发了71号文件(《关于继续开展经营性土地使用权招标拍卖挂牌出让情况执法监察工作的通知》)，要求从2004年8月31日起，所有经营性项目用地一律公开竞价出让，各地不得再以历史遗留问题为由进行协议出让。同时要求此后发展商须及时缴纳土地出让金，两年不开发政府可收回土地。71号令的颁布正式叫停了此前盛行的协议出让，成为土地交易市场化的标志。由于该规定从8月31日实施，这场"土地革命"的起点也被业内称为"8·31大限"。

(2) **招标出让的方式**。

招标出让，是指市、县人民政府国土资源行政主管部门发布招标公告，邀请特定或者不特定的自然人、法人和其他组织参加国有建设用地使用权投标，根据投标结果确定国有建设用地使用权人的行为。

招标拍卖挂牌出让范围的界定：①供应商业、旅游、娱乐和商品住宅等各类经营性用地以及有竞争要求的工业用地；②其他土地供地计划公布后同一宗地有两个或者两个以上意向用地者的；③划拨土地使用权改变用途，《国有土地划拨决定书》或法律、法规、行政规定等明确应当收回土地使用权，实行招标拍卖挂牌出让的；④划拨土地使用权转让，《国有土地划拨决定书》或法律、法规、行政规定等明确应当收回土地使用权，实行招标拍卖挂牌出让的；⑤出让土地使用权改变用途，《国有土地使用权出让合同》约定或法律、法规、行政规定等明确应当收回土地使用权，实行招标拍卖挂牌出让的；⑥法律、法规、行政规定明确应当招标拍卖挂牌出让的其他情形。对不能确定是否符合上述规定条件的具体宗地，可由国有土地使用权出让协调决策机构集体认定。

对具有综合目标或特定社会、公益建设条件、开发建设要求较高、仅有少数单位和个人可能有受让意向的土地使用权出让，可以采取招标方式，按照综合条件最佳者得的原则确定受让人；其他的土地使用权出让，应当采取招标、拍卖或挂牌方式，按照价高者得的原则确定受让人。

采用招标方式出让国有土地使用权的，应当采取公开招标方式。对土地使用者有严格的限制和特别要求的，可以采用邀请招标方式。

招标出让方式的一般程序为：招标、投标、定标、签约、履约五个阶段。招标通常是以招标通告的形式公告出让人的地块位置、面积、用途及其他相关事项。投标则是经资格审查合格的人，以接受标书为条件向投标人发出订立合同的意思表示。定标是招标人公布所有的投标并公开进行评比，对评定最优投标人许诺与其订立合同的意思表示。定标又称决标，一般经过开标、评标、决标三个阶段，决标后招标人向中标者发出中标证明书。土地使用权的招标投标应当遵循《招标拍卖挂牌出让国有建设用地使用权规定》《中华人民共和国招标投标法》的规定进行。

实践证明，招标出让方式不仅集中体现了公开、公正、公平的原则，同时可以实现政府按规划统一开发、统一供地，以引导和制约需求，实现土地优化配置，还可以防止土地出让中的不正之风和腐败行为。招标出让方式，一般适用于开发性用地或有较高技术性要求的建设用地。

(3) **拍卖出让的方式**。

拍卖出让，是指出让人发布拍卖公告，由竞买人在指定的时间、地点，利用公开场合，就所出让土地使用权的地块公开叫价竞投，按"价高者得"的原则，确定土地使用权受让者的一种方式。

根据《招标拍卖挂牌出让国有建设用地使用权规定》第十五条，拍卖会依照下列程序进行：①主持人点算竞买人；②主持人介绍拍卖宗地的位置、面积、用途、使用年限、规划要求和其他有关事项；③主持人宣布起叫价和增价幅度，没有底价的，应当明确提示；④主持人报出起叫价；⑤竞买人举牌应价或者报价；⑥主持人确认该应价后继续竞价；⑦主持人连续三次宣布同一应价而没有再应价的，主持人落槌表示拍卖成交；⑧主持人宣布最高价者为竞得人。

拍卖出让方式，充分引进了竞争机制，排除了任何主观因素，有利于公平竞争，可以使国家最大限度地获得土地收益，增加财政收入。这种方式主要适用于投资环境好、赢利大、竞争性很强的房地产业、金融业、旅游业、商业和娱乐用地。

(4) **挂牌出让的方式**。

挂牌出让，是指出让人发布挂牌公告，按公告规定的期限将拟出让宗地的交易条件在指定的土地交易场所挂牌公布，接受竞买人的报价申请并更新挂牌价格，根据挂牌期限截止时的出价结果或者现场竞价结果确定国有建设用地使用权人的行为。

根据《招标拍卖挂牌出让国有建设用地使用权规定》第十七条，挂牌依照以下程序进行：①在挂牌公告规定的挂牌起始日，出让人将挂牌宗地的位置、面积、用途、使用年期、规划要求、起始价、增价规则及增加幅度等，在挂牌公告规定的土地交易所挂牌公布(挂牌时间不少于10个工作日)；②符合条件的竞买人填写报价单报价；③挂牌主持人确认该报价后，更新显示挂牌价格(在挂牌期，挂牌主持人可以根据竞买人竞价情况调整增加幅度)；④挂牌主持人在挂牌公告规定的挂牌截止时间确定竞得人。

挂牌也是一种公开竞价确定受让人的方式，也能很好地确保土地交易的公开、公平、公正，促进土地市场的健康发展。这种方式和拍卖招标相比，在竞得人遴选上，更加灵活，并且简便易行，费用低廉，特别适合那些地块较小、起价较低的项目。

4) 土地使用权出让的年限

【中华人民共和国城镇国有土地使用权出让和转让暂行条例】

土地使用权出让的年限，是指国家许可土地使用者可以使用国有土地的期限，包括国家法律规定的最高年限和合同具体约定的实际出让年限。

为了宏观调控国有土地的使用，国家法律法规规定了土地使用权出让的最高年限。根据1990年国务院颁布的《中华人民共和国城镇国有土地使用权出让和转让暂行条例》的规定，土地使用权出让最高年限按用途分别为：①居住用地70年；②工业用地50年；③教育科技、文化、卫生、体育用地50年；④商业、旅游娱乐用地40年；⑤综合或其他用地50年。

合同约定的实际出让年限，是指出让方与受让方在出让合同中具体约定的受让方得以使用土地的期限。合同约定的出让年限，不得超过法律限定的最高年限。在国家法律规定的最高年限内，出让方和受让方可以自由约定土地使用权出让的年限。

《城市房地产管理法》第二十二条规定："土地使用权出让合同约定的使用年限届满，土地使用者需要继续使用该土地的，应当至迟于届满前一年申请续期，除根据社会公共利益需要收回该幅土地的，应当予以批准。经批准准予续期的，应当重新签订土地使用权出让合同，依照规定支付土地使用权出让金。"

5) 土地使用权出让合同

(1) 土地使用权出让合同的概念。

土地使用权出让合同，是指市、县人民政府土地管理部门与土地使用者之间就出让城市国有土地使用权所达成的、明确相互之间权利义务关系的协议。《城市房地产管理法》第十五条规定："土地使用权出让，应当签订书面出让合同。"《城镇国有土地使用权出让和转让暂行条例》第十一条特别规定："土地使用权出让合同应当按照平等、自愿、有偿的原则，由市、县人民政府土地管理部门与土地使用者签订。"

土地使用权出让合同可分为宗地出让合同、成片开发土地出让合同、划拨土地使用权补办出让合同三种类型。根据《城市房地产管理法》的规定，不论是采取协议方式，还是拍卖或招标方式出让土地使用权，出让方和受让方都必须签订土地使用权合同。

(2) 土地使用权出让合同的主要内容。

我国现阶段的土地出让合同，一般采用标准合同的格式，合同的主要条款、格式由出让方提出，受让方很少有修改的余地。一般而言，出让合同主要包括下列内容：①出让土地的概况：包括出让地块的位置、四邻界至、用途、面积及地块编号、项目名称等。②出让期限：土地使用权的出让年限在出让合同中约定，但不得超过国家法律规定的最高年限。③出让金的数额、支付方式和期限。土地出让金是土地价值的货币表现，即土地使用价格。它关系到国家土地收益和使用人的负担，体现国家土地政策，是订立土地出让合同的关键。 ④土地使用条件。这是出让方根据建设规划而确定的土地用途及利用要求。如土地使用的总平面布置图、建筑密度、建筑限高、建筑容积率、工程管线规划、工程深度限制、环境保护、园林绿化、消防等要求。这些是土地使用权出让合同的重要条件，一般作为出让合同的一部分予以确认。⑤违约责任。《城镇国有土地使用权出让和转让暂行条例》第十四条规定，土地使用者应当在签订土地使用权出让合同后60日内，支付全部土地使用权出让金。土地使用者逾期未支付全部出让金的，出让方有权解除合同，并可请求违约赔偿。《城镇国有土地使用权出让和转让暂行条例》第十五条规定，出让方应当按照合同规定，提供出让的土地使用权，未按合同规定提供土地使用权的，土地使用者有权解除合同，并可请求违约赔偿。⑥双方认为应约定的其他条款。⑦纠纷的解决方式，合同订立的地点、日期等。

(3) 土地使用权出让合同的变更和终止。

土地使用权出让合同的变更，是指合同当事人一方或双方因某种需要，要求改变原合同的部分条款内容(如土地用途、建设规模等)而引起当事人双方的权利义务关系的调整和变化。

《城镇国有土地使用权出让和转让暂行条例》第十八条规定："土地使用者需要改变土地使用权出让合同规定的土地用途的，应当征得出让方的同意并经土地管理部门和城市规划部门批准，依照本章的有关规定重新签订土地使用权出让合同，调整土地使用权出让金，并办理登记。"这是关于土地用途的变更。其实，土地使用权出让合同的内容都可以变更，虽然法律没有明确规定这些内容的变更，但从用益物权的法理上讲，都需要依法批准和登记，才有效。

土地使用权出让合同的终止，是指土地使用权合同签订后，基于某种法定事由的发生，土地使用权的效力归于消灭。终止的原因主要有以下几种：①因社会公共利益的需要，国家依法定程序提前收回土地使用权。此时国家应根据土地使用的年限和开发利用土地的实际情况给予相应的补偿。②因土地使用权出让年限届满而终止。土地使用权出让合同期届满，土地使用者未申请续期或申请续期但未获批准的，土地使用权由国家无偿收回。③因土地的灭失而导致使用者不再享有土地使用权，此时土地使用权出让合同履行已成为不可能。④因受让人违反出让合同，出让人提前将土地使用权收回。例如，法律规定以出让方式取得土地使用权进行房地产开发的房地产开发企业，必须在两年内动工开发，否则国家可以无偿收回土地使用权。⑤因土地使用者死亡且无合法继承人而终止。⑥因土地使用者的某些原因要求提前终止合同，且土地管理部门同意提前终止土地使用权出让合同而终止。

3. 土地使用权划拨

1) 土地使用权划拨的概念与特征

土地使用权划拨，是指县级以上人民政府依法批准，在土地使用者交纳补偿、安置等费用后将该幅土地交付其使用，或者将国有土地使用权无偿交付给土地使用者使用的行为。土地使用权划拨具有如下特征：①土地使用权的划拨具有行政性，是一种具体的行政行为。国家在划拨土地使用权时行使的是行政权力，土地使用者在划拨中与国家的地位不平等。②土地使用权划拨是一种无偿行为。土地使用者取得划拨土地使用权无须支付对价，但一般情况下，土地使用者必须对原先土地使用者支付补偿费和安置费。补偿、安置费不是土地使用权的对价，而只是对原先土地使用者的损失和重新安置的补偿。③划拨土地使用权无使用期限的限制。《城市房地产管理法》第二十二条规定，以划拨方式取得土地使用权的，除法律、行政法规另有规定外，没有使用期限的限制。④划拨土地使用权一般具有不可交易性。《城镇国有土地使用权出让和转让条例》第四十四条规定："划拨土地使用权，除本条例第四十五条规定的情况外，不得转让、出租、抵押。"而第四十五条的情况是，"企业、公司、其他经济组织和个人对其使用的划拨土地，领有国有土地使用证，具有合法的地上建筑物、其他附着物产权证明，并在补签土地使用权出让合同和补交出让金的条件下，经市、县人民政府土地管理部门和房产管理部门批准，可以转让、出租、抵押"。

由此，我们可以看出划拨土地使用权和出让土地使用权的区别，如表6-1所示。

表6-1 划拨土地使用权和出让土地使用权的区别

项目	划拨土地使用权	出让土地使用权
取得方式	行政方式	合同方式
支付对价否	无偿取得	支付出让金
存续期限	长期或者无期限	有期限
可交易否	不可转让、出租、抵押	可以转让、出租、抵押

2) 土地使用权划拨的范围

根据《城市房地产管理法》第二十四条的规定，下列建设用地的土地使用权，确属必需的，可以由县级以上人民政府依法批准划拨。

(1) **国家机关用地和军事用地**。

国家机关用地，是指行使国家职能的各种机关用地的总称，包括国家权力机关、国家行政机关、国家司法机关和国家军事机关等用地。

军事用地，主要指军事设施用地，包括指挥机关、地面和地下的指挥工程、作战工程用地；军用机场、港口、码头用地；营区、训练场、试验场用地；军事油库、仓库用地；军用通信、侦察、导航、观测台站和测量、导航标志用地；军用公路、铁路专用线、军用通信、输电线路、军用输油、输水管道用地；其他军事设施用地。

(2) **城市基础设施用地和公益事业用地**。

城市基础设施用地，是指城市给水、排水、污水处理、供电、通信、煤气、热力、道路、桥梁、市内公共交通、园林绿化、环境卫生以及消防、路标、路灯等设施用地。

城市公益事业用地，是指城市内的学校、医院、体育场馆、图书馆、文化馆、博物馆、纪念馆、福利院、敬老院、防疫站等不以经营为目的的文体、卫生、教育、福利事业用地。

(3) **国家重点扶持的能源、交通、水利等项目用地**。

这类用地是指由中央投资、中央与地方共同投资或者共同引进外资，以及其他投资者投资的，国家采取各种优惠政策重点扶持的煤炭、石油、天然气、电力等能源项目用地；铁路、港口码头等交通项目用地；水库、防洪、防溃、防碱、农田灌溉、水力发电、江河治理、城市供水和排水等水利工程项目用地。

(4) **法律、行政法规规定的其他用地**。

6.3 房地产开发

6.3.1 房地产开发概述

1. 房地产开发的概念与特点

房地产开发，是指以土地开发和房屋建设为投资对象所进行的生产经营活动。《城市房地产管理法》第二条规定："房地产开发是指在依法取得国有土地使用权的土地上进行基础设施、房屋建设的行为。"可见，房地产开发具有如下特点。

房地产开发是在国有土地上进行的。作为房地产开发用地的土地，必须是国有土地，集体土地不能成为房地产开发用地。因此，取得国有土地使用权是房地产开发的前提条件，房地产开发的用地主要是城市用地,而不是农村土地。

房地产开发的内容是进行基础设施和房屋建设。基础设施建设,通常也称之为土地开发,即通过"三通一平"(通水、通电、通路,平整土地)或"七通一平"(通水、通电、通路、通排水、通煤气、通热力、通邮政,平整土地),将自然状态的土地变为可建造房屋及其他建筑物的土地(俗称生地变熟地)。房屋建设也就是房屋开发,即在具备建设条件的土地上建筑各类房屋。房地产开发是经营性的经济活动,一般不包括建筑施工等生产性行为。

房地产开发是一项十分复杂的经济活动。房地产开发涉及面广。房地产开发企业从有偿取得土地使用权,到勘察设计和建筑施工,直至最终将开发产品作为商品在房地产市场转让,寻求利润回报的过程中,具体涉及土地、规划、勘察设计、施工、市政、供电、通信、环境等众多部门和环节,需要这些部门的通力协作。此外,房地产开发还具有数量大、周期长、高风险的特点,这也决定了它的复杂性。

一般房地产开发的程序如图6.2所示。

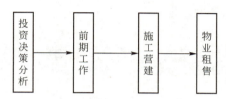

图6.2 房地产开发程序

(1) 投资决策分析:针对特定地区的特定地块或房地产项目的可行性分析,主要包括市场分析和项目的财务分析。

(2) 前期工作:为房地产开发做进一步的准备工作,主要是取得土地以及动拆迁和基础设施配套建设。

(3) 施工营建:也称中期开发,主要是指从设计、施工招投标到房屋施工建设直至竣工验收。

(4) 物业租售:也称后期开发,主要包括开发的房屋具备预售条件之后的销售、租赁、抵押以及物业管理等。

2. 房地产开发的基本原则

房地产开发的基本原则,是指从事房地产开发活动及对房地产开发实施管理应遵循的基本准则。根据《城乡规划法》的规定,房地产开发应当遵循以下原则。

1) 严格执行城市规划的原则

城市规划是为确定城市的规模和发展方向,实现城市的发展目标而制订的一定时期内城市社会、经济发展的计划。它是城市人民政府对城市建设进行宏观调控和微观管理的重要措施,是城市建设和发展的纲领,也是对城市房地产开发进行合理控制的有效手段。根据《城乡规划法》的规定,城市规划区内的土地利用和各项建设必须符合城市规划,服从规划管理,实行"一书两证"制度。失去城市规划控制的开发就是盲目建设的乱开发。

2) 经济效益、社会效益、环境效益相统一的原则

房地产开发必须坚持经济效益、社会效益、环境效益相统一的原则。这也是城市发展和建设的重要目标。经济效益是房地产企业赖以生存和发展的必要条件。社会效益是房地产开发对社会产生的效果和利益。环境效益是房地产开发对城市自然环境和人们居住环境所产生的积极影响。经济效益、社会效益、环境效益三者是一个有机的整体,三者之间应当相互促进、相互协调、相互发展,不能忽视任何一方面。如果三者之间发生矛盾,应当以环境效益和社会效益优先。

3) **全面规划、合理布局、综合开发、配套建设的原则**

这是多年来我国城市建设工作总结出来的成功经验。全面规划是指房地产开发项目在规划设计上要力求全面，并与城市规划相协调。布局合理、综合开发、配套建设是全面规划的具体内容和要求。这要求进行房地产开发时，要按照城市规划的功能分区，将某一地区各类物业的土地开发和房屋建设与基础设施和配套设施的建设进行统一规划、同步建设。

4) **依照法律或合同要求开发的原则**

【建了拆，拆了建，账本怎么算？】

房地产开发要依照法律的要求来进行，如根据《城市房地产管理法》，房地产开发活动要在依法取得国有土地使用权的土地上进行，农村的集体土地不能从事房地产开发。如果需要占用集体所有土地进行开发建设，必须先由国家征用转为国有土地。房地产开发项目的设计、施工必须符合国家的有关标准和规范等。此外，房地产开发还要依照合同的要求来进行，如房地产开发必须按照土地出让合同约定的用途开发土地，必须按照土地出让合同约定的动工期限开发土地。

6.3.2 房地产开发企业

1. 房地产开发企业的概念和特征

【房地产开发企业资质管理规定】

房地产开发企业是指依法设立、具有企业法人资格，从事房地产开发经营的经济组织。房地产开发企业可以分为专营企业、兼营企业和项目公司。专营企业是指以房地产开发经营为主业的企业；兼营企业是指以其他经营项目为主，兼营房地产开发经营业务的企业；项目公司是指以开发项目为对象从事单项房地产开发经营的公司。根据《城市房地产管理法》和《房地产开发企业资质管理规定》，房地产开发企业具有以下法律特征。

(1) 房地产开发企业是具有法人资格的经济实体。房地产开发企业是依法成立的具备法人资格的企业，有独立的组织机构、名称、经营场所和必要的资本金，对外能以自己的名义独立享有民事权利和承担法律责任。

(2) 房地产开发企业是以营利为目的的经营性企业。房地产开发企业在开发和经营活动中以获取最大限度的经济利益为目的。

(3) 房地产开发企业的经营范围限于房地产开发和经营。房地产开发企业能从事的活动有在依法取得的国有土地使用权上进行基础设施和房屋建设(开发活动)；从事具体的交易活动，包括房地产的转让、抵押、租赁等(经营活动)。房地产开发企业的经营活动不能超过注册时的经营范围。

2. 房地产开发企业的设立

1) **房地产开发企业的设立条件**

依据《城市房地产管理法》《城市房地产开发经营管理条例》《房地产开发企业资质管理规定》等法律法规，房地产开发企业的设立应具备如下条件。

(1) **有自己的名称和组织机构。**

房地产开发企业是独立的法人，必须有自己的名称和组织机构。房地产开发企业的名称是一个房地产开发企业区别于其他企业的重要标志，该名称须在企业设立登记时由工商行政主管部门核准。房地产有限责任公司、房地产股份有限公司的名称中还应标明"有限责任"和"股份有限"的字样。组织机构是房地产开发企业对内执行法人事务，对外代表企业参加经济活动的机构。只有健全的组织机构，才能正确形成法人意志。

第6章 城市房地产管理法

(2) 有固定的经营场所。

固定的经营场所是指房地产开发企业主要办事机构所在地。一个企业登记的住所只能有一个。

(3) 有符合国务院规定的注册资本。

注册资本是房地产开发企业经营必要的物质条件，也是企业对外承担责任的基础。根据1998年国务院发布的《城市房地产开发经营管理条例》的规定，房地产开发企业须有100万元以上的注册资本。

(4) 有足够的专业人员。

足够的专业人员是房地产开发企业进行开发经营活动所必需的人力投入，是企业运转的必要条件。根据《城市房地产开发经营管理条例》的规定，房地产开发企业应当至少有4名以上持有资格证书的房地产专业、建筑工程专业的专职技术人员，2名以上持有资格证书的专职会计人员。

(5) 法律、法规规定的其他条件。

2) 房地产开发企业的设立程序

设立房地产开发企业主要包括以下两个步骤。

(1) 申请登记。

设立房地产开发企业，应当向工商行政管理部门申请设立登记，并提供创办企业的可行性研究报告和各项经济技术资料。工商行政管理部门对符合法定条件的，应当自收到申请之日起30日内予以登记，发给营业执照。对于不符合条件的不予登记并说明理由。根据《房地产开发企业资质管理规定》，在设立登记前，还应经过建设行政主管部门审查，获取相应房地产开发企业的资质等级证书。

(2) 依法备案。

房地产开发企业应当自领取营业执照之日起30日，持营业执照复印件、企业章程、验资证明、企业法定代表人的身份证明、专业技术人员的资格证书和聘用合同、房地产开发主管部门认为需要的其他文件，到登记机关所在地的房地产开发主管部门备案。

3. 房地产开发企业的资质管理

《城市房地产开发经营管理条例》第九条规定："房地产开发主管部门应当根据房地产开发企业的资产、专业技术人员和开发经营业绩等，对备案的房地产开发企业核定资质等级。房地产开发企业应当按照核定的资质等级，承担相应的房地产开发项目。"

【城市房地产开发经营管理条例】

为了加强对房地产开发企业的管理，规范房地产开发企业行为，根据《房地产开发企业资质管理规定》，将房地产开发企业分为一、二、三、四共四个资质等级。新设立的房地产开发企业(含新增设房地产开发经营业务)应当申请暂定资质。国家对房地产开发企业实行分级审批的制度，任何从事房地产开发经营业务的企业都必须取得房地产开发资质等级证书。国务院住房和城乡建设主管部门负责全国房地产开发企业的资质管理工作；县级以上地方人民政府房地产开发主管部门负责本行政区域内房地产开发企业的资质管理工作。

6.3.3 房地产开发项目管理

房地产开发项目的管理，是指人民政府对房地产开发项目从立项、设计到竣工验收的全过程管理。房地产项目管理的内容具体包括以下两个方面。

1. 房地产开发的项目立项管理

根据《城市房地产开发经营管理条例》的规定，房地产开发项目立项，应当遵循以下要求。

(1) 确定房地产开发项目，应当符合土地利用总体规划、年度建设用地计划和城市规划、房地产开发年度计划的要求；按照国家有关规定需要经计划主管部门批准的，还应当报计划主管部门批准，并纳入年度固定资产投资计划。

(2) 确定房地产开发项目，应当坚持旧区改建和新区建设相结合的原则，注重开发基础设施薄弱、交通拥挤、环境污染严重以及危旧房屋集中的区域，保护和改善城市生态环境，保护历史文化遗产。

(3) 房地产开发用地应当以出让方式取得，但是，法律和国务院规定可以采用划拨方式的除外。土地使用权出让或者划拨前，县级以上地方人民政府城市规划行政主管部门和房地产开发主管部门应当对下列事项提出书面意见，作为土地使用权出让或者划拨的依据之一：①房地产开发项目的性质、规模和开发期限；②城市规划设计条件；③基础设施和公共设施的建设要求；④基础设施建成后的产权界定；⑤项目拆迁补偿、安置要求。

2. 房地产开发项目的设计与施工管理

根据《城市房地产管理法》和《城市房地产开发经营管理条例》，房地产开发项目的设计与施工管理，应当遵循下列制度。

(1) 房地产开发项目的开发建设应当统筹安排配套基础设施，并根据先地下、后地上的原则实施。

(2) 房地产开发项目的设计、施工，必须符合国家的有关标准和规范。

(3) 房地产开发项目应当建立资本金制度，资本金占项目总投资的比例不得低于20%。投资项目资本金是指在投资项目的总投资中，由投资者认购的出资额，对投资项目来说是非债务性资金，项目法人不承担这部分资金的任何利息和债务。投资者可以按其出资比例享有所有者权益，也可以转让其出资，但不得以任何方式抽出。这一制度可以防止部分房地产开发企业的不规范行为，减少楼盘"烂尾"等现象的发生。

(4) 房地产开发企业应当按照土地使用权出让合同约定的土地用途、动工开发期限进行项目开发建设。出让合同约定的动工开发期限满一年未动工开发的，可以征收相当于土地使用权出让金20%以下的土地闲置费；满两年未动工开发的，可以无偿收回土地使用权。但是，因不可抗力或者政府、政府有关部门的行为或者动工开发必需的前期工作造成动工迟延的除外。

(5) 房地产开发企业应当对其开发建设的房地产开发项目的质量承担责任。

(6) 房地产开发项目竣工，经验收合格后，方可交付使用；未经验收或验收不合格的，不得交付使用。房地产开发项目竣工后，房地产开发企业应当向项目所在地的县级以上地方人民政府房地产开发主管部门提出竣工验收申请。房地产开发主管部门应当自收到竣工验收申请之日起30日内，对涉及公共安全的内容，组织工程质量监督、规划、消防、人防等有关部门或者单位进行验收。

(7) 房地产开发企业应当将房地产开发项目建设过程中的主要事项记录在房地产开发项目手册中，并定期送房地产开发主管部门备案。这一规定是房地产开发项目手册制度，这是政府行业主管部门对房地产开发企业各项开发活动进行监控的动态管理制度，有利于保护消费者的合法权益。

6.4　国有土地上房屋征收与补偿

6.4.1　国有土地上房屋征收概述

1. 我国城市房屋拆迁制度相关立法进程

我国城市房屋拆迁制度始于20世纪90年代。1991年6月1日，国务院发布我国第一部系统规范城市房屋拆迁行为的行政法规《城市房屋拆迁管理条例》，以配套当时的《城市规划法》。

1994年7月5日，我国出台《城市房地产管理法》，由此拉开了房地产市场化的序幕，开发商成为中国城乡建设的主力军。就在当年，中国开始推行分税制改革，地方政府开始逐渐倚重土地财政。

2001年6月7日，国务院常务会议通过了对《城市房屋拆迁管理条例》的修改，并于当年7月1日起实施。修改后的条例，仍然没有区分公益和商业拆迁，其运作模式依然是建设单位向政府申请拆迁许可，获批后实施拆迁，发生纠纷由政府裁决；被拆迁人拒绝拆迁的，实行强制拆迁。由于在拆迁问题上，地方政府既是拆迁许可者，又是争议裁决者，无形中充当了强拆的支持者，理论上为"官商合谋"提供了现实的便利，这逐渐发展成为拆迁矛盾的根源。

2007年3月16日，《中华人民共和国物权法》出台。该法第四十二条第一、三款规定："为了公共利益的需要，依照法律规定的权限和程序可以征收集体所有的土地和单位、个人的房屋及其他不动产。……征收单位、个人的房屋及其他不动产，应当依法给予拆迁补偿，维护被征收人的合法权益；征收个人住宅的，还应当保障被征收人的居住条件。"

2007年8月30日，《城市房地产管理法修正案》通过。其中规定："为了公共利益需要，国家可以征收国有土地上单位和个人的房屋，并依法给予拆迁补偿，维护被征收人的合法权益；征收个人住宅的，还应当保障被征收人的居住条件。具体办法由国务院规定。"

2007年12月14日，在国务院第200次常务会议上，《国有土地上房屋征收与拆迁补偿条例(草案)》是第一项议题。会议认为，这个条例直接关系人民群众切身利益，要求有关部门广泛听取意见进一步修改后，再次提请国务院常务会议审议，然后公开征求群众意见，再由国务院决定公布施行。

2008年以来，尽管我国遭受国际金融危机冲击，但相关立法仍在进行中，据了解，国务院法制办配合建设部门，进一步加强了理论研究，并到广州、大连展开调研，与被拆迁人进行座谈。同时，国务院法制办对拆迁条例修改中遇到的所有问题，进行了全面梳理，对草案进行了不断修改完善。在此期间，国务院法制办密切重视舆情收集，对征收、拆迁上发生的新问题、新动向，做到适时跟踪、了解、分析，作为立法参考。

2009年11月13日，成都市金牛区天回镇金华村村民唐福珍在前夫胡昌明房屋被强行拆迁时，点燃汽油自焚，后因抢救无效于11月29日不幸死亡。随后，12月7日，北大五名教授上书全国人大常委会，建议修改《城市房屋拆迁管理条例》。曾经发生的一桩桩惨烈的中国式拆迁悲剧，令国有土地房屋征收补偿立法备受全社会高度关注。这一条例制定开国务院行政法规先河，史无前例地向社会两次公开征求意见。2011年1月21日，国务院正式颁布实施《国有土地上房屋征收与补偿条例》。该条例的制定依据是《全国人民代表大会常务委员会关于修改〈中华人民共和国城市房地产管理法〉的决定》及《中华人民共和国立法法》的相关规定。《城市房屋拆迁管理条例》被依法废止。《国有土地上房屋征收与补偿条例》以取消行政强拆为标志，宣布野蛮暴力拆迁的终结。条例呈现出统筹兼顾、公平补偿、阳光征收的鲜明特征，从中可以看到立法者更注重工业化、城镇化建设与保护被征收人合法权益之间的统筹兼顾，使公共利益和私人利益得到更好的协调与平衡。

【国有土地上房屋征收与补偿条例】

2. 国有土地上房屋征收的概念与特征

国有土地上房屋征收，是指为了公共利益的需要，征收国有土地上单位、个人的房屋，应当对被征收房屋所有权人给予公平补偿的行为。其中，政府为房屋征收人，被征收房屋所有权人为被征收人。

市、县级人民政府负责本行政区域的房屋征收与补偿工作；市、县级人民政府确定的房屋征收部门(以下称房屋征收部门)组织实施本行政区域的房屋征收与补偿工作。上级人民政府应当加强对下级人民政府房屋征收与补偿工作的监督。房屋征收部门可以委托房屋征收实施单位，承担房屋征收与补偿的具体工作。房屋征收实施单位不得以营利为目的。房屋征收部门对房屋征收实施单位在委托范围内实施的房屋征收与补偿行为负责监督，并对其行为后果承担法律责任。禁止建设单位参与搬迁活动，任何单位和个人都不得采取暴力、威胁或者中断供水、供热、供气、供电和道路通行等非法方式迫使被征收人搬迁。如果房屋征收部门及其委托实施征收补偿与搬迁的单位违反上述规定，不仅造成的损失要赔偿，对直接负责的主管人员和其他直接责任人员，构成犯罪的，将依法追究刑事责任，尚不构成犯罪的，依法给予处分。

根据《国有土地上房屋征收与补偿条例》的规定，房屋拆迁的地域范围，仅限于国有土地房屋征收补偿，对集体土地征收补偿由《土地管理法》予以调整，不适用本条例。

为了妥善处理实践中的矛盾，《国有土地上房屋征收与补偿条例》的总体特征表现为：一是统筹兼顾工业化、城镇化建设和土地房屋被征收群众的利益，努力把公共利益同被征收人个人利益统一起来；二是通过明确补偿标准、补助和奖励措施，保护被征收群众的利益，使房屋被征收群众的居住条件有改善、原有生活水平不降低；三是通过完善征收程序，加大公众参与，规定禁止建设单位参与搬迁，取消《城市房屋拆迁管理条例》行政机关自行强制拆迁的规定，加强和改进群众工作，把强制减到最少。

3. 国有土地上房屋征收与补偿的基本原则

房屋征收与补偿应当遵循决策民主、程序正当、结果公开的原则。程序公正是制度有效实施的保障，整个《国有土地上房屋征收与补偿条例》也正是通过程序的完善，从而保障了征收与补偿的有序进行。民主决策、结果公开，将整个征收的程序公开、透明，实现公民知情权和参与权，实现防治腐败公平征收。

【我怎么成了"钉子户"】

因此《国有土地上房屋征收与补偿条例》中公民在房屋征收与补偿的各个环节都享有知情权和参与权，具体体现在规划阶段、征收方案的制订阶段、房屋征收的确定阶段、签订补偿协议阶段等。

6.4.2 国有土地上房屋征收决定

国有土地上房屋征收活动十分复杂，环节多，涉及部门多，特别是涉及广大被征收人的切身利益，搞不好会影响社会安定。

1. 征收决定主体及公共利益范围

根据《国有土地上房屋征收与补偿条例》第八条的规定，市、县人民政府是作出征收决定的主体。为了保障国家安全、促进国民经济和社会发展等公共利益的需要，有下列情形之一，确需征收房屋的，由市、县级人民政府作出房屋征收决定：①国防和外交的需要；②由政府组织实施的能源、交通、水利等基础设施建设的需要；③由政府组织实施的科技、教育、文化、卫生、体育、环境和资源保护、防灾减灾、文物保护、社会福利、市政公用等公共事业的需要；④由政府组织实施的保障性安居工程建设的需要；⑤由政府依照城乡规划法有关规定组织实施的对危房集中、基础设施落后等地段进行旧城区改建的需要；⑥法律、行政法规规定的其他公共利益的需要。

为了加强规划的调控作用，根据《国有土地上房屋征收与补偿条例》的规定，确需征收房屋的各项建设活动都应当符合国民经济和社会发展规划、土地利用总体规划、城乡规划和专项规划，并要求制订规划应当广泛征求社会公众意见，经过科学论证，保障性安居工程建设和旧城区改建还应当纳入市、县级国民经济和社会发展年度计划，经市、县级人民代表大会审议通过。

2. 国有土地上房屋征收程序

征收程序是规范政府征收行为，维护被征收人合法权益，促使政府做好群众工作的重要保障。由于国有土地上房屋征收可能影响社会稳定，国有土地上房屋征收必须严格依照法定程序进行，其基本程序如下。

1) 征收补偿方案的制订程序

征收补偿方案的制订程序是由征收部门拟定补偿方案，政府论证并公开征求意见，是决策民主原则的体现。为了充分保证被征收房屋所有人的利益，给群众充分表达对补偿方案的意见的机会，征求意见的时间不少于30日。对于政府论证建议应当为包括房地产估价师、律师、法学专家等在内的专家论证。对于征求意见的形式，《国有土地上房屋征收与补偿条例》没有做规定，亦说明形式可以多种多样，各地可根据自己的特点，采用不同的形式，例如书面意见、座谈会等形式。

2) 对征求意见的处理及旧城改造的特别规定

市、县级人民政府应当将征求意见情况和根据公众意见修改的情况及时公布。因旧城区改建需要征收房屋，多数被征收人认为征收补偿方案不符合《国有土地上房屋征收与补偿条例》规定的，市、县级人民政府应当组织由被征收人和公众代表参加的听证会，并根据听证会情况修改方案。

3) 房屋征收的决定程序及相关条件

市、县级人民政府作出房屋征收决定前，应当按照有关规定进行社会稳定风险评估；将社会稳定风险评估制度作为房屋征收过程中的"刚性门槛"。该制度如能贯彻落实运用，房屋征收过程中的大量矛盾纠纷将被化解在基层萌芽状态，会避免群体性上访事件的发生。房屋征收决定涉及被征收人数量较多的，应当经政府常务会议讨论决定。作出房屋征收决定前，征收补偿费用应当足额到位、专户存储、专款专用。

4) 征收决定的公告、宣传解释及土地使用权问题

市、县级人民政府作出房屋征收决定后应当及时公告。公告应当载明征收补偿方案和行政复议、行政诉讼权利等事项。市、县级人民政府及房屋征收部门应当做好房屋征收与补偿的宣传、解释工作。

房屋被依法征收的，国有土地使用权同时收回。因为我国实行房与地分别管理制度，即由房屋管理部门和土地管理部门分别管理，因此房屋被依法征收的，国有土地使用权同时收回，房屋所有权证与国有土地使用权证都应当予以注销。但应当注意的是国有土地使用权收回时无须另行支付补偿，房屋征收补偿款中已经包含了该部分。

5) 被征收人的救济途径

被征收人对市、县级人民政府作出的房屋征收决定不服的，可以依法申请行政复议，也可以依法提起行政诉讼。

6) 房屋调查登记

实际征收中，被征收房屋的权属问题往往十分复杂，极易引起争夺房屋所有权的民事纠纷，旧城区、棚户区尤甚严重。因此，房屋征收部门应当对房屋征收范围内房屋的权属、区位、用途、建筑面积等情况组织调查登记，被征收人应当予以配合。这种调查在很大程度上避免了拆迁中的疑难问题，能更好地保障以后拆迁工作的顺利进行。调查结果应当在房屋征收范围内向被征收人公布。

7) 征收决定公布后的禁止性事项

房屋征收范围确定后，不得在房屋征收范围内实施新建、扩建、改建房屋和改变房屋用途等不当增加补偿费用的行为；违反规定实施的，不予补偿，即对于那些被征收人试图通过扩建、改进、改变房屋用途等方式获取的违法利益是不予保护的，不应当获得额外的补偿。房屋征收部门应当将前款所列事项

书面通知有关部门暂停办理相关手续。暂停办理相关手续的书面通知应当载明暂停期限。暂停期限最长不得超过1年。

6.4.3 国有土地上房屋征收补偿

1. 国有土地上房屋征收补偿的概念

国有土地上房屋征收补偿是指房屋征收人依法对被征收人因房屋征收所遭受的经济损失给予的合理弥补。房屋作为所有人的财产，是所有人经济利益的一部分。房屋征收使得被征收人的房屋归于消灭，使其遭受经济损失，理应对被征收房屋进行补偿。

国有土地上房屋征收补偿的范围，作出房屋征收决定的市、县级人民政府对被征收人给予的补偿包括：①被征收房屋价值的补偿；②因征收房屋造成的搬迁、临时安置的补偿；③因征收房屋造成的停产停业损失的补偿。

市、县级人民政府应当制定补助和奖励办法，对被征收人给予补助和奖励。对因征收房屋造成停产停业损失的补偿，根据房屋被征收前的效益、停产停业期限等因素确定。具体办法由省、自治区、直辖市制定。

征收个人住宅，被征收人符合住房保障条件的，作出房屋征收决定的市、县级人民政府应当优先给予住房保障。具体办法由省、自治区、直辖市制定。

2. 国有土地上房屋征收补偿的形式

根据《国有土地上房屋征收与补偿条例》，国有土地上房屋征收补偿的形式有两种：货币补偿和房屋产权调换。

1) **货币补偿**

货币补偿，是指在征收补偿中，经征收人与被征收人协商，被征收人放弃产权，由征收人按市场评估价为标准，对被征收人进行货币形式的补偿。

《国有土地上房屋征收与补偿条例》第十九条规定："对被征收房屋价值的补偿，不得低于房屋征收决定公告之日被征收房屋类似房地产的市场价格。"

2) **房屋产权调换**

房屋产权调换，是指征收人用自己建造或购买的产权房屋与被征收房屋调换产权，并按征收房屋的评估价和调换房屋的市场价进行结算调换差价的行为。也就是说，以易地或原地再建的房屋和被拆除的房屋进行产权交换，被征收人失去被征收房屋的产权，调换之后拥有调换房屋的产权。产权调换是房屋征收补偿安置的方式之一，其特点是以实物形态来体现征收人对被征收人的补偿。无论是居住房屋还是非居住房屋均可采取产权调换的方法，但非公益事业房屋的附属物除外。

被征收人选择房屋产权调换的，市、县级人民政府应当提供用于产权调换的房屋，并与被征收人计算、结清被征收房屋价值与用于产权调换房屋价值的差价。因旧城区改建征收个人住宅，被征收人选择在改建地段进行房屋产权调换的，作出房屋征收决定的市、县级人民政府应当提供改建地段或者就近地段的房屋。

因征收房屋造成搬迁的，房屋征收部门应当向被征收人支付搬迁费；选择房屋产权调换的，产权调换房屋交付前，房屋征收部门应当向被征收人支付临时安置费或者提供周转用房。

3. 被征收房屋评估制度

1) 评估标准及异议的处置

对被征收房屋价值的补偿，按照不得低于房屋征收决定公告之日被征收房屋类似房地产的市场价格的原则进行补偿。对评估中应当考虑的区位、用途、建筑结构、新旧程度、建筑面积等因素以及装修和原有设备的拆装损失补偿等问题，将由房屋征收评估办法进行具体规定。

2) 评估机构的产生办法

制定评估机构选定规则，是程序正当的体现。房地产价格评估机构由被征收人协商选定；协商不成的，通过多数决定、随机选定等方式确定，具体办法由省、自治区、直辖市制定。这样做既保证了被征收人充分行使选择权，协商选定评估机构维护自己的利益，又避免了久议不决、影响征收进度的弊端，通过多数、随机及时、公正的产生评估机构。

3) 评估机构的工作原则

房地产价格评估机构应当独立、客观、公正地开展房屋征收评估工作，任何单位和个人不得干预。对房地产价格评估机构或者房地产估价师出具虚假或者有重大差错的评估报告的违法行为，由发证机关责令限期改正，给予警告，对房地产价格评估机构并处5万元以上20万元以下罚款，对房地产估价师并处1万元以上3万元以下罚款，并记入信用档案；情节严重的，吊销资质证书、注册证书；造成损失的，依法承担赔偿责任；构成犯罪的，依法追究刑事责任。

4) 评估异议的处置

对评估确定的被征收房屋价值有异议的，可以向房地产价格评估机构申请复核评估。对复核结果有异议的，可以向房地产价格评估专家委员会申请鉴定。

4. 违法建筑不予补偿原则

市、县级人民政府及其有关部门应当依法加强对建设活动的监督管理，对违反城乡规划进行建设的，依法予以处理。

市、县级人民政府作出房屋征收决定前，应当组织有关部门依法对征收范围内未经登记的建筑进行调查、认定和处理。强化日常执法到位、监督到位、处理到位，是做好征收补偿的前提。同时，明确了不搞"一刀切"，对认定为合法建筑和未超过批准期限的临时建筑的，应当给予补偿；对认定为违法建筑和超过批准期限的临时建筑的，不予补偿。

5. 征收补偿协议的主要内容

房屋征收部门与被征收人依照《国有土地上房屋征收与补偿条例》的规定，就补偿方式、补偿金额和支付期限、用于产权调换房屋的地点和面积、搬迁费、临时安置费或者周转用房、停产停业损失、搬迁期限、过渡方式和过渡期限等事项，订立补偿协议。

补偿协议订立后，一方当事人不履行补偿协议约定的义务的，另一方当事人可以依法提起诉讼。

6. 补偿决定适用的情形、程序、内容及其救济途径

现实生活中存在，房屋征收部门与被征收人在征收补偿方案确定的签约期限内达不成补偿协议，或者被征收房屋所有权人不明确的，比如共有人联系不到，或者被征收房屋属于遗产未析产、离婚财产未分割明确的情况等，不能因此而导致长期无法征收，从而损害了公共利益。因此规定，由房屋征收部门报请作出房屋征收决定的市、县级人民政府依照《国有土地上房屋征收与补偿条例》的规定，按照征收补偿方案作出补偿决定，并在房屋征收范围内予以公告。

关于补偿决定的程序，由征收部门申报，由市、县级人民政府按照征收补偿方案作出决定并公告。

也就是说征收补偿方案中已载明签约期限，如果与被征收人经过协商，超过签约期限仍无法达成协议，则征收部门报请政府有权作出补偿决定。即使被征收人不同意征收，房屋同样会被征收。

关于补偿决定的内容应当明确具体，应包括补偿方式、补偿金额和支付期限、用于产权调换房屋的地点和面积、搬迁费、临时安置费或者周转用房、停产停业损失、搬迁期限、过渡方式和过渡期限等事项。补偿决定应当公平。

被征收人对补偿决定不服的，可以依法申请行政复议，也可以依法提起行政诉讼。

7. 补偿与搬迁顺序

实施房屋征收应当**先补偿、后搬迁**。作出房屋征收决定的市、县级人民政府对被征收人给予补偿后，被征收人应当在补偿协议约定或者补偿决定确定的搬迁期限内完成搬迁。

8. 司法强制执行问题

被征收人在法定期限内不申请行政复议或者不提起行政诉讼，在补偿决定规定的期限内又不搬迁的，由作出房屋征收决定的市、县级人民政府依法申请人民法院强制执行。

强制执行申请书应当附具补偿金额和专户存储账号、产权调换房屋和周转用房的地点和面积等材料。

6.5 房地产交易

6.5.1 房地产交易概述

1. 房地产市场

房地产市场有广义与狭义之分。广义的房地产市场是指房地产商品流通全过程中各种交换关系的总和，即指国有土地使用权出让、转让、出租、抵押和城市房地产转让、抵押、租赁、出典、赠与、交换等交易活动的总称。狭义的房地产交易市场指固定的房地产交易所。我们通常从广义上来把握房地产市场的概念。

根据1992年国务院发布的《关于发展房地产业若干问题的通知》，我国房地产市场分为三级市场形态。

(1) **房地产一级市场**。也称土地使用权出让市场，即国家以土地所有者的身份依法将土地使用权投入市场运行，表现为政府与经营者之间的交易行为。国家对一级市场实行垄断经营，并通过垄断经营达到对房地产市场的宏观调控。

(2) **房地产二级市场**。也称房地产开发经营市场，即房地产经营者依法对房地产进行开发，然后将开发后的房地产出售，表现为经营者与消费者之间的交易行为。

(3) **房地产三级市场**。也称房地产调剂市场。这是房地产投入使用之后的交易市场，表现为使用者之间、经营者之间以及他们相互之间的交易行为。如购得商品房的业主将商品房再行转让或者出租。

这3个市场中，一级市场是基础市场、龙头市场，是二级市场与三级市场的导向市场。目前，我国房地产交易市场的策略是垄断一级市场，放开搞活二、三级市场。

近些年，随着我国城镇住房制度改革的深入推进，住房建设步伐加快，住房消费有效启动，居民住房条件有了较大改善。以住宅为主的房地产市场持续快速发展，拉动了经济的增长，极大地提高了人民的生活水平。但是目前房地产市场还存在一些问题，如房地产投资规模过大、商品房价格上涨过快、商品房结构不合理、房地产市场秩序比较混乱等。因此，应当正确认识当前房地产市场形势，加强法治，及时解决出现的突出问题，促进房地产业的健康发展。这对于我国保持国民经济平稳较快地发展，具有重要意义。

2. 房地产交易的概念与特点

《城市房地产管理法》第二条将房地产交易的含义定义为："本法所称房地产交易，包括房地产转让、房地产抵押和房屋租赁。"对于此，学术界尚存在分歧。有人认为，房地产交易即房地产买卖，其形式仅指房地产转让。还有人认为，房地产交易是指以房地产为特殊商品而进行的各种经营活动的总称，其形式包括房地产转让、抵押、租赁、出典、交换等交易行为，甚至还包括与房地产交易行为有着密切关系的房地产价格及体系、房地产交易的中介服务。本书以《城市房地产管理法》的定义为准，在行文需要时略作延伸。

与一般商品交易相比，房地产交易有如下特点。

(1) 房地产交易对象的特殊性。房地产交易的对象是房地产。房地产是不动产。所以房地产交易的最大特点是产权交易或者说是权益交易。房地产交易中，房屋、土地是不动的，交易的是房地产所涉及的所有权、使用权、抵押权等权益。

(2) 房地产交易行为的要式性。房地产交易双方必须以合法的法律形式(如交易合同的书面性、权属变动须登记等)将其权利义务完整地固定下来。这是由房地产所具有的投资大、风险高、使用周期长的特点决定的。

(3) 房地产交易中的"房地处置一体性"。房地产转让、抵押时，房屋的所有权和该房屋占用范围内的土地使用权同时转让、抵押。这是由房与地天然的特殊联系决定的。

(4) 房地产交易的易受限制性。由于房地产作为商品的特殊性，房地产交易要受许多限制，如地理位置的限制，规划、管理方面的限制，使用年限的限制，市场供需的限制，价格确定的限制等。

3. 房地产交易管理的基本制度

《城市房地产管理法》规定了三项房地产交易管理的基本制度，即房地产成交价格申报制度、房地产价格评估制度、房地产价格评估人员资格认证制度。

1) 房地产成交价格申报制度

国家实行房地产成交价格申报制度。房地产成交价格申报制度，是指房地产权利人转让房地产，应当将转让房地产的实际成交价格向县级以上地方人民政府规定的部门申报，不得对成交价格隐瞒不报或者做不实的、虚假的申报。对此，《城市房地产管理法》第三十四条做了规定。

《城市房地产转让管理规定》中也规定："房地产转让当事人在房地产转让合同签订后30日内持房地产权属证书、当事人的合法证明、转让合同等有关文件向房地产所在地的房地产管理部门提出申请，并申报成交价格。""房地产权利人转让房地产，应当如实申报成交价格，不得瞒报或者做不实的申报。房地产转让应当以申报的房地产成交价格作为缴纳税费的依据。成交价格明显低于正常市场价格的，以评估价格作为缴纳税费的依据。"这些规定为房地产成交价格申报制度提供了法律依据。

值得注意的是，房地产行政主管部门发现交易双方的成交价格明显低于市场正常价格时，并不是要求交易双方当事人更改成交价格，只要通知双方应当按什么价格交纳有关税费。只要交易双方按照不低于正常市场价格交纳了税费，无论其合同价格为多少，都不影响办理房地产交易和权属登记的有关手续。实践证明，房地产成交价格申报管理制度，既能起到稳定房价的作用，又能防止国家税费的流失。

2) 房地产价格评估制度

房地产价格评估，是指房地产专业估价人员根据估价目的，遵循估价原则，按照估价程序，采用科学的估价方法，并结合估价经验与影响房地产价格因素的分析，对房地产最可能实现的合理价格所作出的推断。它是房地产交易过程中的一项必不可少的基础性工作。

《城市房地产管理法》第三十四条规定："国家实行房地产价格评估制度。房地产价格评估，应当遵循公正、公平、公开的原则，按照国家规定的技术标准和评估程序，以基准地价、标定地价和各类房屋的重置价格为基础，参照当地的市场价格进行评估。""基准地价、标定地价和各类房屋的重置价格应当定期确定并公布。具体办法由国务院规定。"1992年原建设部颁布了《城市房地产市场估价管理暂行办法》，对房地产评估制度做了详细的规定。

基准地价，是指按不同的土地级别、区域分别评估和测算的商业、工业、住宅等各类用地的平均价格。标定地价，是指在基准地价基础上，按土地使用年期、地块大小、形状、容积率、微观区位、市场行情条件，修订评估出的具体地块在某一时期的价格。房屋的重置价格，是指按照当前的建筑技术和工艺水平、建筑材料价格、人工和运输费用条件下，重新建造同类结构、式样、质量标准的房屋标准价。

3) 房地产价格评估人员资格认证制度

由于房地产价格评估是一项专业性很强的复杂工作。它要求从事房地产价格评估活动的个人具备一定的专业知识技能。为此，国家建立了房地产价格评估人员资格认证制度。

房地产价格评估人员是指经房地产估价师资格考试合格，由注册管理部门审定注册，取得资格证书后专门从事房地产经济价值评估并将其结果用价格来表示的专业技术人员。《城市房地产管理法》第五十九条规定，国家实行房地产价格评估人员资格认证制度。《城市房地产中介服务管理规定》进一步明确："国家实行房地产价格评估人员资格认证制度。房地产价格评估人员分为房地产估价师和房地产估价员。""房地产估价师必须是经国家统一考试、执业资格认证，取得《房地产估价师执业资格证书》，并经注册登记取得《房地产估价师注册证》的人员。未取得《房地产估价师注册证》的人员，不得以房地产估价师的名义从事房地产估价业务。"

6.5.2 房地产转让

1. 房地产转让的概念

根据《城市房地产管理法》的规定，房地产转让，是指房地产权利人通过买卖、赠与或其他合法方式将其房地产转移给他人的法律行为。

房屋买卖，是指房屋所有权人将其房屋所有权转移给他人并由他人支付对价的行为。**房屋赠与**，是指房屋所有人无偿将其房屋所有权转移给他人的行为。《城市房地产转让管理规定》对其他合法方式做了进一步的细化，规定其他合法方式主要包括下列行为：①以房地产作价入股、与他人成立企业法人，房地产权属发生变更的；②一方提供土地使用权，另一方或者多方提供资金，合资、合作开发经营房地产，而使房地产权属发生变更的；③因企业被收购、兼并或合并，房地产权属随之转移的；④以房地产抵债的；⑤法律、法规规定的其他情形。

房地产转让的实质是房地产权属发生转移。房地产转让有两种情况：一种是有偿的，主要指房地产买卖、交换和入股等；另一种是无偿的，主要是指赠与、继承等。根据转让的对象，房地产转让可分为地面上有建筑物的转让和地面上无建筑物的转让。地面上无建筑物的转让，习惯上又称为土地使用权转让。值得注意的是，房地产转让中的"地产转让"，只是土地使用权的转让，并不是土地本身的买卖或赠与。根据土地使用权的获得方式,房地产转让可分为出让方式取得土地使用权的转让和划拨方式取得土地使用权的转让。

2. 房地产转让的条件

房地产是一种特殊的商品,关系到土地使用权,而且价值量大,使用中的相邻关系非常复杂,因此国家为了保障房地产转让当事人的合法权益,维护房地产市场秩序,对房地产转让在立法上设定了许多条件的限制,主要可以分为以下两类。

1) 地产转让的禁止条件

法律规定,下述房地产不得转让。

(1) 以出让方式取得土地使用权但不符合法律规定(《城市房地产转让管理规定》第十条)的条件的。

(2) 司法机关和行政机关依法裁定、决定查封或者以其他形式限制房地产权利的。这种受到依法限制的房地产权利,已不是完整意义上的房地产权利。若准许其进入市场流通,不仅违反了房地产转让的一般原理,而且容易引起矛盾和纠纷。

(3) 依法收回土地使用权的。土地使用权的行使是以土地使用权的存在而存在的,土地使用权被收回了,土地使用权人也就无权转让土地使用权。依法收回土地使用权的情况包括出让年限届满而未续期;根据社会公共利益的需要而提前收回;因逾期开发而被无偿收回等。

(4) 共有房地产,未经其他共有人书面同意的。共有的房地产是属于共有人共同享有的权利。共有人中的任何人,在行使这项权利时,均必须经过全体共有人的同意,未经过同意,不得转让。为减少纠纷,共有人同意转让共有的房地产时,必须以书面的形式进行。

(5) 权属有争议的。房地产的使用权或者所有权存在争议时,将其进行转让,可能会影响其交易的合法性。所以,在权属争议解决之前,该项房地产不得转让。

(6) 未依法登记领取权属证书的。产权登记是国家依法确认房地产权属的法定手续,未履行该项法律手续,房地产权利人的权利不具有法律效力,因此也不得进行转让。

【查封的房屋能买吗?】

(7) 法律、行政法规规定禁止转让的其他情形。

2) 允许房地产转让的条件

法律规定,房地产转让必须达到一定的条件。法律允许以出让方式取得土地使用权的房地产转让和以划拨方式取得土地使用权的房地产转让的条件有所不同。

(1) 以出让方式取得土地使用权的房地产转让时应符合的条件。

①按照出让合同约定已经支付全部土地使用权出让金,并取得土地使用权证书。

②按照出让合同约定进行投资开发,属于房屋建设工程的,应完成开发投资总额的25%以上;属于成片开发土地的,依照规划对土地进行开发建设,完成供排水、供电、供热、道路交通、通信等市政基础设施、公用设施的建设,达到场地平整,形成工业用地或者其他建设用地条件。

③转让房地产时房屋已经建成的,还应当持有房屋所有权证书。

以上规定旨在抑制开发商限制土地或"炒地皮"情况的发生,保证房地产转让在房地产权属关系明确的基础上进行,以保障当事人的合法权益,维护房地产市场的良好秩序。

(2) 以划拨方式取得土地使用权的房地产转让时应符合的条件。

以划拨方式取得的土地使用权,一般是无偿的或者仅缴纳补偿、安置等费用后取得的。因此,原则上不允许进入房地产市场。但是,考虑到目前以划拨方式取得的土地使用权进入房地产市场的现实,同时也考虑到土地的利用效能和经济价值,有关法律法规对以划拨方式取得土地使用权的房地产转让的条件和程序作出了规定。

根据《划拨土地使用权管理暂行办法》第六条的规定，符合下列条件的，经市、县人民政府土地管理部门批准，其土地使用权可以转让、出租、抵押：①土地使用者为公司、企业、其他经济组织和个人；②领有国有土地使用证；③具有合法的地上建筑物、其他附着物产权证明；④依照《中华人民共和国城镇国有土地使用权出让和转让暂行条例》和本办法规定签订土地使用权出让合同，向当地市、县人民政府交付土地使用权出让金或者以转让、出租、抵押所获收益抵交土地使用权出让金。

《城市房地产管理法》对划拨土地使用权的转让管理规定了两种不同的处理方式：一种是需办理出让手续，变划拨土地使用权为出让土地使用权，由受让方缴纳土地出让金；另一种是不改变原有土地的划拨性质，对转让方征收土地收益金。《城市房地产转让管理规定》规定了以下几种情况可以不办理出让手续。

①经城市规划行政主管部门批准，转让的土地用于建设《城市房地产管理法》第二十三条规定的项目的，即国家机关用地和军事用地；城市基础设施用地和公益事业用地；国家重点扶持的能源、交通、水利等项目用地；法律、行政法规规定的其他用地。

②私有住宅转让后仍用于居住的。

③按照国务院住房制度改革有关规定出售公有住宅的。

④同一宗土地上部分房屋转让而土地使用权不可分割转让的。

⑤转让的房地产暂时难以确定土地使用权出让用途、年限和其他条件的。

⑥根据城市规划土地使用权不宜出让的。

⑦县级以上人民政府规定暂时无法或不需要采取土地使用权出让方式的其他情形。依照前款规定缴纳土地收益金或做其他处理的，应当在房地产转让合同中注明。

3. 房地产转让的程序

房地产转让应当按照一定的程序，经房地产管理部门办理有关手续后，方可成交。《城市房地产转让管理规定》第七条规定，房地产转让，应当按照下列程序办理：①房地产转让当事人签订书面转让合同；②房地产转让当事人在房地产转让合同签订后30日内持房地产权属证书、当事人的合法证明、转让合同等有关文件向房地产所在地的房地产管理部门提出申请，并申报成交价格；③房地产管理部门对提供的有关文件进行审查，并在15日内作出是否受理申请的书面答复；④房地产管理部门核实申报的成交价格，并根据需要对转让的房地产进行现场查勘和评估；⑤房地产转让当事人按照规定缴纳有关税费；⑥房地产管理部门核发过户单。

房地产转让的程序如图6.3所示。

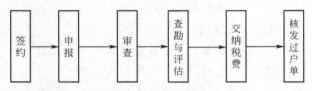

图6.3 房地产转让程序

4. 房地产转让合同

房地产转让合同，是指房地产转让当事人之间签订的用于明确各方权利、义务关系的协议。房地产转让合同依照平等、自愿、有偿的原则签订。房地产合同须以书面的形式签订。

根据《城市房地产转让管理规定》第八条的规定，房地产转让合同应当载明下列主要内容：①双方当事人的姓名或者名称、住所；②房地产权属证书名称和编号；③房地产坐落位置、面积、四至界限；

④土地宗地号、土地使用权取得的方式及年限；⑤房地产的用途或使用性质；⑥成交价格及支付方式；⑦房地产交付使用的时间；⑧违约责任；⑨双方约定的其他事项。

房地产转让合同受到土地使用权出让合同的制约。房地产转让时，土地使用权出让合同的权利、义务随之转移。以出让方式取得土地使用权的，转让房地产后，其土地使用权的使用年限为原土地使用权出让合同约定的使用年限减去原土地使用者已经使用年限后的剩余年限。

5. 已购公房和经济适用房上市的有关规定

经济适用住房的土地使用权是由划拨供给的，已购公有住房的土地使用权绝大部分也是划拨供给的，原先政策对这两类住房的上市有较严格的限制性规定。为了促进房地产市场的发展和存量住房的流通，满足居民改善居住条件的需要，1999年4月原建设部发布了《已购公有住房和经济适用住房上市出售管理暂行办法》，这标志着已购公房和经济适用房上市限令的取消。近年来，国家一直鼓励居民换购住房，对已购公房和经济适用房的上市从营业税、土地增值税、契税、个人所得税、土地收益以及上市条件等方面给予减、免优惠政策。例如，2003年国务院发布的《国务院关于促进房地产市场持续健康发展的通知》中明令：除法律、法规另有规定和原公房出售合同另有约定外，任何单位不得擅自对已购公有住房上市交易设置限制条件；各地可以适当降低已购公有住房上市出售土地收益缴纳标准；以房改成本价购买的公有住房上市出售时，原产权单位原则上不再参与所得收益分配。

6.5.3 商品房预售

1. 商品房预售的概念

商品房预售，是指房地产开发经营企业将正在建设中的房屋预先出售给承购人，由承购人支付定金或房价款的行为。

商品房预售制度源于香港，俗称"卖楼花"（房地产开发商在将房屋预售给投资大众时，通常将房屋"零砸碎"，分间分室、分期分批地预售，就像飘落的花一样）。对于开发商来说，实行商品房预售，可以在施工过程中获得一部分建设资金，加快资金回笼，减轻借贷压力，消除销售风险。对于买受人而言，通过商品房预售可以得到稳定的房源和优惠的售房价格，并期待获得升值的收益。因此，无论从开发商还是从买受人的角度，商品房预售具有积极的作用，此销售方式在现实生活中表现出很强的生命力。但是由于从预售到竣工交付时间一般较长，商品房预售也具有较大的风险性和投机性，涉及广大购房人的切身利益。为了保护预购人的利益，国家通过法律对商品房预售行为作出了较大的限制。例如，《城市房地产管理法》明确了"商品房预售实行许可证制度"。

2. 商品房预售的条件

为了规范商品房预售行为，防止"炒地皮"等现象发生，保证正常的房地产开发活动，《城市房地产管理法》和《城市商品房预售管理办法》对预售商品房的条件做了明确规定。

(1) 已交付全部土地使用权出让金，取得土地使用权证书。这是商品房预售的前提和基础。没有取得合法的土地使用权，土地上的房屋就无法进入房地产流通市场，预购人就无法最终获得房屋的所有权。

(2) 持有建设工程规划许可证和施工许可证。建设工程规划许可证及施工许可证是建设工程符合城市规划和施工建设的法定凭据。没有取得这两证，开发商的建设行为即属于违法，其后果可能是被强制拆除，因此预购人最终也可能无法取得其所预购的房屋。

(3) 按提供预售的商品房计算，投入开发建设的资金达到工程建设总投资的25%以上，并已经确定施工进度和竣工交付日期。这是以出让方式取得土地使用权的房地产转让的必备条件,目的是保证商品房确实存在,防止买空卖空、"炒地皮"等房地产过度投机行为。

(4) 向县级以上人民政府房产管理部门办理预售登记,取得《商品房预售许可证》。这是销售商品房的必经手续,体现了不动产交易的公示性,其目的是保证预购人的利益不受侵害。

3. 商品房预售的程序

商品房预售须经一定的法律程序进行,一般包括以下五个步骤。

1) 预售方申请预售许可证

我国对商品房实行许可证制度,房地产开发企业进行商品房预售,应当向市、县房地产管理部门登记,取得预售许可证。根据《房地产开发经营管理条例》和《城市商品房预售管理办法》的规定,房地产开发企业应当提交下列证件及资料。

(1) 国有土地使用权证书、建设工程规划许可证、建设工程施工许可证、投资开发建设的资金达工程建设总投资25%以上的证明文件及确定施工进度和竣工交付日期的证明文件。

(2) 开发企业的营业执照和资质等级证书。

(3) 工程施工合同。

(4) 商品房预售方案。预售方案应当说明商品房的位置、装修标准、竣工交付日期、预售总面积、交付使用后的物业管理等内容,并应当附商品房预售总平面图、分层平面图。

2) 房地产管理部门核发预售许可证

房地产管理部门在接到房地产开发企业的申请后,应当详细查验各项证件和资料,并到现场进行查勘。经审查合格的,应在接到申请后的10日内核发《商品房预售许可证》。

3) 预售方向承购方出示预售许可证

开发企业进行商品房预售,应当向承购人出示《商品房预售许可证》。售楼广告和说明书必须载明《商品房预售许可证》的批准文号。未取得《商品房预售许可证》的,不得进行商品房预售。

4) 签订商品房预售合同并登记备案

商品房预售,开发企业应当与承购人签订商品房预售合同。预售人应当在签约之日起30日内持商品房预售合同向县级以上人民政府房地产管理部门和土地管理部门办理登记备案手续。商品房的预售可以委托代理人办理,但必须有书面委托书。

5) 交付建成商品房并办理过户手续

房地产开发企业和预购方都应严格履行商品房预购合同。预购方应依照合同支付定金或购房款,房地产开发企业则应依照约定按时、按量交付预售的商品房。预售的商品房自交付使用之日起90日内,承购人应当持有关凭证到县级以上人民政府房地产管理部门和土地管理部门办理权属登记手续。

【我的房子去哪儿了?】

6.5.4 商品房现售

1. 商品房现售的概念

商品房现售,是指房地产开发企业将竣工验收合格的商品房出售给买受人,并由买受人支付房价款的行为。

商品房预售和商品房现售都是商品房销售的两种基本形式。相对于商品房预售来讲,商品房现售的是已经建成并经过竣工验收合格的现有的房屋。由于所买卖的房屋已经客观存在，买受人取得房屋的风险性较小，买受人据此可以比较清楚地了解到商品房的具体品质，从而选择更能让自己中意的商品房。近几年，随着我国房地产市场的蓬勃发展，商品房现房销售的比重越来越大，但是在一些地区出现了现售商品房开发主体资格不合法、现售房屋质量不合格和不合法的现售商品房进入流通领域等问题。因此，为保护买卖双方的合法权益，2001年原建设部发布了《商品房销售管理办法》，对商品房现售条件、销售广告等做了规定。

【商品房销售管理办法】

2. 商品房现售的条件

根据《商品房销售管理办法》第七条的规定，商品房现售应当符合以下条件。

(1) 现售商品房的房地产开发企业应当具有企业法人营业执照和房地产开发企业资质证书。这主要是为了确保现售商品房的房地产开发主体资格合法。

(2) 取得土地使用权证书或者使用土地的批准文件。这主要是为了确保现售商品房的用地合法。

(3) 持有建设工程规划许可证和施工许可证。这主要是为了确保现售商品房的规划、建设手续的合法性。

(4) 已通过竣工验收。这主要是确保现售商品房符合工程建设质量标准。

(5) 拆迁安置已经落实。这主要是为了充分保障被拆迁人的合法权益，防止房地产开发项目竣工销售后被拆迁人的权益仍未得到落实。

(6) 供水、供电、供热、燃气、通信等配套基础设施具备交付使用条件，其他配套基础设施和公共设施具备交付使用条件或者已确定施工进度和交付日期。这主要是为了确保现售商品房能够达到基本使用条件。

(7) 物业管理方案已经落实。这主要是为了避免房屋交付后产生物业管理纠纷。

此外，《商品房销售管理办法》还规定了几种特殊情况的销售条件。

(1) 房地产开发企业销售设有抵押权的商品房，其抵押权的处理按照《中华人民共和国担保法》《城市房地产抵押管理办法》的有关规定执行。例如，《中华人民共和国担保法》第四十九条规定，抵押期间，抵押人转让已办理登记的抵押物的，应当通知抵押权人并告知受让人转让物已经抵押的情况；抵押人未通知抵押权人或者未告知受让人的，转让行为无效。

(2) 房地产开发企业不得在未解除商品房买卖合同前，将作为合同标的物的商品房再行销售给他人。这是为了禁止"一房多售"的行为，即房地产开发企业将同一商品房重复销售的行为。

(3) 房地产开发企业不得采取返本销售或者变相返本销售的方式销售商品房。房地产开发企业不得采取售后包租或者变相售后包租的方式销售未竣工的商品房。

(4) 商品住宅按套销售，不得分割拆零销售。

(5) 商品房销售时，房地产开发企业选聘了物业管理企业的，买受人应当在订立商品房买卖合同时与房地产开发企业选聘的物业管理企业订立有关物业管理的协议。

由于商品房现售和商品房预售的不同特点，《商品房销售管理办法》直接对商品房的现售条件做了规定而没有规定实行许可证制度。但是为了加强管理，《商品房销售管理办法》第八条还是规定了现房销售的登记备案制度，即房地产开发企业应当在商品房现售前将房地产开发项目手册及符合商品房现售条件的有关证明文件报送房地产开发主管部门备案。

3. 商品房现售的广告与合同

在商品房销售中，因虚假广告和合同约定问题产生的纠纷层出不穷，《商品房销售管理办法》对此进行了规范,主要有以下三项。

1) 关于商品房销售广告

房地产开发企业、房地产中介服务机构发布商品房销售宣传广告,应当执行《中华人民共和国广告法》《房地产广告发布暂行规定》等有关规定,广告内容必须真实、合法、科学、准确。房地产开发企业、房地产中介服务机构发布的商品房销售广告和宣传资料所明示的事项,当事人应当在商品房买卖合同中约定。

2) 关于商品房买卖的主要内容

商品房销售时,房地产开发企业和买受人应当订立书面商品房买卖合同。商品房买卖合同应当明确以下主要内容:①当事人名称或者姓名和住所;②商品房基本状况;③商品房的销售方式;④商品房价款的确定方式及总价款、付款方式、付款时间;⑤交付使用条件及日期;⑥装饰、设备标准承诺;⑦供水、供电、供热、燃气、通信、道路、绿化等配套基础设施和公共设施的交付承诺和有关权益、责任;⑧公共配套建筑的产权归属;⑨面积差异的处理方式;⑩办理产权登记有关事宜;⑪解决争议的方法;⑫违约责任;⑬双方约定的其他事项。

3) 关于商品房销售的计价

商品房销售可以按套(单元)计价,也可以按套内建筑面积或者建筑面积计价。商品房建筑面积由套内建筑面积和分摊的共有建筑面积组成,套内建筑面积部分为独立产权,分摊的共有建筑面积部分为共有产权,买受人按照法律、法规的规定对其享有权利,承担责任。按套(单元)计价或者按套内建筑面积计价的,商品房买卖合同中应当注明建筑面积和分摊的共有建筑面积。

按套(单元)计价的现售房屋,当事人对现售房屋实地勘察后可以在合同中直接约定总价款。按套(单元)计价的预售房屋,房地产开发企业应当在合同中附所售房屋的平面图。平面图应当标明详细尺寸,并约定误差范围。房屋交付时,套型与设计图纸一致,相关尺寸也在约定的误差范围内,维持总价款不变;套型与设计图纸不一致或者相关尺寸超出约定的误差范围,合同中未约定处理方式的,买受人可以退房或者与房地产开发企业重新约定总价款。买受人退房的,由房地产开发企业承担违约责任。

按套内建筑面积或者建筑面积计价的,当事人应当在合同中载明合同约定面积与产权登记面积发生误差的处理方式。合同未做约定的,按以下原则处理。

(1) 面积误差比绝对值在3%以内(含3%)的,据实结算房价款。

(2) 面积误差比绝对值超出3%时,买受人有权退房。买受人退房的,房地产开发企业应当在买受人提出退房之日起30日内将买受人已付房价款退还给买受人,同时支付已付房价款利息。买受人不退房的,产权登记面积大于合同约定面积时,面积误差比在3%以内(含3%)部分的房价款由买受人补足;超出3%部分的房价款由房地产开发企业承担,产权归买受人。产权登记面积小于合同约定面积时,面积误差比绝对值在3%以内(含3%)部分的房价款由房地产开发企业返还买受人;绝对值超出3%部分的房价款由房地产开发企业双倍返还买受人。

其中,面积误差比的计算公式为:

$$面积误差比 = \frac{产权登记面积 - 合同约定面积}{合同约定面积} \times 100\%$$

因规划设计变更造成面积差异,当事人不解除合同的,应当签署补充协议。

按建筑面积计价的,当事人应当在合同中约定套内建筑面积和分摊的共有建筑面积,并约定建筑面积不变而套内建筑面积发生误差以及建筑面积与套内建筑面积均发生误差时的处理方式。

4. 商品房的交付

商品房交付，是指房地产开发企业应当按照合同约定，将符合交付使用条件的商品房按期交付给买受人的行为。它是商品房买卖中的一个重要环节。为了规范商品房的交付行为，《商品房销售管理办法》对商品房交付问题做了规定，内容主要有以下三方面。

1) 关于逾期交付的法律责任

房地产开发企业未能按照合同约定的期限交付商品房的，房地产开发企业应当承担违约责任。因不可抗力或者当事人在合同中约定的其他原因，需延期交付的，房地产开发企业应当及时告知买受人。

2) 关于样品房销售问题

房地产开发企业销售商品房时设置样板房的，应当说明实际交付的商品房质量、设备及装修与样板房是否一致。未做说明的，实际交付的商品房应当与样板房一致。

3) 关于商品房保修问题

销售商品住宅时，房地产开发企业应当根据《商品住宅实行质量保证书和住宅使用说明书制度的规定》(以下简称《规定》)，向买受人提供《住宅质量保证书》《住宅使用说明书》。

房地产开发企业应当对所售商品房承担质量保修责任。当事人应当在合同中就保修范围、保修期限、保修责任等内容作出约定。保修期从交付之日起计算。

商品住宅的保修期限不得低于建设工程承包单位向建设单位出具的质量保修书约定保修期的存续期；存续期少于《规定》中确定的最低保修期限的，保修期不得低于《规定》中确定的最低保修期限。非住宅商品房的保修期限不得低于建设工程承包单位向建设单位出具的质量保修书约定保修期的存续期。

在保修期限内发生的属于保修范围的质量问题，房地产开发企业应当履行保修义务，并对造成的损失承担赔偿责任。因不可抗力或者使用不当造成的损坏，房地产开发企业不承担责任。

商品房交付使用后，买受人认为主体结构质量不合格的，可以依照有关规定委托工程质量检测机构重新核验。经核验，确属主体结构质量不合格的，买受人有权退房；给买受人造成损失的，房地产开发企业应当依法承担赔偿责任。

【案例6-1】商品房销售中的双倍赔偿——杨某诉某房地产开发公司商品房买卖案

基本案情

1998年年初，某房地产开发公司通过印发宣传材料等方式销售其所兴建的紫金花园期房，该宣传材料称紫金花园24～26层房屋附空中花园及泳池，并印有三面临窗封闭式空中花园的图片。同年7月12日，杨某根据该宣传材料及某房地产开发公司工作人员介绍，与某房地产开发公司签订了购买紫金花园第2座25层B单元期房的订购书，并于当日及7月30日分两次付清购房款1746536元人民币。同年12月9日，杨某与某房地产开发公司订立了正式的房屋买卖合同，合同标明：该房建筑面积189.89平方米，另附设花园及泳池面积约91.65平方米，合同书附有该房平面结构示意图，与宣传材料所载内容一致，但合同书中对空中花园立体结构没有具体说明。合同还规定了买方不如期交款，卖方不如期交房的违约责任。但未对房屋建筑结构问题规定违约责任。2000年6月28日，某房地产公司按约向杨某交付房屋，杨某经查验该房所附花园结构为四周仅有铁栏围护的全开式露台，与宣传材料图片中所显示的三面临窗全封闭式空中花园严重不符，且房屋质量存有严重问题。故杨某向法院起诉，要求：①解除双方房屋买卖合同；②责令房地产开发公司返还购房款人民币1746536元，并按购房款额的一倍赔偿损失。

法院认为

一审认为杨某是为生活消费购买该房，其行为应属消费行为，其权益应受《消费者权益保护法》保护。经勘验，某房地产公司印发的宣传材料与房屋实际情况严重不符，其行为应认定为欺诈行为，所以判决支持了杨某全部诉讼请求。

某房地产开发公司上诉，二审法院经调解双方自愿达成协议：①双方房屋买卖合同自行解除；②某房地开发公司退还杨某全部购房款，并支付房款的一半赔偿杨某损失。

评析意见

近年来，消费者因购买商品房与房地产开发公司发生的纠纷越来越多，房地产开发公司往往在宣传时夸大其词，致使许多购房者买后大呼上当受骗，主张对房地产开发公司欺诈行为实施双倍赔偿的情况越来越多。对此类纠纷，法院在处理中也大不一致。根据2003年6月1日实施的《最高人民法院关于审理商品房买卖合同纠纷案件适用法律若干问题的解释》第三条规定，当商品房的销售广告和宣传材料视为要约时，该说明和允诺即使未载入商品房屋买卖合同，亦应视为合同内容，当事人违反的，应当承担违约责任。该案例的判决具有典型参考价值。

6.5.5 房地产抵押

1. 房地产抵押的概念与特征

房地产抵押，是指抵押人以其合法的房地产以不转移占有的方式向抵押权人提供债务履行担保的行为。债务人不履行债务时，债权人有权依法以抵押的房地产拍卖所得的价款优先受偿。

这里所讲的抵押人，是指将依法取得的房地产提供给抵押权人，作为本人或者第三人履行债务担保的公民、法人或者其他组织。抵押权人，是指接受房地产抵押作为债务人履行债务担保的公民、法人或者其他组织。

房地产抵押主要具有如下法律特征。

1) 房地产抵押具有从属性

房地产抵押是为担保债权而设立的，其抵押权从属于被担保的债权。抵押权随着债权的成立而成立，随着债权的转移而转移，随着债权的消灭而消灭。

2) 房地产抵押具有价值支配性

房地产抵押权设定的目的是将来能够实现其交换价值，而不是取得抵押物的使用价值，所以抵押人在用其合法的房地产进行抵押时，抵押人对该房地产的实际占有权并不转移。抵押权人在债务人不履行到期债务时，可以将抵押物拍卖、变卖或折价以满足自己的债权，但对抵押物并无使用和收益的权利。

3) 房地产抵押权具有优先受偿性

房地产抵押后，如果债务人到期不履行债务或债务人在抵押期间解散、被宣布破产，那么，房地产抵押权人就可以依法将抵押的房地产拍卖、变卖或折价，对拍卖、变卖或折价的价款，抵押权人有比其他债权人优先得到清偿债务的权利。

为了加强房地产抵押管理，维护房地产市场秩序，保障房地产抵押当事人的合法权益，1997年原建设部发布了《城市房地产抵押管理办法》(2001年8月15日修正)。

2. 房地产抵押权的设定

1) **房地产抵押权设定的形式要件**

根据《城市房地产管理法》和《城市房地产抵押管理办法》的规定，房地产抵押必须建立在双方当事人协商一致的合同之上，并经过房地产管理部门登记认可之后才成立。所以房地产抵押设定的形式要件有两个。

(1) 抵押当事人应当签订书面抵押合同。

房地产抵押合同应当载明下列主要内容：抵押人、抵押权人的名称或者个人姓名、住所；主债权的种类、数额；抵押房地产的处所、名称、状况、建筑面积、用地面积以及四至等；抵押房地产的价值；抵押房地产的占用管理人、占用管理方式、占用管理责任以及意外损毁、灭失的责任；债务人履行债务的期限；抵押权灭失的条件；违约责任；争议解决方式；抵押合同订立的时间与地点；双方约定的其他事项。

(2) 抵押当事人须办理房地产抵押登记。

房地产抵押合同自签订之日起30日内，抵押当事人应当到房地产所在地的房地产管理部门办理房地产抵押登记。房地产抵押合同自抵押登记之日起生效。办理房地产抵押登记，应当向登记机关交验下列文件：抵押当事人的身份证明或法人资格证明；抵押登记申请书；抵押合同；《国有土地使用权证》《房屋所有权证》或《房地产权证》，共有的房屋还必须提交《房屋共有权证》和其他共有人同意抵押的证明；可以证明抵押人有权设定抵押权的文件与证明材料；可以证明抵押房地产价值的资料；登记机关认为必要的其他文件。

2) 房地产抵押权设定的限制条件

根据《城市房地产抵押管理办法》第八条的规定，下列房地产不得设定抵押：①权属有争议的房地产；②用于教育、医疗、市政等公共福利事业的房地产；③列入文物保护的建筑物和有重要纪念意义的其他建筑物；④已依法公告列入拆迁范围的房地产；⑤被依法查封、扣押、监管或者以其他形式限制的房地产；⑥依法不得抵押的其他房地产。

以上各条均从房地产交换价值实现角度考虑，如果将要设定抵押权的不动产缺乏流通性，则该抵押权将无法实现，因而对这些房地产设定抵押权将毫无意义。

3) 房地产抵押权设定的要求

(1) 以两宗以上房地产设定同一抵押权的，视为同一抵押房地产。但抵押当事人另有约定的除外。同一房地产设定两个以上抵押权的，抵押人应当将已经设定过的抵押情况告知抵押权人。抵押人所担保的债权不得超出其抵押物的价值。房地产抵押后，该抵押房地产的价值大于所担保债权的余额部分，可以再次抵押，但不得超出余额部分。

【城市房地产抵押管理办法】

(2) 以在建工程已完工部分抵押的，其土地使用权随之抵押。

(3) 以享受国家优惠政策购买的房地产抵押的，其抵押额以房地产权利人可以处分和收益的份额比例为限。

(4) 国有企业、事业单位法人以国家授予其经营管理的房地产抵押的，应当符合国有资产管理的有关规定。

(5) 以集体所有制企业的房地产抵押的，必须经集体所有制企业职工(代表)大会通过，并报其上级主管机关备案。

(6) 以中外合资企业、合作经营企业和外商独资企业的房地产抵押的，必须经董事会通过，但企业章程另有规定的除外。

(7) 以有限责任公司、股份有限公司的房地产抵押的，必须经董事会或者股东大会通过，但企业章程另有规定的除外。

(8) 有经营期限的企业以其所有的房地产设定抵押的，所担保债务的履行期限不应当超过该企业的经营期限。

(9) 以具有土地使用年限的房地产设定抵押的，所担保债务的履行期限不得超过土地使用权出让合同规定的使用年限减去已经使用年限后的剩余年限。

(10) 以共有的房地产抵押的，抵押人应当事先征得其他共有人的书面同意。

(11) 预购商品房贷款抵押的，商品房开发项目必须符合房地产转让条件并取得商品房预售许可证。

(12) 以已出租的房地产抵押的，抵押人应当将租赁情况告知抵押权人，并将抵押情况告知承租人。原租赁合同继续有效。

(13) 设定房地产抵押时，抵押房地产的价值可以由抵押当事人协商议定，也可以由房地产价格评估机构评估确定。法律、法规另有规定的除外。

(14) 抵押当事人约定对抵押房地产保险的，由抵押人为抵押的房地产投保，保险费由抵押人负担。抵押房地产投保的，抵押人应当将保险单移送抵押权人保管。在抵押期间，抵押权人为保险赔偿的第一受益人。

(15) 企业、事业单位法人分立或者合并后，原抵押合同继续有效，其权利和义务由变更后的法人享有和承担。抵押人死亡、依法被宣告死亡或者被宣告失踪时，其房地产合法继承人或者代管人应当继续履行原抵押合同。

3. 房地产抵押权的实现

当债务人不履行到期债务时，房地产抵押权人可以就抵押房地产的价款享有优先受偿权。这表现在以下两个方面。

1) 抵押权优先于普通债权

根据我国法律的规定，抵押权属于担保物权，因而优先于一般债权。设定抵押的财产不属于破产财产。因此，房地产抵押权优先于破产费用、破产债权受偿。

2) 先设定的抵押权优先于后设定的抵押权

根据《中华人民共和国担保法》的规定，同一财产向两个以上债权人抵押的，按照抵押物登记的先后顺序清偿，顺序相同的按照债权比例清偿。抵押权实现的方式有三种：折价、拍卖、变卖。

(1) 折价。债务履行期届满，债务人不能履行债务的，抵押权人可以与抵押人协议，参照市场价格确定抵押物的价值，使抵押权人的债权优先实现。但是，在订立抵押合同时，抵押权人和抵押人不得在合同中约定债务履行期届满抵押权人未受清偿时，抵押物的所有权转移为债权人所有。

(2) 拍卖。拍卖是以公开竞争的方式把标的物卖给出价最高的买受人。拍卖应按照我国《拍卖法》的规定和程序进行。

(3) 变卖。在抵押物无法拍卖出去时，当事人可以选择变卖方式，变卖最好在公证机关或人民法院的参与下进行。需要指出的是，城市房地产抵押合同签订后，土地上新增的房屋不属于抵押物。需要拍卖该抵押的房地产时，可以依法将该土地上新增的房屋与抵押物一同拍卖，但对拍卖新增房屋所得抵押权人无权优先受偿。拍卖划拨的国有土地使用权所得的价款，在依法缴纳相当于应缴纳的土地使用权出让金的款额后，抵押权人才可优先受偿。

6.5.6 房屋租赁

1. 房屋租赁的概念与特征

房屋租赁，是指房屋所有权人或对房屋具有处分权的管理人作为出租人将其房屋出租给承租人使用，由承租人向出租人支付租金的行为。提供房屋给他人使用的一方称为出租人。使用房屋并支付租金的一方称为承租人。出租人和承租人可以是单位，也可以是个人。为加强城市房屋租赁管理，维护房地产市场秩序，保障房屋租赁当事人的合法权益，原建设部于1999年5月9日发布了《城市房屋租赁管理办法》。

【商品房屋租赁管理办法】

房屋租赁主要有以下特征。

1) 房屋租赁的出租人须对房屋具有处分权

出租房屋是对房屋进行处分的行为，只有依法对房屋享有处分权的人，才能够出租房屋从而成为出租人。通常意义上，对房屋具有处分权的人是房屋的所有人，但并不限于所有人，如公房出租中的出租人即仅为国家授权行使房屋所有权的人。因此对房屋具有处分权的管理人也可以成为房屋租赁的出租人。

2) 房屋租赁不转移房屋的所有权

在房屋租赁关系中，出租人转移、让渡的只是房屋的占有权和使用权，而不是房屋的所有权。租赁合同终止后，出租人对房屋享有取回权，承租人必须将原租赁的房屋返还给出租人。

3) 房屋租赁是双务、有偿、要式的民事法律行为

房屋租赁关系中，出租人负有将符合约定的房屋提供给承租人使用的义务，同时享有向承租人收取租金的权利。相应地，承租人则有权请求出租人交付约定的房屋并有权在一定期限内占有、使用，同时有义务按期向出租人交付租金。因此，房屋租赁是双务、有偿的。另外，《城市房屋租赁管理办法》规定，房屋租赁实行登记备案制度。因此，房屋租赁属于要式民事法律行为。

4) 房屋租赁具有期限性

出租人让渡租赁房屋的占有权和使用权具有一定的期限性。出租人将房屋出租给承租人以后，承租人只能在房屋租赁合同的有效期内使用该房屋。房屋租赁有效期限届满，承租人必须把出租的房屋返还给出租人。房屋租赁可以是定期的，也可以是不定期的，但不能是永久的。《中华人民共和国合同法》第二百一十四条第一款规定："租赁期限不得超过20年。超过20年的，超过部分无效。"

2. 房屋租赁的条件

公民、法人或其他组织对享有所有权的房屋和国家授权管理和经营的房屋可以依法出租。国家对房屋出租规定了一定的限制性条件。根据《城市房屋租赁管理办法》，有下列情形之一的房屋不得出租：①未依法取得房屋所有权证的；②司法机关和行政机关依法裁定、决定查封或者以其他形式限制房地产权利的；③共有房屋未取得共有人同意的；④权属有争议的；⑤属于违法建筑的；⑥不符合安全标准的；⑦已抵押，未经抵押权人同意的；⑧不符合公安、环保、卫生等主管部门有关规定的；⑨有关法律、法规规定禁止出租的其他情形。

3. 房屋租赁合同

房屋租赁合同，是出租人与承租人签订的，用于明确租赁双方权利与义务关系的协议。《城市房地产管理法》第五十三条规定："房屋租赁，出租人和承租人应当签订书面租赁合同，约定租赁期限、租赁用途、租赁价格、修缮责任等条款，以及双方的其他权利和义务，并向房地产管理部门登记备案。"《城市房屋租赁管理办法》对房屋租赁合同专章做了规定，其主要内容有以下三方面。

1) 房屋租赁合同的主要条款

房屋租赁，当事人应当签订书面租赁合同，租赁合同应当具备以下条款：①当事人姓名或者名称及住所；②房屋的坐落、面积、装修及设施状况；③租赁用途；④租赁期限；⑤租金及交付方式；⑥房屋修缮责任；⑦转租的约定；⑧变更和解除合同的条件；⑨当事人约定的其他条款。

2) 房屋租赁合同的续签

房屋租赁期限届满，租赁合同终止。承租人需要继续租用的，应当在租赁期限届满前3个月提出，并经出租人同意，重新签订租赁合同。出租人在租赁期限内死亡的，其继承人应当继续履行原租赁合同。住宅用房承租人在租赁期限内死亡的，其共同居住两年以上的家庭成员可以继续承租。

租赁期限内，房屋出租人转让房屋所有权的，房屋受让人应当继续履行原租赁合同的规定。这一规定也称做"买卖不破租赁"原则。

3) 房屋租赁合同的变更或解除

有下列情形之一的，房屋租赁当事人可以变更或者解除租赁合同：①符合法律规定或者合同约定可以变更或解除合同条款的；②因不可抗力致使合同不能继续履行的；③当事人协商一致的。

因变更或者解除租赁合同使一方当事人遭受损失的，除依法可以免除责任的以外，应当由责任方负责赔偿。

此外，法律还详细规定，承租人有下列行为之一的，出租人有权终止合同，收回房屋，因此而造成损失的，由承租人赔偿：①将承租的房屋擅自转租的；②将承租的房屋擅自转让、转借他人或擅自调换使用的；③将承租的房屋擅自拆改结构或改变用途的；④拖欠租金累计6个月以上的；⑤公用住宅用房无正当理由闲置6个月以上的；⑥租用承租房屋进行违法活动的；⑦故意损坏承租房屋的；⑧法律、法规规定其他可以收回的。

【案例6-2】承租人在同等条件下有优先购买权

基本案情

赵医生退休后想在县城开一药店，便向好友朱某借款30万元，双方于2003年10月签订了借款协议，约定：赵某向朱某借款30万元，以其闲置的两间房屋作抵押，借款月息0.8%，最迟于2005年年底连本带利还清，如到期未还，则加息0.2%，延期两个月，延期后仍不能归还的，朱某有权从变卖抵押房款中受偿。赵医生拿到借款后便在县城租了两间房办理了有关登记手续正式开业。2004年6月，赵某将设定抵押的两间房屋租给陈某居住，租期两年，陈某知道该房已设定抵押，但自己只是暂住也就承租下来。2005年10月赵某因销售假药被逮捕，药店也被工商局查封。朱某知道赵某已无力还款，便向赵某的家属提出变卖抵押的房屋用来还款，赵某的家属没有异议。但承租人陈某不同意，认为自己租赁期限未满不能变卖，朱某说买主已找到而且出价很高，怕错过机会，陈某万不得已愿以同样价格购买该房，但朱某仍不同意，认为自己已与买主商定，执意要陈某搬出，双方争执不下，陈某向法院提起诉讼请求优先购买该房屋。

评述意见

本案焦点是抵押权和租赁关系并存时，如何确定两者效力。

根据《中华人民共和国民法通则》的规定："当债务人不能偿还到期债务时，债权人有权出卖抵押物，从变卖款中受偿。"问题是该设定抵押权的房屋又出租他人，且租期未满，朱某要求变卖房屋行使抵押权，是合法的应予支持。但陈某的租赁关系也是合法有效的，如何维护其合法权益呢？通常有以下两种情况：①租赁在先，抵押在后。根据"买卖不破租赁"，即租赁关系成立后，即使租赁物转让，其租赁关系对受让人仍然有效，在租赁关系届满前受让人不能解除租赁关系，提高租金。②抵押在先，租赁在后，根据物权优于债权的原则，当抵押权人变卖抵押物时，租赁关系相应解除，但在同等条件下承租人有优先购买权，承租人的这项权利也适用于租赁在先，抵押在后的情况甚至在租赁期满，出租人出卖租赁物时承租人在同等条件下也有优先购买权。

因此，本案陈某对赵某的房屋有优先权，法院应予支持。

6.6 房地产产权产籍管理

6.6.1 房地产产权产籍管理的概念

房地产产权产籍管理是房地产行政管理的重要内容，是房地产管理工作的基础，也是建立社会主义房地产市场经济的保障条件。

房地产产权产籍管理分为房地产产权管理和产籍管理两个方面。产权管理，也称房地产权属登记管理，是指房地产行政主管部门依照国家有关房地产法律、法规和政策，区别房地产的性质、类别，审查产权、确认产权、登记产权、保障产权及监督产权等，以维护正常交易秩序和交易安全。产籍管理，是指通过对房地产产权进行经常性的申报登记和测绘，由此形成各种图表、卡册和档案资料，保持资料的完整和准确，从而为产权管理以及城市规划建设提供数据资料。

产权管理是产籍管理的基础，产籍管理则是产权管理的依据和手段。二者相互依存，相互促进，共同构成了房地产产权产籍管理的全部内容。

【"我"的产权，如何保护？】

6.6.2 房地产权属登记制度

1. 房地产权属登记的概念与特点

房地产权属登记，是土地使用权登记发证和房屋权属登记发证制度的总称。房地产权属登记的主要任务是，在全国房地产总登记工作的基础上，做好初始取得的土地使用权、新建房屋所有权、房地产权属的转让、变更、他项权利等的登记、核实、确权和发证工作，以及房地产灭失、土地使用权年限届满、他项权利终止等注销工作。实行房地产权属登记制度的目的在于保护房地产权利人的合法权益，为城市房地产的各项管理工作打下基础，并为城市建设提供科学的依据。

我国现行的房地产权属登记制度主要有以下特点。

1) 房地产权属登记由不同登记机关分别登记

由于我国对房地产事项由房屋与土地分部门管理，所以房地产权属登记一般是土地使用权和房屋所有权登记分别在土地管理机关和房地产管理机关进行。目前，只有广东、深圳等少数城市实行统一登记管理。

2) 房地产权属登记为房地产权利动态登记

当事人对房地产权利的取得、变更、丧失均须依法登记；不经登记，不发生法律效力，不能对抗第三人。房地产权属登记，不仅登记房地产静态权利，而且也登记权利动态过程，使第三人可以就登记情况，推知该房地产权利状态。

3) 房地产权属登记具有公示公信力

房地产权属登记具有公示性，通过登记将房地产权利的事实状态向社会公开用以标示房地产流转。房地产权利的变动只有经过登记才能成立，才能发生法律效力。在登记公示的情况下，即使登记簿的记载与实质的房地产权利不符,但对信赖记载表征的善意第三人也予以保护。

4) 房地产权属登记实行强制登记制度

房地产权利初始登记后,涉及权利转移、设定、变更等,权利人必须在规定的期限内申请登记;若不登记,房地产权利便得不到法律保护,且要承担相应的法律责任。

2. 土地权属的确认

土地权属,是指各种土地权利的归属,在我国是指国有土地所有权、国有土地使有权、集体土地所有权和集体土地使用权的归属。所谓的土地他项权利,是指土地使用权和土地所有权以外的土地权利,包括抵押权、承租权以及法律、行政法规规定需要登记的其他土地权利。

土地权属登记,即土地登记,是国家依法对国有土地使用权、集体土地所有权、集体土地使用权和土地他项权利的登记。

土地登记分为初始土地登记和变更土地登记。初始土地登记又称总登记,是指在一定时间内,对辖区全部土地或者特定区域的土地进行的普遍登记;变更土地登记,是指初始土地登记以外的土地登记,包括土地使用权、所有权和土地他项权利设定登记,土地使用权、所有权和土地他项权利变更登记,名称、地址和土地用途变更登记,注销土地登记等。

我国实行土地登记制度对土地权属进行确认。根据《土地管理法》第十一条的规定,单位和个人依法使用的国有土地,由县级以上人民政府登记造册,核发证书,确认其使用权。其中,中央国家机关使用的国有土地的具体登记发证机关,由国务院确定。国家依法实行土地登记发证制度,依法登记的土地所有权和土地使用权受法律保护,任何单位和个人都不得侵犯。

为了确定土地的所有权和使用权,依法进行土地登记,1995年国家土地管理局发布了《确定土地所有权和使用权的若干规定》,对国家土地所有权、集体土地所有权、国有土地使用权、集体土地建设用地使用权的范围和确定办法作出了十分具体的规定。

3. 房屋权属登记的种类

根据1997年建设部发布的《城市房屋权属登记管理办法》(2001年8月15日修正),房屋权属登记,是指房地产行政主管部门代表政府对房屋所有权以及由上述权利产生的抵押权、典权等房屋他项权利进行登记,并依法确认房屋产权归属关系的行为。根据《城市房屋权属登记管理办法》第九条的规定,房屋权属登记分为以下六类。

1) 总登记

总登记,也叫静态登记,是指县级以上地方人民政府根据需要,在一定期限内对本行政区域内的房屋进行统一的权属登记。进行总登记是因为一定行政区域范围内没有建立完善的产籍或原有的产籍因其他原因造成产籍散失、混乱,必须全面清理房屋产权,整理产籍,建立新的产权管理秩序。

总登记应当由县级以上地方人民政府在规定期限开始之日30日前发布公告。公告应当包括以下内容:登记、验证、换证的区域;申请期限;当事人应当提交的有关证件;受理申请地点;其他应当公告的事项。

2) 初始登记

初始登记,也称新建登记,是指新建房屋申请人,或原有但未进行过登记的房屋申请人原始取得所有权而进行的登记。

新建的房屋,申请人应当在房屋竣工后的3个月内向登记机关申请房屋所有权初始登记,并应当提交用地证明文件或者土地使用权证、建设用地规划许可证、建设工程规划许可证、施工许可证、房屋竣工验收资料以及其他有关的证明文件。集体土地上的房屋转为国有土地上的房屋，申请人应当自事实发生之日起30日内向登记机关提交用地证明等有关文件，申请房屋所有权初始登记。

3) 转移登记

移转登记，是指房屋因买卖、赠与、交换、继承、划拨、分割、合并、裁决等原因而致使其权属发生转移而进行的登记。当事人应当自事实发生之日起90日内申请转移登记。申请转移登记，权利人应当提交房屋权属证书以及相关的合同、协议、证明等文件。转移登记是一项经常性工作，目的在于及时掌握所有权的变动以及确定新的所有权人的权利，并修正原有的产籍资料。

4) 变更登记

变更登记，是指房地产权利人因法定名称改变，或是房屋状况发生变化而进行的登记。法律规定，房地产权利人名称变更和房屋现状发生下列情形之一的，权利人应当自事实发生之日起30日内申请变更登记：①房屋坐落的街道、门牌号或者房屋名称发生变更的；②房屋面积增加或者减少的；③房屋翻建的；④法律、法规规定的其他情形。申请变更登记，权利人应当提交房屋权属证书以及相关的证明文件。变更登记的目的在于掌握房产的变更情况，及时进行修测、补充房产产籍资料。

5) 他项权利登记

他项权利登记，是指设定抵押、典权等他项权利而进行的登记。权利人应当自事实发生之日起30日内申请他项权利登记。申请房屋他项权利登记，权利人应当提交房屋权属证书，设定房屋抵押权、典权等他项权利的合同书以及相关的证明文件。

6) 注销登记

注销登记，是指因房屋灭失，土地使用年限届满，他项权利终止等情况所进行的权属登记。权利人应当自事实发生之日起30日内申请注销登记。申请注销登记，权利人应当提交原房屋权属证书、他项权利证书，相关的合同、协议、证明等文件。

【房本该写谁的名】

4. 房屋权属登记的程序

根据《城市房屋权属登记管理办法》第十条的规定，房屋权属登记依以下程序进行。

1) 受理登记申请

受理登记申请，是指房屋所有权人在规定的期限内向房屋所在地的登记机关提交申请书及有关证件申请产权登记，如其手续完备，登记机关则受理登记。

房屋权属登记由权利人申请。权利人(申请人)为法人、其他组织的，应当使用其法定名称，由其法定代表人申请；权利人为自然人的，应当使用其身份证件上的姓名。共有的房屋，由共有人共同申请。房屋他项权利登记，由权利人和他项权利人共同申请。权利人可以委托代理人申请房屋权属登记。登记机关自受理登记申请之日起7日内应当决定是否予以登记，对暂缓登记、不予登记的，应当书面通知权利人。

2) 权属审核

权属审核，是指房地产权属登记机关对受理的申请进行权属审核。主要是审核查阅产籍资料、申请人提交的各种证件，核实房屋现状即权属来源等。权属审核一般采用"三审定案"的方法，即一般要经历初审、复审和审批三道程序。

(1) 初审。通过查阅产权档案和有关资料，对申请人提交的证件、证明，以及墙界情况、房屋状况等进行核实，弄清产权来源及转移变动的情况，审查权利人主张产权的依据是否符合法律、政策的规定。初审工作要到现场查勘，并着重对申请事项的真实性负责。

(2) 复审。经过初审，权属无异议的，交由复审人员全面的复核审查，若有异议由登记人员继续调查处理。这是权属审查中重要环节，复审人员一般不到现场调查，但要依据初审中已确定的事实，按照法律、法规及有关规定,并充分利用登记机关现存的各项资料及测绘图件,反复核对,以确保权属审核的准确性。

(3) 审批。审批是权属审查的最后程序,关系到是否最后确认产权,发给产权证件。一般产权审批都是根据复审的意见来确定。只有经过审查批准确认产权的才准予发给产权证件,未经审查批准确认产权的不准发给产权证。

3) 公告

公告是对可能有产权异议的申请,登记机关可以采用布告、报纸、电台等形式公开征询异议,以便确认产权。公告并不是房屋权属登记的必经程序,登记机关认为有必要进行时进行公告。

4) 核准登记、颁发房屋权属证书

经初审、复审、公告后的登记件,应进行终审,经终审批准后,该项登记即告成立,终审批准之日即是核准登记之日。

经终审核准登记的权利。可以制作权属证书。权证制作按照缮证、配图、核对、盖印四个程序进行,主要包括产权证、实地复核后绘制的单独房地产平面图、分户房地产平面图或分房分户房地产平面图。

经审查,凡权属清楚、产权来源资料齐全的,初始登记、转移登记、变更登记、他项权利登记应当在受理登记后的30日内核准登记,并颁发房屋权属证书。注销登记应当在受理登记后的15日内核准注销,并注销房屋权属证书。房屋权属登记,权利人应当按照国家规定交纳登记费和权属证书工本费。

房屋权属登记的程序如图6.4所示。

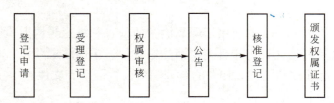

图6.4 房屋权属登记程序

6.6.3 房屋产籍管理制度

1. 房屋产籍的概念和种类

房屋产籍是指城市房屋的产权档案、地籍图纸以及账册、表卡等其他反映产权现状和历史情况的资料。它是在房地产权属登记、产权调查、产权变更等一系列权属管理活动和房地产测绘过程中形成的。城市房屋产籍应当由县级以上地方人民政府房地产行政主管部门统一管理并建立健全房产档案和房屋测绘的管理制度。

要搞好房屋产权保障,必须建立产籍制度。产籍管理是房地产产权管理的依据和手段,没有完整、准确的产籍制度,就不可能有完善的房地产市场。房地产产籍主要是由图纸、档案、卡片、簿册组成。它是通过图形、文字记载、原始证据等,记录反映产权状况、房屋及其使用国有土地的情况。

(1) 图纸,即房地产产籍平面图。它包括房屋及其所占用的土地使用权权属界定位置图、房地产分幅平面图、房地产分丘平面图和房屋分层分户平面图。它是一种反映房屋、土地现状的专业用图。一般反映各类房屋及其用地的关系位置、产权经界、房屋结构、面积、层数、使用土地范围、街道门牌等。

(2) 档案,即房地产档案。它是指将在房屋所有权登记中形成的各种产权证件、证明、各种文件和历史资料等收集起来,用科学的方法加以整理、分类、装订而成的卷册。房地产档案主要记录反映产权人及房屋、用地状况的演变。它包括产权登记的各种申请表、墙界表、调查材料、原始文件记载和原有契证等。它反映了房屋权利及房屋、土地演变的过程和纠纷处理的结果及其过程。它是审查、确认产权的重要依据。

(3) 卡片，即房地产卡片。它是对产权申请书中产权人情况、房屋状况、使用土地状况及其来源等扼要摘录而制成的一种卡片。它按丘号顺序编制，其作用是为了查阅房地产的基本情况，以供对各类房屋进行分类统计使用。

(4) 簿册，即房地产登记簿册。它包括登记收件簿、发证记录簿、房屋总册等。它是根据产权登记的成果和分类管理的要求而编制的，是产权状况和房屋状况的缩影。其作用是用来掌握房屋基本状况和变动，是房地产产权管理的基础资料。

图纸、档案、卡片、簿册的内容应该是一致的，它们应同时变更注记，也可以用它们来互相校正各种资料，以便发现问题。

2. 房屋产籍管理的要求

房屋产籍管理，是指对各种图纸、档案、卡片、簿册等产籍资料，经过加工整理分类，运用科学的方法进行综合管理，是房地产行政主管部门对其辖区内的各种房地产产籍资料收集、分类、保管和利用等活动的总称，是国家房地产管理的重要内容。根据有关法律政策的规定，房屋产籍管理应当满足以下要求。

1) 管理规范和科学

房地产产籍资料丰富、繁杂，应当实行科学的管理。例如，城市房屋的测量，应当符合房屋管理和测量规范的要求，准确反映房屋的自然状况，并绘制符合规范的图表，为审查确认产权提供可靠依据。城市房屋的产籍，应当依照房地丘(地)号建立。房地丘(地)号的编定，按照房地产测量规范执行，应当根据房屋产权的转移、变更等及时加以调整和补充。城市房屋产权档案，应当以产权人为宗立卷，宗内文件的排列，可以按照产权的变化时间为序。城市房屋产权档案必须长期保存，发生毁损或灭失，应当及时采取补救措施。

2) 保持产籍资料准确、完整

产籍管理是一项动态性的工作，为了保证产籍资料的真实性及准确地了解房屋产权状况，必须保证产籍资料的准确、完整。产籍资料的准确，是指房地产产籍的图纸、档案、卡片、簿册等真实无误地记录了房屋所有人的产权关系、房屋面积、质量状况、宅基地使用情况以及和四邻的关系等。产权来源清楚，证件手续齐备，符合法律、政策，图、档、卡、册记录一致，并与实际相符。当房屋、土地情况变化时，应及时进行更新，随时反映变化了的产权情况。产籍资料的完整，包含两个方面的内容：一是各种表册的项目无缺项；二是各种证件、证明材料无遗漏，各项手续完备。

6.7 物 业 管 理

6.7.1 物业管理概述

1. 物业管理的概念

物业一词源自于港澳地区的方言对房地产或不动产的称呼。我国香港学者李宗鳄先生在《香港房地

【物业管理条例】

产法》中称"物业"是单元性的房地产，它既可以是一套住宅，也可以是一栋楼宇或房屋，故而物业所涉及的范围非常广泛。根据2003年国务院发布的《物业管理条例》(以下简称《条例》)，物业是指房屋及配套的设施设备和相关场地。

《条例》第二条对"物业管理"做了界定。**物业管理**，是指业主通过选聘物业服务企业，由业主和物业服务企业按照物业服务合同约定，对房屋及配套的设施设备和相关场地进行维修、养护、管理，维护相关区域内的环境卫生和秩序的活动。

对此，我们可以从以下几方面来理解。

1) 物业管理是由业主通过选聘物业服务企业的方式来实现的活动

业主对物业进行管理，一般有三种方式：其一是业主自己进行管理；其二是业主将不同的管理内容委托给不同的专业服务公司进行管理；其三是业主选聘物业服务企业进行管理。《条例》调整的物业管理是第三种方式。必须说明的是，是否选聘物业服务企业来对物业实施管理，是业主的权利。《条例》并不强制业主必须选择物业服务企业来实施物业管理，但是，如果业主通过选聘物业服务企业的方式来对物业进行管理的，则应当按照《条例》的规定来进行。

2) 物业管理活动的基础是物业服务合同

物业管理活动的实质是业主和物业服务企业就物业服务企业提供的服务为标的所进行的一项交易，它是通过合同产生的。物业服务合同确立了业主和物业服务企业之间被服务者和服务者的关系，明确了物业管理活动的基本内容。物业服务企业根据物业服务合同内容提供物业管理服务，业主根据物业服务合同交纳相应的物业服务费用，双方是平等的民事法律关系。

3) 物业管理的内容是业主和物业服务企业对物业进行维修养护、管理，对相关区域内的环境卫生和秩序进行维护

【物业服务，为何变成"拳脚相加"？】

物业管理的内容主要有两方面：一是对房屋及配套的设施设备和相关场地进行维修、养护、管理；二是维护相关区域内的环境卫生和秩序，包括物业服务企业提供的保安、保洁、绿化、交通及车辆管理等服务。除此之外，物业服务企业可以接受业主和使用人的特别委托，为其提供物业服务合同没有约定的服务项目，也可接受供水、供气、供热等公用事业等单位的委托，为其向业主代收有关费用等。

2. 我国物业管理制度的历史沿革

1949年新中国成立后，在计划经济体制下，我国对房屋管理长期采取的是"行政型、福利式"的管理模式。这种传统体制的特征是：分配福利性、管理行政性、产权归国家、使用归个人、以租养房、租金低廉。房屋的维修养护责任由政府房屋管理所及单位房管处所"包办"。在这种情况下，房屋建成分配后，因租金不足，房产管理依赖国家补贴，结果投资建房越多，费用包袱越重，导致房屋管理"一年新，二年旧，三年破了没钱修"的恶性循环。

改革开放后，我国住宅建设迅猛发展。大量住宅小区的投入使用，带来了住宅管理工作的变化。除了对房屋进行维修外，还必须对房屋附属物、设备设施、场地、环卫绿化、道路、治安等进行专业化的管理，以保持房屋和住宅区的长久完好，发挥其整体功能和综合效益。20世纪80年代初，深圳学习香港的经验，在住宅小区实施物业管理，开创了我国大陆物业管理的先河。

随着住宅商品化制度的推行，城市内多层、高层住宅以及群体式住宅的小区越来越多，并形成一个住宅区域内、一栋房子里的房屋产权多元化的格局。由于房屋产权属于多个业主，而房屋建筑及与之相配套的设备、设施和相关场地又是一个密不可分的整体，单个业主自身又无法实现对房屋共有部位及共用设备设施等的维修养护责任，因此需要专门的组织对物业进行管理。为了解决商品房产权多元化带来

的物业管理问题，20世纪80年代末至90年代末，建设部相继颁布了《城市异产毗连房屋管理规定》(1989年)、《城市新建住宅小区管理办法》(1994年)、《住宅共用部位共用设施设备维修基金管理办法》(1998年)、《物业管理企业财务管理规定》(1998年)、《物业管理企业资质管理试行办法》(1999年)等一系列有关物业管理的规章和规范性文件。由此逐步开始建立业主自治与物业管理企业专业管理相结合的社会化、专业化、市场化的物业管理体制。

然而，物业管理在我国还是个新鲜事物，起步时间不长，因此在实践中暴露出不少问题。如相关物业管理主体的法律关系不明确，物业服务企业服务意识不强，业主自律机制不完善，前期物业管理矛盾突出，专项维修资金管理不规范等。这些问题长期困扰着物业管理行业的发展。为此，1999年4月，建设部成立起草小组，着手我国第一部物业管理行政法规——《物业管理条例》的起草工作。经过几年的努力，2003年6月8日，国务院颁布了该《条例》。根据《中华人民共和国物权法》的有关规定，2007年8月26日又对该《条例》进行了修改。《条例》的有关制度清晰地划定了业主和物业服务企业双方的权利与义务关系，明确了业主委员会的法律地位，界定了政府的管理职责，维护了物业管理当事人的合法权益。例如，业主大会、业主公约、物业管理招投标、物业承接验收等制度。这标志着我国物业管理进入了法制化、规范化发展的新时期。

传统房屋管理与物业管理的比较如表6-2所示。

表6-2 传统房屋管理与物业管理的比较

项目	传统房屋管理	物业管理
管理模式	计划经济模式	市场经济模式
物业产权	国家财产，产权单一	业主所有，产权多元
业主地位	被动管理	自治管理
管理单位	政府管理部门——行政主体	物业管理机构——市场主体
管理行为	准政府行为	经营行为
管理关系	行政性关系	民事委托关系
管理内容	修房为主，内容单一	管理、服务、经营
管理费用	低租金，财政补贴	服务收费
管理效果	房屋破损严重	物业保值升值

资料来源：夏善胜．物业管理法 [M]．北京：法律出版社，2003．

6.7.2 业主与业主大会

1. 业主的权利与义务

业主，顾名思义就是"物业的主人"，即物业的所有权人。这是一个从香港传入内地，逐渐被熟悉和接受的概念。由于我国实行房屋所有权与土地使用权归属同一个主体的原则。因此，业主实际上就是"房屋所有权人"。

根据《条例》的规定，业主在物业管理活动中所享有的权利主要有：①按照物业服务合同的约定，接受物业服务企业提供的服务；②提议召开业主大会会议，并就物业管理的有关事项提出建议；③提出制定和修改业主公约、业主大会议事规则的建议；④参加业主大会会议，行使投票权；⑤选举业主委员会委员，并享有被选举权；⑥监督业主委员会的工作；⑦监督物业服务企业履行物业服务合同；⑧对物业共用部位、共用设施设备和相关场地使用情况享有知情权和监督权；⑨监督物业共用部位、共用设施设备专项维修资金的管理和使用；⑩法律、法规规定的其他权利。

业主在物业管理活动中所应履行的义务主要有：①遵守业主公约、业主大会议事规则；②遵守物业管理区域内物业共用部位和共用设施设备的使用、公共秩序和环境卫生的维护等方面的规章制度；③执行业主大会的决定和业主大会授权业主委员会作出的决定；④按照国家有关规定交纳专项维修资金；⑤按时交纳物业服务费用；⑥法律、法规规定的其他义务。

2. 业主大会、业主委员会的职责

业主大会是代表和维护物业管理区域内全体业主在物业管理活动中的合法权益的组织。根据《条例》的规定，物业管理区域内全体业主组成业主大会。一个物业管理区域成立一个业主大会。同一个物业管理区域内的业主，应当在物业所在地的区、县人民政府房地产行政主管部门或者街道办事处、乡镇人民政府的指导下成立业主大会，并选举产生业主委员会。但是，只有一个业主的，或者业主人数较少且经全体业主一致同意，决定不成立业主大会的，由业主共同履行业主大会、业主委员会职责。

下列事项由业主共同决定：①制定和修改业主大会议事规则；②制定和修改管理规约；③选举业主委员会或者更换业主委员会成员；④选聘和解聘物业服务企业；⑤筹集和使用专项维修资金；⑥改建、重建建筑物及其附属设施；⑦有关共有和共同管理权利的其他重大事项。

业主大会会议可以采用集体讨论的形式，也可以采用书面征求意见的形式；但是，应当有物业管理区域内专有部分占建筑物总面积过半数的业主且占总人数过半数的业主参加。业主可以委托代理人参加业主大会会议。业主大会决定前述第⑤项和第⑥项规定的事项，应当经专有部分占建筑物总面积2/3以上的业主且占总人数2/3以上的业主同意；决定前述规定的其他事项，应当经专有部分占建筑物总面积过半数的业主且占总人数过半数的业主同意。业主大会或者业主委员会的决定，对业主具有约束力。业主大会或者业主委员会作出的决定侵害业主合法权益的，受侵害的业主可以请求人民法院予以撤销。

业主委员会是业主大会的执行机构，应当履行下列职责：①召集业主大会会议，报告物业管理的实施情况；②代表业主与业主大会选聘的物业服务企业签订物业服务合同；③及时了解业主、物业使用人的意见和建议，监督和协助物业服务企业履行物业服务合同；④监督管理规约的实施；⑤业主大会赋予的其他职责。

为了规范业主大会的活动，2003年6月26日原建设部发布了《业主大会规程》，对业主大会的成立方式、职责、会议形式、表决原则以及议事规则，业主委员会的产生方式、委员条件、职责、备案等做了明确的规定。

3. 管理规约

管理规约是由业主书面承诺的，规定业主在物业管理区域内有关物业使用、维护、管理及业主的公共利益等事项权利与义务关系的自律性规范。管理规约是业主对物业管理区域内一些重大事务的共同性约定，是物业管理法律、法规、政策的补充，是有效调整业主之间权利与义务关系的基础性文件，也是物业管理顺利进行的重要保证。

根据《条例》的规定，管理规约对全体业主具有约束力。管理规约一般应包括以下主要内容：①有关物业的使用、维护、管理；②业主的共同利益；③业主应当履行的义务；④违反管理规约应当承担的责任。

订立管理规约是业主之间的共同行为，通常情况下，管理规约由业主大会筹备组草拟，经首次业主大会会议审议通过。然而很多情况下，物业建成后，业主的入住是一个陆续的过程，业主大会并不能立

即成立。但基于物业的正常使用和已经入住业主共同利益的考虑,却有制定业主共同遵守准则的需要。因此,管理规约在物业买受人购买物业时就须存在,这种在业主大会制定管理规约之前存在的管理规约,称为临时管理规约。对此,《条例》规定,建设单位应当在销售物业之前,制定临时管理规约。建设单位制定的临时管理规约,不得侵害物业买受人的合法权益。业主大会有权起草、讨论和修订管理规约,业主大会制定的管理规约生效时临时管理规约终止。

业主大会、业主委员会应当依法履行职责,不得作出与物业管理无关的决定,不得从事与物业管理无关的活动。业主大会、业主委员会作出的决定违反法律、法规的,物业所在地的区、县人民政府房地产行政主管部门或者街道办事处、乡镇人民政府,应当责令限期改正或者撤销其决定,并通告全体业主。

6.7.3 前期物业管理

1. 前期物业管理的概念

前期物业管理,是指在业主、业主大会选聘物业服务企业之前,由建设单位选聘物业服务企业实施的物业管理。

与通常情况下的物业管理相比,前期物业管理具有以下特点。

(1) 前期物业管理法律基础的特殊性。前期物业管理法律关系不是根据业主和物业服务企业之间签订的普通物业服务合同,而是根据建设单位与物业服务企业签订的前期物业服务合同形成的。

(2) 前期物业管理具有过渡性。前期物业管理的期限,存在于在业主、业主大会选聘物业服务企业之前的过渡时间内。实践中,物业的销售、业主的入住是陆续的过程,业主召开首次业主大会会议时间的不确定决定了业主、业主大会选聘物业服务企业时间的不确定,因此,前期物业服务的期限也是不确定的。但是,一旦业主大会成立或者全体业主选聘了物业服务企业,业主、业主大会与物业服务企业签订的合同发生效力,就意味着前期物业管理阶段结束,进入了通常情况下的物业管理阶段。

(3) 前期物业管理内容的特别性。前期物业管理常常包括一般物业管理不包括的一些内容,如管理遗留扫尾工程、空置房出租或看管等物业管理事项。

2. 前期物业服务合同

《条例》第二十一条规定:"在业主、业主大会选聘物业服务企业之前,建设单位选聘物业服务企业的,应当签订书面的前期物业服务合同。"这种情况下由建设单位和物业服务企业之间签订的物业服务合同称为前期物业服务合同。前期物业服务合同约定的内容应当包含在建设单位与物业买受人签订的买卖合同中,并向物业买受人明示。

根据《条例》的规定,前期物业服务合同是一种附终止条件的合同。虽然期限未满,但业主委员会与物业服务企业签订的物业服务合同生效的,前期物业服务合同仍然终止。也就是说,前期物业服务合同按照约定的期限履行结束,只有在合同期内没有业主大会选聘的物业服务合同生效才能实现。这是由前期物业管理本身的过渡性决定的。一旦业主组成了代表和维护自己利益的业主大会,选聘了物业服务企业,进入了正常的物业管理阶段,则前期物业管理就不再有存在的必要,自动终止。终止的时间以业主委员会与物业服务企业签订的物业服务合同生效时为准。

3. 前期物业管理招标投标

为了扭转房地产开发企业自建自管、建管不分而引发物业管理纠纷增多的被动局面,保障业主自主选择物业服务企业的权利,同时也为物业服务企业参与市场的平等竞争创造机会。《条例》第二十四条规定:"国家提倡建设单位按照房地产开发与物业管理相分离的原则,通过招投标的方式选聘具有相应资质的物业服务企业。""住宅物业的建设单位,应当通过招投标的方式选聘具有相应资质的物业服务企业;投标人少于3个或者住宅规模较小的,经物业所在地的区、县人民政府房地产行政主管部门批准,可以采用协议方式选聘具有相应资质的物业服务企业。"

为了进一步规范前期物业管理招标投标活动,保护招标投标当事人的合法权益,促进物业管理市场的公平竞争,原建设部于2003年发布了《前期物业管理招标投标管理暂行办法》,对前期物业管理招标投标的程序和管理做了规定。

4. 物业承接验收制度

物业承接验收,是指物业服务企业在承接物业时,进行以物业的主体结构安全和满足使用功能为主要内容的再检验,同时接受图纸、说明文件等物业资料,从而着手实施物业管理。物业的承接验收是物业管理的基础工作和前提条件,也是物业管理工作真正开始开展的首要环节。

为了明确开发建设单位、业主、物业服务企业的责、权、利,减少物业管理矛盾和纠纷,并促使开发建设单位提高建设质量,加强物业建设与管理的衔接,《条例》第二十八条规定:"物业服务企业承接物业时,应当对物业共用部位、共用设施设备进行查验。"同时,第二十九条规定,在办理物业承接验收手续时,建设单位应当向物业服务企业移交下列资料:竣工总平面图,单体建筑、结构、设备竣工图,配套设施、地下管网工程竣工图等竣工验收资料;设施设备的安装、使用和维护保养等技术资料;物业质量保修文件和物业使用说明文件;物业管理所必需的其他资料。

6.7.4 物业管理服务

《条例》第四章"物业管理服务"明确了物业管理服务中各方主体的权利义务关系,规定了物业管理企业资质管理、物业服务合同、物业服务收费、物业管理区域内公共秩序的维持等制度。

1. 物业服务企业资质管理

物业服务企业,是指依法设立,具有独立法人资格,从事物业管理服务活动的企业。物业管理具有一定的专业性,这要求物业管理企业具有一定数量的高素质管理和技术人员,具有先进的工具及设备,建立科学、规范的工作程序,对价值量巨大的物业资产实施良好的管理与维护。为此,《条例》第三十二条规定:"从事物业管理活动的企业应当具有独立的法人资格。国家对从事物业管理活动的企业实行资质管理制度。"

为了加强对物业管理活动的监督管理,规范物业管理市场秩序,提高物业管理服务水平,原建设部于2004年3月17日发布了《物业管理企业资质管理办法》,对物业服务企业资质的条件、分级、申请、审批、动态管理等做了规定。根据该办法,物业服务企业资质等级分为一、二、三级。不同资质等级的物业服务企业按照法律的规定承接不同等级要求的物业管理业务。

2. 物业管理合同

物业服务合同是业主、物业服务企业设立物业服务关系的协议,是确立业主和物业服务企业在物业管理活动中的权利和义务的法律依据。根据《条例》的规定,业主大会选聘了物业服务企业后,业主委员会应当与业主大会选聘的物业服务企业订立书面的物业服务合同。物业服务合同应当具备以下主要内容：物业管理事项；服务质量；服务费用；双方的权利和义务；专项维修资金的管理与使用；物业管理用房；合同期限；违约责任。

物业服务企业应当按照物业服务合同的约定，提供相应的服务。业主也应当按照物业服务合同的约定接受物业管理企业的服务，并履行缴纳物业管理费等义务。物业管理企业未能履行物业服务合同的约定，导致业主人身、财产安全受到损害的，应当依法承担相应的法律责任。

3. 物业服务收费

物业服务收费，是指物业服务企业按照物业服务合同的约定，对房屋及配套的设施设备和相关场地进行维修、养护、管理，维护相关区域内的环境卫生和秩序，向业主所收取的费用。

《条例》规定，物业服务收费应当遵循合理、公开以及费用与服务水平相适应的原则，区别不同物业的性质和特点，由业主和物业服务企业按照国务院价格主管部门会同国务院建设行政主管部门制定的物业服务收费办法，在物业服务合同中约定。为此，2003年11月国家发改委、原建设部发布了《物业服务收费管理办法》，对物业服务收费做了规定。

根据《物业服务收费管理办法》，物业服务收费分为政府指导价和市场调节价。业主与物业管理企业可以采取包干制或者酬金制等形式约定物业服务费用。

业主应当按照物业服务合同的约定按时足额交纳物业服务费用或者物业服务资金。业主违反物业服务合同约定逾期不交纳物业服务费用或者物业服务资金的，业主委员会应当督促其限期交纳；逾期仍不交纳的，物业服务企业可以依法追缴。业主与物业使用人约定由物业使用人交纳物业服务费用或者物业服务资金的，从其约定，业主负连带交纳责任。

纳入物业管理范围的已竣工但尚未出售，或者因开发建设单位原因未按时交给物业买受人的物业，物业服务费用或者物业服务资金由开发建设单位全额交纳。物业管理区域内，供水、供电、供气、供热、通信、有线电视等单位应当向最终用户收取有关费用。物业管理企业接受委托代收上述费用的，可向委托单位收取手续费，不得向业主收取手续费等额外费用。利用物业共用部位、共用设施设备进行经营的，应当在征得相关业主、业主大会、物业管理企业的同意后，按照规定办理有关手续。业主所得收益应当主要用于补充专项维修资金，也可以按照业主大会的决定使用。物业服务企业已接受委托实施物业服务并相应收取服务费用的，其他部门和单位不得重复收取性质和内容相同的费用。

6.7.5 物业的使用与维护

1. 共用设施设备、共用部位的使用与管理

根据《住宅共用部位共用设施设备维修基金管理办法》，共用设施设备，是指住宅小区或单幢住宅内，建设费用已分摊进入住房销售价格的共用的上下水管道、落水管、水箱、加压水泵、电梯、天线、供电线路、照明、锅炉、暖气线路、煤气线路、消防设施、绿地、道路、路灯、沟渠、池、井、非经营性车场车库、公益性文体设施和共用设施设备使用的房屋等。共用部位，是指住宅主体承重结构部位(包括基础、内外承重墙体、柱、梁、楼板、屋顶等)、户外墙面、门厅、楼梯间、走廊通道等。《条例》对此做了专门的规定，主要内容有以下六项。

1) 物业用途管理

物业管理区域内按照规划建设的公共建筑和共用设施，不得改变用途。业主依法确需改变公共建筑和共用设施用途的，应当在依法办理有关手续后告知物业管理企业；物业管理企业确需改变公共建筑和

共用设施用途的,应当提请业主大会讨论决定同意后,由业主依法办理有关手续。

2) **道路和场地管理**

业主、物业服务企业不得擅自占用、挖掘物业管理区域内的道路、场地,损害业主的共同利益。因维修物业或者公共利益,业主确需临时占用,挖掘道路、场地的,应当征得业主委员会和物业服务企业的同意;物业服务企业确需临时占用、挖掘道路、场地的,应当征得业主委员会的同意。业主、物业服务企业应当将临时占用、挖掘的道路、场地,在约定期限内恢复原状。

3) **管线设施设备管理**

供水、供电、供气、供热、通信、有线电视等单位,应当依法承担物业管理区域内相关管线和设施设备维修、养护的责任。上述单位因维修、养护等需要,临时占用,挖掘道路、场地的,应当及时恢复原状。

4) **装饰装修管理**

业主需要装饰装修房屋的,应当事先告知物业服务企业。物业服务企业应当将房屋装饰装修中的禁止行为和注意事项告知业主。

5) **共用物业和维修资金管理**

利用物业共用部位、共用设施设备进行经营的,应当在征得相关业主、业主大会、物业服务企业的同意后,按照规定办理有关手续。业主所得收益应当主要用于补充专项维修资金,也可以按照业主大会的决定使用。

【小区广告费归谁?】

6) **物业使用的安全管理**

物业存在安全隐患,危及公共利益及他人合法权益时,责任人应当及时维修养护,有关业主应当给予配合。责任人不履行维修养护义务的,经业主大会同意,可以由物业服务企业维修养护,费用由责任人承担。

2. 物业专项维修资金制度

物业专项维修资金,是指由业主缴纳的,专项用于物业保修期满后物业共用部位、共用设施设备的维修、更新和改造的资金。物业专项维修资金是在物业产权多元化的情况下,为了保证房屋的维修和正常使用,而依照国家规定建立的一种保障性资金。住房专项维修资金属于业主所有,其是否完好、运行是否正常,关系到相邻物业,甚至整栋楼、整个物业管理区域物业的正常使用,关系到全体业主的利益和社会公共利益。因此,建立物业专项维修资金意义重大。

2007年12月4日,根据《物权法》《物业管理条例》等法律、行政法规,原建设部会同财政部发布了《住宅专项维修资金管理办法》,并于2008年2月1日起施行。该办法对加强住宅专项维修资金的管理,保障住宅共用部位、共用设施设备的维修和正常使用,维护住宅专项维修资金所有者的合法权益,都起着重要的作用。

《住宅专项维修资金管理办法》规定了住宅专项维修资金专户存储、专款专用、所有权人决策、政府监督的原则,专项维修资金的使用由大多数业主或业主大会决定。

住宅专项维修资金划转业主大会管理前,需要使用住宅专项维修资金的,物业服务企业根据维修和更新、改造项目提出使用建议;没有物业服务企业的,由相关业主提出使用建议;住宅专项维修资金列支范围内专有部分占建筑物总面积2/3以上的业主且占总人数2/3以上的业主讨论通过使用建议;由物业服务企业或者相关业主持有关材料,向所在地直辖市、市、县人民政府建设(房地产)主管部门申请列支,经审核同意后,由主管部门向专户管理银行发出划转住宅专项维修资金的通知。

住宅专项维修资金划转业主大会管理后,需要使用住宅专项维修资金的,物业服务企业提出使用方案,由业主大会依法通过使用方案;业主委员会依据使用方案审核同意,并报直辖市、市、县人民政府建设(房地产)主管部门备案;动用公有住房住宅专项维修资金的,经负责管理公有住房住宅专项维修资金的部门审核同意;直辖市、市、县人民政府建设(房地产)主管部门或者负责管理公有住房住宅专项维修资金的部门发现不符合有关法律、法规、规章和使用方案的,应当责令改正。

【案例6-3】本案被告拒交物业费违法吗？

基本案情

原告：河南A物业管理有限公司

被告：豪强,业主

原告诉称,被告曾购买原告房地产开发有限公司(以下称房产公司)开发的位于郑州市郑东新区的房屋一套。后被告于2007年10月15日接收房屋,并与原告签订《前期物业管理协议》,合同约定：原告可以依本协议向被告收取物业管理费用和其他费用,而被告应当根据本协议向原告交纳物业管理服务费用及应支付的其他费用,缴费时间为缴费月的20日前按季度预交费用,住宅按建筑面积每月每平方米0.9元,其他用房按建筑面积每月每平方米1元,被告方违反协议,不按本协议约定的收费标准和时间缴纳有关费用的,原告有权要求被告缴纳并从逾期之日起按日万分之三收取滞纳金。而被告自2008年1月份至今经原告多次催要,仍未缴纳物业管理费,致使公司经营困难,故请求法院依法判令被告向原告支付拖欠的物业管理服务费4286.3元,并支付迟交物业费的滞纳金492元。

被告辩称,原告不履行《前期物业管理服务协议》的义务,不尽为业主服务之责,不合理收费没有可靠的依据,因此,被告抗拒缴纳物业服务费是完全合情、合理、合法的,原告应承担给被告造成的经济损失和精神损失的责任。从交房之日起,被告就发现房屋存在质量问题,至今未解决。被告的房屋阳台漏水,南、北卧室渗水,地下室严重渗水,给被告造成损失,至今未解决;原告承诺交房时的热水、直饮水、地热、空调没有按时交付使用。原告未经核实,擅自退回装饰公司所交的2000元押金,造成装饰公司在装修时产生的问题无法解决,给被告造成经济损失。原告的违约行为给被告造成了巨大的经济损失和精神损失,理应赔偿,并把被告房屋问题修复好、解决好,然后被告会按合情、合理、合法的收费标准缴纳物业费。

法院经审理查明：2007年10月30日,原、被告签订《前期物业管理服务协议》一份,该《协议》包括前期物业管理服务协议、业主入住指导、业主临时公约、装修管理规定、房屋装饰装修管理服务协议、物业管理服务内容及标准、物业管理服务收费标准及其他收费标准;物业管理服务费用约定为住宅按建筑面积每月每平方米0.9元,建筑面积以购房合同为准;每次缴纳费用时间为缴费月的20号以前;业主违反协议,不按协议约定的收费标准和时间缴纳有关费用的,物业公司有权要求业主交纳并从逾期之日起按日万分之三收取滞纳金。在协议最后有一份承诺书,载明被告对上述合同内容熟悉其含义签字确认,并且,被告同意履行原告与某房地产开发有限公司签订的《前期物业管理委托合同》,并有签名。

法院判决

本案系物业服务合同纠纷,原告与建设单位签订物业管理合同,并于2007年进驻小区开始提供服务。根据《最高人民法院关于审理物业服务纠纷案件具体应用法律若干问题的解释》第一条规定,建设单位依法与物业服务企业签订的前期物业服务合同,以及业主委员会与业主大会依法选聘的物业服务企业签订的物业服务合同,对业主具有约束力。根据被告与房产公司签订的合同,被告应于房屋交付之日开始交纳物业管理服务费用。被告虽辩称原告没有完全履行物业服务义务,存在违约行为,被告有权拒交。但物业管理服务合同有其自身特殊性,物业管理服务合同是一个持续性的长效双务合同,确定是否违约,不能以一时一事为标准,而要在较长期的整体情况中去判定;物业服务对象是小区的全体业主,客观上要想做到人人满意是很难的。本案中所涉及的小区刚建成不久,各项配套设施不可能尽善尽美,把其中的缺陷全部归咎于物业公司的服务,是不合情理的,也是不公平的。原告与房产公司系各自依法登记设立的企业法人,对外依法独立享有民事权利和承担民事义务。被告因房屋质量所产生的相关损失,可依法另案向房产公司主张权利。原告按约定履行了物业合同相关义务,被告不得以非归责于原告的理由抗辩拒绝履行缴纳物业费的义务。被告提交的证据不能证明原告在履行物业管理服务合同过程中存在重大违约行为,不能成为拒不缴纳物业费的理由,故本院对被告该辩称不予采信,认定被告未按协议约定缴纳相应的物业管理服务费,已构成违约。鉴于原告在前期履行物业管理服务过程中确实给被告的生活造成了一定的不便,所以对原告请求的滞纳金492元不予支持。判决如下:

一、被告豪强支付原告河南A物业管理有限公司物业管理服务费四千二百八十六元三角,于本判决生效后十日内付清。

二、驳回原告河南A物业管理有限公司的其他诉讼请求。(本案例节选自110法律咨询网)

本章小结

通过本章学习,全面了解我国房地产市场的发展情况以及相应的立法问题,理解房地产法的概念、基本原则以及立法体系,主要掌握我国的房地产管理体制、房地产权属及其管理、房地产开发、城市房屋征收与补偿、城市房地产交易、物业管理等方面的内容。同时通过教学使学生领会和掌握法学的思维方法,理论联系实际,要把课程里面学到的原理、规则和现实生活中的房地产方面的问题结合起来思考,掌握房地产法方面的知识,并提高应用所学知识解决有关房地产的实际法律问题的能力,特别是掌握购房的相关知识和技能,增强规避房地产纠纷的法律意识。

习 题

一、填空题

1. 建设用地是指建造建筑物、构筑物的土地,包括_____和公共设施用地、工矿用地、交通水利设施用地、旅游用地、军事设施用地等。

2. 土地使用者需要改变土地使用权出让合同规定的_____的,应当征得出让方的同意并经土地管理部门和城市规划部门批准,依照本章的有关规定重新签订土地使用权出让合同,调整土地使用权出让金,并办理登记。

3. 房地产开发是指在依法取得_____的土地上进行基础设施、房屋建设的行为。

4. 国有土地上房屋征收,是指为了_____的需要,征收国有土地上单位、个人的房屋,应当对被征收房屋所有权人给予公平补偿的行为。

5. 根据《国有土地上房屋征收与补偿条例》,国有土地上房屋征收补偿的形式有两种:_____、房屋产权调换。

6.《城市房地产管理法》规定了三项房地产交易管理的基本制度,即房地产成交价格申报制度、

_____、房地产价格评估人员资格认证制度。

7. 商品房现售，是指_____将竣工验收合格的商品房出售给买受人，并由买受人支付房价款的行为。

8. 房屋租赁可以是定期的，也可以是不定期的，但不能是永久的。《中华人民共和国合同法》第二百一十四条规定："_____不得超过二十年。超过二十年的，超过部分无效。"

9. 房屋权属登记，是指房地产行政主管部门代表政府对_____以及由上述权利产生的抵押权、典权等房屋他项权利进行登记，并依法确认房屋产权归属关系的行为。

10. _____是由业主书面承诺的，规定业主在物业管理区域内有关物业使用、维护、管理及业主的公共利益等事项权利与义务关系的自律性规范。

二、单项选择题

1. 《中华人民共和国城市房地产管理法》的适用范围是(　　)。
   A. 城市规划区范围内　　　　　　B. 城市规划区国有土地范围内
   C. 城市范围内　　　　　　　　　D. 国有土地范围内

2. 下列关于房地产法的调整对象，说法不正确的是(　　)。
   A. 房地产法是调整一般的民事关系
   B. 房地产法不是调整普通的商品交易关系
   C. 房地产法有着特定的调整对象
   D. 房地产法不是调整一般的民事关系

3. 《城市房屋权属登记管理办法》属于(　　)。
   A. 法律　　　B. 地方性法规　　　C. 政府规章　　　D. 部门规章

4. 下列各类土地中，不属于国有土地的是(　　)。
   A. 被依法征用后的土地
   B. 依法不属于集体所有的林地、草地、荒地、滩涂
   C. 农民宅基地
   D. 城市市区的土地

5. 批准临时建设和临时用地的使用期限，一般均不超过(　　)年。
   A. 1　　　B. 2　　　C. 3　　　D. 4

6. 划拨土地使用权依法转让需办理出让手续的，土地使用权出让金由(　　)。
   A. 转让方缴纳　　　　　　　B. 转让方和受让方各缴纳一半
   C. 受让方缴纳　　　　　　　D. 转让方与受让方协商缴纳

7. 土地使用权出让实践中，容易产生土地条件相当而出让金差别较大的情况是(　　)。
   A. 招标　　　B. 协议　　　C. 公开竞投　　　D. 拍卖

8. 某宗土地使用权出让的法定最高年限为70年，土地使用权出让合同约定的使用年限为50年，土地使用者使用该宗地15年后转让，受让人取得该宗土地的使用年限为(　　)。
   A. 15年　　　B. 70年　　　C. 55年　　　D. 35年

9. 土地使用权出让合同约定的使用年限届满，续期的到续期届满，(　　)由国家无偿收回。
   A. 土地使用权　　　B. 土地所有权　　　C. 土地收益权　　　D. 土地处分权

10. 房地产开发用地是指取得开发用地的(　　)。
    A. 使用权　　　B. 所有权　　　C. 占有权　　　D. 收益权

11. 2005年1月，甲房地产开发公司（以下简称甲公司）依法取得某市某区一块国有土地的使用权，投资6000万元开发商品住宅。甲公司实施该项目的项目资本金不得少于（　　）万元。

　　A. 1200　　　　B. 1800　　　　C. 2100　　　　D. 3000

12. 将"房地产开发企业资质按照企业条件分为一、二、三、四共四个资质等级"的部门规章是（　　）。

　　A.《城市房地产开发经营管理条例》　　B.《商品房销售管理办法》
　　C.《城市商品房预售管理办法》　　　　D.《房地产开发企业资质管理规定》

13. 在国有土地上房屋征收中，被征收人是指（　　）。

　　A. 被征收房屋的所有人　　　　　　B. 被征收房屋的使用人
　　C. 被征收房屋的使用人和所有人　　D. 市、县级人民政府

14. 依照城市房地产交易法律制度的有关规定，房地产交易的形式不包括（　　）。

　　A. 房地产转让　　B. 房地产开发　　C. 房屋租赁　　D. 房地产抵押

15. 以出让方式取得土地使用权的房地产转让的条件之一是按照出让合同约定已经支付一定比例的土地使用权出让金，并取得土地使用权证书，该比例是（　　）。

　　A. 50%　　　　B. 80%　　　　C. 30%　　　　D. 100%

16. 商品房买卖合同对面积误差处理方式无约定的，买受人有权退房的情形为（　　）。

　　A. 合同约定面积与产权登记面积的误差比绝对值大于或等于3%
　　B. 合同约定面积与买受人测算面积的误差比绝对值大于或等于3%
　　C. 合同约定面积与买受人测算面积的误差比绝对值大于3%
　　D. 合同约定面积与产权登记面积的误差比绝对值大于3%

17. 对于经工程质量监督部门申请检验，确属于房屋主体结构质量不合格的，消费者可以（　　）。

　　A. 双方协商换房　　　　　　　　B. 要求双倍的赔偿费
　　C. 继续住下去，没有理由要求换房　　D. 要求三倍的赔偿

18. 王某与甲地产开发公司签订了一份商品房买卖合同，王某购买价值为50万元的商品住宅一套，并约定甲房地产开发公司于次年5月30日交房。合同签订后，王某向甲房地产开发公司交付了2万元的定金。如甲房地产开发公司违约，则甲房地产开发公司应向王某返还定金（　　）。

　　A. 2万元　　　　B. 4万元　　　　C. 6万元　　　　D. 8万元

19. 商品房交付使用后，购买人认为主体结构质量不合格的，可以向（　　）申请重新核验。

　　A. 房地产开发企业　　　　　B. 房地产经纪机构
　　C. 工程质量监督单位　　　　D. 房地产主管部门

20. 2008年3月，金华市平安房地产公司（以下简称平安公司）通过招标方式，取得一住宅建设项目土地使用权。2009年3月，宏达公司经批准预售该住宅。宏达公司委托大鹏中介公司代理销售该商品房。张某出资20万元以李某名义购买住房一套，并与大鹏中介公司签订《商品房买卖合同》（大鹏中介公司以宏达公司的名义）。

根据上述背景，作答以下各题。

(1) 大鹏中介公司代理销售该商品房，属于（　　）。

　　A. 法定代理　　　　　　B. 委托代理
　　C. 指定代理　　　　　　D. 复代理

(2) 李某与大鹏中介公司签订的《商品房买卖合同》中，被代理人是（　　）。
　　A. 大鹏中介公司　　　　　　　　　B. 张某
　　C. 李某　　　　　　　　　　　　　D. 宏达公司
(3) 李某与大鹏中介公司签订的《商品房买卖合同》中，代理人是（　　）。
　　A. 大鹏中介公司　　　　　　　　　B. 张某
　　C. 李某　　　　　　　　　　　　　D. 宏达公司
(4) 李某与大鹏中介公司签订的《商品房买卖合同》中，第三人是（　　）。
　　A. 大鹏中介公司　　　　　　　　　B. 张某
　　C. 李某　　　　　　　　　　　　　D. 宏达公司

21. 房地产抵押是抵押人用其合法的房地产以（　　）的方式向抵押权人提供债务履行担保的行为。
　　A. 转移使用权　　　　　　　　　　B. 转移所有权
　　C. 转移占有　　　　　　　　　　　D. 不转移占有

22. 下列房地产交易中，属于一级市场的是（　　）。
　　A. 土地使用权的出让　　　　　　　B. 土地出让后的转让
　　C. 土地出让后的经营　　　　　　　D. 房屋的租赁

23. 某业主以一大型物业作抵押贷款，与甲、乙、丙、丁四家银行签订了抵押合同；之后，甲、丙、乙、丁四家银行与业主分别先后到房地产管理部门办理了抵押登记手续。当业主无力还贷，处分抵押物时，银行受偿顺序为（　　）。
　　A. 甲—丙—乙—丁　　　　　　　　B. 三家银行按贷款额分摊
　　C. 甲—乙—丙—丁　　　　　　　　D. 乙—丙—甲—丁

24. 俗称的"按揭"指的是（　　）。
　　A. 公积金贷款　　　　　　　　　　B. 住房抵押贷款
　　C. 住房储蓄贷款　　　　　　　　　D. 担保贷款

25. 下列房地产不能设定抵押的是（　　）。
　　A. 我国某名牌大学的教学楼　　　　B. 出让取得的国有土地使用权
　　C. 张某的个人房屋　　　　　　　　D. 某私营企业的国有土地使用权

26. 关于房屋租赁，不正确的表述是（　　）。
　　A. 租赁期限届满当事人续订租赁合同，约定的租赁期限自续订之日起不得超过 20 年
　　B. 出租人在租赁期限届满前需要收回房屋的，应当事先征得承租人的同意
　　C. 承租人变更租赁合同约定的房屋用途，应当事先征得出租人的同意
　　D. 房屋租赁期不得超过 20 年，超过 20 年的房屋租赁合同无效

27. 房屋发生扩建、翻建、改建及相应的宅基地使用范围的增减时所进行的登记为（　　）。
　　A. 原始登记　　　B. 变更登记　　　C. 转移登记　　　D. 其他登记

28. 县级以上人民政府在一定期限内对本行政区域内的房屋进行统一的权属登记，该登记为（　　）。
　　A. 初始登记　　　B. 变更登记　　　C. 转移登记　　　D. 总登记

29. 业主是指物业的（　　）。
　　A. 使用人　　　　B. 占有人　　　　C. 所有人　　　　D. 承租人

30. 业主大会的执行机构是（　　）。
　　A. 物业管理公司　　　　　　　　　B. 当地居委会

C. 业主委员会　　　　　　　　　　　D. 所有业主

三、多项选择题

1. 房地产业是从事房地产（　　）的产业。
   A. 开发　　　B. 经营　　　C. 运输　　　D. 管理　　　E. 服务
2. 房地产行政管理关系中，典型特征是（　　）。
   A. 主体法律地位的不平等　　　　B. 主体法律地位的平等
   C. 管理与被管理的关系　　　　　D. 管理与管理的关系
   E. 被管理与被管理的关系
3. 土地使用权出让必须符合土地利用（　　）。
   A. 总体规划　　　　　　　　　　B. 年度基本建设计划
   C. 城市规划　　　　　　　　　　D. 年度用地计划
   E. 年度建设用地计划
4. 在用地方式上，下列可以采取划拨方式取得土地的包括（　　）。
   A. 居民居住的福利用地　　　　　B. 商品房开发用地
   C. 危旧房改造用地　　　　　　　D. 安居工程用地
   E. 经济适用房用地
5. 农用地转为建设用地的，应当办理农用地转用审批手续，审批权在（　　）。
   A. 国务院　　　　　　　　　　　B. 县级人民政府
   C. 省级人民政府　　　　　　　　D. 乡级人民政府
   E. 村民委员会
6. 依照法律规定，下列土地使用权禁止转让的有（　　）。
   A. 以出让方式取得土地使用权，达到法定转让条件的
   B. 依法收回土地使用权的
   C. 司法机关和行政机关依法裁定查封的
   D. 共有土地使用权，未经其他共有人口头同意的
   E. 权属有争议的
7. 下列行为中，属于无偿转让的房地产有（　　）。
   A. 房地产赠与　　　　　　　　　B. 房地产买卖
   C. 房地产入股　　　　　　　　　D. 房地产继承
   E. 房地产抵押
8. 房屋权属登记按（　　）并颁发房屋权属证书等程序进行。
   A. 登记申请　　B. 审批　　　C. 权属审核　　　D. 公告　　　E. 核准登记
9. 房地产权利人因（　　）等事项应当申请房地产权属转移登记。
   A. 房屋买卖　　　　　　　　　　B. 法定名称变化
   C. 房屋用途变化　　　　　　　　D. 房屋继承
   E. 房屋改建
10. 在物业管理中，业主委员会的职责有（　　）。
    A. 召集并主持业主大会会议
    B. 监督和协助物业管理企业履行物业服务合同

C. 调解物业管理活动中的纠纷
D. 修改管理公约
E. 监督业主遵守管理公约

四、思考题

1. 什么是房地产？什么是房地产业？
2. 简述城市房地产管理法的概念。
3. 试述我国城市房地产管理法的基本原则。
4. 简述房地产开发的概念与特点。
5. 城市房地产开发应当遵循什么原则？
6. 什么是土地使用权出让？土地使用权出让有何特征？
7. 说明土地使用权出让的年限。
8. 什么是土地使用权划拨？简述划拨土地使用权和出让土地使用权的区别。
9. 房地产开发企业的设立应具备哪些条件？
10. 什么是国有土地上房屋征收？简述国有土地上房屋征收的程序。
11. 什么是房地产转让？房地产转让有哪几种形式？
12. 试述房地产转让的禁止条件和允许条件。
13. 简述房地产转让的程序。
14. 什么是商品房预售？商品房预售有哪些条件？
15. 什么是商品房现售？商品房现售有哪些条件？
16. 简述房地产抵押的概念与特征。
17. 房屋租赁合同的内容有哪些？
18. 试述房屋权属登记的种类与程序。
19. 什么是物业管理？传统的房屋管理与物业管理有何区别？
20. 什么是业主大会？业主大会与业主委员会的职责有哪些？
21. 什么是前期物业管理？前期物业管理有何特征？
22. 试述物业使用与维修的内容与意义。

五、案例分析题

案例1

2009年2月，湖海市政府讨论决定在本市逢春乡曲丽村兴建一个电子工业区。市委常委、副市长联席会议在听取有关的汇报之后，同意与被征地单位签订征地协议。据此，在未经过法定申请报批的情况下，市城建办主持电子工业建设办公室与曲丽村办事处签订了一份征地协议。市政府办公室于2009年11月批准曲丽村电子工业加工区办公室征用土地50公顷，其中基本农田5公顷，其他耕地20公顷，其他土地25公顷，所征土地没有报经有关部门审批。上述征地，已按协议支付了用地补偿等费用3000万元。

问题：(1)市政府的批准征地行为是否合法？为什么？(2)你认为本案应该如何处理？

案例2

2003年3月，某经济技术开发区日日新公司为取得生产经营用地，向某市国土局提出申请。双方经协商，签订了一份《国有土地使用权出让合同》。在办妥有关手续后，日日新公司取得了面积1.2万平方米的土地。此后，日日新公司在未对受让土地进行任何开发的情况下，即于2004年5月与鸿业房地产开发公司(以下简称鸿业公司)签订了国有土地使用权转让合同。合同约定：每平方米转让价8000元，总计转让价

9600万元。日日新公司负责在9月30日之前完成居民拆迁、土地平整等工作,延期交付,按月息1%承担预付款的利息;鸿业公司于合同签订后7日内支付总价款60%的预付款,余额分3次在年底前交清。由于合同约定的土地有部分是某市运输公司的,日日新公司便与鸿业公司签订了补充协议,确认鸿业公司对该块土地拥有使用权。在日日新公司进行居民搬迁等工作时,某市运输公司与其发生冲突,运输公司遂将日日新公司告上法庭。

问题:(1)日日新公司与鸿业公司签订的土地转让合同是否有效?为什么?(2)日日新公司与鸿业公司签订的补充协议是否有效?为什么?(3)你认为本案应该如何处理?

案例3

2008年5月,滨江市烟草公司向中国银行滨江市分行申请贷款2000万元,并用一块以出让方式取得的土地(已取得土地使用权证)进行抵押。于是银行与该公司签订了贷款合同,并且办理了抵押土地的登记手续。在取得贷款后的一年多时间里,烟草公司在用于抵押的土地上建起了简易仓库,出租给邻近的金属公司临时存放货物,但没有办理租赁合同登记备案手续。后烟草公司无法按期偿还贷款,于是银行要求拍卖其抵押的土地,以抵偿贷款。烟草公司在此时却提出,土地的所有权属于国家,烟草公司无权将其抵押,认为抵押合同无效。银行坚持不同意,并提出不仅要将土地进行拍卖,而且要求烟草公司将土地抵押期间所得的租金收益也应交给银行。双方争执不下,于是银行向法院起诉。

问题:(1)烟草公司能否将以出让方式取得的土地进行抵押?为什么?(2)烟草公司与金属公司签订的租赁合同是否有效?为什么?(3)银行能否对该土地抵押期间的租金收益主张权利?为什么?(4)本案应如何处理?

【第6章习题参考答案】

第 7 章 合 同 法

教学目标

市场经济在某种意义上说是法制经济，是契约经济、合同经济。现代社会可以讲是合同社会。合同是具有平等主体资格的当事人之间设立、变更或者终止权利义务关系的协议。

建设工程合同是承包人进行工程建设，发包人支付价款的合同；它是指由承包人进行工程建设，发包人支付价款的合同，通常包括建设工程勘察、设计、施工合同；它的法律基础是 1999 年 3 月 15 日全国人民代表大会通过的《中华人民共和国合同法》。建设工程合同是明确工程建设承发包双方权利和义务的最根本依据，直接关系到建设工程的质量、工期和投资效益，因此，在任何工程建设中，工程建设合同是必不可少的；工程建设合同在工程中有着特殊的地位和作用。通过本章学习，应达到以下目标。

(1) 掌握合同法的基本原则及调整范围，熟悉合同的分类。
(2) 掌握要约、承诺的基本概念，熟悉合同的一般条款、合同的形式和缔约过失的责任。
(3) 掌握合同的效力、履行的规定。
(4) 熟悉合同的变更与转让、权利义务终止，违约责任。

【中华人民共和国合同法】

教学要求

知识要点	能力要求	相关知识
合同与合同法	(1) 熟悉合同的分类 (2) 掌握合同法的基本原则、调整范围及内容	(1) 不受合同法调整范围 (2) 要式合同与不要式合同区别
合同的订立与成立	(1) 掌握合同的一般条款和格式条款，订立合同的程序 (2) 熟悉合同主体资格、合同成立的时间和地点、缔约过失责任	(1) 要约的构成要件 (2) 缔约过失责任的主要情形
合同的效力与合同的履行	(1) 掌握成立与效力、效力待定合同、可撤销合同、无效合同 (2) 合同履行的原则、涉及第三人的履行、合同履行中的抗辩权、合同保全	(1) 免责条款无效的两种情形 (2) 效力待定合同 (3) 抗辩权与代位权

知识要点	能力要求	相关知识
合同的变更与终止	(1) 掌握合同的变更与转让、合同终止相关规定 (2) 熟悉违约责任的相关规定	(1) 合同转让的分类与条件 (2) 合同解除的特征

基本概念

合同；合同法；要约；承诺；抗辩权；代位权；合同变更；合同转让；合同解除。

🏠 引例

在工程项目的建筑过程中，其主体的行为必定会形成各个方面的社会关系，诸如政府建筑管理机关、项目法人单位(业主)、设计单位、施工单位、监理单位、材料设备供应商等。其中除了政府管理机关是依据法律、法规对工程建设主体行使行政监督管理外，其他各方面社会关系却是通过"合同"这一契约关系来完成的。

近年来，我国建筑业得到了快速发展，取得了很大的成就。与此同时，也出现了一些问题，例如，建设工程质量问题、建筑市场行为不规范问题、投资不足问题，特别是投资不足问题造成了大量拖欠工程款等。大量的建设工程合同纠纷案件也随之产生。涉及具体的法律纠纷中则有如下几个方面的问题：无效合同处理原则，合同解除条件，质量不合格工程、未完工程的工程价款结算问题，工程质量缺陷的责任，工程欠款利息的起算时间，工程量的认定，如何确定工期是否延误，发包方过错，如何行使抗辩权、留置权，"黑白合同"的效力认定等。因而，明确建设工程合同纠纷案件的法律适用问题，正确理解诉讼及合法规避诉讼风险，是作为未来建筑行业决策管理人员的大学生们应该关心探讨的问题。

7.1 合同法概述

7.1.1 合同的概念和分类

1. 合同的概念

合同是指平等主体的自然人、法人、其他组织之间设立、变更、终止民事权利义务关系的协议。合同的含义有广义和狭义之分。狭义上的合同是指债权合同，即两个以上的民事主体之间设立、变更、终止债权债务关系的协议。广义上的合同是指两个以上的民事主体之间，设立、变更、终止民事权利义务关系的协议，除了债权合同外，还包括物权合同、身份合同、行政合同和劳动合同等。《中华人民共和国合同法》(以下简称《合同法》)中所称的合同，是指狭义上的合同。

2. 合同的分类

我国法律并没有对合同分类作出明确规定，但按照比较通行的说法，合同主要可以分为以下几类。

1) 根据当事人双方权利义务的分担方式不同，可将合同分为双务合同与单务合同

双务合同，是指当事人双方相互享有权利、承担义务的合同，如买卖、租赁、承揽、运送、保险等合同为双务合同。单务合同，是指当事人一方只享有权利，另一方只承担义务的合同，如赠与、借用合同就是单务合同。

2) 根据合同的表现形式不同可以分为书面合同、口头合同和其他形式

书面合同是指当事人以书面文字有形的表现内容的合同，如合同书、信件、电报、传真、电子邮件等。书面合同便于检查、管理和监督，发生纠纷时举证方便。**口头合同**是指当事人以口头语言的方式达成协议而订立的合同，简便易行，但发生纠纷时难以举证，故一般只适用于及时结清的情况。此外，还有默示合同等其他形式，默示合同是指当事人不直接用口头或者书面形式进行意思表示，而是通过实施某种行为或者以不作为的沉默方式进行意思表示而达成的合同。

3) 根据合同的成立是否需要特定的形式，可将合同分为要式合同与不要式合同

要式合同，是指法律要求必须具备一定的形式和手续的合同。**不要式合同**，是指法律不要求必须具

备一定形式和手续的合同。合同究竟采取哪种形式，完全由双方当事人自己决定。

4) 根据当事人之间的权利义务是否存在对价关系，可将合同分为有偿合同与无偿合同

有偿合同，是指当事人一方只享有合同权利而不偿付任何代价的合同。有些合同只能是有偿的，如买卖、互易、租赁等合同；有些合同只能是无偿的，如赠与合同等；有些合同既可以是有偿的也可以是无偿的，由当事人协商确定，如委托合同、保管合同等。双务合同都是有偿合同，单务合同原则上为**无偿合同**，但有的单务合同也可为有偿合同，如有息贷款合同。

5) 根据合同的成立是否以交付标的物为要件，可将合同分为诺成合同与实践合同

诺成合同，又称不要物合同，是指当事人意思表示一致即可成立的合同。我国《合同法》中绝大多数合同都属于诺成合同。**实践合同**，又称要物合同，是指除当事人意思表示一致外，还须交付标的物才能成立的合同。

6) 根据合同间是否有主从关系，可将合同分为主合同与从合同

主合同，是指不依赖其他合同而能够独立存在的合同，如借贷合同、买卖合同等。**从合同**，是指须以其他合同的存在为前提而存在的合同，如借贷合同与担保合同。

7) 根据合同法或者其他法律是否对合同规定有确定的名称与调整规则为标准，可将合同分为有名合同与无名合同

有名合同，又称典型合同，是立法上规定有确定名称与规则的合同，如买卖合同、赠与合同、借款合同、租赁合同等各类合同。无名合同，又称非典型合同，是立法上尚未规定有确定名称与规则的合同。

7.1.2　合同法的概念与结构

1. 合同法的概念

合同法是调整平等主体的自然人、法人、其他组织之间设立、变更、终止民事权利义务关系的法律规范的总称。《合同法》是为了保护合同当事人的合法权益，维护社会经济秩序，促进社会主义现代化建设而制定的。

2. 合同法的结构

《合同法》分为两大部分共428条内容：第一部分是总则，主要包括一般规定、合同的订立、合同的效力、合同的履行、合同的变更和转让、合同的权利义务终止、违约责任和其他规定等共计八章129条内容，介绍了《合同法》的基本原理和基本原则。第二大部分是分则，主要对各种不同类型的合同作出专门规定，这些合同是买卖合同、供用电、水、气、热力合同、赠与合同、借款合同、租赁合同、融资租赁合同、承揽合同、建设工程合同、运输合同、技术合同、保管合同、仓储合同、委托合同、行纪合同、居间合同等十五章298条。

7.1.3　建设工程合同概述

1. 建设工程合同的概念

根据《合同法》规定，建设工程合同是承包人进行工程建设，发包人支付价款的合同。我国建设领域习惯上把建设工程合同的当事人双方称为发包方和承包方，这与《合同法》将他们称为发包人与承包人没有区别。双方当事人应当在合同中明确各自的权利义务，但主要是承包人进行工程建设，发包人

支付工程款。工程建设一般经过勘察、设计、施工等过程，因此，建设工程的发包人是建设单位或建设单位所委托的管理机构，而承担勘察、设计、施工安装任务的勘察人、设计人、施工人统称承包人。建设工程合同是一种诺成合同，合同订立生效后双方应当严格履行。建设工程合同也是一种双务、有偿合同，当事人双方在合同中都有各自的权利和义务，在享有权利的同时必须履行义务。

建设工程合同是一类特殊的加工承揽合同。建设工程是一项耗资巨大、回收期长、安全性强、涉及面广的重大固定资产投资活动。因此，《合同法》将建设工程合同从加工承揽合同中分离出来，列为独立的一章。考虑到建设工程合同毕竟是从承揽合同中分离出来的，《合同法》规定："建设工程合同中没有规定的，适用承揽合同的有关规定。"

2. 建设工程合同的特征

建设工程合同除了具有一般合同的共同特点外，还具有自身的法律特征。

1) 合同主体资格受到严格限制

建设工程合同主体一般只能是法人。发包人一般只能是经过批准进行工程项目建设的法人，必须有国家批准的建设项目，落实投资计划，并且应当具备相应的协调能力；承包人则必须具备法人资格，而且应当具备相应的从事勘察、设计、施工等资质。无营业执照或无承包资质的单位不能作为建设工程合同的主体，资质等级低的单位不能越级承包建设工程。

2) 合同标的具有特殊性

建设工程合同的标的是各类建筑产品，建筑产品是不动产，其基础部分与大地相连，不能移动。这就决定了每个建设工程合同的标的都是特殊的，相互间具有不可替代性，还决定了承包人工作的流动性。建筑物所在地就是勘察、设计、施工生产场地，施工队伍、施工机械必须围绕建筑产品不断移动。另外，建筑产品的类别庞杂，其外观、结构、使用目的、使用人各不相同，这就要求每一个建筑产品都需单独设计和施工(即使可重复利用标准设计或重复使用图纸，也应采取必要的修改设计才能施工)，即建筑产品是单件性生产，这也决定了建设工程合同标的的特殊性。

3) 合同履行期限较长

建设工程由于结构复杂、体积大、建筑材料类型多、工作量大，使得合同履行期限都较长(与一般工业产品的生产相比)。而且，建设工程合同的订立和履行一般都需要较长的准备期，在合同的履行过程中，还可能因为不可抗力、工程变更、材料供应不及时等原因而导致合同期限顺延。所有这些情况，决定了建设工程合同的履行期限具有长期性。

4) 合同的订立和履行受到国家严格监管

签订建设工程合同，必须以建设计划和具体建设设计文件已获得国家有关部门批准为前提。凡是没有经过计划部门、规划部门的批准，不能进行施工设计，建设行政主管部门不予办理报建手续，更不能组织施工。在施工过程中，如需变更原计划的项目功能的，必须报经有关部门审核同意。建设工程合同的订立和履行还必须符合国家关于建设程序的规定。

5) 合同形式要求特殊

《合同法》在一般情况下对合同形式采用书面形式还是口头形式没有限制，即对合同形式确立了以要约式为主的原则。但是，考虑到建设工程的重要性和复杂性，在建设过程中经常会发生影响合同履行的纠纷，因此，《合同法》要求，建设工程合同应当采用书面形式。这也反映了国家对建设工程合同的重视。

3. 建设工程合同的分类

建设工程合同可以从不同的角度进行分类。

1) 按照承包的工程范围和承包关系进行分类

(1) 建设工程总承包合同。

建设工程总承包合同是指发包人与承包人就建设工程的勘察、设计、施工、设备采购的一项、多项或者全部任务签订的合同。总承包人应当对其承包的建设工程或者采购设备的质量负责。

(2) 建设工程承包合同。

建设工程承包合同是指发包人将建设工程的勘察、设计、施工等的每一项分别发包给一个承包人所签订的合同。

(3) 建设工程分包合同。

建设工程分包合同是指经合同约定和发包人认可,从工程承包人承包的工程中承包部分工程而订立的合同。

2) 按照建设工程合同标的的性质进行分类

建设工程合同包括建设工程勘察合同、建设工程设计合同、建设工程施工合同三类。《合同法》对建设工程监理合同也在建设工程合同中做了规定,我们也可以将建设工程监理合同作为建设工程合同的组成部分。

(1) 建设工程勘察合同。

建设工程勘察合同是指发包人与承包人就完成建设工程地形、地质及水文等要素状况的调查研究工作而达成的协议。

(2) 建设工程设计合同。

建设工程设计合同是指发包人与承包人就完成建设工程初步设计和施工图设计工作而达成的协议。

(3) 建设工程施工合同。

建设工程施工合同是指发包人与承包人为完成工程施工工作而达成的协议。

(4) 建设工程监理合同。

建设工程委托监理合同是指委托人与监理人就对工程建设参与者的行为进行监督、控制、督促、评价和管理而达成的协议。

7.1.4 合同法的基本原则

1. 平等原则

平等原则是指合同当事人享有独立的法律人格,在具体的合同法律关系中地位平等、各自能够独立、充分地进行意思表示,不受他人意志的约束或强迫。《合同法》第三条规定:"合同当事人的法律地位平等,一方不得将自己的意志强加给另一方。"

2. 自愿原则

自愿原则是指合同当事人能充分、自主地根据自己的内心意愿设立、变更和终止债权债务关系。《合同法》第四条规定:"当事人依法享有自愿订立合同的权利,任何单位和个人不得非法干预。"

3. 公平原则

公平原则是指合同当事人应依据社会公认的公平观念,确定各方的权利和义务,使一方享有的权利与其所承担的义务大体相当。《合同法》第五条规定:"当事人应当遵循公平原则确定各方的权利和义务。"

4. 诚实信用原则

诚实信用原则是指合同当事人在订立、履行合同以及合同终止后的全过程中，讲究信用、恪守诺言、诚实不欺，在不损害他人和社会利益的前提下实现自己的利益。《合同法》第六条规定："当事人行使权利、履行义务应当遵循诚实信用原则。"

5. 遵守法律、维护社会公共利益原则

《合同法》第七条规定："当事人订立、履行合同，应当遵守法律、行政法规，尊重社会公德，不得扰乱社会经济秩序，损害社会公共利益。"

6. 合同严守原则

《合同法》第八条第一款规定："依法成立的合同，对当事人具有法律约束力。当事人应当按照约定履行自己的义务，不得擅自变更或者解除合同。"

7.2 合同的订立

7.2.1 合同当事人的主体资格

《合同法》第九条规定："当事人订立合同，应当具有相应的民事权利能力和民事行为能力。当事人依法可以委托代理人订立合同。"

1. 当事人的民事权利能力和民事行为能力

民事权利能力和民事行为能力现已合并为同义词，是指法律赋予民事主体享有民事权利和承担民事义务的能力，也就是民事主体享有权利和承担义务的资格，是作为民事主体进行民事活动的前提条件。

2. 合同当事人——自然人、法人、其他组织

(1) **自然人**，简而言之就是自然状态下出生的人，自然人是在自然状态下作为民事主体存在的人，是抽象的人的概念，代表着人格，代表其有权参加民事活动，享权利并承担义务。

(2) **法人**是具有民事权利能力和民事行为能力，依法独立享有民事权利和承担民事义务的组织，是社会组织在法律上的人格化。

(3) **其他组织**是指依法成立但是不具有法人资格，而能以自己的名义参与民事活动的经济实体或者法人的分支机构等其他社会组织。

3. 委托代理人订立合同

当事人在订立合同时，由于主观或客观的原因，不能由法定代表人、负责人亲自签订时，可以依法委托代理人订立合同。委托代理人是指基于当事人、法定代表人、法定代理人的委托，行使代理权，代为订立合同的人。委托代理人一般情况下是通晓法律的人士或律师。

4. 建设工程合同的主体

发包人、承包人是建设工程合同的当事人。发包人、承包人必须具备一定的资格，才能成为建设工程合同的合法当事人，否则，建设工程合同可能因主体不合格而导致无效。

1) 发包人的主体资格

发包人有时也称发包单位、建设单位、业主或项目法人。发包人的主体资格也就是进行工程发包并签订建设工程合同的主体资格。

根据《招标投标法》第九条规定："招标人应当有进行招标项目的相应资金或者资金来源已经落实，并应当在招标文件中如实载明。"这就要求发包人有支付工程价款的能力。《招标投标法》第十二条规定："招标人具有编制招标文件和组织评标能力的，可以自行进行办理招标事宜。"综上所述，发包人进行工程发包应当具备下列基本条件：①应当具有相应的民事权利能力和民事行为能力；②实行招标发包的，应当具有编制招标文件和组织评标的能力或者委托招标代理机构代理招标事宜；③进行招标项目的相应资金或者资金来源已经落实。

发包人的主体资格除应符合上述基本条件外，还应符合国家计委发布的《关于实行建设项目法人责任制的暂行规定》、建设部和国家工商行政管理总局所发的《建筑市场管理规定》、建设部印发的《工程项目建设单位管理暂行办法》的具体规定；当建设单位为房地产开发企业时，还应符合《房地产开发企业资质管理规定》。

2) 承包人的主体资格

建设工程合同的承包人分为勘察人、设计人、施工人。对于建设工程承包人，我国实行严格的市场准入制度。《建筑法》第二十六条规定，承包建筑工程的单位应当持有依法取得的资质证书，并在其资质等级许可的业务范围内承揽工程。《建设工程质量管理条例》第十八条规定，从事建设工程勘察、设计的单位应当依法取得相应等级的资质证书，并在其资质等级许可的范围内承揽工程；第二十五条规定，施工单位应当依法取得相应等级的资质证书，并在其资质等级许可的范围内承揽工程。

【建设工程施工合同签订和履行的法律风险防范】

关于建设工程勘察、设计、施工单位的资质等级，建设部已经分别颁布了《建设工程勘察设计企业资质管理规定》《建筑业企业资质管理规定》予以规范。

7.2.2 合同的形式和内容

1. 合同的形式

合同的形式是指合同双方当事人对合同的内容、条款经过协商，作出共同的意思表示的具体方式。《合同法》第十条规定："当事人订立合同有书面形式、口头形式和其他形式。法律、行政法规规定采用书面形式的，应当采用书面形式。当事人约定采用书面形式的，应当采用书面形式。"书面形式是指合同书、信件和数据电文(包括电报、电传、传真、电子数据交换和电子邮件)等可以有形地表现所载内容的形式。

考虑到建设工程的重要性和复杂性，在建设过程中经常会发生影响合同履行的纠纷，因此，《合同法》要求，建设工程合同应当采用书面形式。

2. 合同的内容

合同的内容，就是合同当事人的权利与义务，具体体现为合同的各项条款。根据《合同法》规定，在不违反法律强制性规定的情况下，合同条款可以由当事人自由约定，但一般包括以下条款。

1) 当事人的名称或者姓名和住所

该项条款反映了当事人的基本情况，是对合同主体的说明。当事人的名称或者姓名，是指法人和其他组织的名称，住所是指它们的主要办事机构所在地。

2) 标的

标的即合同法律关系的客体，是合同当事人双方权利和义务所共同指向的对象。它是合同成立的必要条件，是一切合同的必备条款。合同标的是多种多样的，一般有四类：有形财产、无形财产、劳务和工作成果。

3) 数量

数量是计算标的的尺度，也是衡量合同当事人之间权利义务大小的尺度，所以在订立合同时必须使用国家发行的计量单位，做到计量标准化、规范化。

4) 质量

质量是检验标的物内在素质和外在形态优劣的标准，是标的物性质差异的具体特征，决定着标的物的经济效益和社会效益。标的的质量条款包括标的的品种、规格、型号、性能、包装、款式、质感、物理化学成分等。在确定合同标的质量标准时，应当优先采用国家标准或行业标准。

5) 价款或者报酬

价款是指以有形物、无形物或有价证券为标的的合同，是取得有形标的物应支付的代价。酬金是指以行为为标的的合同，是获得服务应支付的代价。在约定价款或酬金时，除国家规定必须执行国家定价的标的以外，应由当事人协商议定，并同时约定价款或酬金的结算、支付方式，开户银行账号等与付款有关的具体内容。

6) 履行期限、地点和方式

(1) 履行期限是合同当事人交付标的和支付价款、报酬的日期。它直接关系合同义务的完成情况，涉及当事人的期限利益，也是确定违约与否的重要因素。

(2) 履行地点就是合同按照约定或者实际实施的地点，直接关系到履行的费用和时间，是确定交付和验收标的地点的依据。如果合同对履行地点约定不明的，双方可以协议补充，如果不能达成补充协议的，则按照合同有关条款或者交易习惯确定。如果履行地点仍然无法确定的，则根据标的的不同情况确定不同的履行地点。如交付不动产的，在不动产所在地履行。

(3) 履行方式是合同双方当事人约定以何种形式来履行义务。其主要包括运输方式、交货方式、结算方式等。履行方式应视所签订的合同的类别而定。当履行方式约定不明确时，当事人可以协议补充，协议不成的，可以根据合同的有关条款和交易习惯来确定，如果仍然无法确定的，按照有利于实现合同目的的方式履行。

7) 违约责任

违约责任是违反合同的民事责任的简称，是指合同当事人一方不履行合同义务或履行合同义务不符合合同约定所应承担的民事责任。违约责任包括继续履行、支付违约金、赔偿损失、采取补救措施等形式。违约责任是促使合同当事人履行债务的一项制裁性条款，对合同当事人的利益关系重大。

8) 解决争议的方法

解决争议的方法是指合同当事人选择解决合同纠纷的方式、地点等，即一旦发生纠纷，双方将采取什么样的措施解决，协商、仲裁或诉讼。争议处理条款的约定有利于合同争议的管辖和尽快解决。

【等不来的合同】

7.2.3 合同订立的方式

《合同法》第十三条规定:"当事人订立合同,采取要约、承诺方式。"

1. 要约

1) 要约的含义

要约是希望和他人订立合同的意思表示,即一方当事人以缔结合约为目的,向对方当事人提出合同条件,希望对方接受的意思表示,要约的构成必须具备以下条件:①要约是由具有订约能力的特定人作出的意思表示;②要约必须具有缔结的目的;③要约必须向相对人发出;④要约内容必须具体确定;⑤要约必须送达到受要约人。

2) 要约邀请

要约邀请,是指希望他人向自己发出要约的意思表示,《合同法》第十五条第一款规定:"要约邀请是希望他人向自己发出要约的意思表示。寄送价目表、拍卖广告、招股说明书、商业广告等为要约邀请。"要约邀请是当事人准备订立合同的预备行为,因此,要约邀请人无须对自己的行为承担法律责任,这也是要约邀请与要约的最大区别。

3) 要约撤回与撤销

要约的撤回,是指要约生效前,要约人使其不发生法律效力的意思表示。《合同法》第十七条:"要约可以撤回。撤回要约的通知应当在要约到达受要约人之前或者同时到达受要约人。"如果撤回要约的通知在要约到达受要约人以后到达,则要约已经生效,是否能够使要约失效,就要看是否符合撤销的条件。

要约的撤销是指在要约生效后,要约人取消要约,使其丧失法律效力的行为。撤销要约的通知应当在受要约人发出承诺通知之前到达受要约人。

但是《合同法》第十九条规定:有下列情形之一的,要约不得撤销。

(1) 要约人确定了承诺期限或者以其他形式明示要约不可撤销。

(2) 受要约人有理由认为要约是不可撤销的,并已经为履行合同作了准备工作。

4) 要约失效

要约失效是指要约丧失了法律效力。对于要约人,要约失效意味着解除了其所受要约的法律约束;对于受要约人,要约失效意味着其丧失了对要约作出承诺的资格或权利。

《合同法》第二十条规定:有下列情形之一的,要约失效。

(1) 拒绝要约的通知到达要约人。

(2) 要约人依法撤销要约。

(3) 承诺期限届满,受要约人未作出承诺。

(4) 受要约人对要约的内容作出实质性变更。

2. 承诺

1) 承诺的含义

《合同法》第二十一条规定:"**承诺**是受要约人同意要约的意思表示。"即合同一方当事人对另一方发来的要约,在要约有效期内,作出完全同意要约条款的意思表示。承诺有效必须具备以下几项条件:①承诺必须是由受要约人向要约人发出的;②承诺必须是在要约有效期内作出并送达要约人;③承诺必须与要约的内容完全一致。

2) 承诺的方式

《合同法》第二十二条规定："承诺应当以通知的方式作出，但根据交易习惯或者要约表明可以通过行为作出承诺的除外。"通常，它须与要约方式相对应，即要约以什么方式进行，其承诺也应以什么方式进行。

通知的方式是指承诺人以口头形式或书面形式明确告知要约人完全接受要约内容所作出的意思表示。行为的方式是指承诺人根据交易习惯或者要约的条款能够为要约人确认并接受要约内容作出的意思表示。

3) 承诺的期限

《合同法》第二十三条规定："承诺应当在要约确定的期限内到达要约人。要约没有确定承诺期限的，承诺应当依照下列规定到达：①要约以对话方式作出的，应当即时作出承诺，但当事人另有约定的除外；②要约以非对话方式作出的，承诺应当在合理期限内到达。"

合理期限即有效期限一般是指：①要约定有答复期限的，规定的期限内均为有效期间；②要约未定有答复期限的，通常认为在合理的时间(包括信件、电报往返时间和当事人考虑所必需的时间)内即为有效期间。

4) 承诺的撤回

承诺的撤回是阻止承诺发生法律效力的一种意思表示。由于承诺通知一经收到，合同即告成立。因此，撤回承诺的通知应当在承诺通知到达邀约人之前或者与承诺同时到达要约人。

5) 承诺内容变更的处理

承诺对要约内容的实质性变更，此时不能构成承诺而应该视为新的要约。有关合同标的、质量、数量、价款或者报酬、履行期限、履行地点和方式、违约责任和解决争议方法等的变更，是对要约内容的实质性变更。

承诺对要约内容的非实质性变更，承诺一般有效。非实质性变更主要是对原有要约内容作出某些修改、补充和限制，如建议性条款、说明性条款等。当受要约人对要约作出非实质性变更时，除要约人及时表示反对或者要约表明承诺不得对要约内容进行更改的以外，该承诺有效。

【白纸黑字惹的祸？】

7.2.4 建设工程合同订立的程序

经济合同的成立一般需要经过要约和承诺两个阶段，这是民法学界的共识，也是国际合同公约和世界各国合同立法的通行做法。

1. 建设工程合同的要约

有些合同在要约之前还会有要约邀请行为。要约邀请是希望他人向自己发出要约的意思表示。要约邀请并不是合同成立过程中的必经过程，它是旨在唤起对方订立合同的意思表示的事实行为，在法律上无须承担责任。这种意思表示的内容往往不具体、不明确，所反映的只是签订合同的意向，并未提出签订合同的条件。《合同法》规定，价目表的寄送、拍卖公告、招标公告、招股说明书、商业广告(如果商业广告的内容符合要约关于规定的，视为要约)等，即是要约邀请。

在建设工程合同签订的过程中，发包方发布的招标公告或投标邀请书就是一种要约邀请，其目的在于引诱承包方向自己发出要约，即参与投标。而承包方向发包方递交的投标文件就是一种要约，投标文件中应包含建设工程合同应具备的主要条款，如工程价款、工程工期、工程质量等内容。投标人在招标文件要求提交投标文件的截止时间前，可以补充、修改或者撤回已提交的投标文件(要约)，并书面通知招标人。补充、修改的内容为投标文件(要约)的组成部分。作为要约的投标文件对承包方具有法律约束力，表现在承包方在开标后无权修改或撤回标书以及一旦中标就必须与发包方签订合同，否则就要承担相应责任。

2. 建设工程合同的承诺

承诺应当以明示(作为)的方式作出，缄默或者不作为不能视为承诺。《合同法》第二十二条规定："承诺应当以通知的方式作出，但根据交易习惯或者要约表明可以通过行为作出承诺的除外。"

承诺在要约规定的时间内到达要约人时，承诺生效。承诺可以撤回。撤回承诺的通知应当在承诺通知到达要约人之前或者与承诺通知同时到达要约人。

在建设工程合同订立的过程中，发包方向承包方发出的中标通知书即是一种承诺。一般情况下，都是承诺到达要约人时生效，合同也随之成立，这即是一般合同中承诺生效的"到达主义"。但《招标投标法》中对承诺的生效采用了"投邮主义"，即作出承诺(也即发出中标通知书)时即生效。因此，在建设工程合同的订立过程中，承诺(中标通知书)是无法撤回的。《招标投标法》第四十六条规定："招标人和中标人应当自中标通知书发出之日起三十日内，按照招标文件和中标人的投标文件订立书面合同。"因此，在中标通知书发出后，发包方和承包方各自均有权利要求对方签订建设工程合同，也有义务与对方签订建设工程合同，否则要承担相应的法律责任。

7.2.5 缔约过失责任

1. 缔约过失责任的含义

【缔约过失责任与违约责任的区别】

缔约过失责任，是指在合同订立过程中，一方因违反诚实信用原则所生的义务，给对方造成损失所应承担的损害赔偿责任。其构成要件如下。

(1) 缔约过失责任发生在合同订立过程中。只有在合同尚未成立，或者虽然已经成立但被认定为无效或被撤销时，对此有过失的一方才承担缔约过失责任。

(2) 一方违反诚实信用原则所生的义务。当事人的过失主要表现为违反其依据诚实信用原则应负的义务(先合同义务)，包括及时通知、告知、协助和照顾、保密等义务。

(3) 对方因此受有损失。对方所受的损害和一方的缔约过失之间存在因果关系。如果对方遭受的损害非因一方的过失，即使发生在缔约过程中，也不产生缔约过失责任。

2. 缔约过失责任的法律规定

根据《合同法》第四十二条、第四十三条规定，如出现下列情形之一，给对方造成损失的，应当承担损害赔偿责任：①假借订立合同，恶意进行磋商；②故意隐瞒与订立合同有关的重要事实或者提供虚假情况；③有其他违背诚实信用原则的行为；④泄露或不正当使用对方的商业秘密。

7.2.6 建设工程合同的主要条款

建设工程合同是一类比较特殊的合同，除了标的、数量和质量、价款或者酬金、履行期限、履行地点和方式、违约责任、合同纠纷解决方式等《合同法》规定一般应包含的条款外，还必须具备一些特殊条款。

1. 建设工程勘察设计合同

建设工程勘察设计合同除了具备一般合同应当具备的条款外，应当具备如下条款。

1) 提交基础资料和勘察设计文件的期限

建设工程勘察、设计合同的发包人应在合同规定的期限内向承包人提交进行勘察、设计所需的基础资料，承包人则应当在合同规定的期限内向发包人提交勘察、设计文件(含概预算)等。

2) 勘察、设计的质量要求

设计的质量必须符合国家有关标准，根据《建筑法》第五十二条的规定："建筑工程的勘察、设计、施工的质量必须符合国家有关建筑工程安全标准的要求。"双方在签订合同时，可以确定勘察、设计的质量要求，并提出检验的依据和参考。

3) 勘察或者设计费用

勘察人、设计人应按合同完成各自的工作，委托人应依合同规定给付对方确定的价款。有关勘察、设计费的数额与支付方式由当事人在合同中约定。

4) 其他协作条款

承包人履行勘察、设计合同，离开发包人的协作是难以进行的，合同应当根据勘察、设计任务的具体情况详细商定双方的配合事宜。

2. 建设工程施工合同

建设工程施工，是建设项目在完成工程设计和施工招标后进行建筑产品的最后实施阶段，具有投资大、周期长、涉及面广、管理难度大的特点。签订好建设施工合同，无论对发包人(建设单位)还是对承包人(施工单位)都是十分重要的。

在建设工程施工合同方面，目前适用的示范文本主要为建设部和原国家工商行政管理局于1999年颁布的《建设工程施工合同（示范文本）》(以下称示范合同)，该版本是在1991年颁布的版本的基础上，结合中国相关法律法规的规定制定的，同时也参考了国际上最为通行的由国际咨询工程师联合会(FIDIC)制定的《土木工程施工合同条件》的内容，在合同内容与形式上都相当完善。中国的各类建设工程施工合同基本都采纳了这一示范合同文本。

在形式上，示范合同分为三部分：协议书、通用条款与专用条款。协议书是对双方就建设工程施工合同内容达成合意的书面确认，主要包括工程概况、承包范围、工期、质量标准、合同价款、合同文件的范围等基本内容。通用条款则是对双方合同权利义务的详细规定，可适用于各种不同的工程项目，具有相对固定性。专用条款则是合同双方针对特定工程项目所做的特别约定，为当事人意思自治留下必要的空间。

建设工程施工合同是建设工程合同中最为复杂的合同，其合同条款固然应包含一般合同应具备的主要条款，但根据建设工程施工合同的特点，还应具备下列条款。

1) 工程范围

合同应明确承包方承包的建设工程的内容和范围。项目名称、施工现场的位置、施工界区等都应在合同中予以明确。

2) 建设工期

当事人在确定建设工期时，应当以国家工期定额为确定依据。国家没有统一规定的，可由当事人根据工程的具体情况，并充分考虑环境、气候等综合因素对施工进度的影响，合理确定工期。

3) 施工准备条款

主要对在工程施工前应完成的工作进行约定，主要包括施工现场具备施工条件，土地平整、道路通畅及水电设施应予完成；具备必要的施工合法性文件，其中最重要的文件即为施工许可证，依建筑法规定，未取得施工许可证的工程不能开工，当然还包括其他如临时用地、爆破作业等其他许可文件；施工场地地质和地下管线资料及工程设计图纸的交付，发包人并应对其提供的资料和图纸的真实性和合法性负责。

4) 中间交工工程的开工和竣工时间

合同应明确工程开工与竣工日期，确定中间交工工程的工期，并对工期延误及相关责任问题进行约定。

5) 工程质量等级

关于建设工程施工合同质量条款的约定，应当满足建设功能要求，质量等级必须为合格以上或优良。合同应约定工程质量需符合何种标准，以及当双方对工程质量发生争议时的鉴定机构及其程序。

6) 工程造价

工程造价亦即合同价款。价款问题产生的纠纷最为常见。建设工程尤其是大型工程的造价金额通常较大，合同履行期相对较长，其中可变因素较多，因此在客观上也确实存在价款难以确定或其确定过程较复杂的情况。

对合同价款的约定，应当遵守国家规定的收费标准，国家或地方没有统一规定的，可按等价有偿、优质优价的原则进行商定。目前，建设工程施工合同价款的计价方式有三种：固定价，即合同总价或单价在合同约定的风险范围内不可调整；可调价，即合同约定工程价格在实施期间随价格变化而调整；工程成本加酬金确定的价格。当事人可在合同中约定其中一种计价方式。

在工程款的支付方面，通常工程款可分为三部分：预付款、进度款和结算款。预付款是指开工前由发包人向承包人支付的款项，款项用于承包人开工前期的准备工作，该部分款项应于开工后从发包人应付工程款中扣除。进度款则指发包人按合同约定的工程进度逐笔支付的款项。由于建设工程施工合同的承揽合同性质，势不能要求承包人承担垫付工程款的义务，因此根据工程进度支付工程进度款是建设工程施工合同的重要特点。结算款是指工程竣工后，双方对工程总价进行结算所确认的工程款，对发包人已付工程款与结算款的差额部分，发包人应予支付。

7) 技术资料交付时间

工程的技术资料，如勘察、设计资料等，是进行建筑施工的依据和基础，发包方必须将工程的有关技术资料全面、客观、及时地交付给施工人，才能保证工程的顺利进行。

8) 材料和设备供应责任

建设工程涉及大量的材料与设备，因此双方应在合同中明确约定材料和设备的供应责任，包括采购、运输进场、质量、供应时间和验收等方面的内容。材料和设备既可由发包人提供，也可由承包人提供，提供方应对材料与设备的合格性承担责任，另一方有权对其进行检验并提出质量异议。

9) 拨款和结算

拨款和结算条款是建设工程施工合同最主要的条款之一，关系到承包人能否及时实现合同权利，也对工程施工进度产生重大影响，实践中也是发包人最易违约的环节。故双方应在合同中详细、明确地规定各方的责任，并强调违约责任。

【建筑工程施工发包与承包计价管理办法】

原建设部《建筑工程施工发包与承包计价管理办法》对工程竣工结算的程序规定如下："工程竣工验收合格，应当按照下列规定进行竣工结算：①承包方应当在工程竣工验收合格后的约定期限内提交竣工结算文件;②发包方应当在收到竣工结算文件后的约定期限内予以答复,逾期未答复的,竣工结算文件视为已被认可;③发包方对竣工结算文件有异议的,应当在答复期内向承包方提出,并可以在提出之日起的约定期限内与承包方协商;④发包方在协商期内未与承包方协商或者经协商未能与承包方达成协议的,应当委托工程造价咨询单位进行竣工结算审核;⑤发包方应当在协商期满后的约定期限内向承包方提出工程造价咨询单位出具的竣工结算审核意见。"

发承包双方在合同中对上述事项的期限没有明确约定的,可认为其约定期限均为28日。发承包双方对工程造价咨询单位出具的竣工结算审核意见仍有异议的,在接到该审核意见后一个月内可以向县级以上地方人民政府建设行政主管部门申请调解,调解不成的,可以依法申请仲裁或者向人民法院提起诉讼。工程竣工结算文件经发包方与承包方确认即应当作为工程决算的依据。

10) 竣工验收

在预计竣工日期之前的合理期限内,承包人应通知发包人准备验收,并提供相关验收资料,发包人应及时组织有关各方包括勘察设计单位、监理单位等与承包人共同进行竣工验收,并对存在的质量问题提出修改意见,验收合格或经修改后合格的,承包人应提交竣工验收报告。发包人不组织验收的,应承担对其不利的法律后果。

11) 质量保修范围和质量保证期

对建设工程质量保修范围和保证期的约定,应当符合国家规定。合同约定的质量保证期不得短于但可以超过国家规定的期限。

承包人的保修责任为法定责任,建筑法对此作出了原则性规定,并授权国务院对具体保修范围和最低保修期限作出规定。国务院2000年颁布的《建设工程质量管理条例》第四十条规定:"在正常使用条件下,建设工程的最低保修期限为:①基础设施工程、房屋建筑的地基基础工程和主体结构工程,为设计文件规定的该工程的合理使用年限;②屋面防水工程、有防水要求的卫生间、房间和外墙面的防渗漏,为5年;③供热与供冷系统,为2个采暖期、供冷期;④电气管线、给排水管道、设备安装和装修工程,为2年;⑤其他项目的保修期限由发包方与承包方约定。"

建设工程的保修期,自竣工验收合格之日起计算。双方可在合同约定比前述最低保修期限较长的保修期,但不得短于法定最低保修期限。保修期间,由于承包人实施保修行为造成发包人损失的,应予赔偿。

12) 双方相互协作条款

双方应在合同中明确规定相互协作配合的事项。施工合同与勘察、设计合同一样,不仅需要当事人各自积极履行义务,还需要当事人相互协作,协助对方履行义务,如在施工过程中及时提交相关技术资料、通报工程情况,在完工时及时检查验收等。

13) 违约责任及索赔条款

发包人可能存在的主要违约事由为不依合同约定支付工程款、不提供必要的施工条件及资料、不按期组织各类验收等情形,合同应对各种可能的违约情形的违约责任进行规定,发包人承担违约责任的主要方式为实际履行、赔偿损失和解除合同。承包人可能存在的主要违约事由是未按期完工及完成的工程质量不符合法定及约定的质量标准,以及与之相对应的不能提供必要的工程竣工资料。承包人承担违约责任的主要方式为修理或重做、赔偿损失、解除合同。合同应对履行过程中的索赔程序进行约定,一旦出现索赔事由,守约方应及时向违约方发出索赔通知,并提供相关证据,违约方应按合同约定的期限进行答复和处理。

7.3 合同的效力

7.3.1 合同生效

1. 合同生效的概念

合同生效是指已经成立的合同具有法律约束力，合同是否生效，取决于是否符合法律规定的有效条件。《合同法》第四十四条第一款规定："依法成立的合同，自成立时生效。"

合同生效包括以下情况。

(1) 依法成立的合同，自成立时生效。这是合同生效时间的一般规定，即如果没有法律、行政法规的特别规定和当事人的约定，合同成立的时间就是合同生效的时间。

(2) 法律、行政法规规定应当办理批准、登记等手续生效的，自批准、登记时生效。

(3) 双方当事人在合同中约定合同生效时间的，以约定为准。

2. 合同生效的条件

当事人必须具有相应的民事行为能力，能够正确认识自己行为的意义和后果；合同意思表示真实，这是合同生效的核心要素；不违反法律或者社会公共利益。

7.3.2 合同无效

1. 合同无效的概述

1) 无效合同的含义

无效合同是指合同当事人协商订立，但是因为不具备或者违反了法定条件，国家法律规定不承认其效力的合同。

2) 合同无效的法律规定

《合同法》第五十二条规定：有下列情形之一的，合同无效。

【这些建筑工程合同居然都是无效的】

(1) 一方以欺诈、胁迫的手段订立合同，损害国家利益。

(2) 恶意串通，损害国家、集体或者第三人利益。

(3) 以合法形式掩盖非法目的。

(4) 损害社会公共利益。

(5) 违反法律、行政法规的强制性规定。

2. 免责条款无效的法律规定

1) 免责条款的含义

免责条款是指合同当事人在合同中预先约定的，旨在限制或免除其未来责任的条款。

2) 免责条款无效的法律规定

《合同法》第五十三条规定：合同中的下列免责条款无效。

(1) 造成对方人身伤害的。

(2) 因故意或者重大过失造成对方财产损失的。

法律之所以规定上述两种情况的免责条款无效，主要是因为，首先这两种行为具有一定的社会危害性，其次是因为这两种行为都可能构成侵权行为责任，如果当事人约定这种侵权行为可以免责，等于以合同的形式剥夺了当事人的合同以外的合法权利。

3. 无效合同的法律后果

(1) 无效的合同自始没有法律约束力。自始无效是指无论合同是什么时候被确认为无效的，该合同一律从合同成立之时就不具备法律效力，当事人即使进行了履行行为，也不能取得履行结果。

(2) 合同部分无效，不影响其他部分效力的，其他部分仍然有效。

(3) 合同无效不影响合同中独立存在的有关解决争议方法的条款的法律效力。

(4) 合同无效后，因该合同取得的财产，应当予以返还；不能返还或者没有必要返还的，应当折价补偿。有过错的一方应当赔偿对方因此所受到的损失，双方都有过错的，应当各自承担相应的责任。

【建设工程施工合同无效，有5大法律后果】

4. 建设工程施工合同无效的几种情形

建设工程合同受到不同部门的法律、行政法规和规章的调整，特制是法律、法规、规章中的强制性规范较多，如果违反这些规范都以违反法律强制性规定为由认定合同无效，不符合《合同法》的立法精神，不利于维护交易的稳定性，也不利于保护各方当事人的合法权益。同时，也会阻碍建筑市场的健康发展。法律和行政法规中的强制性规定有的属于行政管理规范，如果当事人违反了这些规范应当受到行政处罚，但是不应当影响合同的效力。

根据《合同法》第五十二条第五项的立法本意，只有违反效力性强制性规定的合同才属于无效合同。根据最高人民法院公布的《最高人民法院关于审理建设工程施工合同纠纷案件适用法律问题的解释》(2005年)，建设工程施工合同的无效有以下几种情形：①承包人未取得建筑施工企业资质的；②承包人超越资质等级承包的，但承包人超越资质等级许可的业务范围签订建设工程施工合同后，在建设工程竣工前取得相应资质等级的除外；③没有资质的实际施工人借用有资质的建筑施工企业名义的；④建设工程必须进行招标而未招标的；⑤必须进行招标的建设工程虽然招标但招标无效的；⑥承包人非法转包建设工程的，但具有劳务作业法定资质的承包人与总承包人、分包人签订的劳务分包合同，当事人不能以转包建设工程违反法律规定为由主张合同无效；⑦承包人违法分包建设工程的。

【最高人民法院关于审理建设工程施工合同纠纷案件适用法律问题的解释】

另外，《中华人民共和国民法通则》和《合同法》等基本法律规定的合同无效的情形，也适用于建设工程施工合同。如《建筑法》第二十四条规定，禁止将建设工程肢解发包。国务院行政法规《建设工程质量管理条例》第七条规定，建设单位不得将建设工程肢解发包。如果建设单位将建设工程肢解发包后与施工单位签订的建设工程施工合同，人民法院也应当认定其无效。

5. 建设工程施工合同无效后的处理原则

对无效建设工程合同处理的总原则是：尚未履行的判决不再履行；正在履行的，应立即终止履行，并视具体情况按过错程度处理；合同已经实际履行完毕的，应当根据无效合同当事人的过错责任程度和工程造价构成情况进行处理。有过错的一方应当按照工程的实际造价返还无过错的承包方应得的工程款，并赔偿因此而发生的损失。承发包双方互有过错的，按过错程度确定赔偿数额。建设工程施工合同无效后的处理具体为：①建设工程施工合同无效，但建设工程经竣工验收合格，承包人请求参照合同约定支付工程价款的，应予支持；②建设工程施工合同无效，且建设工程经竣工验收不合格的，修复后的建设工程经竣工验收合格，发包人请求承包人承担修复费用的，应予支持；③建设工程施工合同无效，且建设工程经竣工验收不合格的，修复后的建

【蹊跷的合同】

设工程经竣工验收不合格，承包人请求支付工程价款的，不予支持。

另外，因建设工程不合格造成的损失，发包人有过错的，也应承担相应的民事责任。

7.3.3 可撤销合同

1. 可撤销合同的概念和特征

1) 可撤销合同的概念

可撤销合同是指当事人在订立合同的过程中意思表示不真实或者欠缺一定的生效要件，经过撤销人请求，由人民法院或者仲裁机构变更合同内容或者撤销合同，从而使合同效力归于消灭的合同。

2) 可撤销合同的特征

可撤销合同在未撤销之前仍然是有效合同；可撤销合同的效力消灭与否取决于撤销权人的意思，撤销权人以外的人无权撤销合同；可撤销合同的撤销，必须由撤销人请求人民法院或仲裁机构作出。

2. 可撤销合同的法律规定

《合同法》第五十四条规定：下列合同，当事人一方有权请求人民法院或者仲裁机构变更或者撤销。

(1) 因重大误解订立的。

(2) 在订立合同时显失公平的。

一方以欺诈、胁迫的手段或者乘人之危，使对方在违背真实意思的情况下订立的合同，受损害方有权请求人民法院或者仲裁机构变更或者撤销。当事人请求变更的，人民法院或者仲裁机构不得撤销。

重大误解是指当事人一方以自己的过失导致对合同内容等发生重大误解而订立的合同的行为。显失公平是当事人一方处于紧迫或缺乏经验的情况下而订立的明显对自身有重大不利的合同的行为。

3. 撤销权的消灭

《合同法》第五十五条规定：有下列情形之一的，撤销权消灭。

(1) 具有撤销权的当事人自知道或者应当知道撤销事由之日起一年内没有行使撤销权。

(2) 具有撤销权的当事人知道撤销事由后明确表示或者以自己的行为放弃撤销权。

【案例7-1】 "建筑面积"如何理解

基本案情

2004年2月17日，海安县某镇农民王某申请建楼房，经有关职能部门批准领取建房手续，建房规划许可证载明，"建房用地面积100平方米，建筑占地面积90平方米，楼房层高不超过6米"。同月22日，王某决定将该房交"包工头"李某承建，当日由李某执笔双方签订建房合同一份，合同约定：王某的楼房由李某承建，建筑面积100平方米左右，酬金为9500元，工期3个月，此款于当年年底前给付。同年5月27日，李某施工完毕并将楼房交付王某使用。

2004年10月，王某领取了房屋所有权证书，该证书载明楼房总建筑面积为210平方米。同年12月20日，双方在结算工程款时发生争议，李某认为，合同约定"建筑面积约100平方米，报酬为9500元"，现实际建房面积已远远超出了100平方米，应按实际面积210平方米结算报酬。王某认为，当初订立合同时约定的"建筑面积100平方米"实为"占地面积100平方米"，工资报酬应按9500元结账，况且当时的市场价格即为每平方米40元至50元。为此引起诉讼。

法院审理

本案争议的焦点在于合同中约定的"建筑面积100平方米左右"如何理解问题。

第一，从合同订立的目的看，有关职能部门审批王某用地面积为100平方米，占地面积为90平方米，由此可见，王某所建楼房建筑占地面积应不少于90平方米，如果将该二层楼房的合计建筑面积理解为100平方米，则王某楼房占地面积仅为50平方米，显然与王某当初建房目的不相符合。

第二，从当事人所具有的专业术语知识、专业技能和业内经验看，李某为专业从事建筑的人员，而王某仅是一位建房户，其对建房的"占地面积"和"建筑面积"的真正含义在理解上相对于专业人员较为生疏，况且合同约定的"酬金9500元"与当时当地建一幢二层楼房占地100平方米左右的市场价格大致相当，如果强调应以实际建筑面积结算工程款，显然与当初订立合同的真实意思相违背。

第三，从合同约定的价格看，李某与王某订立合同所约定的酬金总计是9500元，而并非强调的每平方米95元，应当理解为该工程系清包方式，也就是说，"占地面积"和"建筑面积"不能改变合同中约定的工程款总价9500元这种清包的性质。

第四，从合同的履行过程看，通常情况下，在合同成立后，一方或双方均可根据协商一致的原则对合同的内容进行变更，来弥补原合同的不足。而李某在当初放线施工时，楼房的占地面积明显超出李某认为的50平方米，但李某并未提出异议。

综上，李某要求王某与其按实际建筑面积210平方米，每平方米价格95元结账，于法无据，难以得到支持，故判决由王某支付李某工资报酬9500元。驳回李某其他诉讼请求。

案例评析

当事人在订立合同过程中，囿于经验、预见性、技巧性、对文字的理解等因素，合同可能带有这样或那样的缺陷，在合同生效后，当事人往往可能对合同条款如何理解产生歧义。由于当事人所代表的利益、看问题的视角不同，因而对合同的解释难以确保公平和公正性，从而出现"公说公理，婆说婆理"的尴尬局面，只有法院和有关仲裁机构的解释才体现了合同解释的权威性，因而合同解释制度对于维护合同自由和实现合同正义，保障合同当事人意志和订约目的的实现有着十分重要的意义。

值得注意的是，实践中不能排除一方当事人意欲通过交易从对方获得额外利益的可能，特别是利用对方知识的欠缺或者所拥有信息上的不对称，在合同中做些"手脚"。因此在从事重大民事行为时，必须弄清有关专业术语或者请专业人员参与其中，以避免可能出现的交易风险。

7.3.4 效力待定合同

1. 效力待定合同的概述

1）效力待定合同的含义

效力待定合同是指合同虽然已经成立，但因其不完全符合有关生效要件的规定，因此其效力能否发生尚未确定，一般须经追认权人表示承认才能生效的合同。

2）效力待定合同的特征

(1) 效力待定合同成立后，其效力不确定，它既非有效，也非无效，而是处于悬而未决的不确定状态之中。

(2) 效力待定合同效力的确定，取决于享有追认权的第三人在一定期限内的追认。

(3) 效力待定合同经追认权人同意后，其效力确定地溯及于行为成立之时。效力待定合同经追认权人拒绝后，自始无效。

2. 效力待定合同的类型

1) 限制民事行为能力人订立的合同

限制民事行为能力人依法不能独立的订立合同。如果限制民事行为能力人订立了合同，必须经法定代理人追认后，合同方为有效，但纯获利益的合同或者与其年龄、智力、精神健康状况相适应而订立的合同，不必经法定代理人追认。相对人可以催告法定代理人在一个月内予以追认。法定代理人未作表示的，视为拒绝追认。合同被追认之前，善意相对人有撤销的权利。

2) 无民事行为能力人订立的合同

无民事行为能力人除可以订立某些与其年龄相适应的细小的日常生活方面的合同外，对其他的合同，必须由其法定代理人代为订立。一般来说，他们不能自己订立合同，否则合同无效，该合同必须经过其法定代理人事先允许或事后承认才能生效。

3) 无代理权人以被代理人名义缔结的合同

无权代理是指无权代理人以他人名义订立合同，其行为人没有代理权、超越代理权或者代理权终止后以被代理人名义订立的合同，未经被代理人追认，对被代理人不发生效力，由行为人承担责任。相对人可以催告被代理人在一个月内予以追认。被代理人未作表示的，视为拒绝追认。合同被追认之前，善意相对人有撤销的权利。

4) 无处分权人处分他人财产订立的合同

【"阴阳合同"亏了谁】

无处分权行为是指无处分权人以自己的名义对于他人权利标的所实施的处分行为。无处分权人处分他人财产经权利人追认或者无处分权人订立合同后取得处分权的，该合同有效。

5) 法定代表人、负责人超越权限订立的合同

法人或者其他组织的法定代表人、负责人超越权限订立的合同，除相对人知道或者应当知道其超越权限的以外，该代表行为有效。

7.4 合同的履行

7.4.1 合同履行的原则

合同履行是指合同当事人双方依据合同条款规定，实现各自享有的权利，并承担各自负有的义务。合同的履行，是合同当事人订立合同的根本目的，也是实现合同目的的最重要和最关键的环节，所以合同的履行是《合同法》的核心内容。依照《合同法》的规定，合同当事人在履行合同时，应遵循以下原则。

1. 全面履行原则

全面履行原则又称适当履行原则或正确履行原则，是指当事人按照合同约定的标的、数量、质量、价款或者报酬等，在适当的履行期限、履行地点，以适当的履行方式，全面履行自己义务，不能够以单方面的意思改编合同义务或者解除合同。

2. 诚实信用原则

诚实信用原则是指在合同履行过程中，合同当事人讲究信用、恪守信用，以善意的方式履行其合同义务，不得规避法律或者歪曲合同条款。它要求当事人在进行民事活动中不存在欺诈行为，讲诚实、守信用。

3. 协作履行原则

指合同各方在履行合同的过程中，应当互谅、互助，尽可能为对方履行合同义务提供相应的便利条件。

(1) 严格按照合同的规定履行自己的每一项义务。

(2) 本着为了共同的经济利益目的，相互之间应进行必要的监督、检查，及时发现问题，平等协商解决。

(3) 当对方遇到困难时，在自身许可且不违反法律和社会公共利益的前提下给予必要的帮助，共渡难关。

(4) 由于一方的过错而造成违约，给工程施工带来不利影响的，另一方应及时提出纠正意见，违约一方应及时补救。

(5) 发生争议时，应顾全大局，平等协商解决。

(6) 不论是何种原因导致工程建设出现不尽如人意的情况，双方均应在各自的职责范围内采取必要的措施，防止或尽可能减少损失。

4. 情势变更原则

指合同依法订立后，由于不可归责于当事人的原因，履行合同的基础发生了变化，若仍然维持合同的效力，将会产生显失公平的后果，在这种情势下，受不利影响的一方当事人有权请求法院或者仲裁机构变更或解除合同。

情势变更的发生，必须是双方当事人在订立合同时所**不能预见**或**不可能预见的**。确定当事人预见力，应根据签订合同时的市场、价格、交易政策等方面进行客观考察。

情势变更的发生，必须是因**不可归责于当事人的事由**。如果当事人主观有过错，对合同履行后给另一方造成了损失，那么仍不能适用情势变更原则而应承担其责任。

情势变更须使合同正常履行之后双方利益显失公平。例如，房产商与购买者已签订合同，但在建造该商品房的过程中建材价格暴涨，如按原合同履行，房产商不但不会盈利，按其造价反而呈严重亏损状态，该情况应当适用情势变更原则。

7.4.2 合同履行过程中约定不明的情况处置

1. 当事人就质量、价款或者报酬、履行地点等内容没有约定或者约定不明确的

此时可以协议补充；不能达成补充协议的，按照合同有关条款或者交易习惯确定。

2. 当事人不能够达成一致意见，又不能按照合同的有关条款或者交易习惯确定的

此时应遵循下列规定。

(1) 质量要求不明确的，按照国家标准、行业标准履行；没有国家标准、行业标准的，按照通常标准或者符合合同目的的特定标准履行。

(2) 价款或者报酬不明确的，按照订立合同时履行地的市场价格履行；依法应当执行政府定价或者政府指导价的，按照规定履行。

(3) 履行地点不明确，给付货币的，在接受货币一方所在地履行；交付不动产的，在不动产所在地履行；其他标的，在履行义务一方所在地履行。

(4) 履行期限不明确的，债务人可以随时履行，债权人也可以随时要求履行，但应当给对方必要的准

备时间。

(5) 履行方式不明确的，按照有利于实现合同目的的方式履行。

(6) 履行费用的负担不明确的，由履行义务一方负担。

【案例7-2】这批钢筋该如何处理

基本案情

广厦建筑工程公司急需一批钢筋，急电东方物资公司，请求该公司在一周之内发货20吨。东方物资公司接到电报后，立即回电马上发货。一周后，货到广厦建筑工程公司。一个月后，东方物资公司来电催广厦建筑工程公司交付货款，并将每吨钢筋的单价和总货款数额一并提交广厦建筑工程公司。广厦建筑工程公司接电后，认为东方物资公司的单价超过以前购买同类钢筋的价格，去电要求按原来的价格计算货款。东方物资公司不同意，称卖给广厦建筑工程公司的钢筋是他们在钢厂提价后购买的，这次给广厦建筑工程公司开出的单价只有微薄利润。鉴于此情况，广厦建筑工程公司提出因双方价格不能达成一致，愿意将自己从其他地方购买的同类同型号钢筋退给东方物资公司。东方物资公司不允，为此诉至法院。法院判决不能退货，货物单价按订立合同时广厦建筑工程公司所在地市场价格计算。

案例评析

在本案中，建筑公司与物资公司之间已经就合同的标的、数量通过要约和承诺达成协议，虽然货物价格没有达成协议，但不影响合同的成立。事后，物资公司又按约定按时发货，履行了合同规定的义务。建筑公司以事后没有就价格事项达成协议为由提出退货，实际上是否认了自己的承诺，故法院判决不能退货。根据《合同法》第十三条规定："当事人订立合同，采取要约、承诺方式。"这是关于合同订立方式的规定。按照本条规定，合同的订立采用要约和承诺方式。所谓要约是指当事人希望和他人订立合同的意思表示。所谓承诺是指受要约人同意要约人要约的意思表示。只有当要约人发出要约，受要约人对要约作出承诺，就说明当事人意思表示一致，合同正式成立。按照本合同法的规定，如果当事人没有作出要约和承诺，合同不可能成立。要约和承诺的过程，就是合同订立的过程。一般来说，承诺的生效，是合同订立的完成，合同成立。

在理解合同成立的条件时，应注意合同成立与合同生效的区别。合同的成立是指当事人依法通过要约和承诺的方式协商一致后，当事人之间的合同权利义务关系的正式确定。合同的生效是指依法成立的合同正式产生法律约束力。在大多数情况下，合同成立与合同生效是重合的，也就是合同成立时合同也同时生效。但在有些情况下，合同虽然已经成立但却没有生效。例如，附条件的合同在当事人要约和承诺后已经使合同正式成立，但由于所附条件没有实现，按《合同法》第四十五条的规定，这类合同就不能产生法律效力。再如法律、行政法规规定应当办理批准手续或登记手续的合同，在没有办理批准或登记手续之前不产生法律效力，但这不排除该合同已经成立。对于已经成立但没有生效的合同，当事人不能随意解除；如要解除合同应当由当事人协商或通过诉讼程序解决。如果协商不成或者在诉讼过程中，当事人原约定的所附条件或者完成批准或者登记手续的，合同发生法律效力。

至于货物接交货时建筑公司所在地市场价格计算的判决，则是根据《合同法》第六十一条双方"不能达成补充协议的"，按照第六十二条第二项关于"价款或者报酬不明确的，按照订立合同时履行地的市场价格履行……"的规定处理的。

7.4.3 建设工程合同履行中的抗辩权

抗辩权是指当事人一方依法对抗对方要求和权利主张的权利。合同履行中的抗辩权，就是在双方合同中，在满足一定法定条件时，合同当事人一方可以对抗对方的履行要求，暂时拒绝履行合同约定义务的权利。抗辩权是为了维护合同当事人双方在合同履行过程中的利益平衡而设立的一项权利。

建设工程合同属于双务合同，即发包方与承包方彼此互负义务。双务合同的当事人所负的合同义务在成立上具有关联性。《合同法》规定双务合同的当事人在履行合同中享有抗辩权，即同时履行抗辩权、后履行抗辩权和不安抗辩权。

1. 同时履行抗辩权

同时履行抗辩权，也称不履行抗辩权，是指在法律未规定或合同未约定哪一方当事人先履行义务的情况下，任何一方当事人在对方未开始履行或未提出履行之前，有权拒绝履行自己的合同义务的权利。根据《合同法》第六十六条的规定，行使同时履行抗辩权必须符合以下要件：①当事人须因同一合同互负债务；②债务须同时履行并已届清偿期；③对方没有履行或者履行不适当。

2. 后履行抗辩权

后履行抗辩权，是指在双务合同中，应当先履行债务的一方当事人不履行债务或者其履行不符合合同约定的，后履行的另一方当事人有权不履行合同债务或者拒绝履行部分债务。根据《合同法》第六十七条的规定，行使后履行抗辩权应当符合下列条件：①须双方当事人基于同一合同互负债务，且在履行上有关联性或者形成对价关系；②须其中的一方当事人应当先履行债务；③须应当先履行债务的一方当事人没有履行债务或者其履行不符合合同约定。

3. 不安抗辩权

不安抗辩权，是指在双务合同中，应当先履行债务的一方当事人在根据合同约定向对方先履行债务之前或在履行过程中，如有证据证明对方当事人的财产明显减少或者履行债务的能力明显减弱，有可能难以履行给付义务时，有权要求对方提供必要的担保，若对方未为对待履行或未提供担保，应当先履行债务的一方当事人有权拒绝履行债务。

根据《合同法》第六十八条的规定，依合同约定应当先履行债务的一方当事人有证据证明对方当事人有下列情形之一的，可以中止履行自己的债务：经营状况严重恶化；转移财产、抽逃资金，以逃避债务；丧失商业信誉；有丧失或者可能丧失履行债务能力的其他情形。当事人没有确切证据中止履行的，应当承担违约责任。

当事人行使不安抗辩权的直接后果是中止履行即暂停履行合同债务。但不安抗辩权人也因此负有下列义务。

(1) 及时通知。即不安抗辩权人在中止履行合同后，应当在合理的时间内及时通知对方当事人，告知中止履行的理由，以便对方提供适当的担保。

(2) 恢复履行。即不按抗辩权人应当在后履行一方提供适当的担保时及时履行自己的合同债务。

(3) 不得任意解除合同。在中止履行后，对方当事人如在合理期限内未恢复履行能力，也未提供适当担保，不安抗辩权人可以解除合同，但应当及时通知对方。

【合同履行抗辩权在《建设工程施工合同(示范文本)》中的应用】

7.4.4 建设工程合同的保全

《合同法》第七十三条和第七十四条分别是关于合同债权人的代位权和撤销权的规定。法律赋予债权人行使代位权和撤销权的目的在于防止因债务人的财产不当减少而给债权人的债权造成危害。代位权和撤销权作为债权人保全手段，不仅对于保障债权人实现债权具有重要意义，也对缓解长期困扰司法界的"执行难"问题具有深远的积极影响。

1. 代位权

债权人的代位权是指因债务人怠于行使其到期债权，对债权人造成损害的，债权人可以向人民法院请求以自己的名义代位行使债务人的债权，以保障自身的债权。但是，按照《合同法》的规定，该债权专属于债务人自身的除外。

代位权的成立条件：①债务人对第三人享有债权；②债权人对债务人的债权合法、确定，且必须已届清偿期；③债务人怠于行使其到期债权；④债务人怠于行使权利的行为已经对债权人造成损害。

代位权的行使范围以债权人的债权为限。债权人行使代位权的必要费用，由债务人负担。

2. 撤销权

债权人的撤销权是指因债务人放弃其到期债权、无偿转让财产或者以明显不合理的低价处分财产而危及债权人实现债权时，债权人可以依法请求人民法院撤销债务人所实施的行为，以保障自身债权的实现。

撤销权的成立条件：①债务人实施了处分财产的法定行为；②债务人的行为已经产生法律效力；③债务人的行为已经或者将严重危害到债权人的债权；④债务人在实施危害债权行为时主观上具有恶意。

撤销权的行使范围以债权人的债权为限。债权人行使撤销权的必要费用，由债务人负担。撤销权自债权人知道或者应当知道撤销事由之日起一年内行使。自债务人的行为发生之日起5年内没有行使撤销权的，该撤销权消灭。

7.4.5 建设工程合同履行的担保

担保是债权人与债务人或者第三人根据法律规定或者合同约定而实施的，以保证债权得以实现为目的的民事法律行为。在担保法律关系中，债权人称担保权人，债务人称被担保人，第三人称担保人。合同履行的担保是通过签订担保合同或是在合同中设立担保条款来实现的，担保合同是从合同，被担保合同是主合同。担保合同将随着被担保合同的履行而消灭。当被担保人不履行其合同义务且不承担相应责任时，担保人则应承担其担保责任。《中华人民共和国担保法》（以下简称《担保法》）规定的担保方式包括保证、抵押、质押、定金、留置五种，建设工程合同采用的担保形式主要有保证、抵押、定金、留置四种。

1. 保证

保证是指保证人和债权人约定，当债务人（被保证人）不履行债务时，保证人按照约定履行债务或者承担责任的担保方式。其中保证人必须是主合同当事人（债权人与债务人）以外的第三人。在担保合同或担保条款生效后，当被保证人不履行自己的债务，保证人就有代为履行或者代为承担责任的义务，也因此而享有向被保证人追偿的权利。因为当保证人代为履行或代为赔偿后，就成为被保证人的债权人。

我国《担保法》规定：国家机关、以公益为目的的事业单位、社会团体以及企业法人的分支机构、职能部门不得为保证人。

我国《担保法》规定的保证方式有一般保证和连带责任保证两种。一般保证是指当事人在保证合同中约定，当债务人不能履行债务时，由保证人承担保证责任的保证方式。在一般保证的情形下，保证人享有先诉抗辩权，即保证人在主合同纠纷未经审判或者仲裁，并就债务人的财产依法强制执行仍不能清偿债务前，债权人要求其承担保证责任的，有权予以拒绝。连带责任保证是指当事人在保证合同中约定由保证人与债务人对债务承担连带清偿责任的一种保证方式。连带责任保证的保证人没有先诉抗辩权，其与被保证人同为主合同债务的第一履行人。如果当事人对保证方式没有约定或者约定不明确的，按照连带责任保证承担保证责任。

建设工程合同中最常见的银行或担保公司为工程承包单位开具投标保函或担保书、预付款保函、履约保函或担保书、维修保函等即是银行或担保公司充当保证人为承包单位担保的保证方式。

2. 抵押

抵押是指债务人或者第三人不转移对特定财产的占有，将该财产作为债权的担保。交出财产进行抵押的一方为抵押人，接受财产抵押的一方为抵押权人。当债务人不履行债务时，债权人（抵押权人）有权依照法律规定以该财产折价或以拍卖、变卖该财产的价款优先受偿。

抵押担保方式因其最具担保安全效果而被称为"担保之王"，是债权人乐于接受的担保方式，因为它能比较充分地保障债权人的债权。但是，设定抵押权必须履行严格的法律手续。如抵押人和抵押权人必须订立书面形式的抵押担保合同；抵押人必须对抵押物依法享有所有权或处分权；抵押物必须系法律所不禁止抵押的财产；当抵押物为土地使用权、城市房地产、乡镇企业厂房、林木、航空器、船舶、车辆、企业的设备和其他动产的，应分别到有关部门办理抵押登记手续，否则，抵押合同无效。

3. 定金

定金是较为常见的一种担保方式，是指在主合同签订后，但还没有履行前，合同的一方当事人按合同约定向对方交付一定数额的金钱，用以作为合同履行的担保。给付定金的一方不履行合同的，无权请求返还定金；接受定金的一方不履行合同的，应当双倍返还定金。债务人履行债务后，定金可以抵作价款或者收回。

定金虽然是一定数额的金钱，且具有预先给付的性质，但定金与预付款的性质是完全不同的。定金对债务人履行债务起担保作用，而预付款对对方当事人履行合同义务只起资助作用；当当事人违约时，定金起着制裁违约方、补偿被违约方的作用，而预付款则无此作用，无论哪一方违约，均不得采取扣留预付款或要求双倍返还预付款的行为。

定金也不同于违约金，定金是合同的一种担保方式，且必须预先给付；而违约金只是对违约行为的一种制裁手段，具有惩罚与补偿双重功能，但并不预先给付，被违约方只能通过事后请求支付的方式才能真正获得。

【说的交定金 咋就成了预付款】

在建设工程勘察设计合同中，通常都采用定金这种担保方式。

4. 留置

留置是指债权人按照合同的约定占有债务人的动产，债务人不按合同约定的期限履行债务的，债权人有权依法留置该财产，以该财产折价或者拍卖、变卖该财产的价款优先受偿。但留置仅适用于保管、运输、加工承揽以及法律规定可以留置的其他合同，且留置物仅限于动产。在建设工程施工承包合同中，其合同标的（建设工程）为不动产，因此长期以来我国法律并未认可承包方的留置权。1999年10月1日起施行的《合同法》第二百八十六条规定："发包人未按照约定支付价款的，承包人可以催告发包人在合理期限内支付价款。发包人逾期不支付的，除按照建设工程的性质不宜折价、拍卖的以外，承包人可以与发包人协议将该工程折价，也可以申请人民法院将该工程依法拍卖。建设工程的价款就该工程折价或者拍卖的价款优先受偿。"这就从法律上赋予了建设工程承包人享有工程价款的优先权。

7.5 合同的变更和转让

7.5.1 合同的变更

1. 合同变更的概念

合同变更，是指合同依法成立后，在尚未履行或者尚未完全履行时，当事人依法经过协商，对合同的内容进行修改或调整所达成的协议。合同变更时，当事人应该通过协商的方式进行，并且只有当协商取得一致意见时方为有效。

2. 合同变更的条件

1) 原已存在有效的合同关系

合同变更是在原合同的基础上，通过当事人双方的协商或者法律的规定改变原合同关系的内容。因此原合同必须合法有效。

2) 合同内容发生变化

合同变更仅指合同的内容发生变化，不包括合同主体的变更。另外，合同变更必须是非实质性内容的变更，变更后的合同关系与原合同关系应当保持同一性。

3) 合同变更按法定方式进行

变更合同应当办理批准、登记等手续的应依照规定办理。当事人变更合同的形式可以协商决定，一般要与原合同的形式相一致。如原合同为书面形式，变更合同也应采取书面形式；如原合同为口头形式，变更合同既可以采取口头形式，也可以采取书面形式。

3. 合同变更内容约定不明的推定

《合同法》规定，当事人对合同变更内容约定不明确的，推定为未变更。当事人只需按照原有合同的规定履行即可，任何一方不得要求对方履行变更中约定不明确的内容。有效的合同变更，必须有明确的合同内容的变更，但是合同变更只是合同内容的局部变更，是合同的非根本性变化，是对原合同关系的内容做某些修改和补充，而不是对合同内容的全部变更。

7.5.2 合同的转让

1. 合同转让的概念

合同转让是指合同成立后，当事人可以依法将合同中的全部或部分权利，全部或者部分义务转让或者转移给第三人的法律行为。

2. 债权转让

1) 债权转让的含义

债权转让又称合同权利的转让或债权让与，它是指合同债权人通过协议将其全部或部分债权转让给第三人的行为。

2) 债权转让的法律特征

债权转让的主体是债权人和第三人；债权转让的方式有全部权利转让和部分权利转让；债权转让的

对象是合同中可以依法转让的债权。

3) 债权转让的构成条件

让与人与受让人之间达成了统一的协定；原债权关系有效存在；让与的债权具有可转让性；履行必需的程序。

4) 债权转让中的法律限制

依合同性质、合同约定，法律规定不得转让的债权不得转让。

债权人转让权利的，应通知债务人。未经通知，该转让对债务人不发生效力。未经受让人同意，债权人转让权利的通知不得撤销。

债务人对原债权人的债权可与转让债权抵销。

债务人接到债权转让通知时，债务人对让与人享有债权，并且债务人的债权先于转让的债权到期或者同时到期的，债务人可以向受让人主张抵销。

债务人将合同的义务全部或者部分转移给第三人的，应当经债权人同意。

3. 债务转移

1) 债务转移的含义

债务转移又称合同义务的转移或债务承担，是指合同债务人与第三人之间达成协议，并经债权人同意，将其义务全部或部分转移给第三人的法律行为。

2) 债务转移的构成条件

必须存在有效的债务；第三人必须与债权人或者债务人就债务的移转达成合意；被转移的债务应具有可移转性；债务承担必须取得债权人的同意。

3) 债务转移的效力

第三人取得债务人的法律地位。承担人代替原债务人承担债务，原债务人免除债务。

抗辩权随之移转。既然承担人经过债务转移而处于债务人的地位，那么所有与所承担债务有关的抗辩权都应同时转移给承担人。

从债务一并随之移转。对于主债务附属的从债务，无论在转移协议中是否约定，承担人应当一并对从债务进行承担。从债务专属于原债务人的，不予承担。

4. 概括承受

1) 概括承受的含义

债权债务的概括承受是指一方当事人将其债权债务一并移转于第三人，由第三人概括的继受这些权利和义务。

2) 概括承受成立的条件

转让人与承受人达成合同转让协议；原合同为合法有效的双务合同；必须经原合同双方当事人的同意。

3) 概括承受的两种方式

合同承受，是指合同当事人一方与第三人订立合同，将其合同权利义务全部或者部分地移转给该第三人，经对方当事人同意后，由该第三人承受合同地位。

因企业的合并而发生的债权债务的转移。企业合并后，原企业的债权债务的移转，属于法定移转，因而无须征得相对人的同意，依通知或公告而发生效力。

【建设工程施工合同项下的债权转让】

7.5.3 建设工程合同的变更与转让

广义的合同变更应包括合同内容的变更(狭义的合同变更)及合同主体的变更(合同的转让)，由于建设工程合同的特殊性，在合同履行时要求合同当事人亲自履行，《合同法》《建筑法》《招标投标法》都明确规定，承包人不得将其承包的全部建设工程转包给第三方。因此，建设工程合同的变更只是狭义的合同变更，即指在合同签订后或在履行过程中，因履行合同的主客观情况发生了变化，承发包双方根据法律规定或者合同约定的条件和程序，对原合同内容进行修改或者补充。

建设工程合同依法订立后即具有法律约束力，当事人必须严格履行合同义务。任何一方不得随意变更或解除合同。但是，工程项目建设的情况往往不是固定不变的，承包合同签订后或者在履行过程中会发生与原合同的约定不相适应的变化。如果在这种情况下仍然按照原合同的要求履行，会导致合同无法履行或不能全面履行。在这种情况下，当事人可以根据法律规定或合同约定变更合同内容。建设工程合同依法变更后，原合同不再履行，当事人应当按变更后的合同履行义务。但不论是发包方还是承包方，均不得以变更后的合同条款来作为重新调整双方在合同变更前的权利义务关系的依据。

建设工程合同的变更是通过工程签证来加以确认的，实际上就是工程承发包双方在施工过程中对支付各种费用、顺延工期、赔偿损失等事项所达成的补充协议。经双方书面确认的工程签证，将成为工程结算或工程索赔的依据。《合同法》规定："当事人协商一致，可以变更合同。"工程签证是双方协商一致的结果，是对原合同进行变更的法律行为，具有与原合同同等的法律效力，并构成整个工程合同的组成部分。工程签证的范围、权限、程序等问题都应在建设工程合同中加以确定。

7.6 合同的权利义务终止

7.6.1 合同终止的基本内容

1. 合同终止的概念

合同终止，即合同关系的消灭，是指合同当事人双方依法使相互间的权利义务关系终止，当事人不再受合同关系的约束。

建设工程合同权利义务的终止，是指建设工程合同当事人的合同法律关系已经不存在，当事人依该合同而享有的权利和应承担的义务归于消灭。合同权利义务的终止，源于合同是有一定期限的民事法律关系，不可能永存，可因一定法律事实的发生、经一定的法律程序而终止。

2. 合同终止的条件

根据《合同法》第九十一条的规定，有下列情形之一的，合同的权利义务终止：①债务已经按照约定履行；②合同解除；③债务相互抵销；④债务人依法将标的物提存；⑤债权人免除债务；⑥债权债务同归于一人；⑦法律规定或者当事人约定终止的其他情形。

建设工程合同权利义务终止必须有法律上的原因。引起合同权利义务终止的原因有四大类：一是因合同目的达到或无法达到而终止；二是基于当事人的意思表示而终止；三是合同无实现必要而终止；四是基于法律规定或合同约定事由而终止。《合同法》第九十一条第(一)至(六)项列出了引起合同终止的主要原因，即债务清偿、合同解除、债务抵销、提存、债务免除和混同。

7.6.2 债务清偿

债务清偿,作为合同权利义务终止最常见的原因,是指合同当事人已按合同的约定完全履行了债务。

建设工程合同债务的清偿,在工程建设的不同阶段有不同的标准:在勘察阶段,勘察人如期提交质量合格的勘察报告,发包人付清勘察费用;在设计阶段,设计人提交符合建设要求的设计图纸和附属设计文件,发包人付清设计费;在工程的建筑和安装阶段,建筑人和安装人的一系列义务最后都归结为在合同约定的期限内完成施工任务,工程质量等级符合合同约定的标准,至保修期届满时,工程不发生返工问题或虽已发生但已全部妥善处理完毕,发包人的一系列义务最后则归结为支付了全部工程款(含保修费用)。

7.6.3 合同的解除

1. 合同解除的概述

1) 合同解除的含义

合同的解除,是指在合同有效成立后,通过当事人的单方行为或者双方合意终止合同效力,消灭合同关系的行为。合同解除是合同终止的一种特殊形式。

2) 合同解除的方式

约定解除,即合同双方当事人通过协议约定使合同归于终止。

法定解除,即在合同有效成立后由于产生法定事由,当事人依据法律规定行使解除权而解除合同。

3) 关于建设工程合同解除的法律规定

建设工程合同的解除,是指建设工程合同依法成立后开始履行之前或者未全部履行完毕之前,当事人根据法律规定或者合同约定的条件和程序,消灭双方的承包合同法律关系。根据《合同法》第九十三条、第九十四条的规定,建设工程合同有下列情况之一的,可引起合同的解除。

(1) 承发包双方经协商一致,可以解除合同。但当事人的约定不得违反法律规定,也不得违反社会公共利益。

(2) 由于发生不可抗力情况致使建设工程承包合同的目的不能实现。

(3) 在合同履行期限届满之前,一方当事人明确表示或者以自己的行为表明不履行主要债务的,对方可以解除合同。

(4) 一方当事人迟延履行主要债务,经催告后在合理期限内仍未履行的,对方可以解除合同。

(5) 当事人一方迟延履行债务或者有其他违约行为,致使不能实现合同目的的。

(6) 国家取消基本建设计划的。

2. 合同解除权的行使

1) 合同解除权的行使方式

当符合合同解除条件时,一方当事人只需要向对方当事人发出解除合同的通知,通知到达对方时即发生解除合同的效力。对方如有异议,可以请求人民法院或者仲裁机构确认解除合同的效力。

2) 解除权的消灭

《合同法》第九十五条规定:法律规定或者当事人约定解除权行使期限,期限届满当事人不行使的,该权利消灭。

法律没有规定或者当事人没有约定合同解除权行使期限，经对方催告后在合理期限内不行使的，该权利消灭。

3. 合同解除后的法律后果

《合同法》第九十七条规定："合同解除后，尚未履行的，终止履行；已经履行的，根据履行情况和合同性质，当事人可以请求恢复原状、采取其他补救措施，并有权要求赔偿损失。"由条文可以看出合同解除时主要有三种情况。

(1) 合同尚未履行的，中止履行。对合同解除有过错的一方应对另一方承担相应的赔偿责任。

(2) 合同已经履行的，要求恢复原状。恢复原状是指恢复到订立合同前的状态，这显示了合同解除具有溯及力的后果。

(3) 合同已经履行的，采取其他补救措施。这里的其他补救措施主要是指减少价款的支付、要求对方付款或请求返还不当得利等。

7.6.4 抵销

1. 抵销的概念

抵销是指二人互付债务时，各以其债权充当债务之清偿，而使其债务与对方的债务在对等额内相互消灭。当事人主张抵销的，应当通知对方，通知自到达对方时生效。抵销不得附条件或者附期限。

2. 抵销的分类

1) 法定抵销

法定抵销是指当事人互负到期债务，且该债务的标的物种类、品质相同的，任何一方可以自己的债务与对方的债务抵销。

法定抵销的条件：①当事人互负债务、互享债权，这是抵销的首要条件；②债权的种类要相同，即标的物的种类、品质相同；③不属于不得抵销的债务；④双方债务到期，即互负债权为到期债权。

2) 约定抵销

约定抵销是指当事人互负到期债务，且该债务的标的物种类、品质不相同时，经双方自愿协商一致而发生的债务抵销。约定抵销的效力与法定抵销基本相同，但由于约定抵销更多地体现了当事人的意愿，因此，当事人还可以协议约定抵销的一些特别效力。

7.6.5 提存

1. 提存的概念

提存，指由于债权人的原因而无法向其交付合同标的物时，债务人将该标的物交给提存机关而消灭债务的制度。交付合同标的物的债务人为提存人；债权人为提存领受人；交付的标的物为提存物；由国家设立并保管提存物的机关为提存机关。

2. 提存的原因

债权人无理拒收；债权人下落不明；债权人失踪或死亡未确定继承人或者丧失民事行为能力未确定监护人；其他情形。

3. 提存的方法与效力

债务人应首先向清偿地提存机关提交提存申请，经审查符合条件的，债务人提交提存物，提存机关应当接受提存标的物，授予债务人提存证书，采取必要的措施进行保管，并通知债权人或者债权人的继承人、监护人受领提存物。

无论债权人是否受领提存物，提存行为都将消灭债务，解除担保人的责任。标的物提存后，毁损、灭失的风险由债权人承担。提存期间，标的物的孳息归债权人所有，提存费用由债权人负担。债权人可以随时领取提存物，但债权人对债务人负有到期债务的，在债权人未履行债务或者提供担保之前，提存部门根据债务人的要求应当拒绝其领取提存物。债权人领取提存物的权利，自提存之日起5年内不行使而消灭，提存物扣除提存费用后归国家所有。

7.6.6 债权人免除债务

1. 免除债务的概念

免除债务是指债权人以消灭债务人的债务为目的而抛弃或者放弃债权的行为。

2. 免除债务的条件

债权人必须对免除的债权有处分能力；免除不得损害第三人的合法权益；免除应该是无偿的；免除应符合相关的法律规定。

3. 免除的效力

债务免除发生后，债权债务关系绝对消灭。免除部分债务的，部分债务消灭；免除全部债务的，全部债务消灭，并且与债务相对应的债权也消灭。因使债务消灭的结果，与债务相关的从债务也归于消灭。

7.6.7 债权债务混同

1. 债权债务混同的概念

所谓**混同**，是指债权债务归于同一主体承受，致使合同关系归于消灭的法律行为。混同为合同终止的独立的原因，是因为在合同权利义务同归一人的情形下，实际上是自己向自己提出履行债务的请求或者自己向自己履行债务，已无意义。企业的合并是混同发生的常见原因，即原来存在合同债权债务关系的两个企业因合并成为一个企业而使合同归于终止。例如，建设单位和施工单位合并，即引起建设工程合同的终止。此外，债务人受让债权人的债权、债权人承担债务人的债务也是混同发生的原因。

2. 混同的效力

混同的效力为绝对地消灭债权债务及由合同关系所生的从债权和从债务。《合同法》规定，债权和债务同归于一人的，合同的权利义务终止，但涉及第三人利益的除外。因此，若合同债权为第三人权利的标的，则债权不得因混同而消灭。

7.7 违约责任

7.7.1 违约责任的概述

1. 违约责任的含义

所谓**违约责任**，亦即违反合同的民事责任，是指合同当事人不履行或者不适当履行合同义务而根据法律规定或者合同约定应当承受的制裁。但当事人承担违约责任必须以合同合法有效为基础，如果合同全部无效或者部分无效，则无效部分不具有法律效力，不能作为当事人主张权利和承担义务的依据。

违约责任制度是合同法律制度的重要组成部分，是保障债权实现的重要措施。法律规定违反合同应承担违约责任的目的在于用法律的强制约束力促使当事人严格履行合同义务，维护当事人的合法权益。

2. 违约责任的特征

(1) 违约责任是一种单纯的民事责任。
(2) 违约责任是违约的当事人一方对另一方承担的责任。
(3) 违约责任具有补偿性和惩罚性。

违约责任以补偿守约方因违约行为所受损失为主要目的，以损害赔偿为主要责任形式，补偿性主要在于弥补或者补偿相对人因对方违约行为而遭受的损失，惩罚性是指体现在合同中约定了违约金或者法律直接规定了违约金的，当一方违约时，即使没有给相对方造成实际损失，但是仍需要按照合同约定支付一定的违约金，体现了其惩罚性。

(4) 违约责任具有法定性和任意性。

违约责任可以由当事人在法律规定的范围内约定，其他人不得干预，具有一定的任意性。法定性则主要表现在违约合同的条款作为合同的一部分，也必须符合有关法律规定，并且《合同法》第一百零七条规定："当事人一方不履行合同义务或者履行合同义务不符合约定的，应当承担继续履行、采取补救措施或者赔偿损失等违约责任。"

7.7.2 违约责任的构成要件

1. 合同当事人必须有违约行为

违约行为是追究违约责任的前提，只有合同当事人发生了违约行为，无论其主观上是否有过错，都应该承担违约责任。

【谁违了谁的约】

2. 免责事由

免责事由是指免除违约方承担违约责任的原因和理由，包括法定免责事由和约定免责事由。免责事由主要是指不可抗力与意外事件，具体有社会异常事件，如罢工、骚乱；自然灾害，如台风、洪水；政府行为，如征管、征收等。

7.7.3 违约行为的种类

我国《合同法》中规定违约行为总体上可以分为**预期违约**和**实际违约**。

1. 预期违约

1) 预期违约的含义

预期违约又叫先期违约，是指当事人一方在合同规定的履行期到来之前，明示或者默示其将不履行合同，由此在当事人之间发生一定的权利义务关系的一项合同法律制度。

2) 预期违约的特点

(1) 预期违约行为表现为在未来将不履行义务，而不是现实的违反义务。这只是一种违约的危险或可能。确切地说，预期违约并不是真的违约，因为债务人可以采取补救措施而在履行期限到来时严格地履约。

(2) 预期违约侵害的是期待的债权而不是现实的债权。在合同规定的履行期限到来之前债权人不能请求债务人提前履行债务以提前实现其债权，但他享有期待权，这种权利也是不可侵犯的。

(3) 与实际违约后果不同，预期违约主要造成对方信赖利益的损害，而非实际性经济利益的损害。

3) 预期违约的方式

明示预期违约又称明示毁约，是指一方当事人无正当理由，明确地向对方表示将在履行期届至时不履行合同。

明示预期违约的构成要件：①一方当事人明确肯定地向对方作出毁约的表示；②一方当事人须表明将不履行合同的主要义务并无正当理由。

默示预期违约又称默示毁约，是指在履行期到来之前，一方以自己的行为表明其将在履行期届至后不履行合同。默示预期违约的主要特点是债务人虽然没有表示不履行合同，但其行为表明将不履行合同或不能履行合同。

2. 实际违约

1) 不履行合同义务

不履行合同义务是指在合同生效后当事人根本不按照约定履行合同义务，又分为履行不能和拒绝履行。履行不能是指债务人在客观上出于某些特定的事由已经没有履行合同的能力。拒绝履行又叫履行拒绝、给付拒绝，是指履行期届满时，债务人能够履行而故意不履行合同规定，无正当理由表示不履行合同义务的行为。

拒绝履行的构成要件：①存在合法有效的债权债务关系；②债务人向债权人拒不履行合同义务；③拒绝履行合同而无正常理由；④拒绝履行是在履行期限届满后作出的。

2) 履行合同义务不符合约定

履行合同义务不符合约定又称为不适当履行或者不完全履行，是指当事人有履行合同义务的行为，但是其违反了合同约定或者法律规定。

不适当履行主要有以下几种情况：①迟延履行，是指债务人无正当理由在合同规定的履行期届满时，仍未履行合同债务；②质量有瑕疵的履行，是指债务人所做的履行不符合合同规定的质量标准，甚至因交付的产品有质量问题而造成他人人身、财产的损害；③提前履行，是指债务人在约定期限尚未届满时就履行完合同义务。

【建设工程施工合同纠纷常见法律问题】

7.7.4 承担建设工程合同违约责任的方式

违约责任形式是当事人承担违约责任的具体方式。不同的违约责任形式体现了对非违约方不同程度的补救，当事人承担的具体违约责任形式往往取决于违约形态、违约造成的后果、当事人意志及交易管理等多种因素。根据我国《合同法》的有关规定，承担建设工程合同违约责任的方式主要有以下几种。

1. 继续履行

1) 继续履行的含义

继续履行也称强制实际履行，是指违约方根据对方当事人的请求继续履行合同规定的义务的违约责任形式。

2) 继续履行的特征

(1) 继续履行是一种独立的违约责任形式，不同于一般意义上的合同履行，其以违约为前提，体现了法的强制性，不依附于其他责任形式。

(2) 继续履行的内容表现为按合同约定的标的履行义务。

(3) 继续履行以对方当事人的请求为条件，法院不得径行判决。

违反建设工程承包合同的当事人不能因为支付违约金或赔偿损失就可以免除继续履行合同的责任。这是因为，当事人订立合同的最终目的是所期望的经济利益，守约一方虽然因为对方的违约行为可获得违约金或赔偿金，但特定目的却未实现。对发包方而言，这种特定的目的就是取得预定的建筑产品的所有权及使用权，用以进行生产经营或者满足某种用途，而承包方不履行合同的行为显然破坏了发包方的设想和计划。

但是并非所有违反建设工程合同的当事人都应承担继续履行的后果，如果有法律上或客观事实上的原因不能履行的，不能请求强制履行；另外债权人必须在合理期限内依法提出该项履行要求，如在合理期限内未请求，该请求权丧失。

2. 采取补救措施

1) 补救措施的含义

补救措施是指发生在违约行为之后，为了防止损失的发生或进一步扩大，违约方按照合同约定或者法律规定以及同非违约方的协商，采取修理、重做、更换、退货等措施，以弥补或减少非违约方的损失的违约责任形式。采取补救措施的责任形式，主要发生在质量不符合约定的情况下。

2) 采取补救措施的条件

采取补救措施的条件有：①违约方已经完成履行，但履行质量不符合规定；②补救对于债权人来说是可行的，即采取补救措施有利于实现和保护债权人的利益；③补救行为必须符合法律规定、合同约定或经债权人同意。

建设工程勘察设计合同的承揽人提交的勘察设计文件的质量低劣的，发包人有权要求承揽人在重新勘察、设计的基础上对勘察、设计文件进行修改，继续完善。以设计为例，质量低劣通常表现为设计方案不符合质量标准，或不符合使用功能要求等。

根据《建设工程质量管理条例》第四十一条的规定，建设工程在保修范围和保修期限内发生质量问题的，施工单位应当履行保修义务，并对造成的损失承担赔偿责任。

应当提出，修理、返工或重做的责任形式与解除合同的责任形式或与赔偿工程质量修补费用损失的责任形式是不能同时主张的。因为，选择由债务人以修理、返工或重做形式承担责任，意味着债权人仍同意维持合同的效力，而在解除合同的情形下，承揽人应当承担的责任已转变为支付违约金和赔偿修补费用等损失，不再承担修理、返工或重做的义务。

3. 赔偿损失

1) 赔偿损失的含义

赔偿损失是指合同当事人由于不履行合同义务或者履行合同义务不符合约定，给对方造成财产上的损失时，按照法律规定或者合同约定，由违约方以其财产赔偿对方所蒙受的财产损失的一种违约责任形式。

2) 赔偿损失的适用条件

违约方在合同履行过程中发生了违约行为；债权人在事实上受到了侵害；违约行为与损害事实之间有必然的因果联系。

3) 赔偿损失的基本原则

(1) 完全赔偿原则。完全赔偿原则是指因违约方的违约行为使受害人所遭受的全部损失，都应由违约方负赔偿责任，即违约方不仅应赔偿对方因其违约而引起的现实财产的减少，而且应赔偿对方违约行为给债权人的可得利益。

(2) 合理预见原则。完全赔偿原则是对非违约方的有力保护，但根据公平合理原则，债权人也不能夸大自己的损失，应将这种损害赔偿的范围限制在合理的范围之内。赔偿损失不得超过违反合同一方订立合同时预见到或者应当预见到的因违反合同可能造成的损失。

(3) 减轻损害原则。减轻损害原则即采取适当措施避免损失扩大，是指在一方违约并造成损害以后，受害人必须采取合理措施以防止损害的扩大，否则，受害人应对扩大部分的损害负责。当事人因防止扩大而支出的合理费用，由违约方承担。

(4) 损益相抵原则。损益相抵原则又称为损益同销，是指受违约损失方基于违约行为而发生违约损失的同时，也由于违约行为取得一定的收益，此时受损方应将其收益部分从损害赔偿额中扣除，即违约方仅就其差额部分进行赔偿。

在履行建设工程合同过程中，引起损失赔偿责任的情况比比皆是，实践中最常见的有如下几种主要类型：一是勘察设计成果的质量低劣或者未按期提交勘察设计文件；二是工程的质量等级不符合合同约定或者未能按时竣工；三是发包人未能及时提供原材料、设备、技术资料或者未能按约定的期限、数额支付工程款等。对此三种主要违约类型，《合同法》都规定违约方应对守约方的损失予以赔偿。例如，对第一种情形，《合同法》第二百八十条规定，勘察人、设计人因质量问题违约的，应"继续完善勘察、设计，减收或者免收勘察、设计费并赔偿损失"。《建筑法》第七十三条也明确规定，设计单位不按工程质量、标准进行设计的应当赔偿损失。

4. 违约金

1) 违约金的含义

违约金是指按照当事人的约定或者法律规定，违约方发生违约行为时向另一方当事人支付一定数额的货币。违约金的标的物是金钱，但当事人也可以约定违约金的标的物为金钱以外的其他财产。

2) 违约金的分类

(1) **法定违约金**，是指法律上规定的当事人应当承付的违约金。有关条例明确规定了违约金比例的，即可按该比例直接计算出违约金的数额；有关法规只规定了违约金一定的比例范围，则须通过人民法院或合同仲裁机关确定一定的比率来计算违约金的数额。

(2) **约定违约金**，是指由双方当事人对违约金的适用和具体比例事先约定。约定违约金是一种合同关系，称违约金合同。这种合同属于从合同，主合同无效，违约金合同无效。

3) 违约金的构成要件

违约方存在违约行为；合同中有关于违约金的约定；合同包括违约金的约定条款必须真实有效；合

同中关于违约金金额的约定必须适度,不得与实际情况差异悬殊。

4) 违约金的相关法律规定

《合同法》第一百一十四条规定:"当事人可以约定一方违约时应当根据违约情况向对方支付一定数额的违约金,也可以约定因违约产生的损失赔偿额的计算方法。约定的违约金低于造成的损失的,当事人可以请求人民法院或者仲裁机构予以增加;约定的违约金过分高于造成的损失的,当事人可以请求人民法院或者仲裁机构予以适当减少。当事人就迟延履行约定违约金的,违约方支付违约金后,还应当履行债务。"

5. 定金制裁

建设工程合同的当事人可以约定一方向对方给付定金作为债权的担保。债务人履行债务后定金应当抵作价款或收回。给付定金的一方不履行约定债务的,无权请求返还定金;收受定金的一方不履行约定债务的,应当双倍返还定金。

建设工程合同的当事人既约定违约金,又约定定金的,一方违约时,对方可以选择适用违约金或定金条款。但是,这两种违约责任不能合并使用。

6. 解除合同

建设工程合同一方当事人对合同义务全部不予履行,表明行为人漠视其所负义务,已对债权人利益构成严重侵犯,在这种情况下债权人得以行使解除合同的权利,并无疑问。但在不适当履行的情况下,单方行使解除合同的权利则受到严格限制。根据违约的轻重程度,不适当履行可划分为轻微不适当、一般不适当和严重不适当三种情形。一般认为,债务人轻微的不适当履行对债权人利益的损害是轻微的,略加补救即可达到合同要求。例如,建设工程合同的承包方在所完成的施工任务中,只有几间房的防盗门安装不合格等。对于轻微的不适当履行,不能解除合同;如果债务履行出现严重不适当的情况,应认为债务人的违约行为已对债权人的利益造成严重侵犯,已构成根本违约,债权人可以行使单方解除合同权;而一般不适当履行是介于上述两者之间的一种状态,债权人未为催告前,也不得主张解除合同,如果经催告,债务人在合理期限内仍未履行债务并使之符合合同约定,则表明债务人故意违约,此时应允许债权人解除合同。

7. 其他责任方式

法律另行规定或合同另行约定的责任方式。

【案例7-3】设计失误应承担责任

基本案情

中兴商业贸易有限公司(简称中兴商业)与求新勘察设计公司(简称求新设计)签订了一份勘察设计合同,合同约定:求新设计为中兴商业筹建中的商业大厦进行勘察、设计,按照国家颁布的收费标准支付勘察设计费;求新设计应按中兴商业的设计标准、技术规范等提出勘察设计要求,进行测量和工程地质、水文地质等勘察设计工作,并在2010年5月1日前向中兴商业提交勘察成果和设计文件。合同还约定了双方的违约责任、争议的解决方式。中兴商业同时与中诚建筑公司(简称中诚建筑)签订了建设工程承包合同,在合同中规定了开工日期。但是,不料后来求新设计迟迟不能提交出勘察设计文件。中诚建筑按建设工程承包合同的约定做好了开工准备,如期进驻施工场地。在中兴商业的再三催促下,求新设计迟延36天提交勘察设计文件。此时,中诚建筑已窝工18天。在施工期间,中诚建筑又发现设计图纸中的多处错误,不得不停工等候中兴商业请求新设计对设计图纸进行修改。中诚建筑由于窝工、停工要求中兴商业赔偿损失,否则不再继续施工。中兴商业将求新设计起诉到法院,要求求新设计赔偿损失。法院认定求新设计应承担违约责任。

案例评析

在本案中，求新设计不仅没有按照合同的约定提交勘察设计文件，致使中兴商业的建设工期受到延误，造成中诚建筑的窝工，而且勘察设计的质量也不符合要求，致使承建单位中诚建筑因修改设计图纸而停工、窝工。根据《合同法》的规定："勘察、设计的质量不符合要求或者未按照期限提交勘察、设计文件拖延工期，造成发包人损失的，勘察人、设计人应当继续完善勘察、设计，减收或者免收勘察、设计费并赔偿损失。"求新设计的上述违约行为已给中兴商业造成损失，应负赔偿中兴商业损失的责任。

本章小结

通过本章学习，可以熟悉合同订立的概念、条件、订立的目的和意义，合同内容、合同条款的类型和合同的形式，合同的订立程序以及缔约过失责任的概念、特征、构成要件和类型等；掌握合同效力的概念和生效条件，无效合同的概念、特征和类型，可变更和可撤销合同的概念、特点和类型，可追认合同的概念和种类以及合同无效的法律后果等；熟悉合同履行的概念、意义和原则，约定不明和涉他合同的履行，合同履行的抗辩权，合同履行的保全以及合同履行中的权利移转和风险负担等；熟悉合同变更的概念、特征和效力，合同权利的转让以及合同义务的移转等。熟悉合同终止的概念和特征，合同的解除，合同的抵销、提存、债务免除以及债务混同等。掌握违约责任的概念和特点，违约责任的构成要件，预期违约和实际违约，双方违约和第三人的行为造成违约，违约责任的主要形式，免责事由等。

习 题

一、填空题

1. 《合同法》的基本原则是_____、_____、_____、_____、_____和_____。
2. 不受《合同法》调整的合同类型包括：_____、_____、_____、_____。
3. 承诺构成的要件是_____；_____；_____；_____。
4. 可变更、可撤销合同的类型，包括：_____；_____；_____；_____。
5. 合同解除分为两类，其中包括_____和_____。
6. 签订保证合同的当事人是_____和_____。
7. 在建设工程领域，常见的反担保方式是_____。
8. 建设工程合同根据其内容可分为_____、_____。
9. 在与工程建设相关的合同中，租赁合同是_____、_____、_____合同。
10. 在施工合同的订立中，招标行为属于_____，投标行为属于_____，发出中标通知书属于_____。

二、单项选择题

1. 某工程项目建设过程中，发包人与机械厂签订了加工费标准的大型管道叉管合同，并提供了制作叉管的钢板。依据《合同法》该合同属于(　　)合同。
   A. 委托　　　　　　　　　　　　B. 承揽
   C. 信托　　　　　　　　　　　　D. 施工承包

2. 水泥厂在承诺有效期内，对施工单位订购水泥的要约作出了完全同意的答复，则该水泥买卖合同成立的时间为(　　)。
   A. 施工单位订购水泥的要约到达水泥厂时
   B. 水泥厂的答复文件到达施工单位时
   C. 施工单位发出订购水泥的要约时
   D. 水泥厂发生答复文件时

3. 施工单位向电梯生产公司订购两部A型电梯，并要求5日内交货。电梯生产公司回函表示如果延长一周可如约供货。根据《合同法》，电梯生产公司的回函属于(　　)。
   A. 要约邀请　　　　　　　　　　B. 承诺
   C. 新要约　　　　　　　　　　　D. 部分承诺

4. 甲公司得知乙公司正在与丙公司谈判。甲公司本来并不需要这个合同，但为排挤乙公司，就向丙公司提出了更好的条件。乙公司退出后，甲公司也借故中止谈判，给丙公司造成了损失。甲公司的行为定性为(　　)。
   A. 正常的商业竞争，不承担民事责任
   B. 恶意磋商，应承担缔约过失责任
   C. 以合法形式掩盖非法目的，应承担民事责任
   D. 恶意磋商，应承担违约责任

5. 按照我国《合同法》规定，由于合同当事人一方缺乏经验造成的重大误解，而订立了损害己方利益的合同，则该当事人可以(　　)。
   A. 拒绝履行合同，宣布合同无效　　B. 请求行政主管部门变更该合同
   C. 请求行政主管部门撤销该合同　　D. 请求人民法院变更该合同

6. 对于下列合同中订有的免责条款，根据我国《合同法》的规定，应当认为无效的是(　　)。
   A. 某企业与职工签订的劳动合同中载有"发生工伤，一切自负"的条款
   B. 某饭店在入门处放置醒目的标志"小心台阶，防止摔倒"
   C. 某市地铁入口处写明"儿童乘车需有成人陪护，否则意外自理"
   D. 某医院手术通知书上写明"经患者本人或者家属同意，手术中的意外风险由患者承担"

7. 某施工单位从租赁公司租赁了一批工程模板，施工完毕，施工单位以自己的名义将该批模板卖给其他公司。后租赁公司同意将该批模板卖给施工单位。此时施工单位出卖模板的合同为(　　)合同。
   A. 可变更可撤销　　　　　　　　B. 效力待定
   C. 无效　　　　　　　　　　　　D. 有效

8. 根据《合同法》的规定，有效的合同转让将使相关权利随之转移，但(　　)除外。
   A. 与债权有关的从权利　　　　　B. 债务人对让与人的抵销权
   C. 专属于债权人自身的从权利　　D. 债务人对让与人的抗辩权

9. 关于代位权的成立要件，下列说法错误的是（　　）。
   A. 债权人对债务人的债权合法
   B. 债务人怠于行使到期债权对债权人造成损害
   C. 债务人的债权已到期
   D. 债务人的债权是专属于债务人自身的债权

10. 甲、乙两公司签订一份建筑材料采购合同，合同履行期间因甲公司兼并乙公司致使该合同终止。该合同终止的方式是（　　）。
    A. 混同　　　　B. 免除　　　　C. 抵销　　　　D. 提存

11. 甲乙双方签订成套设备采购合同，合同总价为200万元。合同订立后，甲方向乙方支付了30万元定金，乙收取定金后拒不发货，则甲可以要求乙返还（　　）万元。
    A. 60　　　　B. 200　　　　C. 30　　　　D. 40

12. 甲公司与乙公司经协商达成买卖合同，双方均未加盖公章或签字，不久甲公司交货，乙公司收货后付款。一星期后，乙公司在使用中发现货物质量有问题，遂诉至法院，根据合同法规定。下列表述正确的是（　　）。
    A. 合同已成立，甲公司承担违约责任
    B. 合同无效，已履行部分双方返还
    C. 合同未成立，已履行部分双方相互返还
    D. 合同无效，但已履行部分双方不再返还

三、多项选择题

1. 根据《合同法》，缔约过失责任的构成要件有（　　）。
   A. 发生在订立合同过程中　　　　B. 合同被确认无效
   C. 在订立合同时显失公平　　　　D. 当事人违反了诚实信用原则所要求的义务
   E. 受害方的信赖利益遭受损失

2. 下列各项，属于《合同法》基本原则的有（　　）。
   A. 公平原则　　　　　　　　　　B. 等价有偿原则
   C. 诚实信用原则　　　　　　　　D. 平等、自愿原则
   E. 不得损害社会公共利益原则

3. 根据《合同法》，要约失效的情形有（　　）。
   A. 受要约的人拒绝要约的通知到达要约人
   B. 受要约人承诺到达要约人后，要约人发出撤销要约的通知
   C. 受要约人的承诺对要约内容做了实质性变更
   D. 要约中规定的承诺期限届满，要约人未收到承诺通知
   E. 发出承诺通知前，撤销要约的通知到达受要约人

4. 当事人就合同履行地点约定不明确，不能达成补充协议，又不能根据合同有关条款和交易习惯确定的，则（　　）。
   A. 给付货币的，在接受货币一方所在地履行
   B. 履行义务一方有权选择履行地点
   C. 交付不动产的，在不动产所在地履行
   D. 接受履行方有权选择履行地点

E. 其他标的，在履行义务一方所在地履行

5. 根据招投标相关法律和司法解释，下列施工合同中，属于无效合同的有（　　）。
   A. 未经发包人同意，承包人将部分非主体工程分包给具有相应资质的施工单位的合同
   B. 承包人将其承包的工程全部分包给其他有资质的承包人的合同
   C. 招标文件中明确要求投标人垫资并据此与中标人签订的合同
   D. 投标人串通投标中标后与招标人签订的合同
   E. 建设单位直接与专业施工单位签订的合同

6. 根据《合同法》，当事人一方可以解除合同的情形有（　　）。
   A. 由于不可抗力致使合同不能履行
   B. 作为当事人一方的公民死亡
   C. 当事人一方延迟履行主要债务，经催告后在合理期限内仍未履行
   D. 法院代表人变更
   E. 当事人一方发生合并、分立

7. 某借款合同债权人将合同权利转让给第三人，在合同没有特别约定的情况下，随之转移的其他权利有（　　）。
   A. 担保权   B. 抗辩权
   C. 任意撤销权   D. 人身损害赔偿请求权
   E. 抵销权

8. 关于不安抗辩权成立条件的说法，正确的是（　　）。
   A. 双方当事人给予同一双务合同为互负债务
   B. 债务履行不分先后
   C. 债务履行有先后顺序
   D. 应当先履行债务的当事人未提供适当担保
   E. 有确切证据证明后履行一方经营状况严重恶化

9. 某施工机械厂因经营需要分立为挖掘机制造厂及推土机制造厂两个法人企业。分立前由于3台挖掘机未能及时供货，买方欲追究违约责任，则下列关于本案中违约责任承担的说法中，正确的有（　　）。
   A. 买方可要求挖掘机生产厂承担违约责任
   B. 如果推土机与挖掘机生产厂对于该债务有约定，应按规定处理
   C. 买方可要求推土机生产厂承担违约责任
   D. 买方可要求推土机与挖掘机生产厂共同承担违约责任
   E. 如果推土机与挖掘机生产厂对于该债务没有约定，则各自承担一半

10. 工程施工合同履行过程中，建设单位延迟支付工程款，则施工单位要求建设单位承担违约责任的方式可以是（　　）。
    A. 继续履行合同   B. 支付逾期利息
    C. 降低工程质量标准   D. 提高合同价款
    E. 提高支付所有工程款

四、思考题

1. 什么是合同？合同有哪些种类？建设工程合同的种类是如何划分的？
2. 订立合同应遵循哪些原则？

3. 合同的主要条款有哪些？签订这些条款时应注意哪些问题？
4. 订立合同的法定程序是什么？
5. 合同的成立与生效有什么区别？
6. 合同的缔约过失有哪些情形？
7. 什么是无效合同？对无效合同应如何处理？
8. 什么是抗辩权？举例说明建设工程合同履行过程中当事人是如何行使其抗辩权的。
9. 什么是合同的变更、转让和解除？
10. 承担违约责任的条件是什么？承担违约责任的具体方式有哪些？

五、案例分析题

案例1

A房地产开发公司与B建筑公司签订一施工合同，修建某一住宅小区。小区建成后，经验收质量合格。验收后一个月，A公司发现楼房屋顶漏水，已经影响销售并造成不良影响，遂要求B建筑公司负责无偿维修，并赔偿损失。B建筑公司以施工合同中并未规定质量保证期限，以工程已经验收合格为由，拒绝无偿修复的要求，双方协商不成，A房地产公司将B建筑公司告至法庭。

问题：法院会采用什么标准来判定这个案件？

案例2

承包人和发包人签订了一个地块的场地平整工程合同，规定工程按当地所在省的建筑工程预算定额2008版结算。在履行合同过程中，因场地拆迁没有按时完成，使得承包人准备的7台推土机到现场后，只能停在一边，无法施工，致使窝工时间达200天。在场地拆迁完成后，发包人要求开始施工，承包人因为窝工要求赔偿，经发包人和承包人口头交涉、协商后，双方同意按实际完成的工程量变更合同，并将结算标准改为按照新的2010版定额结算。

工程完成后，双方因退场条件、施工周期等因素，在结算时发生争执，无法达成一致，承包人只有起诉至法院。发包人要求坚持按第一次合同规定的2008版定额结算，并要求承包人赔偿推迟退场造成下步建设延期的损失；承包人要求按后面协商的2010版定额结算，并赔偿前面窝工的损失。

问题：这个案例应该怎样来判定？

【第7章习题参考答案】

参考文献

[1] 建设部人事教育劳动司，等. 建设法规教程[M]. 北京：中国建筑工业出版社，1996.

[2] 陈东佐. 建筑法规概论[M]. 2版. 北京：中国建筑工业出版社，2005.

[3] 叶胜川，刘平. 工程建设法规[M]. 2版. 武汉：武汉理工大学出版社，2004.

[4] 何佰洲. 工程建设法规与案例[M]. 北京：中国建筑工业出版社，2004.

[5] 方维亮. 建筑法新释与例解[M]. 北京：同心出版社，2001.

[6] 杨秀朝，张红. 建筑法实例说[M]. 长沙：湖南人民出版社，2004.

[7] 武卫，武钦殿，张洪. 实用建筑法概论[M]. 徐州：中国矿业大学出版社，1998.

[8] 刘文锋. 建设法规概论[M]. 北京：高等教育出版社，2003.

[9] 佘立中. 建设法律制度及实例精选[M]. 广州：华南理工大学出版社，2002.

[10] 黄安永. 建设法规[M]. 南京：东南大学出版社，2002.

[11] 黄松有. 合同法司法解释实例释解[M]. 北京：人民法院出版社，2006.

[12] 郜风涛，赵晨. 建设工程质量管理条例释义[M]. 北京：中国城市出版社，2000.

[13] 上海市工程建设监督研究会. 建筑工程安全施工指南[M]. 北京：中国建筑工业出版社，2000.

[14] 张仕廉，董勇，潘承仕. 建筑安全管理[M]. 北京：中国建筑工业出版社，2005.

[15] 张培忠，隋卫东. 建筑与招投标法规教程[M]. 济南：山东人民出版社，2005.

[16] 朱宏亮. 建设法规[M]. 2版. 武汉：武汉理工大学出版社，2003.

[17] 皮纯协. 新土地管理法理论与适用[M]. 北京：中国法制出版社，1999.

[18] 孙翠兰. 土地与房地产管理法案例解析[M]. 北京：中国检察出版社，2004.

[19] 张庆华. 中国土地法操作实务[M]. 北京：法律出版社，2004.

[20] 王明，宋才发. 耕地宅基地[M]. 北京：人民法院出版社，2005.

[21] 罗水平，王锡财. 房地产法实例说[M]. 长沙：湖南人民出版社，2003.

[22] 李永泉. 建筑法与房地产法概论[M]. 成都：西南交通大学出版社，2004.

[23] 李大伟，江学平. 房地产法典型案例[M]. 北京：中国人民大学出版社，2004.

[24] 全先银. 法律保护你：土地房屋及其他[M]. 北京：中国审计出版社，1999.

[25] 王伯庭. 房地产疑难问题法律解析[M]. 长春：吉林人民出版社，2002.

[26] 李延荣. 房地产管理法[M]. 北京：中国人民大学出版社，2002.

[27] 张燕强，郭力群. 房地产法原理与实务[M]. 上海：上海交通大学出版社，2002.

[28] 李显东. 房地产纠纷法律解决指南[M]. 北京：机械工业出版社，2003.

[29] 温世扬，宁立志. 房地产法教程[M]. 武汉：武汉大学出版社，1996.

[30] 中华人民共和国建设部房地产业司，中国房地产产权产籍研究会. 房地产产权及权属登记[M]. 太原：山西经济出版社，1996.

[31] 罗思荣，等. 房屋政策法律理论与实务[M]. 长春：长春出版社，1994.

[32] 杨小利. 房地产纠纷索赔[M]. 北京：中国检察出版社，2005.

[33] 金绍达. 房地产权属登记[M]. 北京：中国物价出版社，2000.

[34] 王兆成，李秋宏. 讲案学法：山东省普法教育读本[M]. 济南：泰山出版社，1999.

[35] 陈冠任. 如何保护私有财产[M]. 北京：现代出版社，2002.

[36] 安建. 中华人民共和国城乡规划法释义[M]. 北京：法律出版社，2009.

[37] 本书编写组. 城乡规划法要点解答[M]. 北京：法律出版社，2007.

[38] 隋卫东，王淑华，李军. 城乡规划法[M]. 山东：山东大学出版社，2009.

[39] 国务院法制办公室. 中华人民共和国城乡规划法注解与配套[M]. 北京：中国法制出版社，2011.

[40] 冯俊. 城乡规划与建设法规知识读本[M]. 北京：知识产权出版社，2002.

[41] 国务院法制办公室. 中华人民共和国合同法[S]. 北京：中国法律出版社，2009.

[42] 韩世远. 合同法总论[M]. 北京：中国法律出版社，2011.

[43] 国务院法制办公室. 中华人民共和国合同法注解与配套[M]. 北京：中国法制出版社，2011.

[44] 武兴伟，等. 合同法司法解释[M]. 北京：中国法制出版社，2010.

[45] 刘有东. 合同法精要与依据指引[M]. 北京：北京大学出版社，2011.

[46] 王利明. 合同法研究[M]. 北京：中国人民大学出版社，2011.

北京大学出版社土木建筑系列教材(已出版)

序号	书名	主编	定价	序号	书名	主编	定价
1	工程项目管理	董良峰 张瑞敏	43.00	50	工程财务管理	张学英	38.00
2	建筑设备(第2版)	刘源全 张国军	46.00	51	土木工程施工	石海均 马哲	40.00
3	土木工程测量(第2版)	陈久强 刘文生	40.00	52	土木工程制图(第2版)	张会平	45.00
4	土木工程材料(第2版)	柯国军	45.00	53	土木工程制图习题集(第2版)	张会平	28.00
5	土木工程计算机绘图	袁果 张渝生	28.00	54	土木工程材料(第2版)	王春阳	50.00
6	工程地质(第2版)	何培玲 张婷	26.00	55	结构抗震设计(第2版)	祝英杰	37.00
7	建设工程监理概论(第3版)	巩天真 张泽平	40.00	56	土木工程专业英语	霍俊芳 姜丽云	35.00
8	工程经济学(第2版)	冯为民 付晓灵	42.00	57	混凝土结构设计原理(第2版)	邵永健	52.00
9	工程项目管理(第2版)	仲景冰 王红兵	45.00	58	土木工程计量与计价	王翠琴 李春燕	35.00
10	工程造价管理	车春鹂 杜春艳	24.00	59	房地产开发与管理	刘薇	38.00
11	工程招标投标管理(第2版)	刘昌明	30.00	60	土力学	高向阳	32.00
12	工程合同管理	方俊 胡向真	23.00	61	建筑表现技法	冯柯	42.00
13	建筑工程施工组织与管理(第2版)	余群舟 宋会莲	31.00	62	工程招投标与合同管理(第2版)	吴芳 冯宁	43.00
14	建设法规(第3版)	潘安平 肖铭	40.00	63	工程施工组织	周国恩	28.00
15	建设项目评估(第2版)	王华	46.00	64	建筑力学	邹建奇	34.00
16	工程量清单的编制与投标报价	刘富勤 陈德方	25.00	65	土力学学习指导与考题精解	高向阳	26.00
17	土木工程概预算与投标报价(第2版)	刘薇 叶良	37.00	66	建筑概论	钱坤	28.00
18	室内装饰工程预算	陈祖建	30.00	67	岩石力学	高玮	35.00
19	力学与结构	徐吉恩 唐小弟	42.00	68	交通工程学	李杰 王富	39.00
20	理论力学(第2版)	张俊彦 赵荣国	40.00	69	房地产策划	王直民	42.00
21	材料力学	金康宁 谢群丹	27.00	70	中国传统建筑构造	李合群	35.00
22	结构力学简明教程	张系斌	20.00	71	房地产开发	石海均 王宏	34.00
23	流体力学(第2版)	章宝华	25.00	72	室内设计原理	冯柯	28.00
24	弹性力学	薛强	22.00	73	建筑结构优化及应用	朱杰江	30.00
25	工程力学(第2版)	罗迎社 喻小明	39.00	74	高层与大跨建筑结构施工	王绍君	45.00
26	土力学(第2版)	肖仁成 俞晓	25.00	75	工程造价管理	周国恩	42.00
27	基础工程	王协群 章宝华	32.00	76	土建工程制图(第2版)	张黎骅	38.00
28	有限单元法(第2版)	丁科 殷水平	30.00	77	土建工程制图习题集(第2版)	张黎骅	34.00
29	土木工程施工	邓寿昌 李晓目	42.00	78	材料力学	章宝华	36.00
30	房屋建筑学(第3版)	聂洪达	56.00	79	土力学教程(第2版)	孟祥波	34.00
31	混凝土结构设计原理	许成祥 何培玲	28.00	80	土力学	曹卫平	34.00
32	混凝土结构设计	彭刚 蔡江勇	28.00	81	土木工程项目管理	郑文新	41.00
33	钢结构设计原理	石建军 姜袁	32.00	82	工程力学	王明斌 庞永平	37.00
34	结构抗震设计	马成松 苏原	25.00	83	建筑工程造价	郑文新	39.00
35	高层建筑施工	张厚先 陈德方	32.00	84	土力学(中英双语)	郎煜华	38.00
36	高层建筑结构设计	张仲先 王海波	23.00	85	土木建筑CAD实用教程	王文达	30.00
37	工程事故分析与工程安全(第2版)	谢征勋 罗章	38.00	86	工程管理概论	郑文新 李献涛	26.00
38	砌体结构(第2版)	何培玲 尹维新	26.00	87	景观设计	陈玲玲	49.00
39	荷载与结构设计方法(第2版)	许成祥 何培玲	30.00	88	色彩景观基础教程	阮正仪	42.00
40	工程结构检测	周详 刘益虹	20.00	89	工程力学	杨云芳	42.00
41	土木工程课程设计指南	许明 孟茁超	25.00	90	工程设计软件应用	孙香红	39.00
42	桥梁工程(第2版)	周先雁 王解军	37.00	91	城市轨道交通工程建设风险与保险	吴宏建 刘宽亮	75.00
43	房屋建筑学(上:民用建筑)(第2版)	钱坤 王若竹 吴歌	40.00	92	混凝土结构设计原理	熊丹安	32.00
44	房屋建筑学(下:工业建筑)(第2版)	钱坤 吴歌	36.00	93	城市详细规划原理与设计方法	姜云	36.00
45	工程管理专业英语	王竹芳	24.00	94	工程经济学	都沁军	42.00
46	建筑结构CAD教程	崔钦淑	36.00	95	结构力学	边亚东	42.00
47	建设工程招投标与合同管理实务(第2版)	崔东红	49.00	96	房地产估价	沈良峰	45.00
48	工程地质(第2版)	倪宏革 周建波	30.00	97	土木工程结构试验	叶成杰	39.00
49	工程经济学	张厚钧	36.00	98	土木工程概论	邓友生	34.00

序号	书名	主编	定价	序号	书名	主编	定价
99	工程项目管理	邓铁军 杨亚频	48.00	139	工程项目管理	王 华	42.00
100	误差理论与测量平差基础	胡圣武 肖本林	37.00	140	园林工程计量与计价	温日琨 舒美英	45.00
101	房地产估价理论与实务	李 龙	36.00	141	城市与区域规划实用模型	郭志恭	45.00
102	混凝土结构设计	熊丹安	37.00	142	特殊土地基处理	刘起霞	50.00
103	钢结构设计原理	胡习兵	30.00	143	建筑节能概论	余晓平	34.00
104	钢结构设计	胡习兵 张再华	42.00	144	中国文物建筑保护及修复工程学	郭志恭	45.00
105	土木工程材料	赵志曼	39.00	145	建筑电气	李 云	45.00
106	工程项目投资控制	曲 娜 陈顺良	32.00	146	建筑美学	邓友生	36.00
107	建设项目评估	黄明知 尚华艳	38.00	147	空调工程	战乃岩 王建辉	45.00
108	结构力学实用教程	常伏德	47.00	148	建筑构造	宿晓萍 隋艳娥	36.00
109	道路勘测设计	刘文生	43.00	149	城市与区域认知实习教程	邹 君	30.00
110	大跨桥梁	王解军 周先雁	30.00	150	幼儿园建筑设计	龚兆先	37.00
111	工程爆破	段宝福	42.00	151	房屋建筑学	董海荣	47.00
112	地基处理	刘起霞	45.00	152	园林与环境景观设计	董 智 曾 伟	46.00
113	水分析化学	宋吉娜	42.00	153	中外建筑史	吴 薇	36.00
114	基础工程	曹 云	43.00	154	建筑构造原理与设计(下册)	梁晓慧 陈玲玲	38.00
115	建筑结构抗震分析与设计	裴星洙	35.00	155	建筑结构	苏明会 赵 亮	50.00
116	建筑工程安全管理与技术	高向阳	40.00	156	工程经济与项目管理	都沁军	45.00
117	土木工程施工与管理	李华锋 徐 芸	65.00	157	土力学试验	孟云梅	32.00
118	土木工程试验	王吉民	34.00	158	土力学	杨雪强	40.00
119	土质学与土力学	刘红军	36.00	159	建筑美术教程	陈希平	45.00
120	建筑工程施工组织与概预算	钟吉湘	52.00	160	市政工程计量与计价	赵志曼 张建平	38.00
121	房地产测量	魏德宏	28.00	161	建设工程合同管理	余群舟	36.00
122	土力学	贾彩虹	38.00	162	土木工程基础英语教程	陈平 王凤池	32.00
123	交通工程基础	王富	24.00	163	土木工程专业毕业设计指导	高向阳	40.00
124	房屋建筑学	宿晓萍 隋艳娥	43.00	164	土木工程CAD	王玉岚	42.00
125	建筑工程计量与计价	张叶田	50.00	165	外国建筑简史	吴 薇	38.00
126	工程力学	杨民献	50.00	166	工程量清单的编制与投标报价(第2版)	刘富勤 陈友华 宋会莲	34.00
127	建筑工程管理专业英语	杨云会	36.00	167	土木工程施工	陈泽世 凌平平	58.00
128	土木工程地质	陈文昭	32.00	168	特种结构	孙 克	30.00
129	暖通空调节能运行	余晓平	30.00	169	结构力学	何春保	45.00
130	土工试验原理与操作	高向阳	25.00	170	建筑抗震与高层结构设计	周锡武 朴福顺	36.00
131	理论力学	欧阳辉	48.00	171	建设法规	刘红霞 柳立生	36.00
132	土木工程材料习题与学习指导	鄢朝勇	35.00	172	道路勘测与设计	凌平平 余婵娟	42.00
133	建筑构造原理与设计(上册)	陈玲玲	34.00	173	工程结构	金恩平	49.00
134	城市生态与城市环境保护	梁彦兰 阎 利	36.00	174	建筑公共安全技术与设计	陈继斌	45.00
135	房地产法规	潘安平		175	地下工程施工	江学良 杨 慧	54.00
136	水泵与水泵站	张 伟 周书葵	35.00	176	土木工程专业英语	宿晓萍 赵庆明	40.00
137	建筑工程施工	叶 良	55.00	177	土木工程系列实验综合教程	周瑞荣	56.00
138	建筑学导论	裘 鞠 常 悦	32.00				

如您需要更多教学资源如电子课件、电子样章、习题答案等,请登录北京大学出版社第六事业部官网www.pup6.cn搜索下载。

如您需要浏览更多专业教材,请扫下面的二维码,关注北京大学出版社第六事业部官方微信(微信号:pup6book),随时查询专业教材、浏览教材目录、内容简介等信息,并可在线申请纸质样书用于教学。

感谢您使用我们的教材,欢迎您随时与我们联系,我们将及时做好全方位的服务。联系方式:010-62750667, donglu2004@163.com, pup_6@163.com, lihu80@163.com,欢迎来电来信。客户服务QQ号:1292552107,欢迎随时咨询。